# 心之德業

## 阳明心学的本体学研究

李旭——著

上海文艺出版社

本书系国家社科基金重大项目"阳明后学文献整理与研究"
（批准号：15ZDB009）成果

# 序

张祥龙

李旭所撰《心之德业——阳明心学的本体学研究》一书是研究王阳明心学的一部力作。它不是思想史类的阐述，而是哲理的追究，而且首先集中于这哲理的核心，即阳明心学的"本体学"。这本体学与西方哲学传来的本体论（ontology）有联系，都是对所关注者的终极状态和含义的揭示，但区别也是明显的，本体学是中国古代哲理、特别是阳明心学的终极，进入其中者的知与行是内在相关的，而本体论则没有或常常缺少这种相关。

一

此书的本体学探讨吸收了许多前人的成果，可谓博采众长，特别是吸收了西方现象学的方法和成就，再加以融汇转换，形成了自己的研究特色。在这方面，尤以吸收和转化瑞士现象学家耿宁（Iso Kern）先生的相关研究最为重要。耿宁是国际著名的胡塞尔现象学的研究者，参与《胡塞尔全集》的编纂，也是倪梁康教授的老师。更关键的是，他研究王阳明心学多年，写成巨著《人生第一等事——王阳明及其后学论"致良知"》，为阳明心学的研究注入了新鲜路数和思想活力。

李旭（本书第一章第一节）采纳了该书的一个观点，即阳明讲的"良知"依三个时期而有三种含义（《人生》，第344页），可简称为"向善秉赋"、"价值意识"和"良知本体"。（1）向善秉赋首先是一种向善的情感，如慈孝、同情这样的天然情感，几乎人人皆有；（2）价值意识即对包含于向善秉赋中的伦理价值的自觉意识，超出了向善情感，只有去致良知的人才确有；（3）至于良知本体，是"始终完善的"，即始终处于"本己本质"（本体）之中的良知，可以理解为致良知的成就。

　　其实，耿先生还讲到一个阳明学中的良知概念，即与"用"（function, action）对立的那个"体"（substance），相当于《中庸》所言的"未发"状态，即那些"用"的源头（origin），耿宁称之为"单纯的'本体'"或"单纯实体"。（《心的现象》[2]，第474—475页）他之所以在"单纯"后边的"本体"上打引号，因为他不认为它是阳明讲的"良知本体"的真切义或完整义，而只是在某些特殊语境中使用的，比如在"无善无恶心之体"这个表达中的那个"体"（《心的现象》，第476—477页）。它不等于上面讲到的第三个良知，即良知本体，因为后者还包含了良知的"用"或"心的作用"（《心的现象》，第477页）。看不到两者的区别就会带来阳明后学乃至现代学者中的一些争执，它们往往起于对"无善无恶心之体"的不同理解。

---

1　[瑞士]耿宁，《人生第一等事——王阳明及其后学论"致良知"》（简称《人生》），倪梁康译，北京：商务印书馆，2014年。
2　[瑞士]耿宁，《心的现象——耿宁心性现象学研究文集》，倪梁康等译，北京：商务印书馆，2012年。

可以看出，对良知含义的四层区分有助于澄清一些延续了几百年的混乱，以更有当代哲理特别是现象学哲理敏感性的方式来理解阳明的原意。李旭充分利用了这个契机，书中的第一部分就在这四层区分的基础上，突出了第二、三个良知概念，特别是将第三个良知概念改造或转化成"良知体段"，以此来解读阳明所言良知的最重要的一个本体学意义，即"完复良知的整全体段"。耿宁用德文"eigentliches Wesen"（本己本质）来表达阳明的"本体"，李旭经过语言上和哲理上的辨析，认为中文版译"Wesen"为"本质"还未尽意，应译为"体段"，并将"致良知"的功夫看作"Anwesen"（良知的当场现身），以求更充分地领会耿宁先生的第三个良知概念，也就是"始终完善的、与心之作用不分的良知本体"。以此为发端，以良知的四层区分为构架，李旭逐次展开了对阳明良知观的阐发，新意叠出、细密有致，是胡塞尔现象学善于发现意识的新层次和阳明学历代研究的厚重丰富的一种颇有思想激发力的结合。全书分为三篇，即体段篇、境界篇和体用篇，每篇四章，各有胜景，体用篇颇有一些可观的新见地。

二

然而，我对耿宁先生及李旭此书的一个思想操作，即区分前三种良知的具体方式，还是有些异议的。我曾写过一篇文章[1]，与耿宁先生商榷，私下里也曾与他交流过。这里只结合目前这本书简单表

---

[1] 张祥龙，《良知与孝悌——王阳明悟道中的亲情经验》，《广西大学学报》2015年第2期，第1—6页。

述一下。耿先生与李旭都认为，第一种良知，即人的向善秉赋或慈孝、同情这样的向善情感，只是良知的初级形态，而第二、三种良知，因其有对于伦理价值的自觉意识，乃至有良知本体的显明，是良知的高级形态。比如耿先生认为，作为"本原知识"的第二种良知，"不是[！]"情感或意向，而只是对自己情感意向中的伦理价值的自觉意识[1]。李旭书则据此认为，作为第二种良知的"道德判断能力"，它"知得意['意'此处包含道德情感]之是与非"，要比"相对自发的情感[其中当然包括了第一种良知]处于更高意识水平"，是"比自发的爱更高一层的理智判断"（本书第二章第二节）。

我并不反对做这样的区分，即愚夫愚妇与圣人共有的良知（第一种良知）与圣人通过致良知而开显的良知（第二、三种良知）有不同，但不同意视这种不同为原则性的（比如断定第二种良知"不[再]是"第一种良知）或低级/高级式的，因为第二、三种皆以第一种良知为根源、为前提、为母体。若没有人的向善的天然情感，哪里会有相应的价值自觉和本体开示？就此而言，它们只是第一种良知的精炼版。而在另一个意义上，它们又是第一种良知的人为加工版，也有不如后者之处。价值自觉与本体呈现固然优异，但也只在没有失去自发的向善情感的至诚或知行合一的前提下才有此优异；稍有差池，则此自觉和开示便可能沦为漂白、自欺和狂妄。因此第二、三种良知的现实形态或实现方式也有自身的缺陷或弱处，弄不好就要比第一种良知更"低级"或离真正的良知更远。所以说不上哪种良知更高级。而且第一种良知也绝不限于"情识"，而可以是

---

[1] 耿宁的原话是："'本原知识'不是作为某种情感或倾向（意向），而是作为直接的、或多或少清晰有别的对自己意向的伦理价值意识"（《人生》，第344页）。

"情理",即至情本身包含的至理。阳明后学中的某种流弊,比如脱情境地主张"良知见在"、把玩良知本体的"如珠在盘"之类,不在于失了外在规范,而在于失了至诚发动的真良知本体、知行本体。

从另一个角度、也就是更有方法论意味的角度,也可看出此层级式区别的不妥。李旭书引述了耿先生的一段话:"新的'本原知识'按照这个含义不再是一种对父母之爱、对兄长之敬、同情等等自发的萌动和意向,它不是一种特殊的意向,甚至根本就不是意向,而毋宁说是对所有意向的一种内意识,对善的和恶的意向的内意识,它是一种对这些意向的道德善、恶的直接'知识'。这个道德意识不能被理解为一种对本己意向进行伦理评判的反思。"(《人生》,第217页)耿先生为什么说此道德意识、也就是第二种良知"不能"被看作是"进行伦理评判的反思"呢?因为它不是对道德情感的"特殊的意向",也就是对那些情感做高阶反思的意向,而只是伴随着这些情感意向的一种"内意识"(inneres Bewuβtsein)[1]。如耿先生指出的,这内意识本身不是意向,没有任何独立性,而只是意向活动必带有的随附于自身的"自身意识"(Selbstbewuβtsein)[2],它与那被随附者还处于同一个时机晕圈里。之所以会有此内意识,是由于我们这种人的意识特点所致,即这种源于内时间晕流的意识的冗余性、满溢性所致。耿先生(据说还有另一些中国学者如章炳麟、梁漱溟与欧阳竟无)也曾将它比拟于唯识学讲的"自证分"(见本书第三章第三

---

[1] 这种内意识"非反思地"伴随着每一个意向,无论是善的意向还是恶的意向,它本身是否有区别善恶的功能?或者说,它是与所伴随的意向沆瀣一气,还是因其与更深广的意识流相连而有是非感受,是一种哪怕是潜在的是非之心?这是一个可以争论的、也需要说明的问题。

[2] 参见倪梁康《胡塞尔现象学概念通释》中的"自身意识"和"内意识"条目。

节），很有东西哲理比较的意趣。

但这里的要害在于，第二种良知中的"本原知识"根本就不是一个独立的意向行为的结果，而只是第一种良知的随附内意识所致，也就是第一种良知本身具有的自身意识的变体。通过致良知，这种内意识可以（凭借虽然仍是随附但时机化凸现的方式）浮现于显意识，以至于这良知对于道德的是非获得了明显的自觉意识，并为进入良知本体扫清障碍。但是，如果想要将这种内意识独立为有自身身份的更高级意识，则违背了这种意识的随附本性或时机化本性，会让第二种乃至第三种良知因失其本源而干枯变质。因此，耿先生那段很有见地的话中的一句话，即"新的'本原知识'按照这个含义**不再是**一种对父母之爱、对兄长之敬、同情等等自发的萌动和意向"（黑体为引者所加），是不妥的，因为它仍然要随附于这些爱敬和同情[1]，而不会像出了壳的小鸡就"不再是"鸡蛋一样。阳明后学的分裂与争端，颇与这种不妥或那个时代的类似看法相关。如果连耿先生这样明了"内意识"含义的现象学家也免不了割裂良知，那么当时被"致良知"的简易所吸引、困惑的人们，自然会各执一端而争讼不已了。实际上，世界上的大宗教在追求终极解脱或超越的努力中，一直就存在着这种硬要去把握那不可把握者、规定那不可规定者、区分那不可区分者的困境或两难，因为信徒们总倾向于认为，如果没有可把握、可规定、可作级别划分的更高级东西，他们的奋

---

[1] 就其只是随附意识而非有自己的意向对象而言，内意识不是任何一种完整的意向性意识，所以说它"不再是……"似乎可以成立；但就其是一种真实的良知形态或本原知识（耿先生意在于此）而言，它必依据它所随附者而成活，所以说它"不再是……"就不妥了，混淆了不同的意识层次。前一种说法反映的只是胡塞尔现象学的一个发现，与良知分类没有直接关系；后者与良知分类相关，但前提是随附者与被随附者并未分离。

不顾身的追求岂不毫无意义？

## 三

依我的愚见，理解阳明心学的要害不在"致良知"，而在"知行合一"。耿先生区分三种良知，据他讲是基本上依阳明立说的三个时期而言的。很明显，第一种良知观对应的是阳明的知行合一说。而我们知道，这个学说是阳明一生思想历程中最重要的龙场大悟的产物，最反当时的主流即程朱理学，也最反常识，但却最具有阳明自家特色。阳明只因此见地才成为阳明，那些后来的表达方式、修行方法和境界次弟，都以这见地为灵魂，不断维持之和精纯化地实现之而已。不理解它，就没有真正知晓阳明心学的妙处或有"痛感"处。如能入其本义，那么他后来的那些学说和工夫论，乃至其成功处和失偏处，就可势如破竹地加以领会了。[1]

阳明的"知行合一"不是主张"知与行应该合一"，也不是程朱的"真知必能行"意义上的合一，而是说人的最原发、直接的知（它不同于程朱讲的经格物而得到的"真知"），就是行。一句话，知行原本就合一，知行不合一是因为它们被私意间隔了。他举的知行合一的例子首先是《大学》中讲的"如好好色，如恶恶臭"（《传习录》第 5 条）[2]。人见到"好色"（漂亮的女孩子）是知，"好"（hào）

---

1 我这方面的观点，详述于拙著《儒家心学及其意识依据》，北京：商务印书馆，2019 年，第 9—11 章。
2 这里所列《传习录》某某条的序号，取自《王阳明〈传习录〉详注集评》，陈荣捷著，上海：上海华东师范大学出版社，2009 年。

此好色是行，"只见那好色时已自好了，不是见了后又立个心去好。"（同上）所以知行本自合一，这才是"知行的本体"（同上）。阳明在龙场悟到"吾性自足"，其真义就是：出自此"性"的"知"也必自足，即它必与其"行"合一，实现为合乎天性的万事万理。程朱和常人的"知先行后"说，是因为看不到此自足之性，不知人的原初之知就是人的道德之知的根本或本体。许多学者（包括韩国的李退溪）都认为"好好色"与"好德义"之间有本质不同，感性或身体上的知行合一无法延伸到德性或心性上。阳明却以自身的心性经验表明，它们虽（当此时世）有易难之别，却并无高低贵贱之分，"持志如心痛"（《传习录》第24条、95条），"但得好善如好好色，恶恶如恶恶臭，便是圣人"（《传习录》第229条）。关键只在是否至诚无伪，亲子间无伪，知之即爱之，慈之孝之；身心有间隔，连好好色、恶恶臭也会缺然。"致良知"即是去此间隔而复得知行原态的本体工夫、致诚工夫。

由此可见，致良知就是知行合一的原发心体的再实现和工夫化，因良知本体就是知行本体。此要点《传习录》第8条所言甚明。"知是心之本体"，所以这"心自然会知"——既是见好色而知好，也是见父母而知孝——之知，即知行合一之"良知"；打破私意障碍而使此良知重新"流行"，"便是致其知"，也就是致良知。[1] 有的学者，如陈来先生认为，阳明晚年讲"致良知"，表明良知也需要去实现，正

---

[1] 王阳明也曾直接讲到致良知与知行合一的关系："道心者，良知之谓也。君子之学，何尝离去事为而废论说？但其从事于事为论说者**要皆知行合一之功，正所以致其本心之良知**，而非若世之徒事口耳谈说，以为知者，分知行为两事，而果有节目先后之可言也"（《传习录》第140条，黑体为引者所加，标点稍有调整）。

说明知行没有本体的合一,只有经过致知而达到的工夫合一。[1] 这么看来,阳明的知行合一论并没有超出程朱的知先行后和真知必能行的见地。但这里的关键是:良知之知已经是知行合一之知,致良知只是复其本体而让其自行,并非将完全无行之知通过格外物而实行出来。因此,致良知之论并没有假定一个本源处还有待实行的知,也就并没有减弱知行合一的本体性、本然性。简言之,致良知就是让良知行。致良知是工夫,良知行(或知行合一)是本体。领会阳明致良知说的要害,就在不离知行本体。

我以上表达了些与人们较为熟知的看法不很相同的观点,其中也有与此书相异者。这只是我个人的一己之见,虽自信它们是有据而发,但也深知,在阳明心学及其后学这座连绵高山面前,有许多路径可以通达,而李旭此书,很可能是其中的一条,而且是不乏思想风光的一条登山入奥之路。

辛丑仲夏写于龙聚山庄

---

[1] 陈来,《有无之境:王阳明哲学的精神》,北京:北京大学出版社,2013 年,第 169 页。我对于此观点的讨论,见拙著《儒家心学及其意识依据》第 402—406 页。

# 目录

序 / 张祥龙　　　　　　　　　　　　　　　　　　　i

引论　心之德的复归与圆成　　　　　　　　　　　001

## 体段篇

第 一 章　良知的体段　　　　　　　　　　　　　015
第 二 章　良知的情与理　　　　　　　　　　　　032
第 三 章　良知作为一体之知与自知　　　　　　　066
第 四 章　天命之性的灵明之体与善恶之机　　　　106

## 境界篇

第 五 章　龙场彻悟心体的起点　　　　　　　　　169
第 六 章　心之德的成长　　　　　　　　　　　　200
第 七 章　心之良知是谓圣　　　　　　　　　　　231
第 八 章　直承颜子与明道的心学境界　　　　　　250

## 体用篇

| | | |
|---|---|---|
| 第 九 章 | 变化气质的身心之学 | 297 |
| 第 十 章 | 从知行合一到学政合一 | 333 |
| 第十一章 | 亲民、新民的义理辨析 | 360 |
| 第十二章 | 造士与觉民的教化事业 | 381 |

| | | |
|---|---|---|
| 附录一 | 王阳明《大学问》疏证 | 421 |
| 附录二 | 与张祥龙先生论阳明心学书 | 432 |
| 参考文献 | | 452 |
| 后记 | | 461 |

# 引论　心之德的复归与圆成

嘉靖五年（1526），赋闲居越的王阳明在答复罢归渭南的南大吉的书信中这样形容他所体认的"良知"：

> 夫惟有道之士，真有以见其良知之昭明灵觉，圆融洞澈，廓然与太虚而同体。太虚之中，何物不有？而无一物能为太虚之障碍。盖吾良知之体，本自聪明睿知，本自宽裕温柔，本自发强刚毅，本自齐庄中正文理密察，本自溥博渊泉而时出之……[1]

在这段话中阳明一口气用了五个"本自"来形容"良知之体"，让我们想起惠能闻《金刚经》悟道时形容"自性"的五个"本自"的感叹[2]。这个相似当然主要是形式上的，就内涵而言，阳明所讲的"良知之体"与惠能所说的"自性"大不一样，其传统的渊源也不同。阳明形容良知之体的五个"本自"，来自《中庸》对至圣之德的赞叹。这意味着，在阳明看来良知本体具备圣人的五种基本德

---

[1] [明]王守仁，《王阳明全集》卷六，吴光、董平、钱明、姚延福编校，上海：上海古籍出版社，2014年，第235页。
[2] 即"何期自性本自清净，何期自性本不生灭，何期自性本自具足，何期自性本无动摇，何期自性能生万法"。参王孺童译注，《坛经释义》，北京：中华书局，2013年，第26页。

性——聪明睿智足以有临（临民）、宽裕温柔足以有容、发强刚毅足以有执、齐庄中正足以有敬、文理密察足以有别，良知的德性像天一样广大周遍，像渊泉一样深沉不竭，能够随时变化而应变无穷。简言之，良知的德性是圆融洞澈本自具足的，其广大与太虚造化同体，不只是待人处事的伦理精神，还是大化流行的"绝对精神"……良知的自足完满性在此昭示无余。《中庸》认为君子需要"尊德性而道问学，致广大而尽精微，极高明而道中庸"才能炼成的圣人"至德"，在阳明看来良知本自具足，君子之学只"致良知"一语尽矣。

阳明对"良知"德性的这一理解是朱子所不具有的。儒学以"尊德性而道问学"为宗旨，这是各家共奉的，程朱与陆王无别。朱子之学与象山之学一样以尊德性为第一义，只不过朱子认为单单尊德性不够，还必须进以道问学，才是"致广大而尽精微"的君子大成之学。朱子曾经针对象山之学告诫道："如孝弟等事，数件容先做底，也易晓。若是后面许多合理会处，须是从讲学中来。不然，为一乡善士则可，若欲理会得为人许多事则难。"[1] 朱子并未否认孝弟忠恕的德行在儒学中的基础性地位，但是他认为单讲孝弟忠恕不够，如果只是尊德性，能成就的则只是"一乡善士"，成就不了能治国平天下的大人君子，儒者要担当治国平天下的大任，必须格尽天下之物，天下事都要能理会得。显然，朱子是将"道问学"看作"尊德性"的必要补充与更进一步，是儒家大人之学的必要本领。

朱子对"尊德性而道问学"的这种理解在孔子那里有其依据。孔子开启的儒家学问特别重视"学"，《学而》被列为《论语》的第

---

[1] 钱穆，《朱子学提纲》，北京：生活·读书·新知三联书店，2014年，第149页。

一篇，孔子本人不敢以圣人自居，最自许的是自己的好学。他说："十室之邑，必有忠信如丘者焉，不如丘之好学也。"（《论语·公冶长》）那种不知好学的忠信之士大概就是朱子所不满的"一乡善士"。孔子明显将"好学"与"忠信"的德行并列，这可以视作朱子将道问学与尊德性并列看待的依据。孔子又说："德之不修，学之不讲，闻义不能徙，不善不能改，是吾忧也。"（《论语·述而》）可见《中庸》的"尊德性而道问学"是继承孔子的精神。

如此说来，阳明是不是只抓住了"尊德性"一边，遗漏了"道问学"，走向了偏至，像朱子批评象山的那样"有头无尾"？对此，阳明当然不会承认。阳明有他自己对"尊德性而道问学"的独到理解。在与学生的问答中阳明道出了他对尊德性与道问学之间关系不同于朱子的理解：

> 以方问尊德性一条。先生曰："道问学即所以尊德性也。晦翁言'子静以尊德性诲人，某教人岂不是道问学处多了些子'，是分尊德性、道问学作两件。且如今讲习讨论，下许多工夫，无非只是存此心，不失其德性而已。岂有尊德性，只空空去尊，更不去问学？问学只是空空去问学，更与德性无关涉？如此，则不知今之所以讲习讨论者，更学何事！"（《传习录》卷下，第324条）[1]

阳明反对朱子将尊德性与道问学看作并列的两件事，认为朱子"某教人岂不是道问学处多了些子"的谦辞里面仍然有问题，没有

---

[1] 陈荣捷，《王阳明〈传习录〉详注集评》，上海：华东师范大学出版社，2009年，第224页。本书所引《传习录》都据陈荣捷本所编条目，以下只标注第几条，不标页码。

见到尊德性对道问学的统领关系。他把"尊德性而道问学"解释成"道问学即所以尊德性",将二者看作本体与功夫之间的关系,所谓"道问学即尊德性之功"(《传习录》卷上,第 25 条)。在这一解释中"尊德性而道问学"的"而"表示的不是并列、递进关系,而是条件关系。在阳明看来,儒学的道问学就是"存此心",就是讲明、存养心的德性。由此可见,阳明不仅对尊德性与道问学的关系理解不同于朱子,而且对"道问学"的理解也不同于朱子。

朱子将道问学看作尊德性之上更进一层的工夫,在他对《大学》的解释中,他将"格物致知"视作道问学的工夫,即格物穷理以增益知识,天下之物的道理无不明而最终达到豁然贯通的境地。阳明早年也循这个格物之学去追求成圣人,但没有走通,直至龙场大悟"格物致知之旨",发现了另一条成圣的道路——复其心体的道路,道问学以尊德性的道路。这是一条牟宗三先生称之为"逆觉体证"的道路,即孟子所讲"求放心"的道路。阳明每每以"复"、以"求放心"来说他的道问学方式。如早年与徐爱之间关于"知行合一"的问答:

> 爱曰:"如今人尽有知得父当孝、兄当弟者,却不能孝、不能弟,便是知与行分明是两件。"先生曰:"此已被私欲隔断,不是知行的本体了。未有知而不行者。知而不行,只是未知。圣贤教人知行,正是要复那本体,不是着你只恁的便罢。"(《传习录》卷上,第 5 条)

知行合一的首要工夫在于去除私欲阻隔,**复知行本体**,由此知是本体之知,行亦是本体之行。又,晚年关于"良知"的揭示:

先生曰:"良知是造化的精灵。这些精灵,生天生地,成鬼成帝,皆从此出,真是与物无对。人若复得他完完全全,无少亏欠,自不觉手舞足蹈,不知天地间更有何乐可代。"(《传习录》卷下,第261条)

"致良知"也是一个"复"的工夫,就是要将良知本体"**复得他完完全全,无少亏欠**",这是天地间无可取代的至乐。可见"复"不只是回到初始,更是要将本己的河山全盘恢复,是有始有终的工夫。这就涉及到对阳明所说"本体"的理解。

阳明心学特别注重明自家心之本体,其工夫论的主要着力处也在复其心体,由体起用。阳明针对弟子中分功夫内外的争论说道:

功夫不离本体;本体原无内外。只为后来做功夫的分了内外,失其本体了。如今正要讲明功夫不要有内外,乃是本体功夫。(《传习录》卷下,第204条)

正是基于"本体功夫"的体认,阳明批评朱子学道问学功夫的支离。因为朱子将道问学看作尊德性的转进一层功夫,在此转进中功夫可能愈转愈远,渐渐地偏离了尊德性的大本。在朱子学被科举考试体制采纳后这一弊端更容易被放大。因为科举在操作上一定是以道问学为主要标准的,一定会张大辞章训诂之学,尊德性首先是自家身心的事,很难通过外在的考试手段来检验,即便像汉代那种"举孝廉"的做法,也很难避免作伪、裙带关系之类的败坏,反而不如"举秀才"的知识才能考察在形式上公平。因此,在无可避免地要放大知识取向的文官考试制度中,阳明心学的尊德性之学具有恒久的提撕警醒意义。

就学理看,阳明对"尊德性"的理解也与朱子有别。朱子主要将"尊德性"的"德性"理解为孝弟忠信之类伦理德行[1],所以他认为单单尊德性不够,单单讲孝弟忠恕,不求博学,能成就的只是"一乡善士",格局不大,成就不了治国平天下之大才。阳明所理解的"良知"不只是朱子眼中的孝弟忠信,从阳明心学着眼,孝弟忠信只是**德性本体**之用,只是特殊的**德行**,良知作为德性本体是更为广大的。阳明晚年极言良知"与太虚同体"、"良知是造化的精灵"等等,表明良知不只是孝弟忠信之类伦理德行,同时也包含"聪明睿智"的实践理智,乃至审美的、宇宙性的觉悟,是全体德行的内在根据。在这个意义上阳明心目中的良知作为德性本体是本自具足的,因此"致良知"即是道问学而尊德性,只此一个口诀就尽了"尊德性而道问学,致广大而尽精微"的圣学宗旨。致良知即是复德性本体,这个"复"不只是回复,也是完成、成全。

与"复"的**复归**与**成全**两层意思相应,阳明所讲的"本体"其实也可以析而言之。在汉语的论理文字中"本体"一词出现得比较晚。[2] 先秦儒家多有"务本"、"知本"、"本末"之说,也有"体物"、"具体"之说,但没有"本体"连用。"本"和"体"这两个字

---

[1] 朱子《中庸章句》注"君子尊德性而道问学"一句:"尊德性,所以存心而极乎道体之大也。道问学,所以致知而尽乎道体之细也。"这是以尊德性为"致广大",以道问学为"尽精微",可能采纳了陆象山"先立乎其大"的心学主张。

[2] 陈来教授指出,中国哲学中"本体"一词的连用,一般认为始于汉代,儒学对"本体"的探究历来与《周易》的解说关系密切。参《仁学本体论》,北京:生活·读书·新知三联书店,2014年,"绪言"第11页。

本来有不同的义涵,"本"是指草木的根茎,相对于枝叶、花果而言,"体"则是指人的整个身体。在魏晋玄学和其后佛学的论理话语中,"体—用"成为一个基本的思维和论理范式,也被宋明理学家所沿用,"本体"连用的情况也多起来。阳明讲心、讲良知,多言"本体",有时也单说"体"。虽然"本体"连用时义涵更多向"体"浓缩,但"本"作为根据、根本的义涵也包含在其中。瑞士哲学家耿宁(Iso Kern)注意到,王阳明所使用的"心之本体"、"心体"中的"本体"、"体"包含了两层不同的意思,有时候指的是根据、实体,相当于西文的 Substanz,有时候指的是心的本己完全之体,相当于亚里士多德哲学中的 entelecheia,或者德语,特别是海德格尔思想中的 Wesen。Substanz 我们一般译作"实体",Wesen 一般译作"本质",但就其与"体"对应而言不妨译作"体段"。[1] 当阳明讲复"知行本体"、复"心体"、复"良知本体"时,他既有回到知行的本来根据、回到心之实体的意思,也有完复良知整全体段的意思。实体之体(相当于"本")对应的是良知的先天义、根据义,体段之体对应的则是良知的整全实现义。耿宁先生对"本体"两层意思的辨析对我们深入理解阳明的心体、良知本体思想深具启发。

关于"本体"拆解开来思考,成中英先生在他的本体诠释学论著中也多有论述。他将"本体"与西文的 Being 对照,指出"本体诠释学的本体应翻译为 generative being,不是现成的存有,乃是存有的发生。离开存有的发生不能有存有。本体是一种存在发生物。既然是发生的,除了包含一个'本'的概念,也包含一个过程

---

[1] 关于 Wesen 翻译为"体段"的探讨,参本著第一章"良知的体段"。

的概念,一个发展出来的整体存在的概念,那就是体的概念。因为是发生出来的,合而言之,称之为本体物"[1]。将"体"解释为"发展出来的整体存在"切合汉语"体"的本义,与西文中的entelecheia、Wesen相应,饶富哲理意味。"本体"解释为"存有的发生"也富有启发。阳明学与朱子学对"本体"的不同理解可以看作对"体"的发生方式的理解差异,对二者而言儒学的"体"都是君子、圣人之德,是《大学》之"明德"、《中庸》之"中和"、孟子和《易传》之"性命"。但对这一"体"实现出来的工夫路径,二者的理解颇不一样,朱子特别重视格物穷理的致知工夫,阳明则认为良知心体本自具足,工夫之要在复其本、培其本。但阳明也并不认为良知的"溥博渊泉"之体是现成的,不需要后天的功夫。"致良知"的"致"就是功夫,就是"体"的生发、实现。静中涵养、事上磨炼都是良知之体的生发实现功夫。

就阳明的生命和心路历程来看,他从早年的龙场大悟后提出"知行合一",到中年立"致良知"为学问的根本宗旨,到晚年提出"四句教",其心体的朗现愈见广大、愈见精微,这一过程就是心之德的生发过程。在这一生发过程中我们也可以看到心之本体的不同层次、不同面相、不同境界,看到良知的体段、体相。这些层次、面相是在阳明丰富的人生经历中呈现的,体现在其莅政安民、讨贼平乱、教学交游诸般良知之用中,心体的广大精微就呈现在这些"以时出之"的"大用"中。因此,我们可以从体段、体相(境界)、体用三个视角来理解阳明的本体之学。当然,这只是一种论说的方

---

[1] [美]成中英,《论本体诠释学的四个核心范畴及其超融性》,《齐鲁学刊》2013年第5期。

便、体段、体相、体用讲的都是同一件事情，是良知这一"存有"（体）的发生。牟宗三先生在讲到宋明理学的分系时曾说到象山、阳明心学一系是"**一心之朗现，一心之伸展，一心之遍润**"[1]。此语甚精到有力，"一心之朗现"，道出的是心之体段，"一心之伸展"，道出的是心之工夫境界，"一心之遍润"，道出的是心之大用，合言之，即是**心之德业**。

在生命的成长、人情事理的磨炼中证悟本体，是中国传统性理之学的基本精神，更是阳明心学的骨血精髓所在。儒学的本体之学在这方面与西方以逻辑论辩为主要展开方式的ontology（本体论、存在论）[2]颇不相同。当然，西方哲学的ontology也千姿百态，也与哲学家的生命领会、生活方式隐秘相关，特别在十九世纪中叶兴起生命哲学之后，生命获得了形而上的觉察，ontology也更多得到了生命经验的充实。在儒学传统中，对本体及其工夫的理解也不乏辨名析理的论辩。因此，中国的本体之学与西方的ontology之间固然有差异，但也有可会通之处。在今天这样的文明碰撞交汇时代，我们要同时注意到这两面。鉴于此，我们可以将儒学关于"本体"的讲述称为**"本体学"**，以示与西方的ontology的差异。另一方面，"学"固然重"习"、重"行"，但其中未尝没有"审问之、慎思之、明辨之"的"论"。西方的"本体论"当然也不是全然不讲"习"（经验），不讲"行"（实践），"论"中也并非没有"学"。在差异、对话中求会通，求理解，也是哲学的应有之义。

近些年来，阳明心学再次成为国内哲学界的显学，而且在一般

---

1 牟宗三，《心体与性体》，上海：上海古籍出版社，1999年，第42页。
2 此词还有"在体论"、"是态学"等学界不太熟知的译法。

文化领域有广泛的影响，关于阳明学的各种研究和介绍著作层出不穷。从晚清和民国以来，现代学术意义上的阳明心学研究也已经有了深厚的积累，其中不乏博学精思之作。面对已有的研究，后来者诚然难免有"眼前有景道不得"的感叹[1]。不过，阳明心学就像一座大山脉，研学者可以从不同的角度、道路登揽这座山脉，"横看成岭侧成峰，远近高低各不同"，只要我们以诚心真实攀登过，虽脚力有别造诣有深浅，总可以看到一些自家眼中的独到风景。

就笔者所见，近年来阳明学的专门研究聚焦其工夫论和社会政治维度的较多，也有不少研究涉及阳明心学的本体学层面，但尚少关于阳明心学本体学研究的专著。在本体学的视野下研究阳明心学，能体察其根本性的问题意识，辨析其突破朱子学构架而重新发明德性本体的关切所在；在本体学的视野下，可以从根本处探察良知心学的基本构造并追寻阳明学问成长的心路历程，辨析其继承发展孟子心学、象山心学与白沙心学的脉络；在本体学的视野下，我们可以更好地洞察阳明心学工夫论的特点。

本著以阳明心学的本体义蕴及其展开为主要对象，探究其良知心学的本体构造与发展历程，参照欧美现象学的研究视角、方法，并与欧美精神哲学、生存论、实用主义的相关思想做对照，体察阳明良知心学的精义及其在中西文明交汇的际遇中生发转化的可能性。本著分为三篇，第一篇为**"体段篇"**，主要分析阳明良知心体的体段层次、情理与显藏构造，其伦理性内涵与生存性内涵的圆融一体；第二篇为**"境界篇"**，主要探讨阳明本体之悟的起点、发展

---

[1] 陈立胜,《王阳明"万物一体"论：从"身—体"的立场看》，北京：燕山出版社，2018年，第10页。

阶段、终极境界；第三篇为**"体用篇"**，主要探讨其早年的知行合一思想向晚年的学政合一思想的发展，其身心之用与政事之用，其"亲民"思想的本体依据与工夫特点，其"造士"与"觉民"并行的教化之道。

我们的时代是一个以高科技与智能——人类智能与人工智能——在竞争中决雌雄的时代。在个体的生存竞争和国际的实力竞争中哲学看起来是没什么用的，顶多只是辅助性的软实力而已。竞争的生存态势并不是今天才有，阳明在其良知之教中早就看到了人类生存中忿激相争的情势。但他没有让自己随顺"适应"这种情势，而是以其万物一体的悲悯情怀和物各付物的良知智慧去努力化解这种情势，拯救深陷相争相残中的众生之苦，指示以基于人性良知的美好生活。儒者所讲的万物一体、中和位育的境界并不只是主观愿望，而是有良知本体的深厚依据与动静交融的工夫依托，是由变化气质而感化人心、改良社会的不竭宏愿。《易》云："富有之谓大业，日新之谓盛德。"尽心复性、变化气质而臻于圣境，是谓日新，是谓盛德。化育人心、改良社会而保合太和各正性命，是谓富有之大业。阳明曾有诗云"但致良知成德业，谩从故纸费精神"[1]，致良知于事事物物，即是儒者崇德广业的学问。以兼三不朽而彪炳史册的阳明夫子一生，正是儒学日新富有之道的生动见证，也是心之盛德的大用彰显。重温阳明心学的道德文章，可以让我们看到在高科技和工商帝国的霸业之外还有另一种伟大，一种不失柔软而实实在在自由活泼的心之伟力。这大概是当今国人对阳明心学重新感到渴求需要的

---

1 《示诸生三首》，《王阳明全集》卷二十，第870页。

重要原因吧。而在我们这个科技、智能的发展越来越高歌猛进也越来越不可测的时代,阳明心学那种超越竞争造就和乐的万物一体、物各付物的心灵智慧,也应该成为人类的需要。

体段篇

# 第一章　良知的体段

阳明心学以知行合一、致良知的主张而广为人知。不过，"知行合一"并不是强调执行力的励志口号，"致良知"也不是老夫子的道德说教，阳明心学的哲理意义在于心性本体的觉悟，其工夫是不离本体的工夫。王阳明关于心之本体、良知本体的揭示对理解其心学非常关键。近年的阳明学研究中，对其工夫论越来越重视，不少专家学者有专文论述。相对于近年阳明心学工夫论研究的逐渐兴盛，我们看到其本体学的研究却较为沉寂。这里面耿宁先生的著作《人生第一等事——王阳明及其后学论"致良知"》也许是一个例外。该著并没有有意识地将阳明学的"本体学"作为研究重点，但是耿宁关于王阳明及其后学"良知本体"思想的探讨为我们重新深入体察阳明心学的本体阐述提供了重要的启发。

耿宁对王阳明"良知本体"概念进行阐发所做的一个基础性工作就是分析了阳明那里"体"、"本体"概念所具有的双重含义：首先，王阳明用"本体"来表达良知完成了的、真实的形态，耿宁译为 eigentliches Wesen，与此相对应的是一个实事非本己的、不纯粹的、有缺陷的形态。其次，王阳明也用"体"来表达一个实事的 Substanz，即"实体"，与之对应的是"作用"，"实体"即"体用"

之"体"。[1] "体—用"这对概念在宋明理学中很常见,是我们解读阳明学的"良知本体"思想很容易想到的概念范式。耿宁所指出的王阳明那里"本体"的另一个含义——良知的纯粹完满形态——则是学界很少关注到的。他将其译为德文的 eigentliches Wesen,倪梁康教授回译为"本己本质"。在我看来,这个翻译未尽耿宁之意,使得耿宁的译解所包含的重要发现在汉译中未能充分体现出来。笔者建议将这一短语翻译为"本己体段","良知本体"的一个核心含义是指良知本真的、纯粹的、完满的体段,包含良知的"体"(实体)与"用"、静与动,是良知学作为儒家**圣人之道**的根据所在。此"本体"的实现即良知的现身(Anwesen),即"致良知"的功夫。阳明心学以"惟精惟一"为宗旨,仔细体察良知的体段,是惟精惟一的要求,也有助于致良知工夫的节目展开。

## 一、耿宁对"良知本体"的译解

王阳明的心学从对朱子学的不满与批评中突破出来,其对朱子学最大的批评就是朱子格物穷理之学的"支离"。黄宗羲指出王阳明自龙场悟道后学问"尽去枝叶,一意本原"[2]。阳明晚年作诗咏良知说"人人自有定盘针,万化根源总在心。却笑从前颠倒见,枝枝叶叶外头寻"[3]。这首诗中的"从前"即是讲王阳明自己在龙场悟道之前信奉

---

[1] [瑞士] 耿宁,《人生第一等事——王阳明及其后学论"致良知"》,倪梁康译,北京:商务印书馆,2014年,第274页。

[2] [明] 黄宗羲,《明儒学案》,沈芝盈点校,北京:中华书局,2008年,第180页。

[3] 《咏良知四首示诸生》之三,《王阳明全集》,第870页。

朱子"格物"之学的阶段。因此，**讲求本源是阳明心学的基本宗旨**，上接孔孟儒学"**务本**"、"**知本**"的学脉，可谓其来有自。不过，儒学既讲究"孝弟为本"、"修身为本"，又外以治国平天下为抱负，内以"尽性至命"为至极，追求"全体大用"的"大人"之学，这一"致广大"又极"切近"的特点融汇在"**本体**"一词中。

耿宁在他的阳明学研究中对心之本体、良知本体这些术语给予了特别的注意，他发现了阳明对"体"、"本体"这些词语的使用有歧义。阳明很多时候在流传下来的体—用对子中使用"体"、"本体"的概念，耿宁认为这个概念可以用西文的 substance（实体）来翻译，它与 function（功能）构成一个对子。但他发现，王阳明及其后学所说的"本体"还意味着某些与"实体"不同的东西，某个处在与自己相符的完善或"完全"状态的东西，即心的完全本质。[1]

在《人生第一等事》中，耿宁分析了王阳明不同时期的三个良知概念——第一个"良知"概念是指"向善的秉性"，即孟子讲的爱亲敬兄、恻隐羞恶的良知；第二个"良知"概念是指"对本己意向中的伦理价值的直接意识"，即阳明所讲的"是非之心"；第三个"良知"概念是"始终完善的良知本体"。对"良知本体"这一讲法，耿宁特别注意到"本体"的一个重要含义是指良知完成了的、真实的形态，这层意思，他译解为 eigentliches Wesen。耿宁用这个词来译解王阳明的"本体"有自觉的考虑，特别关联了这个概念的**目的论**背景。他注意到了王阳明关于"本体"的这类表述：

---

[1] ［瑞士］耿宁，《心的现象——耿宁心性现象学研究文集》，倪梁康等译，北京：商务印书馆，2012年，第475页。

> 孩提之童无不知爱其亲，无不知敬其兄，只是这个灵能不为私欲遮隔，充拓得尽，便完；完是他本体。(《传习录》卷上，第118条)

> 至善是心之本体，只是"明明德"到"至精至一"处便是。(《传习录》卷上，第2条)

耿宁指出，这类表述中的"本体"可以看作"一个始终已经实存的完善现实、一个隐德来希"，并且说"我在这里有意使用了希腊本体论的两个表达，因为整个问题域都使我们回忆起我们关于存在（ousia）、观念（eidos）、形式（morphe）、隐德来希（entelecheia）的古代讨论"[1]。简言之，**耿宁是在亚里士多德哲学中隐德来希（完善现实）的意义上来使用德文的 Wesen 一词的，即基于 Wesen 的目的论（teleology）意义来译解"本体"的"本来完足"义**。耿宁区分 Wesen 与 Substanz，中世纪经院哲学以来那个先于实存（existence）、先于现象的"本质"，近于 Substanz（实体）。他以 Wesen 来译作为良知的完善现实的"本体"，是要将"本体"的"完满现实"义与"实体"义区分开来，因此不宜以"本质"来译这里的 Wesen。

"良知本体"并非形而上学的"本质"，而是**良知本真完满的现身在场**。显然，耿宁是用 eigentliches（本己的）来译解"本"，用 Wesen 来译解"体"，显示了"本体"这个词的偏正结构，"本"是用来说明"体"的，重心在"体"。在汉语中，宋明理学经常用到的"体段"一词差可对应于"完满形态"意义上的 Wesen。"体段"一

---

[1] 《人生第一等事》，第278页。

词在汉语中有身段、体态、体统、举止、形式的意思,在古代白话中用得比较多。《朱子语类》里面就多处出现过"体段"的讲法:

> 问:"李先生谓颜子'圣人体段已具'。'体段'二字,莫只是言个模样否?"曰:"然。"(《朱子语类》卷二四)

> "道不可须臾离,可离非道",是言道之体段如此。(《朱子语类》卷六二)

这几处语录中的"**圣人体段**"、"**道之体段**"的"体段"就有规模、形象、体统的意思。王阳明也在同样的意义上用到过"体段"一词,如:

> "不思善不思恶时认本来面目",此佛氏为未识本来面目者设此方便。"本来面目"即吾圣门所谓"良知"。今既认得良知明白,即已不消如此说矣。"随物而格",是"致知"之功,即佛氏之"常惺惺"亦是常存他本来面目耳。体段工夫,大略相似。(《答陆原静书》,《传习录》卷中)

此处讲"**体段工夫**","体段"就相当于"本体",相当于佛教讲的"本来面目"。

> 某今说知行合一,虽亦是就今时补偏救弊说,然知行体段亦本来如是。吾契但着实就身心上体履,当下便自知得。(《答友人书》,《王阳明全集》卷六)

此处讲"**知行体段本来如是**",即相当于说"知行本体如是",可见"本体"在王阳明这里可以理解为"本来体段",阳明常讲到的"知行本体"的"体"乃是"体段",即**全体规模**。

> 古之所谓大臣者,更不称他有甚知谋才略,只是一个断断无他技,休休如有容而已。诸君知谋才略,自是超然出于众人之上,所未能自信者,只是未能致得自己良知,未全得断断休休体段耳。(《王阳明全集·与黄宗贤·丁亥》)

此处讲"**断断休休体段**","体段"还有境界、规模、气象的意思。王阳明讲"心之本体"、"良知本体"时,也往往将心灵修养的境界、气象收摄到"本体"一语中了。

耿宁辨析出"本体"在王阳明那里的两种含义,分别用 **Substanz(实体)**与 **eigentliches Wesen(本己体段)**来译解之,为我们深入理解王阳明"心之本体"、"知行本体"、"良知本体"等重要讲法提供了启发。第一个重要的启发是对王阳明晚年四句教中首句"**无善无恶心之体**"公案的理解。王阳明的四句教中第一句所引起的一个困惑是,它与王阳明的另一个讲法——"**至善是心之本体**"——看起来相矛盾。耿宁根据他对"本体"两种含义的辨析提出了解决这一字面矛盾的思路。他认为,四句教中"无善无恶心之体"的"**体**"不能被理解为"心之本色"或"心之完全本质",而**应被理解为与"用"相对立的"体"**,"无善无恶"说的是——"如果我们谈的是单纯的心体,即在作用于意念之前存在的实体,那么我们是无法谈论善恶的,因为这个区别仅仅出现在意念的阶段"。"至善是心之本体"说的则不是"意念之未发"的"心",不是心的"实体",而是完全的"心之本体",这个"本体"是心的绝对完善,也包括心的作用。[1] 简言之,"**无善无恶心之体**"的"体"是未发用的"**实体**","**至善是心之本体**"的"本体"则是心的**本己体段,这个"体段"包含了"未发"与"已发","体"(实体)与"用"(作用)**。"体"这个**词语**在不同语境下有两个不同的相应**概念**。通过这一精彩的概念辨析,耿宁对四句教中围绕首句理解的纷乱给出了清晰合理的解释。

除此之外,耿宁的这一辨析还可以帮助我们理解王阳明关于"**心之本体**"**的一些重要表述**。我们上面看到了,当阳明在《大学》首章的解释语境中说"至善是心之本体"时,"本体"说的是心的"本己体段",是心的纯粹、完全体现,而只是先于作用的心的"实体"。这个作为纯粹、完满体段意义上的"本体"包含了"**境界**"的意思。阳明用了多种表述来形容"心之本体",陈来教授对此做过总结分析。这些表述包括:"至善者心之本体"、"心之本体即是天理"、"诚是心之本体"、"知是心之本体"、"乐是心之本体"、"定是心之本体"、"恶人之心失其本体"。在这些表述中,至善、诚、乐、定等等其实都是对心灵修养境界的描述。陈来指出:"阳明哲学基本上是把理想境界同时当作心之本体。在他对心之本体的诸种刻画中大体可以分为两种境界:善与诚表示道德境界;乐并不表示审美境界,它与定都表示一种'存在'的境界。"[2] 因此,在以上关于"心之

---

[1] 《人生第一等事》,第 476—477 页。
[2] 陈来,《有无之境:王阳明哲学的精神》,北京:生活·读书·新知三联书店,2009 年,第 92 页。

本体"的表述中，阳明**将心灵的境界转化为对于心之本体的形容**了。这样的转化表明，在这些表述中"心之本体"都应该理解为"**心的本己体段**"，即**心灵本真完全的现身**，而不能理解为心灵未发的实体。

体现为境界的本体表明了阳明那里"心之本体"作为"体段"的成长性。"心之本体"虽然有先天之"本"，但其"体"却需要在后天的培养、锻炼中逐渐长成。阳明晚年的这段话昭示了良知体段的成长性：

> 先生曰："我辈致知，只是各随分限所及。今日良知见在如此，只随今日所知扩充到底；明日良知又有开悟，便从明日所知扩充到底。如此方是精一功夫。与人论学，亦须随人分限所及。如树有这些萌芽，只把这些水去灌溉。萌芽再长，便又加水。自拱把以至合抱，灌溉之功皆是随其分限所及。若些小萌芽，有一桶水在，尽要倾上，便浸坏他了。"（《传习录》卷下，第 225 条）

这段话表明了阳明那里"致知"工夫的渐进性。阳明的"致良知"并非全如通常所以为的那样只是"顿悟"工夫。实际上，从阳明本人一生的造道历程看，心学工夫**既包含顿悟的突破性时刻，又包含渐悟渐修的阶段性过程**。要察良知的"体段"，需要对阳明"良知"提揭的各个层次有一个分解的梳理；还需要对阳明心学发展的历程有历时的观照，观其从"拱把"至于"合抱"的各个环节，展开阳明本人良知体段成长现身的画卷。

## 二、良知体段的四个基本环节：寂—感—判—忘

大体而言，良知的体段包含了心的静与动、寂与感、未发之中与已发之和的双重向度。关于寂感、未发已发，阳明有不同的讲法，有以寂、未发为体，以感、已发为用的讲法，这是在"实体"的意义上讲"心体"；也有心之本体"无分于寂然感通"、"无分于动静"的讲法，则是在完整"体段"的意义上讲"本体"。在答弟子陆澄的信中，阳明说：

> 性无不善，故知无不良，良知即是未发之中，即是廓然大公、寂然不动之本体，人人之所同具者也。但不能不昏蔽于物欲，故须学以去其昏蔽，然于良知之本体，初不能有加损于毫末也。

这是以未发、寂然不动讲良知本体，近于"实体"义。在同一封信中，阳明又说道：

> "未发之中"即良知也，无前后内外而浑然一体者也。有事无事，可以言动静，而良知无分于有事无事也。寂然感通，可以言动静，而良知无分于寂然感通也。动静者所遇之时，心之本体固无分于动静也。（《答陆原静第二书》，《传习录》卷中，第 157 条）

良知不分寂然不动和感而遂通，心之本体不分有事无事，而是

静中有动动中有静,这个无分于动静的本体是良知的整全之体。

良知的全体概言之可以说兼静与动、寂与感。在这一完整体段的意义上理解良知本体,致良知的工夫才不会偏于动或静的一端。不过,用**寂与感**、**未发与已发**等等来形容良知体段,这还是阳明借古人口吻来讲"良知",不是阳明对"良知"最独到的发明。我们要领略阳明那里"良知本体"的自家风光,需要对良知的体段有更精细的察识。在这方面,耿宁关于王阳明三个良知概念的分析可给我们以启发。

耿宁分析出王阳明的三个"良知"概念,是以王阳明提出"致良知"思想为节点,在此之前王阳明用到的是孟子的"良知"概念,还没有提他自己独到的"良知"概念——即作为"是非之心"的良知,在此之后是他独到"良知"概念的本体-宇宙论深化,即耿宁所言"始终完善的良知本体"思想。这一分疏揭示了王阳明"致良知"思想对孟子"良知"概念的独到发展。陈立胜教授认为,在耿宁所分疏的"良知"三义中,最值得关注的是良知Ⅱ,即"对本己意向中的伦理价值的直接意识"。陈立胜指出,作为本原意识的良知Ⅱ,依耿宁的解释乃是对心之所发的"意"的"自知"。这个本原意识不是一种反思意识,不是曾子所说的"吾日三省吾身"的反省,而是在一个本己意向出现时直接现存的意识,相当于佛教唯识宗讲的"自证分",或现象学所讲的"内知觉"。揭示出"良知"作为"自知"的照察与"意念"发生的同时性,这一点被陈立胜称许为"耿宁以现象学立场研究阳明学之最重要的理论成果"。基于这一揭示,可以对刘宗周批评王阳明"知为意奴"的一类观点进行反驳。因为良知作为是非之心并非在意念发生之后对意念进行反省,而是恒照恒察因而与意念同时现存的。[1]

平宁藩历忠、泰之变后,"致良知"成为王阳明心学的宗旨,一个"**一语之下,洞见全体**"(《传习录拾遗》,第10条)的学问口诀。关于良知对意念的照察及其自主性、自足性,王阳明在答江西籍弟子陈九川问时讲道:

> 尔那一点良知,是尔自家的准则。尔意念着处,他是便知是,非便知非,更瞒他一些不得。尔只不要欺他,实实落落依着他做去,善便存,恶便去。他这里何等稳当快乐。此便是格物的真诀,致知的实功。若不靠着这些真机,如何去格物?我亦近年体贴出来如此分明,初犹疑只依他恐有不足,精细看无些小欠阙。(《传习录》卷下,第206条)

良知在此显示为对心中的意念进行照察、判断的自家准则,依照这一准则存善去恶,就能达到心灵终极性的稳当快乐。阳明向陈九川直白他自己也是"近年体贴出来如此分明"(对话发生在正德十五年[1520]),**在这之前他还犹疑仅仅依靠良知"恐有不足",现在才自知自信良知这一自家准则"无些小欠阙"**。在龙场时阳明已经悟到"圣人之道,吾性自足"(《年谱》"正德三年"),但在提出"致良知"思想之前,却犹疑只依良知"恐有不足",**原因可能是在此之前他认为"良知"并不能体现"吾性自足"的性灵全体,并非完善意义上的"心之本体"**。这是因为王阳明在此之前是在"人心中的向

---

[1] 陈立胜,《入圣之机:王阳明致良知工夫论研究》,北京:生活·读书·新知三联书店,2019年。

善的倾向"这个传统的含义中用到"良知"这个表达。[1] 这就显示出，从孟子那里沿用来的爱亲敬兄的"良知"在阳明看来还未免有不足，"知是知非"的良知才是"无些小欠阙"的良知全体。这样阳明就向"始终完善的良知本体"这一概念走出了关键的一步。

审察着意念之是非的"良知"与爱亲敬兄的"良知"是什么关系？王阳明的第二个"良知"概念可以简称为"**是非之心**"，即对内心意念之是非善恶的觉察判断。**其第一个"良知"概念则可以简称为"感应之心"**，见父自然知孝、见兄自然知弟、见孺子入井自然知恻隐，此等良知都是不虑而知的"感应"。感应与是非判断构成良知的两个层次，这在阳明晚年的一个讲法中可以看到：

> 目无体，以万物之色为体；耳无体，以万物之声为体；鼻无体，以万物之臭为体；口无体，以万物之味为体；心无体，以天地万物感应之是非为体。（《传习录》卷下，第 277 条）

"**感应之是非**"即是良知。此处阳明将感应与是非合在一起说，而在阳明将良知揭示为"是非之心"时，**"是非之心"里面就涵摄了"感应"**，包含了感应的条理（参《传习录》卷下第 276 条，讲"亲亲仁民爱物"的一体之条理）。阳明的"良知"是以"是非之心"综括了孟子所言的四端之心。[2] 四端中恻隐之心、羞恶之心、恭敬之心实际上都是**心之感应**，唯有"是非之心"则是心之理智神明。是非之心是理智的判定、抉择能力，不只是一事一物上的**判别力**，更

---

1 《人生第一等事》，第 227 页。
2 牟宗三，《从陆象山到刘蕺山》，长春：吉林出版集团有限责任公司，2010 年，第 138 页。

是自己成为什么人意义上的**决定力**，是人人内心本有的"**定盘针**"（《咏良知四首示诸生》之三）。

良知作为是非的判定不只是道德认知，也是作为行动之发端的道德意志。阳明讲：

> 良知只是个是非之心。是非只是个好恶。只好恶就尽了是非，只是非就尽了万事万变。是非两字是个大规矩。巧处则存乎其人。（《传习录》卷下，第288条）

"**是非只是个好恶**"，牟宗三认为此处"好恶"即是孟子所言"羞恶之心"的"羞恶"[1]，失之于片面。孟子的羞恶之心基本上是从"负面"界定"义之端"，而阳明以好恶论是非之心，则正、负两面兼顾：好者好之，恶者恶之。[2]

良知的所好所恶首先针对的是自身的情感意念。阳明讲：

> 善念发而知之，而充之；恶念发而知之，而遏之。知与充与遏者，志也，天聪明也。圣人只有此，学者当存此。（《传习录》卷上，第71条）

良知既是知善知恶的知（天聪明），也是扩充善遏止恶的志，志与知是一体的。阳明所反复教诲的存善去恶**首先都是针对自身的善念与恶念**。因此，良知作为修身之学的要诀，其好恶乃是**反身性的**

---

1 《从陆象山到刘蕺山》，第138页。
2 《入圣之机》，第229页。

**好恶**，即**在自身中为善去恶的修身之志**。良知作为知是知非的是非判断即是好善恶恶的修身情志，是"知情意三位一体"，即"扎根于仁体之中、浑然与物同体的感受能力、判断能力、取舍能力、应对能力"[1]。

从以上的分析中可以看到良知的体段包含三个环节——寂静未发的良知实体、良知的自发感应、良知的是非之判定取舍。这三个环节都包含在"致良知"工夫的全体中。有进于此，阳明在晚年居越时期还发展了良知与太虚同体的思想。黄宗羲说阳明居越以后"所操益熟，所得益化，时时知是知非，时时无是无非"[2]，指出了良知学"无"的一面。关于"无"的一面，陈来指出，"良知既具有知善知恶的先验能力，又具有'不着意思'的先验品性。可见，仅从知善知恶解释良知，还不能完全显示出阳明良知说的全部内涵"[3]。他认为，阳明四句教中"无善无恶心之体"标举的是"无"的境界，"无"即超越，并且认为"这里的'无'是指境界的无，而不是本体的无"[4]。在笔者看来，区分"境界的无"与"本体的无"在阳明这里并无必要，良知的"本己体段"包含了"与太虚同体"的无之境界。阳明多处讲到良知"廓然与太虚而同体"（《答南元善·丙戌》）、良知"本体只是太虚"（《年谱》"嘉靖六年九月"）。可见，在阳明那里"太虚"就是心的本己体段，而非本体之上悬设的境界。

陈立胜在其近作中辟了专章探讨"作为'虚寂之体'的良知"。

---

1 《入圣之机》，第 246 页。
2 《明儒学案》，第 180 页。
3 《有无之境》，第 257 页。
4 《有无之境》，第 253 页。

他从三个方面阐发了阳明那里良知的"虚寂"性:

> 1. 在阳明这里,以"虚""无"形容良知之本色,一是要彰显良知涵容万物,无一物不容、无一物不贯这一润泽万物的普遍性,一是显示良知之无滞性、活动性。……
> 2. 以"无知无不知"描述良知之性质……凸显良知之无造作、无计度、自然而然之性质。
> 3. 以未发之中阐述良知之内涵,其用意在于突破朱子学关于未发、已发之相关论说,良知之为好恶实则又是"无有作好""无有作恶",良知之为寂体同时即是一感通之体,即寂即感,即感即寂,常寂常感,体用一源,原无先后、内外之分。[1]

这一总结颇为周全。从良知本体的完满性角度尚有一点可说的是,良知的周流无滞性是就应物而言,是应物而不滞于物的刚健之乾德;良知的"无有作好""无有作恶"是"无我"的一面,是厚德载物的坤德。良知的"**与太虚同体**"处正是"**与天地合其德**"处。这一"与太虚同体"的阶段可以称为良知"**物我两忘**"的阶段。周流不滞是"物"之忘,无造作、无计度是"我"之忘。然而,不滞于物处正是良知周流应物而成物的广大处,忘我正是良知尽性立命的成己之高明处,**物我两忘正所以成己成物,乃是良知的广大高明体段**。**由寂而感而判而忘**,即是良知体段(Wesen)的基本环节,是良知即**现身**即**隐身**的本体运化。

---

[1]《入圣之机》,第 278 页。

## 小结

综上所论，我们可以说在阳明那里致良知工夫所证成的才是**完全的良知体段**，其早年知行合一的工夫中所诉诸的"知行本体"还只是良知的初几，并没有展现出良知的完满体段。就动静工夫的完整性而言，"致良知"无间于动静，克服了"知行合一"偏于动、"默坐澄心"偏于静的弊端：

> 良知明白，随你去静处体悟也好，随你去事上磨炼也好，良知本体原是无动无静的。此便是学问头脑。我这个话头自滁州到今，亦较过几番，只是致良知三字无病。医经折肱，方能察人病理。（《传习录》卷下，第262条）

致良知工夫无间于动静，相对知行合一与静坐工夫更圆融，"静处体悟"与"事上磨炼"都可以以"致良知"为工夫头脑，工夫无间断，才能证成本体的无亏欠。因此，龙场格致之悟只是阳明心学的彻悟之始，平定宸濠之乱与处忠、泰之变后的致良知工夫才是阳明心学的彻悟之成熟，良知本体在这一大磨炼的彻悟中才成长、展现为根深叶茂的参天之树。阳明晚年居越时期所达到的良知"忘悟"阶段更体现了他的本体学问日新不已的境界。

究心本体的领悟是阳明心学的一大特点，阳明龙场悟道后多以心之本体、知行本体的讲法提点门人，提揭"致良知"教以后更屡言良知本体，工夫本体不二是其本体-工夫论的宗旨，而在其对良知本体的指示中，阳明将刻画儒学人生修养境界的至善、定、诚、乐等表述也纳入到了他的"本体学"中，使得这些境界成为致良知的本地风光。我们可以将阳明心学的本体学概括为原境界于本体、证本体于工夫的本体学。

耿宁对阳明心学的现象学研究为我们理解阳明的"本体"论述提供了颇多启发，他以德文的 Wesen 来译解阳明心学中的"体"，启发我们去体察阳明心学中良知体段的各个现身环节，也启发了我们对西方哲学中"本质"（Wesen，essence）这一概念的新理解。从海德格尔对 Wesen 的革命性解释看[1]，西方哲学中也出现了克服形而上学"本质主义"的新"本体论"——"本体"并非理论思辨的对象，而是在实践中现身、完善的历史性生命。深究王阳明即工夫即本体的良知学，对于我们展开与西方后形而上学的本体论之间的跨文化对话，也具有重要意义。

---

[1] 海德格尔反转了"本质先于存在"的形而上学本质论，将"本质"（Wesen）解释为存在的运动。关于此，可参"论真理的本质"一文"注解"（《路标》，孙周兴译，北京：商务印书馆，2000 年，第 231 页以下），以及"语言的本质"一文（《在通向语言的途中》，孙周兴译，北京：商务印书馆，2015 年，第 195 页以下）。

# 第二章　良知的情与理

## 引言　良知作为德性本体的情理构造

儒学以仁为本，如何理解"仁"是儒学的根本问题，其中一个重要方面就是体贴"仁"里面的情与理。孔子在礼崩乐坏的春秋乱世以仁救礼、释礼归仁，抉发出"仁"为君子之道的第一义，奠定了儒学尊德性的传统。以仁为核心美德的儒学尊德性传统或多或少带有重情的特征。尽管"仁"之义涵广大精微，孔子对"仁"的解释也圆转多方，但仁者"爱人"可以说是最素朴简易的解释。孟子以"恻隐之心"为"仁"之端，更突出了仁德的情感性。宋儒中大程子明道一脉以"与物同体"解释仁，继承了孟子的理路。小程子伊川则不赞成"专以爱为仁"，根据其性、情、理、气相分的形而上构架，他认为爱是情、仁是性，仁者固然博爱但爱并不就是仁。[1] 朱子继承伊川的理路而释"仁"为"心之德，爱之理"，突出了仁的理性内涵，但毕竟"爱"是基本的，没有爱，也就谈不上爱之理。

不过，"仁"虽然在孔孟儒学中是最基本的德性，却不是唯一的德性，《论语》和《中庸》都以智、仁、勇为天下之达德。在孔子那

---

1　[宋]程颢、程颐，《二程集》卷十八《伊川先生语四》，王孝鱼点校，北京：中华书局，2004年，第182页。

里仁、智并提,君子成德需要仁、智兼修。《论语》以"学而"为首篇,即体现了孔子之道好学尚智的取向。[1]《中庸》以"尊德性而道问学"概括君子之道,与孔子的仁、智并举一脉相承。但"尊德性"和"道问学"两者在孟子和荀子那里开始各有所偏重。孟子虽然也仁、义、礼、智四德并提,但突出的是仁和义,他以"是非之心"作为"智"之端,"智"成了道德判断的先天能力,与孔子所讲的知人、好学之智有差别。因此我们可以说孟子之学主要张大的是儒学中尊德性的根本。与之不同,荀子的儒学则发扬了孔子之道重学识、博文约礼的传统,张大的是道问学的一面。从荀子儒学与孟子儒学的差别我们也可以看到,儒学中偏重尊德性的孟子一脉具有重情的特征,而偏重道问学的荀子一脉则对人的性情持相当负面的看法,更有崇理(礼)、尚智的取向。

程朱理学的道统说尊孟子而贬荀子,也肯定了仁是"爱之理",但其格物穷理的致知路向还是淡化了儒学的情感底蕴,使得"天理"的核心范畴具有了客观的义理性质,天理人欲的截然对立就与此相关。程朱理学对孟子学的修正最鲜明地体现在朱子明确认为不仅《中庸》讲的"喜怒哀乐"之情有中节不中节的问题,而且孟子讲的四端也可能不中节,"若不当恻隐而恻隐,不当羞恶而羞恶,便是不中节"[2]。基于这一认识,朱子接受孟子那里恻隐、羞恶、辞让、是非之心为仁义礼智四端(《孟子·公孙丑上》)的观点,但对孟子在与

---

[1] 子曰:"好学近乎知,力行近乎仁,知耻近乎勇。"(《中庸》)
[2] [宋]黎靖德编,《朱子语类》,王星贤点校,第四册,卷五三,北京:中华书局,1986年,第1285页。关于这个问题的研究,参李明辉著《四端与七情:关于道德情感的比较哲学探讨》,上海:华东师范大学出版社,2008年,第185页。

告子论辩时提出的"恻隐之心,仁也;羞恶之心,义也;恭敬之心,礼也;是非之心,智也"(《孟子·告子上》)这一论断,朱子其实是有保留的。既然恻隐、羞恶、恭敬、是非之心也可能不中节,因此它们就只是仁、义、礼、智之端,而不能等同为仁、义、礼、智,君子修德要达到德盛仁熟的境地仅靠善端的良知良能是不够的,还需要穷理致知的道问学工夫。因此,程朱理学虽然也以"仁"为根本德目,但其穷理致知的进学路向实际上相比孟子而言更具有崇礼、重智的理性特征,程朱之学在"道问学"的转进之路中有遗失"尊德性"之本的危险,这在遍注群经的朱子那里更为明显。朱子乐此不疲的求知取向在当世就招致了陆九渊的异议,在明代中叶又遇到了王阳明心学的强大挑战。

阳明心学在义理上始于对朱子学中心与理为二、知与行分离的不满。阳明重新光大陆九渊心学的路向,主张"心即理",倡言"知行合一",走向了一条与程朱理学格物穷理、知先行后不同的成圣路径。也可以说,阳明不满于程朱理学对孟子学的修正,实际上是重新彻底地回到了孟子学尊德性的道路上,他在江西平定朱宸濠之乱以后专以"致良知"为立说宗旨,更彻底鲜明地回到了孟子尊德性的学脉。那么,阳明的良知学是否可以说是以"情"(四端的道德情感)为本?

如果我们可以认为阳明讲的良知就是孟子说的四端,那么我们就可以断定"良知"就是先天的道德情感。若果如此,阳明那里的"良知"是否也有朱子所指出的不中节的问题,是否也只是德性之端?道德情感能充当道德认知和践履的充分条件吗?如果在伦理生活中我们一任性情,那是否会导致私欲和意气混入道德感情中来,发生"认欲做理"的危险？事实上，在阳明后学中确实有过假良知之名而肆情任意的流弊。明末儒者刘宗周就曾指出过这类良知学中的流弊：

> 今天下争言良知矣，及其弊也，猖狂者参之以情识，而一是皆良，超洁者荡之以玄虚，而夷良于贼……[1]

受其影响，黄宗羲在《明儒学案》中发挥其师刘宗周的见解，一再地指出"以情识为良知"失却了阳明良知学的本旨[2]。"以情识为良知"果真违背了阳明良知学的本旨？孟子的四端难道不是情识，不是从道德情感中生发出的道德意识？阳明的良知学思想从孟子发展而来，自无疑义。更有甚者，阳明在晚期对情感采取了一种非常宽容的态度，认为"七情顺其自然之流行，皆是良知之用"[3]，这样不仅四端，而且七情也属于良知了。由此看来，"情识"、"一是皆良"的观点并非王门后学的妄作，在阳明本人那里也是可以找到根据的。

然而，主张"以情为良知"并非良知学本旨的观点在阳明本人那里同样可以找到论据。在我看来，这倒不是像黄宗羲认为的那样，因为阳明以"良知"为喜怒哀乐"未发之中"[4]。其实即便在发用

---

[1] 《蕺山学案》,《明儒学案》, 第 1575 页。
[2] 参《明儒学案》, 第 212、582、639 页。所谓"以情识为良知", 就是将各种本然的情感活动都当作良知。
[3] 《传习录》卷下, 第 290 条。
[4] 《明儒学案》, 第 639 页。在阳明那里"良知"是贯通未发已发的, 即便他有时讲到良知是"未发之中", 也只是因方设教的权说。如果固守良知为"未发之中", 错失阳明"事上磨练"的宗旨, 将会有"荡之以玄虚"的弊病。

处求良知,也未必如黄宗羲所言"便入情识窠臼去"[1]。因为在阳明良知学的成熟期他不再笼统地以孟子的四端来讲"良知",而是突出了四端中的"是非之心",以涵摄四端的"是非之心"为良知。"是非之心"在孟子那里是"智"之端,可以理解为实践判断力。"以情识为良知"是否并非阳明的本旨,还得看他对"是非之心"怎么解释。

因此,在阳明的良知学中情感究竟具有怎样的地位,这不是一个可以简单断定的问题。他的良知学并非简单沿袭孟子,通过对《大学》《中庸》等经典的重新解释并参之以他出入佛老的心路历程和百死一生的人生历练,他的"良知"概念具有丰富的含义,必须通过分析他的"良知"概念与孟子四端说的继承发展关系,分析他如何以良知学来重新解释《大学》格致诚正诸条目以及《中庸》"未发已发"问题,我们才可以比较完整地理解他的良知学,明了良知的情理构造。参照瑞士哲学家耿宁先生在其近著《人生第一等事》中的分析,阳明良知学有三个发展阶段,其"良知"概念有三重含义,第一重含义是作为自然禀赋的向善的情感,这个良知概念是对孟子四端说的继承;第二重含义是"对本己意向中的伦理价值的直接意识",这层含义是对孟子"是非之心"的一个发展,其中包含了自知、独知的自我意识;第三重含义是"始终完善的良知本体",是本体学层面的概念。从阳明心学的四书学背景看,第一和第二个良知概念主要来自《孟子》和《大学》,第三个良知概念包含了《中庸》的学理脉络。

如果耿宁先生这一分析不错,那么阳明的第二和第三个良知

---

[1]《明儒学案》,第212页。

概念就不只是孟子四端意义上的道德情感，而是包含了更深广的内涵。在阳明相对孟子而言发展了的良知概念中情感处于什么样的地位呢？"以情识为良知"是否只是阳明前期良知思想中包含的问题，在第二和第三个良知概念中是否得到了克服？相比第一个良知概念，作为"是非之心"的良知和"始终完善的良知本体"是否结合了更多"道问学"的因素而具有更强理性内涵？如果"良知"是情感性的道德主体，那么在良知中是什么样的基本情感在起作用？阳明讲"良知是天理之昭明灵觉处，故良知即是天理，思是良知之发用"[1]，故天理是良知的极则，良知之情自是通达天理之情。必须通过体察良知的情理，我们才能对良知的体段有一完整深入的了知。

## 一、知行本体之为有感之知

阳明突破朱子学的权威而立己说，并不像今人那样是为了理论创新，而是出于身心学问的内在困惑。阳明早年曾笃信朱子格物穷理之说，由此而有他格竹而致病的著名故事。几年后阳明虽然对朱子"循序致精"的格物之法有了更贴切的认取，开始悔悟先前泛求天下事物之理而不懂循序渐进，这其实是对朱子格物说的片面理解，但"物理吾心终若判而为二"（《年谱》"弘治十一年"），在朱子那里还是没有找到成圣贤的真切门径。因此，阳明自家学问的发端处就是要解决这个"物理吾心终若判而为二"的问题。从阳明年谱来看，这个问题获得真正解决的起点是"龙场悟道"。

---

[1]《答欧阳崇一》,《传习录》卷中，第169条。

年谱记载，正德三年戊辰（1508），阳明谪至贵阳龙场，是年"先生始悟格物致知"。这当然不是说阳明开始领悟了朱子对格物致知的解释，而是说他突破朱子的格物穷理说而形成了自己对格物致知的独到理解。"圣人之道，吾性自足，向之求理于事物者误也。"（《年谱》"正德三年"）这是阳明在龙场居夷处困动心忍性所悟的关键。圣人之道就在自家心性中，不必求之于事物，因此格物致知也就不必到物上穷理，而是要明心见性，心体即道体。阳明此时已经体认了心学的要义"心即理"。他以经典来印证自己的所悟，尤其是将自己的所悟运用到对《大学》的解释，发展出了一个迥异于朱子学的学问路向。

阳明突破朱子学自立宗旨的起点是"知行合一"说，由此说出发阳明提出了不同于朱子的对《大学》的解释，标举出其中的"诚意"条目，并否定了朱子的《大学》改本而重新回到古本。阳明"知行合一"说的提出以他对"格物致知"的自家证悟为基础，而这一证悟的实质乃是以"心即理"的心学觉解置换朱子"格物穷理"的问学工夫。陈来教授指出，"在阳明哲学中知行观的解决与心理观有着内在的逻辑联系，所以阳明也说，以心理为二故知行为二，以心理为一故知行合一"[1]。因此，我们只有理解了他的"心即理"说，才能真正明白"知行合一"的本体基础；反过来，了解"知行合一"说，也有助于我们从践履工夫出发理解"心即理"这一思辨命题。阳明的"知行合一"说非常著名，但它并非如常识所想的那样是一个提倡道德方面知行一致的应然命令，而是在本然中追溯应

---

[1]《有无之境》，第122页。

然的道德本体之发现。它说的是"**知行是一个**",而非"**知行要一致**"。这不仅与朱子的知行观相异,也与一般常识对知、行的理解不一样。正因为如此就连徐爱这样阳明的早期亲炙弟子一开始也不能明晓这一学说(参《传习录》卷上,第5条)。徐爱在伦理领域中理解"知行合一"说,知是知孝、知悌之类伦理的知,行是行孝、行悌之类伦理的行,徐爱据常识认为知、行事实上经常是分离的。阳明的应对则是认为知而不行的"知"不是真知,真知一定是知行一体的,他用"如好好色,如恶恶臭"来阐明"真知行"的特征。好好色、恶恶臭这类感性活动具有鲜明的知行一体的特征,阳明顺着《大学》的理路认为伦理认知也具有同样的特征。在阳明看来"知孝""知弟"这类**德性之知**与"好好色"、"恶恶臭"一样具有**情感动力**,同属于"**有感之知**"[1]。未曾被私意隔断的有感之知,就是阳明所言"**知行的本体**"。这个"感"不只是声色臭味的**感官之感**,而是"**紧切着实**"的**情感之感**。感受活动一般地具有牵动我们的本己生命的切己特征,这正是阳明以好好色、恶恶臭以及饥寒痛痒这类感性感受来类比地阐明德性之知的"知行合一"性质的现象根据。但是,在这段关键论述中阳明并没有明确阐发出这层现象根据,并没有讲明知孝知悌如何能够具有好好色恶恶臭一般知行合一的特征,因此也招致了一些学者对其"知行合一"说的质疑。

韩国十六世纪理学家李退溪在阳明学方传入韩国之际就批评阳明的"知行合一"说:

---

[1] 关于"有感之知"的概念,参陈嘉映教授《说理》,北京:华夏出版社,2011年,第175页以下,其字面意思即"带有感觉地知道",区别于名相之知、推论之知,大体相当于墨子的"亲知"概念。

其以见好色、闻恶臭属知，好好色、恶恶臭属行，谓"见闻时已自好恶了，不是见了后又立个心去好，不是闻了后别立个心去恶"，以此为"知行合一"之证似矣。然而阳明信以为人之见善而好之，果能如见好色自能好之之诚乎？人之见不善而恶之，果能如闻恶臭自能恶之之实乎？孔子曰："我未见好德如好色者。"又曰："我未见恶不仁者。"盖人之心发于形气者，则不学而自知，不勉而自能，好恶所在，表里如一，故才见好色，即知其好，而心诚好之，才闻恶臭，即知其恶，而心实恶之。虽曰行寓于知，犹之可也。至于义理则不然也。不学则不知，不勉则不能，其行于外者，未必诚于内，故见善而不知善者有之，知善而心不好者有之，谓之"见善时已自好"，可乎？见不善而不知恶者有之，知恶而心不恶者有之，谓之"知恶时已自恶"，可乎？故《大学》借彼表里如一之好恶，以劝学者之勿自欺则可。阳明乃欲引彼形气之所为，以明此义理知行之说，则大不可。[1]

对退溪的这个批评，李明辉教授为阳明提出了两点辩护：其一，"《大学》传文以'如恶恶臭，如好好色'来说明'诚意'之义，这只是运用'类比'（analogy）的手法，并非真的以'恶恶臭，好好色'为'诚意'。这犹如孔子以'好色'喻'好德'，并非他真的认为'好色'与'好德'是一回事"；其二，"退溪强调：'人之心发于形气者，则不学而自知，不勉而自能，好恶所在，表里如一。'这固

---

[1] 《退溪先生文集》，卷四一，第26页。转引自《四端与七情》，第252页。

然是一个可以体验到的事实，但这也正是阳明的类比所诉求之点。因为根据孟子，在义理的层面上，良知、良能也是'不虑而知，不学而能'"。[1] 这个辩护中的第二点是关键性的。退溪认为对"义理之善"的知与行在本质上有别于好好色恶恶臭，"不学则不知，不勉则不能"，这个看法与孟子的"良知良能"说相悖。孟子以恻隐、羞恶、辞让、是非之心的道德情感来论证性善，恰是为了阐明道德义理也有"不虑而知，不学而能"的先天端倪。这种原发性的道德情感即是知行合一的。就此而言，四端的德性之知与"好好色恶恶臭"的感性本能具有相同的本质，都是"有感之知"，它们是**同类**关系，而不只是"**类比**"关系。从孟子和阳明的理路看，孔子说"我未见好德如好色者"，这并非因为"好德"不具有如"好色"一般原发的知行合一本质，而是因为德性之知的本体被私意、习气深深地遮蔽了，因此需要一番致知的工夫来回复这本体。阳明后来"致良知"的学说发掘的就是这一"心的逻辑"。

以孟子的良知良能说来解释《大学》格致诚正的工夫，是阳明"知行合一"说的深层理据。由此可知阳明在龙场悟道后的早期学说中虽还没有明确提出"致良知"的口诀，但孟子的良知思想已经是其"知行合一"说以及对《大学》相关解释的根据。我们可以看《传习录》卷上，第8条：

> 知是心之本体，心自然会知：见父自然知孝，见兄自然知弟，见孺子入井自然知恻隐，此便是良知不假外求。若良知

---

[1]《四端与七情》，第 255 页。

之发，更无私意障碍，即所谓"充其恻隐之心，而仁不可胜用矣"。然在常人不能无私意障碍，所以须用致知格物之功胜私复理。即心之良知更无障碍，得以充塞流行，便是致其知。知致则意诚。

阳明在这里以孟子讲的"良知"来解释《大学》"致知格物"之"知"，理路非常显豁。由此可见，"知行合一"的本体正是孟子讲的"良知"，而此"良知"乃是"有感之知"，这在孟子"恻隐之心"的义例中非常明显。孟子的四端说正是陆王心学"心即理"说之所本。这个"理"不是事物自在的定理，而是在道德情感中生成的义理。用现象学的语言来说，恻隐、羞恶、恭敬、是非之心作为道德感受并不只是意向地**指向**仁义礼智的道德义理，而是意向地**构造**出此义理。牟宗三先生说："'心即理'不是心合理，乃是心就是理；'心理为一'不是心与理合而为一，乃是此心自身之自一。此心就是孟子所谓'本心'。"[1] 简言之，在孟子和陆王心学的系统中，"心即理"的"理"乃是人心的**情理**，仁义礼智（"理"）即是本心的朗现，此本心即是恻隐、羞恶、恭敬、是非的道德情感。因为道德义理就是从本心中发出来的，就是良知的自觉，不是求之于外物，因此自然有实行出来的内在趋向，这就是知行合一的本体根据。

阳明以"如好好色，如恶恶臭"来阐明"知行合一"，昭示了"德性之知"作为"良知"具有和感性活动一样的切己自发性质，同属"有感之知"。阳明这一阶段立说的重点在澄清"求理于事物"的

---

1 《从陆象山到刘蕺山》，第138页。

迷误，救治由此而带来的心与理为二、知与行分离的弊病，因此将恻隐羞恶一类的道德感知与好好色恶恶臭之类的感官感知混同视之，标举出《大学》"诚意"以作为"知行合一"的经典理据。如果对阳明的这一立言宗旨弃置不顾，只是抓住"良知"自发的感性特征，那么好色、好货之类感官情欲就可能混入"良知"中来，产生"以情识为良知"的弊病。要避免这一流弊，就必须进一步将恻隐、羞恶之心一类的道德情感与好色好货之类的感官感受分别开来。

从前面退溪的质疑来看，义理层面的知行与感官形气层面的知行显然有差异，退溪讲的"知善而心不好者有之"、"知恶而心不恶者有之"，孔子说"知之者不如好之者"、"吾未见好德如好色者也"，表明了这一点。阳明可以说这种意义的知已经不是真知，不是"知行的本体"了，但既然恻隐羞恶之心与好好色恶恶臭同属于"不虑而知，不学而能"，为什么只是前者需要致知诚意的工夫？阳明基于"知行合一"说发掘了道德感知与感官本能同属"有感之知"的类本质，但还必须进一步明辨它们的差异。显然，恻隐羞恶的道德感知更容易被私意障碍，要恢复这种天然的道德感知，需要去除私意障碍，而这首先需要在私意和道德情感之间做出辨析和抉择。这样孟子讲的四端中的是非之心作为道德判断的功能就必须凸显出来，成为阳明良知概念中核心的要素。

## 二、是非之心的人情与天理

王阳明在平定宁藩朱宸濠的叛乱前后，于1519—1520年间开始提出"致良知"学说。"致良知"的口诀成为阳明心学的标志。按照耿宁的分析,王阳明这一时期的良知概念是"对本己意向中的伦理价值的直接意识"[1],亦即阳明晚期四句教中的"知善知恶"之心,或者在这个意义上理解的孟子的"是非之心"。在此之前阳明用了好几个不同的表达来称谓这种对善的和恶的意向做出区分的道德意识,如"见心体"、"天聪明"、"本心"、"独知"。如"天聪明"的概念:

> 善念发而知之,而充之;恶念发而知之,而遏之。知与充与遏者,志也,天聪明也。圣人只有此,学者当存此。(《传习录》卷上,第71条)

此处的"志"、"天聪明",即良知,明确区分于自发的善意念,已经不是孟子所讲的恻隐之心、羞恶之心意义上的良知良能,而是善恶意念之上更高层次的道德意识。

良知与意念的层次划分在阳明的书信《答魏师说》中更为明确:

> 所云"任情任意,认作良知,及作意为之,不依本来良知,而自谓良知者,既已察识其病矣",意与良知当分别明白。凡应物起念处,皆谓之意。意则有是有非,能知得意之是与非者,则谓之良知。依得良知,即无有不是矣。[2]

"凡应物起念处,皆谓之意",照这个界定恻隐、羞恶、恭敬之心这类道德情感都只是"意",良知是"知得意之是与非"的道德

---

[1] 《人生第一等事》,第195页。
[2] 《王阳明全集》,第242页。

判断能力，相对自发的情感是更自觉透彻的自身意识。阳明因此对孟子四端中的"是非之心"做了提升，使之相对恻隐、羞恶、恭敬之心获得了一个更高阶的地位。良知具有对各种情意进行辨别的理智功能，阳明并据此明确反对那种"任情任意，认作良知"的误解。可以想见，这种误解与阳明早期作为"有感之知"的良知概念密切相关，而且这种误解很可能在阳明后学中颇有影响，以致黄宗羲在《明儒学案》中发挥其师刘宗周的见解一再地明确反对阳明后学中"以情识为良知"的观点。

阳明的良知思想在伦理内容上仍以宋儒的"存天理，去人欲"为宗旨，例如下面一段陆澄所记载的话：

> 一日，论为学工夫。先生曰："教人为学，不可执一偏：初学时心猿意马，拴缚不定，其所思虑多是人欲一边，故且教之静坐、息思虑。久之，俟其心意稍定，只悬空静守如槁木死灰，亦无用，须教他省察克治。省察克治之功，则无时而可间，如去盗贼，须有个扫除廓清之意。无事时将好色好货好名等私欲逐一追究搜寻出来，定要拔去病根，永不复起，方始为快。常如猫之捕鼠，一眼看着，一耳听着，才有一念萌动，即与克去，斩钉截铁，不可姑容与他方便，不可窝藏，不可放他出路，方是真实用功，方能扫除廓清。到得无私可克，自有端拱时在。虽曰何思何虑，非初学时事。初学必须思省察克治，即是思诚，只思一个天理。到得天理纯全，便是何思何虑矣。"（《传习录》卷上，第39条）

这种将好色好货好名的欲望当作心中贼、当作盗取粮食的鼠类而加以扫除廓清的道德主张与早期以"如好好色，如恶恶臭"阐明知行合一之论看起来简直是自相矛盾。由此亦可见，良知判断意念是非善恶的准则仍是"天理"，即孝、弟、忠、信这些伦理义务。[1]

阳明这一严于天理人欲之别的良知概念是否类似于康德有禁欲色彩的"实践理性"概念？是否剔除了情感因素，因而会面临实践动力缺乏的问题？如果阳明的第二个良知概念只是一种理性的道德判断能力，那么它将面临阳明曾经对治过的知行两分的危险，需要在良知之外另寻实践良知的动力，这样它反而不如第一个作为道德情感的良知概念那样能知行合一了。作为是非之心的良知是否包含有情感性的践履动力？在阳明这里，答案是肯定的。因为在阳明这里良知分辨的是非善恶并非外在的事物之理，而是心志本身的分别条理，在阳明"心即理"的理路中是非善恶的根据被回溯到了主体的好恶认同中：

"良知只是个是非之心，是非只是个好恶，只好恶就尽了是非，只是非就尽了万事万变。"又曰："是非两字，是个大规矩，巧处则存乎其人。"（《传习录》卷下，第288条）

"是非只是个好恶"，这听起来是一种极端恶劣的主观主义，与

---

[1] 在阳明那里"天理"还具有中和"至善"的意义，不只是一般伦理的善。例如他在南京任鸿胪寺卿的时候，弟子陆澄因儿子病危的消息而忧闷不能堪，他以"天理亦自有个中和处，过即是私意"，"天理本体，自有分限，不可过也"劝解陆澄忧戚不能过度（《传习录》卷上，第44条），体现了阳明心学的中道理性内涵。

那种将道德判断看作偏好之表达的情感主义看来如出一辙[1]。情感主义是十九、二十世纪之交欧美流行的一种道德哲学思潮，它消解掉了所有善恶是非判断的公共性、客观性，使得普遍有效的道德认同和批判变得不可能，因为道德评价在情感主义那里变成了没有约束力的偏好之表达，"这是善的"被等同为"我赞成这，你也赞成吧"[2]。伦理学中的这种情感主义对道德而言是解构性的，将使得公共的是非变得不可能，在是非善恶的判断方面人们将变得莫衷一是。心学在人心中寻找善恶是非的根据，尤其需要将自己与主观主义、相对主义的情感主义道德观区分开来。孟子特别强调恻隐之心、羞恶之心、恭敬之心、是非之心"人皆有之"，这些都是普遍的而非特定地域和时代的人才具有的道德情感。他甚至从感官好恶的普遍性来论证道德意识的普遍性："口之于味也，有同耆焉；耳之于声也，有同听焉；目之于色也，有同美焉。至于心，独无所同然乎？心之所同然者何也？谓理也，义也。圣人先得我心之所同然耳。故理义之悦我心，犹刍豢之悦我口。"（《孟子·告子上》）。因此，从孟子的思路来看，以道德情感为善恶是非的根据，并不导致取消道德准则的公共性、普遍性的相对主义。阳明在这方面也继承了孟子的精神。

阳明在晚年通过其万物一体思想来阐明良知的**是非好恶的公共性**，他写道：

> 良知之在人心，无间于圣愚，天下古今之所同也。世之君

---

[1] 陈来教授就认为阳明"只好恶便尽了是非"的思想尤其与康德排斥好恶的实践理性相悖。（《有无之境》，第215页）

[2] ［美］麦金太尔，《追寻美德》，宋继杰译，南京：译林出版社，2003年，第14页。

> 子惟务致其良知，则自能公是非，同好恶，视人犹己，视国犹家，而以天地万物为一体，求天下无治，不可得矣。(《答聂文蔚》,《传习录》卷中，第179条)

**良知好恶的本源是一体之心**，而不是私情的好恶，因此自然能够"公是非，同好恶"，成为君子平治天下的根本依据。阳明还认为这个基于一体之心的"公是非，同好恶"不仅是天下之所同，而且是古今之所同，是亘古不磨的仁心，他充满自信地称之为"良知之明，万古一日"(《答顾东桥书》,《传习录》卷中，第143条)。因此，阳明所揭示的良知作为是非之心，其根本处是万物一体的生命-伦理情感。

关于阳明那里是非与好恶的关系，牟宗三先生有一个解释，他认为阳明"是把孟子所说的'是非之心智也，羞恶之心义也'两者合一而收于良知上讲，一起皆是良知之表现。良知底是非之智就是其羞恶之义。阳明说'好恶'就是孟子所说的'羞恶'"。[1] 如果接受这个解释，那么良知作为"是非之心"仍是情感性的，而且和恻隐、羞恶之心落在了同一个层次，不能够充当恻隐、羞恶、恭敬之心是否中节的判准。但恻隐、羞恶之心也有不中节的可能，阳明是明确承认的。例如，阳明如此答复门生黄勉之关于宋儒批评韩愈"博爱之谓仁"的质疑：

> 爱之本体固可谓之仁，但亦有爱得是与不是者，须爱得是

---

1 《从陆象山到刘蕺山》，第138页。

方是爱之本体,方可谓之仁。若只知博爱而不论是与不是,亦便有差处。(《王阳明全集》,第217页)

此处"爱得是与不是"的判断,显然就是作为"是非之心"的良知,由此可见是非之心是基于爱的情感但比自发的爱更高一层的理智判断。再如,阳明超出俗见不以落第为耻而以落第动心为耻(《年谱》"弘治六年"),表明羞恶之心也有发得真与不真、当与不当的问题。

阳明"是非只是个好恶"的讲法抽象出来解释,确实容易产生弊病,容易导致以情识为良知而纵情任性的流弊。舍勒在讨论"良知主体性"问题时就提出过质疑:"这个向我们窃窃私语、告诉我们(只是以错误的方式)一些被我们看作是良知陈述的东西,它究竟是**良知**,还是**另一种感觉或冲动**?"[1] 阳明将良知归结到好恶上,难以避免这类质疑。正如陈来教授所指出的,心学虽然克服了伦理学中的理性主义缺乏实践动力的弊端,但又容易陷入另一个弊端:

在心学,没有意志与意念的分离、理性与感情的两分,本心与心交叉使用,良知即体即用,良知包含感情好恶,可以成为践履原则,但也要为此付出代价。它借用了感性的力量,便无法排除感性的渗入,以致"任心率性而行"都可在良知的名

---

[1] [德] 马克斯·舍勒,《伦理学中的形式主义与质料的价值伦理学》,倪梁康译,北京:生活·读书·新知三联书店,2004年,第391页。张祥龙先生提醒:舍勒讲的良知的"功能本质上是否定性"(392页),即它知何为非,但不绝对知道何为是,阳明的"良知"则知是知非,相当于舍勒讲的"道德明察"(德文中的Gewissen与孟子、阳明的"良知"并不全然等同)。

义下求得合法性，使纯粹的良知无法保持忠贞，这是王学"左派"的发生在理论上的必然结果。这也许是一个难以解决的矛盾：道德主体如果是"纯粹实践理性"，则失去了活动的力量，而道德主体涵容了感情因素后，又导致了感性参与决定意志动机的弊病。[1]

从阳明的第二个良知概念来看，他明确讲"意与良知当分别明白"，此处批评"在心学，没有意志与意念的分离"有失公允。但是阳明本人的一些论述如果被断章取义地解释，确实容易导致流弊。

综上所述，良知作为是非之心在原发的道德情感基础上呈现出强大的理智权能，可以作为喜怒哀乐以至恻隐、羞恶之类情感是否中节的内在判准。与程朱的道问学路向不同，作为是非之心的良知在阳明这里是先天的道德判断能力，是先天具足的德性之知，先于格物穷理的道问学工夫。作为是非之心，良知包含理智，但这种理智却并非来自多闻多见的好学，而是心灵先天的明觉察识能力。

## 三、良知的恻怛、戒惧与稳当快乐

在阳明的三个良知概念中，晚期作为"始终完善的良知本体"的良知概念与"是非之心"的良知概念之间的关系颇为微妙。耿宁将这三个概念分别简称为心理–素质概念、道德–批判概念，以及宗

---

[1]《有无之境》，第 217 页。

教－神性概念。[1] 始终完善的良知本体为什么是宗教－神性概念，与作为道德－批判概念的良知差别在什么地方？耿宁指出，这个良知本体是"作为'心（精神）'的作用对象之总和的世界的起源"[2]。因此，这个良知本体作为本原不仅是知善知恶的道德主体，而且也是更宽泛的作为世间万象之始基的一般主体。对这个作为一般主体的良知，阳明有诗咏之：

人人自有定盘针，万化根源总在心。却笑从前颠倒见，枝枝叶叶外头寻。

无声无臭独知时，此是乾坤万有基。抛却自家无尽藏，沿门持钵效贫儿。（《咏良知四首示诸生》，《王阳明全集》第 870 页）

这个作为乾坤万有基的良知颇近于古希腊哲人阿那克萨哥拉所讲的宇宙心智（nous）和黑格尔那里的世界精神，具有普泛本体论意义，不再是一个狭义的道德哲学概念。但良知本体的彰明与道德修养的工夫密不可分，因此也并非一个超离了道德实践的理论概念。

阳明的良知本体概念可以在孟子的思想中找到渊源。孟子思想本就有道德形而上学的维度，如他对自我的本体性彰显：

---

[1] 《人生第一等事》，第 273 页。关于这三个概念在名称、所属范畴、实现方式之间的简要差别，可以参考陈立胜教授在《在现象学意义上如何理解"良知"？——对耿宁之王阳明良知三义说的方法论反思》一文中的图示，《哲学分析》2014 年第 4 期，第 31 页。

[2] 《人生第一等事》，第 271 页。

> 万物皆备于我矣。反身而诚,乐莫大焉。(《孟子·尽心上》)

这是将四端都归摄到"我",这个"我"是众德兼备的笃诚之体,由此诚体的体证而有莫大之乐。以"诚"为本,是《孟子》和《大学》《中庸》的通义,这是对春秋时代"忠信"德目以及孔子之"仁"的本体化解释。阳明立说之始就标举"诚意"为《大学》头脑,其心学统绪又上承孟子,以"诚"为良知本体顺理成章。

孟子以孩提之童的知孝知弟为良知良能,还只是从自发伦理意识的现象上说,没有将"良知"本体化。阳明"致良知"教讲"事上磨练",也注重从事父事兄的切近伦理生活中启发良知,但又不限于此,而是要求将此事父事兄的良知扩充开去达之事事物物,只有这样才能实现孟子所讲的"万物皆备于我"。如果因为于事亲从兄处致良知的真切简易而局限于此,那样又会有遮蔽良知本体之病。阳明在答聂豹的信中说:

> 盖良知只是一个天理,自然明觉发见处,只是一个真诚恻怛,便是他本体。致此良知之真诚恻怛以事亲便是孝,致此良知之真诚恻怛以从兄便是弟,致此良知之真诚恻怛以事君便是忠。只是一个良知,一个真诚恻怛。(《答聂文蔚第二书》,《传习录》卷中)

以"体用"范畴来说,真诚恻怛是良知之"体",事亲之孝、从兄之悌、事君之忠是良知之"用",用虽万殊而体实归一。阳明这一思想将孟子的"万物皆备于我"具体化了,对阳明而言这个"我"

乃是真诚恻怛的良知本体。

　　阳明以"诚"为良知本体，上接《大学》《中庸》《孟子》，下承周敦颐《通书》，这并不难理解。值得注意的是"真诚恻怛"的表述将孟子四端中的"恻隐之心"特别凸显出来，提升到了本体的地位。按照程朱理学性、情、体、用的分疏，仁是性、是体，恻隐之心是情、是用，以"真诚恻怛"来说良知本体似有不妥。阳明以这一从概念逻辑来看似乎不当的表述所要显示的正是"体用不二"的意旨。那么，为什么是"真诚恻怛"，而不是"真诚羞恶"、"真诚恭敬"[1]、"真诚是非"？首先，这当然是因为"仁"在儒家诸德目中具有根本的地位。其次，阳明晚年大张明道的"万物一体"论，而物我一体相通的现象根据正是恻隐之心的"感触神应"。不过，良知本体的"真诚恻怛"也不能完全着实了在"恻隐之心"上理解。如果我们按照字面意思把"恻怛"理解为伤痛、哀痛，那么"真诚恻怛"着重点其实是在"真诚"，否则说事亲从兄都是以哀痛之情为本体，那根本不通。"恻怛"所表示的不是伤痛，而是触物而发的**感应之几**。

　　阳明讲万物一体，正是从人心的感应之几上讲。阳明弟子里有对"万物一体"论表示疑惑不解的，阳明对答如下：

　　　　问："人心与物同体，如吾身原是血气流通的，所以谓之同体。若于人便异体了。禽兽草木益远矣，而何谓之同体？"先生曰："你只在感应之几上看，岂但禽兽草木，虽天地也与我同体的，鬼神也与我同体的。"请问。先生曰："你看这个天地中间，

---

[1] 实际上，在程朱理学中"诚敬"是一个重要的表述，阳明不言"诚敬"，而言"真诚恻怛"，表明孟子四端中的"恻隐之心"在他那里更为根本，"恭敬之心"地位要低。

什么是天地的心?"对曰:"尝闻人是天地的心。"曰:"人又什么教做心?"对曰:"只是一个灵明。""可知充天塞地中间,只有这个灵明,人只为形体自间隔了。我的灵明,便是天地鬼神的主宰。天没有我的灵明,谁去仰他高?地没有我的灵明,谁去俯他深?鬼神没有我的灵明,谁去辨他吉凶灾祥?天地鬼神万物离去我的灵明,便没有天地鬼神万物了。我的灵明离却天地鬼神万物,亦没有我的灵明。如此,便是一气流通的,如何与他间隔得!"又问:"天地鬼神万物,千古见在,何没了我的灵明,便俱无了?"曰:"今看死的人,他这些精灵游散了,他的天地万物尚在何处?"(《传习录》卷下,第336条)

这是对"人心与物同体"说的一个具体解释,孟子"万物皆备于我"的未发之蕴意也尽显其中了。这个"与物同体"乃是以"**我的灵明**"为主脑的同体,而"我的灵明"又无非是个"**感应之几**"。因此,良知的"真诚恻怛"之本体乃是感应之体。

这个真诚恻怛的良知本体作为感应之体与阳明早期的良知概念有什么差别?阳明讲良知本体的真诚恻怛,岂不是回到了早期的良知概念?当然,阳明的"致良知"思想是一个不断深化的过程,后面的良知概念包含、深化了之前的见地,而不是对之前见识的放弃。良知本体的概念相对第一个良知概念的差别在于,虽然本体的真诚恻怛是情感性的,但这种情感充周于心灵的动静之际,从《中庸》的"未发已发"和《易传》的"寂—感"之分别来看,在寂然不动的未发之时良知本体已是一片真诚恻怛,已具"感应之几",如此才能"感而遂通",才能"物来顺应"。

这个真诚恻怛的良知当其未发之时并非一种特定的**情感**——如恻隐、羞恶、恭敬之类；也没有呈现为有分别相的伦理德行——如事父之孝、事君之忠、交友之信、治民之仁。但既然是万物一体的真诚恻怛，也就不是无情的，我们不妨称之为"**情愫**"[1]。未发之"**情愫**"与已发之"**情感**"的关系可以比拟于舍勒那里感受意向[2]与感受状态的关系[3]。"情感"是带有被动性的心灵感受，而"情愫"则是主体自发的精神感受。**四端、七情因为触境而发，现分别相，是"情感"，良知本体"未发之中"的真诚恻怛是浑沦未分的，是先于对象的生生浑融之气，是"情愫"**。这个浑沦未分的真诚恻怛之情愫是"心之太极"，先于有善有恶的情意发动。严格说来，良知本体真诚恻怛的感应之几既不只是主动（阳性）的精神感受，也不只是被动（阴性）的心灵感受，而是静中有动的灵机。而且，在阳明这里虽然他有时突出良知在"未发之中"方能见出全体，但根据他讲"事上磨练"的精神，"发而皆中节"的情感之中和并不低于喜怒哀乐"未发之中"。良知即体即用，即精诚即神应，舍勒那里精神情感与心灵感受之间此高彼低的价值级序在阳明这里并不成立。

良知作为万物一体的感应之几既是真诚恻怛的满腔子实心，又包涵虚灵明觉的应物之妙用，既是仁体，也是知体。在孟子那里，"智"是"是非之心"的本体。我们前面分析了，"是非之心"是阳明成熟期良知概念的本质内涵。那么良知本体如何涵摄"是非之

---

[1]《集韵》：愫，诚也。愫从素，素的本义是纯白未染之丝，情愫则可以理解为未与物接的纯白之本心，但这个纯白中包含阳明所讲的"感应之几"，并非洛克所讲的"白板"。

[2] 这里必须有感受意向，而不只是感受功能，如果只是功能，那就是"性"，而不是"心"了。阳明明确以"未发之中"为"心体"，而不是"性体"。

[3]《伦理学中的形式主义与质料的价值伦理学》，第310页。

心"？良知作为"是非之心"首先是自我省察的道德意识，即"善念发而知之，而充之；恶念发而知之，而遏之"，善念恶念就是善恶之几，这个"几"属于"已发"。"是非之心"作为知善恶之几的良知要在已发的念头上做省察的工夫。在我们尚未接触事物、善念恶念都还没萌动的未发之时，是不是就谈不上是非善恶？因此也用不上省察之功？此处关键在于，意念未发之时，心是不是纯善无恶。阳明对此的回答是否定的，他明确地指出了"未发"的静的状态并不就是《中庸》的"未发之中"。如陆澄所记载的问答：

> 问："宁静存心时，可为未发之中否？"先生曰："今人存心，只定得气。当其宁静时，亦只是气宁静，不可以为未发之中。"曰："未便是中，莫亦是求中功夫？"曰："只要去人欲、存天理，方是功夫。静时念念去人欲、存天理，动时念念去人欲、存天理，不管宁静不宁静。若靠那宁静，不惟渐有喜静厌动之弊，中间许多病痛只是潜伏在，终不能绝去，遇事依旧滋长。以循理为主，何尝不宁静；以宁静为主，未必能循理。"[1]

由此可见，阳明认为"去人欲、存天理"的省察涵养功夫不仅意念发动时需要，在意念未发的静时也需要。因为在未发时好色、好利、好名之类私欲只是潜伏着，并没有绝去，遇到机缘仍旧会滋

---

[1]《传习录》卷上，第28条。第76条陆澄与阳明师生间关于此问题还有进一步的问答，阳明认为美色名利之念未起的时候还不能说是"未发之中"，他仍然用了疾病的比喻，"譬之病疟之人，虽有时不发，而病根原不曾除，则亦不得谓之无病之人矣。须是平时好色、好利、好名等项一应私心扫除荡涤，无复纤毫留滞，而此心全体廓然，纯是天理，方可谓之喜怒哀乐未发之中，方是天下之大本"。

长，只有将这些私欲扫除荡涤，"此心全体廓然，纯是天理"，才是喜怒哀乐"未发之中"，才是天下之大本。因此，在未发的宁静存心时也需要省察克治的功夫。意念未发的静时省察克治功夫，就是《论语》讲的"修慝"[1]，就是《中庸》讲的"戒慎乎其所不睹、恐惧乎其所不闻"。

戒慎恐惧是君子对道的谨守，对偏离道的警觉，由此警觉，才能涵养喜怒哀乐未发之中。"戒慎不睹、恐惧不闻"是对"感"的警觉防闲，是"非礼勿视听言动"的深化，也是对驱动非礼之感的私欲"病根"的防闲克治，有时时刻刻保持戒慎恐惧的防闲功夫，才能荡涤人欲保全天理，真诚恻怛的良知本体才能复得完完全全。这就是"闲邪存其诚"（《周易·乾·文言》）。因此，戒慎恐惧在阳明那里是致良知的基本功夫，良知的虚灵明觉中有戒慎不睹恐惧不闻的警觉。由戒慎恐惧而"闲邪存其诚"，才能涵养喜怒哀乐"未发之中"，立天下之大本。

阳明还指出了戒慎恐惧的工夫与良知的和乐并不矛盾，反倒是保障良知之乐的凭靠。在《答舒国用》一信中阳明解答了敬畏与洒落的关系问题，并且明确区分了《中庸》保守君子之道的"戒慎恐惧"与《大学》"正心"条目讲的"恐惧"[2]：

---

[1] 孔子在回答樊迟关于"崇德、修慝、辨惑"的问题时将"修慝"解释为"攻其恶，无攻人之恶"（《论语·颜渊》），也就是一种道德内省的工夫。"修慝"的话题在《论语》中出现得不如"改过"多，在宋明理学中才成为关键的修养工夫，与"改过"的纠之于已发之后不一样，修慝是治之于未发之前，阳明的"破心中贼"就是"修慝"。

[2] 如果借鉴舍勒的情感现象学分析，可以说《中庸》讲的"戒慎乎其所不睹，恐惧乎其所不闻"是尚未有形象客体的"感受意向"，而《大学》讲的"有所恐惧，则不得其正"的"恐惧"则是由对未来之危险的表象而引发的"感受状态"。

夫君子之所谓敬畏者，非有所恐惧忧患之谓也，乃戒慎不睹、恐惧不闻之谓耳。君子之所谓洒落者，非旷荡放逸，纵情肆意之谓也，乃其心体不累于欲，无入而不自得之谓耳。夫心之本体，即天理也。天理之昭明灵觉，所谓良知也。君子之戒慎恐惧，惟恐其昭明灵觉者或有所昏昧放逸，流于非僻邪妄而失其本体之正耳。戒慎恐惧之功无时或间，则天理常存，而其昭明灵觉之本体，无所亏蔽，无所牵扰，无所恐惧忧患，无所好乐忿懥，无所意必固我，无所歉馁愧怍。和融莹彻，充塞流行，动容周旋而中礼，从心所欲而不逾，斯乃所谓真洒落矣。是洒落生于天理之常存，天理常存生于戒慎恐惧之无间。孰谓"敬畏之增，乃反为洒落之累"耶？惟夫不知洒落为吾心之体，敬畏为洒落之功，歧为二物而分用其心，是以互相抵牾，动多拂戾而流于欲速助长。是国用之所谓"敬畏"者，乃《大学》之"恐惧忧患"，非《中庸》"戒慎恐惧"之谓矣。程子常言："人言无心，只可言无私心，不可言无心。"戒慎不睹，恐惧不闻，是心不可无也。有所恐惧，有所忧患，是私心不可有也。尧舜之兢兢业业，文王之小心翼翼，皆敬畏之谓也，皆出乎其心体之自然也。(《答舒国用》)[1]

此处《中庸》"戒慎恐惧"与《大学》"有所恐惧"的差别颇近于海德格尔《存在与时间》中"畏"与"怕"的差别。[2] 用海德格尔的形式化分析来看，《中庸》所言君子的戒慎恐惧 **所惧** 的是把良

---

[1] 《王阳明全集》卷五，第 211 页。
[2] [德] 马丁·海德格尔，《存在与时间》，陈嘉映、王庆节译，熊伟校，陈嘉映修订，北京：生活·读书·新知三联书店，2006 年，第 30 节与第 40 节。

知引向昏昧放逸的不睹不闻之物，**所"为之而惧"**的则是良知本体；《大学》所言恐惧"所惧"的则是对自己私欲的各种威胁，所"为之而惧"的则是私己的利害，这恰恰会遮蔽良知本体之正。《大学》所言"恐惧忧患"之类情感遮蔽的，正是《中庸》的戒慎恐惧所要开展和保全的——良知本体，即天理。我们可以说，前者是私欲的**迷情**，而后者则是良知的**觉情**，是守道入理之情。也可以说戒慎恐惧——如尧舜之兢兢业业，文王之小心翼翼——本身就是道心、道情。这一戒慎恐惧的觉情所展开的，就是从"人心惟危"中抉发出来的"道心惟微"，就是随处随时可能被人欲遮蔽的天理。戒慎恐惧因此是保任中和天理的情操。天理常存而良知"和融莹彻，充塞流行，动容周旋而中礼，从心所欲而不逾"，就是真洒落。这种洒落不同于纵情肆意的感性快乐，而是"无入而不自得"的安稳的快乐。这种"乐"是良知本体的本真情态。

阳明屡屡言及"乐是心之本体"，言及良知本体之乐：

乐是心之本体。仁人之心，以天地万物为一体，欣合和畅，原无间隔。……良知即是乐之本体。[1]

尔那一点良知，是尔自家的准则。尔意念着处，他是便知是，非便知非，更瞒他一些不得。尔只不要欺他，实实落落依着他做去，善便存，恶便去。他这里何等稳当快乐。(《传习录》卷下，第206条)

良知是造化的精灵。这些精灵，生天生地，成鬼成帝，皆

---

[1] 《与黄勉之·二》，《王阳明全集》卷五，第216页。

从此出，真是与物无对。人若复得他完完全全，无少亏欠，自不觉手舞足蹈，不知天地间更有何乐可代。(《传习录》卷下，第261条）

阳明讲"乐"有不同样态与层次，有仁人之心与天地万物为一体的**和乐**，这种和乐与恻怛是一体的两面，都是一体之仁心的表现；也有良知自作主宰、无所亏欠而全然朗现的自慊，即"**稳当快乐**"。良知本体之乐尤其体现在后一层次，因为一体之和乐尚是有待的，是特定情境下的情感，而是非之心实落无欺的"稳当快乐"则可以保持在任何一种情境中，即便在苦难、哀痛、愤怒中仍可以不失良知本体的"稳当快乐"。

良知本体之乐虽然令人歆往，但并不容易理解。人有喜怒哀乐爱恶欲七情，乐只是七情之一，阳明何以说乐是心之本体，是最基本的情感？[1] 关于这个问题，阳明当时的弟子就有疑问，问答如下：

> 问："乐是心之本体，不知遇大故于哀哭时，此乐还在否？"先生曰："须是大哭一番方乐，不哭便不乐矣。虽哭，此心安处，即是乐也；本体未尝有动。"(《传习录》卷下，第292条）

此处问者是在七情的常识层次上理解"乐"，在这个层次上看起来乐与哀相反，乐是乐哀是哀，乐不能赅摄心之本体。阳明比常识的"逻辑"看法见得深一层——即便在哀哭中也有乐，"须是大哭一

---

[1] 例如，佛教就认为苦是人生在世最基本的情感。

番方乐"。这是情感抒发之乐,无论喜悦还是愤怒、哀伤,只要尽情发出来,抒发之中都有一种快意,这是情感抒发中包含的心灵力量的畅达,**是性情之乐**。心之本体中包含这种性情力量之乐,这是阳明心学中顺应**人情**的部分。但不只如此,阳明接着补充了一句"虽哭,此心安处,即是乐也"。阳明虽然接受性情的自然抒发,但并未将性情的抒发等同为"心之本体",而是指出在性情的抒发中"**本体未尝有动**",此心仍然是安的。这个在性情的抒发中保持安然不动的**本体之乐**即是阳明所讲的"**稳当快乐**"。

"稳当快乐"四字是体会良知之乐的要诀。"稳当"即是"心安",是良知的基本情绪。如何理解良知的稳当,良知的安?从日常经验看,**安稳**是一种**恰当、稳固地置放某物的空间秩序感**。一个家里面,样样东西都安排好了、放稳了,这个家就安下了。一个国家,从上到下各色人等的职分都安排妥了,老百姓也都安居乐业,这个国家就安定了,就是政通人和的治世。同样,良知的"安"、"稳当"乃是**心灵的内在秩序感**,良知作为"是非之心"即是**心灵的内在秩序原则**。阳明说"尔那一点良知,是尔自家的准则。尔意念着处,他是便知是,非便知非,更瞒他一些不得"。因此良知作为是非之心是意念的监察者、安排统摄者,是心灵自作主宰的原则。心灵顺此主宰而存善去恶,是的还它一个是,非的还它一个非,就是稳当快乐。良知本体的稳当快乐是**一种理性的情感**,是心灵的内在秩序感。

阳明也将心灵的秩序原则称为"天君",他将朱子学中的理气关系转化成了良知(天君)与意气的关系,以良知来统摄意气。主宰之心对气的统摄作用,阳明屡屡论及,如以下与欧阳德(字崇一)之间的问答:

崇一问:"寻常意思多忙,有事固忙,无事亦忙,何也?"先生曰:"天地气机,元无一息之停,然有个主宰。故不先不后,不急不缓。虽千变万化,而主宰常定,人得此而生。若主宰定时,与天运一般不息。虽酬酢万变,常是从容自在。所谓'天君泰然,百体从令',若无主宰,便只是这气奔放,如何不忙?"(《传习录》卷上,第104条)

**"天君泰然,百体从令"** 就是心灵的内在秩序,即"虽酬酢万变,常是从容自在",也就是良知本体的稳当快乐。从这个角度看,阳明与朱子一样主张以理智统领情感意气,一样是"理性主义者"。不过朱子认为虽然心具众理,但仍要通过格物穷理让此潜在的理显发出来,阳明则认为"心即理",只要去除私欲意气之蔽良知的天理就自然昭明了。

良知作为安顿意气情感的是非之心,其内涵仍是天理。阳明讲"良知是天理之昭明灵觉处,故良知即是天理"(《答欧阳崇一》,《传习录》卷中,第169条),此可见阳明继承了程朱的"天理"话语,只不过将其复转到良知心体中来阐发。心之天理与性情的关系,以下陆澄与阳明之间的一段问答讲得最分明:

澄在鸿胪寺仓居,忽家信至,言儿病危。澄心甚忧闷不能堪。先生曰:"此时正宜用功。若此时放过,闲时讲学何用?人正要在此等时磨炼。父之爱子,自是至情。然天理亦自有个中和处,过即是私意。人于此处多认做天理当忧,则一向忧苦,不知已是'有所忧患,不得其正'。大抵七情所感,多只是过,少不及者。才过便非心之本体,必须调停适中始得。就如父母之丧,人子岂不欲一哭便死,方快于心。然却曰'毁不灭性'。非圣人强制之也,天理本体自有分限,不可过也。人但要识得心体,自然增减分毫不得。"(《传习录》卷上,第44条)

这一段话明确将天理阐明为**性情之中和**,以中和之天理使七情所感得以调停适中,无过与不及之弊,就是**正心**功夫,调停七情而达到天理的适中,即是复其**心之本体**。因此,就与七情的关系而言,阳明所讲的"心之本体即是乐"是调停七情而合于中和天理的稳当快乐,是**中和之乐**。在这个意义上,"**致良知**"就是"**致中和**"。这个中和之乐既静处于喜怒哀乐未发之中,又调停着喜怒哀乐之发使之中节而和。调停的过程伴随着戒慎恐惧的工夫——对偏离中和之天理的警惕。因此,心之本体的乐境与戒慎恐惧的工夫是一体的。

## 小结

阳明以"知行合一"自立学说宗旨,其立教早期所言"知行本体"从《大学》"诚意"工夫转化而来,具有情感本体的意蕴,其早期良知概念也主要是继承孟子的良知良能说与四端说,以道德情感为基本元素。这种作为道德情感的良知本身就是发动道德行为的动力,是知行合一的本体根据。但作为原发的意向,道德情感也容易与自然情欲混同,要将道德情感与自然情欲区分开来,良知必定需要作为道德判断而发用,在复杂纷纭的伦理政治事务中更需要心的辨别决断能力,因此阳明在"破山中贼"与"破心中贼"并行的事功磨炼中发展出了作为"是非之心"的良知概念,相对早期作为道德情感的良知,是非之心具有对自身意念进行省察充遏的能力,是理性的意志。同时,阳明又将"是非"还原为"好恶",揭示了道德判断与道德情感的一体性。他没有对良知的"好恶"进行进一步的阐明界定,为情感主义的良知观留下了一个缺口,阳明后学中所产生的"情识而肆"的流弊就与此相关。

阳明对心之本体、良知本体的揭示充满了深沉强烈的情感因素。他揭示良知的本体是万物一体的真诚恻怛,这种恻怛仁心是阳明强烈的救世情怀之根源,但作为良知本体又不完全等同为四端之一的恻隐情感,而是兼有未发之中作为感应几微的情愫的意味。在阳明关于良知本体的成熟思想中,他经常以《易传》的寂、感,和《中庸》的未发、已发来讲良知体用动静问题,在这一背景下阐发了"乐是心之本体"的思想。乐是阳明心学的基本情愫,良知之乐以一体仁心为本[1],以中和之天理为依归。作为中和的原理,良知调御着七情,良知之乐"不同于七情之乐,而亦不外于七情之乐"(《传习录》卷中,第 166 条)。**本体之乐**与**七情**的关系,对应于良知中是非之心的判定力与感应之心的感受力之间的关系。良知的是非判定不离有善有恶意之动的感知,不离七情之感。对于良知本体之乐,阳明形容最切者为"稳当快乐"一语。稳当快乐是良知自作主宰又顺适自然的基本情态,作为保持心灵内在自然秩序的主导情态,良知的稳当快乐以戒慎恐惧的警醒为基本功夫。戒慎恐惧与稳当快乐是良知的自知自主能力的两个面相,体现了良知对自身意念进行照察统御的理性权能。

---

[1] 关于良知的一体之乐,可参看陈立胜所著《王阳明"万物一体"论:从"身—体"的立场看》第三章。

体会阳明良知学中的基本情感,是体认"良知本体"的基本工夫。总体而言,有两种最基本的情感贯穿在阳明心学之中,其一是万物一体的真诚恻怛之感念,另一是泰然自得的中和之乐,这两种基本情感分别体现了良知的两个不同但又相关的面相——**一体之感知与自知**。前者是良知的伦理向度,后者则具有生存论意蕴。要透彻领会阳明的心学思想,必须对这两个相关的向度都有深切的体察。

# 第三章　良知作为一体之知与自知

孟子说:"人之所不学而能者,其良能也;所不虑而知者,其良知也。孩提之童,无不知爱其亲者;及其长也,无不知敬其兄也。亲亲,仁也;敬长,义也。无他,达之天下也。"(《孟子·尽心上》)对不学不虑的良知良能之发现,是孟子对儒家成德之学的极大贡献。孟子的"良知"概念,人多从其伦理内容来理解,即爱亲敬兄的仁义之知。王阳明早期的"良知"概念也多着眼于其伦理内容。但在提出"致良知"教以后,"良知"成为一个统摄心灵活动的"昭明灵觉,圆融洞澈"[1]之心体概念,其内涵不只是人伦的,也是生存论、宇宙论的。通过对"致良知"的发现,王阳明彻底觉悟到了其圣人之学的根本,将良知的伦理内容收摄到了天命之性的生命本觉中。儒学以仁义为根本的伦理美德,这个"美德传统"(麦金太尔语)阳明是全然接受的,他在晚年以"万物一体"说诠释了儒学之仁,以一体之厚薄条理诠释了儒学之义。因此,就伦理内涵而言良知可以说是"一体之知"。同时,这个"一体"又是自体,是自家心体,一体之知同时也是自知。阳明每每以自知、独知、自慊等来说良知,显示了良知作为自身觉知的生存论意蕴。探讨良知作为"一体之知"

---

[1] 《答南元善》,《王阳明全集》卷六,第235页。

与"自知"的关系,对于我们理解其伦理学一生存论意义很有必要。从这一关系中我们可以看到,阳明的"致良知"乃是基于一体觉悟的成圣之志——以儒家圣人之学为历史底蕴的生存性筹划。通过与海德格尔生存论"良知"思想的比较,我们将更能清楚地洞见到阳明以其生存性的心性工夫对儒家圣人之道的证成。

## 一、务求自得:阳明心学探索的生命旨趣

阳明学问的真正起点是十一岁时的"第一等事"之问,自此以后"学圣贤"就成为他生命学问的核心关切,他的探索、陷溺和开悟都围绕此一中心问题展开。按照后世的各种记述,阳明在龙场悟道之前求学历程经历过"五溺",即溺于骑射、任侠、辞章、仙家、佛家。按照年谱的记载,阳明的前两溺在十八岁见娄谅"始慕圣学"之前,后三溺在"始慕圣学"之后。阳明在十八岁见了上饶的大儒娄谅,相信了通过宋儒的格物之学"圣人必可学而至"。为何这之后还会发生溺于辞章、仙、佛的问题?特别具有深义的是,为何阳明在相信了宋儒(即朱子)的格物之学后还会逃向仙家、佛家?用阳明自己的话来说,这是因为他在朱子的格物之学里面始终没有解决"心与理为二"的问题。这其实是一个以道德伦理为主要内容的生存性问题——通过格物而知晓的做圣贤义理没能在本己的心灵生活中找到生发的端倪、根据,反倒是仙家的养生之学、佛家的明心见性之学能让阳明找到真实自得的感觉。后面我们看到,追求"**自得**"是阳明心学的一个基本取向,他后来的龙场大悟就是发现了儒家圣人之学的自得之根据。

在作于正德六年（1511）的《别湛甘泉序》中，阳明回忆了他与湛甘泉订交为道友的道缘——契合于甘泉的"务求自得"之学：

> 颜子没而圣人之学亡。曾子唯一贯之旨传之孟轲，终又二千余年而周、程续。自是而后，言益详，道益晦；析理益精，学益支离无本，而事于外者益繁以难。盖孟氏患杨、墨；周、程之际，释、老大行。今世学者，皆知宗孔、孟，贱杨、墨，摈释、老，圣人之道，若大明于世。然吾从而求之，圣人不得而见之矣。其能有若墨氏之兼爱者乎？其能有若杨氏之为我者乎？其能有若老氏之清净自守、释氏之究心性命者乎？吾何以杨、墨、老、释之思哉？彼于圣人之道异，然犹有自得也。而世之学者，章绘句琢以夸俗，诡心色取，相饰以伪，谓圣人之道劳苦无功，非复人之所可为，而徒取辩于言词之间；古之人有终身不能究者，今吾皆能言其略，自以为若是亦足矣，而圣人之学遂废。则今之所大患者，岂非记诵词章之习！而弊之所从来，无亦言之太详、析之太精者之过欤！夫杨、墨、老、释，学仁义，求性命，不得其道而偏焉，固非若今之学者以仁义为不可学，性命之为无益也。居今之时而有学仁义，求性命，外记诵辞章而不为者，虽其陷于杨、墨、老、释之偏，吾独且以为贤，彼其心犹求以自得也。夫求以自得，而后可与之言学圣人之道。某幼不问学，陷溺于邪僻者二十年，而始究心于老、释。赖天之灵，因有所觉，始乃沿周、程之说求之，而若有得焉。顾一二同志之外，莫予翼

---

1 《王阳明全集》卷七，第257页。

也,岌岌乎仆而后兴。晚得友于甘泉湛子,而后吾之志益坚,毅然若不可遏,则予之资于甘泉多矣。甘泉之学,务求自得者也。世未之能知,其知者且疑其为禅。诚禅也,吾犹未得而见,而况其所志卓尔若此。则如甘泉者,非圣人之徒欤!多言又乌足病也!夫多言不足以病甘泉,与甘泉之不为多言病也,吾信之。吾与甘泉友,意之所在,不言而会;论之所及,不约而同;期于斯道,毙而后已者。今日之别,吾容无言。夫惟圣人之学难明而易惑,习俗之降愈下而益不可回,任重道远,虽已无俟于言,顾复于吾心,若有不容已也。则甘泉亦岂以予言为缀乎?

在这篇送别友人的序中,阳明不无激愤地认为虽杨、墨、老、释之异端,其有自得处也胜过那些以记诵辞章相标榜的俗儒之学。基于此"自得"的宗旨,他甚至对墨家的兼爱、杨朱的为我、老子的清净自守、佛家的究心性命给予了一定的肯定。用阳明自己的话来说,杨、墨、老、佛之学中也有某种"知行合一",只不过其知非儒家圣人之知,其行非圣人之行。用海德格尔生存论的语言说,老、佛之学中有其本真生存的智慧,俗儒的记诵辞章之学却是非本真的。阳明之契合于甘泉,正是因为他们在儒家的圣人之学中找回了本真自得,即年谱所谓"身心之学"(《年谱》"弘治十八年")。

阳明心学务求自得的宗旨在其晚年的良知学阶段仍然秉持着,这可以从他的两篇记中看到。一篇是作于嘉靖三年(1524)的《自得斋说》[1]:

---

[1]《王阳明全集》卷七,第296页。另可参《从吾道人记》,《王阳明全集》卷七,第278页。

> 孟子云："君子深造之以道，欲其自得之也。自得之则居之安；居之安则资之深；资之深则取之左右逢其原。故君子欲其自得之也。"夫率性之谓道，道，吾性也；性，吾生也。而何事于外求？世之学者，业辞章，习训诂，工技艺，探赜而索隐，弊精极力，勤苦终身，非无所谓深造之者。然亦辞章而已耳，训诂而已耳，技艺而已耳。非所以深造于道也，则亦外物而已耳，宁有所谓自得逢原者哉！古之君子，戒慎不睹，恐惧不闻，致其良知而不敢须臾或离者，斯所以深造乎是矣。是以大本立而达道行，天地以位，万物以育，于左右逢原乎何有？
>
> 黄勉之省曾氏，以"自得"名斋，盖有志于道者。请学于予而蕲为之说。予不能有出于孟氏之言也，为之书孟氏之言。

在这篇给弟子的赠言中，阳明用《中庸》的语言将儒家君子的深造自得之道解释为"吾性"、"吾生"之道，具有深厚的生存论意蕴。但此时阳明不再旁引佛老来诠释"自得"，而是以其"致良知"说来解释深造自得的工夫，并以"天地位，万物育"为左右逢源之效，很自然地将伦理内涵带进了良知自得的性天境界。那么，阳明是如何从沉溺于老、佛的自得之学转向儒家左右逢其源的深造自得之道的？

## 二、伦理的觉悟及其扩充

王阳明从"五溺"中的仙、释这最后两溺中跳出来而比较彻底地归向儒家，是在弘治十五年（[1502]，阳明时年三十一岁）。《年谱》记载：

> 是年先生渐悟仙、释二氏之非。先是五月复命，京中旧游俱以才名相驰骋，学古诗文。先生叹曰："吾焉能以有限精神为无用之虚文也！"遂告病归越，筑室阳明洞中，行导引术。久之，遂先知。一日坐洞中，友人王思舆等四人来访，方出五云门，先生即命仆迎之，且历语其来迹。仆遇诸途，与语良合。众惊异，以为得道。久之悟曰："此簸弄精神，非道也。"又屏去。已而静久，思离世远去，惟祖母岑与龙山公在念，因循未决。久之，又忽悟曰："此念生于孩提。此念可去，是断灭种性矣。"明年遂移疾钱塘西湖，复思用世。往来南屏、虎跑诸刹，有禅僧坐关三年，不语不视，先生喝之曰："这和尚终日口巴巴说甚么！终日眼睁睁看甚么！"僧惊起，即开视对语。先生问其家。对曰："有母在。"曰："起念否？"对曰："不能不起。"先生即指爱亲本性谕之，僧涕泣谢。明日问之，僧已去矣。

三十一岁这年对走出五溺的阳明来说非常重要，他先是走出了辞章之溺，在仙、佛二氏中追求生命的学问，感叹"吾焉能以有限精神为无用之虚文也！"诀别"为无用之虚文"的辞章之学而追求生命学问，可以看作阳明的第一次**生存论觉悟**，即追求"自得"之学的觉悟。他在这个"觉悟"中沉浸甚深，甚至想告别这个非本真的世界而去离世修行，但对祖母和父亲的挂念让他"因循未决"，并且忽然悟到这个爱亲之念"生于孩提"，不可断去，否则就是断灭人之为人的"种性"了。这个爱亲之念可以看作阳明的"良知"第一次关键的震动，其中隐隐已有孟子"良知"思想的回响。正是这一次"良知"的震动让阳明最终告别仙、释之溺而归向了儒家。张祥龙先生称之为阳明的"第一次开悟"。这一"悟"不是学理知解上的，而是"自己最原发的直觉人生感受"[1]。阳明后来的几次悟都具有这样的特点。这"第一次开悟"不妨称之为"归儒之悟"。归儒之悟使得阳明追求的"自得"之学发生了一重关键的突破——自得未必是遗世独立的个体生命之解脱，而是以不忍之心安然承担并充实在世的本真生命牵挂，亲情就是其中最原初的牵挂。如果不顾这真实的生命牵挂而强行与之决断，追求无所牵挂的自在解脱，反倒可能因为有负有咎于世间情义而不能真自得，就像阳明在南屏寺所"点化"还俗的闭关禅僧那样，尽管可以闭关与世隔绝，但不能不起对母亲的挂念——带着内疚的挂念，实际上并不能有彻底的真自得。**人之身心真正的自得在于居仁由义的"内省不咎"（《论语·颜渊》）之中**，在致良知的"稳当快乐"之中，所谓"名教中自有乐地"。对儒、佛"自得"之学的判别，阳明晚年有一个更精彩的揭示：

> 先生尝言："佛氏不著相，其实著了相。吾儒著相，其实不著相。"请问。曰："佛怕父子累，却逃了父子；怕君臣累，却逃了君臣；怕夫妇累，却逃了夫妇。都是为个君臣、父子、夫妇著了相，便须逃避。如吾儒有个父子，还他以仁；有个君臣，还他以义；有个夫妇，还他以别。何曾著父子、君臣、夫妇的相？"（《传习录》卷下，第236条）

---

1 张祥龙，《儒家心学及其意识依据》，北京：商务印书馆，2020年，第270页。

不必离人伦事物而求自得,这是阳明良知学与佛老自得之学的区别所在。不过在三十一岁的归儒之悟中阳明还未达到对心性本体的全然领悟,还未成为自立独家心学的王阳明。

阳明在龙场大悟"圣人之道,吾性自足"[1],其后在贵阳书院倡"知行合一"之说,开始公开突破朱子学的权威。龙场之悟(阳明时年三十七岁)相对阳明三十一岁时的归儒之悟有什么关键的进展?大体可以从两个方面看:其一,是伦理内涵的扩展;其二,是"自得"的深化。

阳明的"归儒之悟"主要基于爱亲之念的震动,龙场之悟的内容为"圣人之道,吾性自足",其内涵比爱亲之念广。"吾性"当即是孟子所讲的"仁义礼智根于心"之善性。在赴谪龙场的过程中,阳明的心性遭受了全方位的磨炼,他必须调动其自身的心智力量来应对种种考验,正是在这种应对中阳明或许经验到了"左右逢其原"的深造自得。我们从几个例子看看阳明"左右逢其原"的伦理内容。一是阳明在赴谪途中对他人处境同情心的扩大。如《去妇叹五首》:

楚人有间于新娶而去其妇者。其妇无所归,去之山间独居,怀绻不忘,终无他适。予闻其事而悲之,为作《去妇叹》。

委身奉箕帚,中道成弃捐。苍蝇间白璧,君心亦何愆!独嗟贫家女,素质难为妍。命薄良自喟,敢忘君子贤?春华不再艳,颓魄无重圆。新欢莫终恃,令仪慎周还。

依违出门去,欲行复迟迟。邻姬尽出别,强语含辛悲。陬

---

1 关于阳明龙场之悟的详细阐释,见本著"境界篇"的第一章。

质容有缪，放逐理则宜。姑老籍相慰，缺乏多所资。妾行长已矣，会面当无时！

妾命如草芥，君身比琅玕。奈何以妾故，废食怀愤冤？无为伤姑意，燕尔且为欢。中厨存宿旨，为姑备朝餐。畜育意千绪，仓卒徒悲酸。伊迩望门屏，盍从新人言。夫意已如此，妾还当谁颜！

去矣勿复道，已去还踌躇。鸡鸣尚闻响，犬恋犹相随。感此摧肝肺，泪下不可挥。冈回行渐远，日落群鸟飞。群鸟各有托，孤妾去何之？

空谷多凄风，树木何潇森！浣衣涧冰合，采苓山雪深。离居寄岩穴，忧思托鸣琴。朝弹别鹤操，暮弹孤鸿吟。弹苦思弥切，巉岏隔云岑。君聪甚明哲，何因闻此音？（《王阳明全集》卷十九，第766页）

"朝弹别鹤操，暮弹孤鸿吟。弹苦思弥切，巉岏隔云岑。"这其中未尝没有阳明赴谪孤苦的自况，然而也正是自身的苦难经历让阳明对世间众生的苦乐有了更真切的同情，开阔了其恻隐之心。这方面最感人的当属后来收入《古文观止》的名篇《瘗旅文》。阳明的恻隐之仁心不仅施及不相识的路人，而且甚至还施及鸟兽草木。如：

谪居绝粮请学于农将田南山永言寄怀

谪居屡在陈，从者有愠见。山荒聊可田，钱镈还易办。夷俗多火耕，仿习亦颇便。及兹春未深，数亩犹足佃。岂徒实口腹？且以理荒宴。遗穗及鸟雀，贫寡发余羡。出耒在明晨，山寒易霜霰。

"遗穗及鸟雀,贫寡发余羡",已有了后来阳明反复申言的"万物一体"意思。因此,在赴谪的经历中阳明扩充了其仁心,由爱亲之念扩展到了更广泛的仁民爱物。

"义"的一方面考验最显著的例子是阳明对思州守之侮不卑不亢的应对。《年谱》记载:"思州守遣人至驿侮先生,诸夷不平,共殴辱之。守大怒,言诸当道。毛宪副科令先生请谢,且谕以祸福。先生致书复之,守惭服。"阳明给毛科的书信详细地表明了他的应对态度:

> 昨承遣人喻以祸福利害,且令勉赴太府请谢,此非道谊深情,决不至此,感激之至,言无所容!但差人至龙场陵侮,此自差人挟势擅威,非太府使之也。龙场诸夷与之争斗,此自诸夷愤恨不平,亦非某使之也。然则太府固未尝辱某,某亦未尝傲太府,何所得罪而遽请谢乎?跪拜之礼,亦小官常分,不足以为辱,然亦不当无故而行之。不当行而行,与当行而不行,其为取辱一也。废逐小臣,所守待死者,忠信礼义而已,又弃此而不守,祸莫大焉!凡祸福利害之说,某亦尝讲之。君子以忠信为利,礼义为福。苟忠信礼义之不存,虽禄之万钟,爵以侯王之贵,君子犹谓之祸与害;如其忠信礼义之所在,虽剖心碎首,君子利而行之,自以为福也,况于流离窜逐之微乎?某之居此,盖瘴疠蛊毒之与处,魑魅魍魉之与游,日有三死焉;然而居之泰然,未尝以动其中者,诚知生死之有命,不以一朝

之患而忘其终身之忧也。太府苟欲加害，而在我诚有以取之，则不可谓无憾；使吾无有以取之而横罹焉，则亦瘴疠而已尔，蛊毒而已尔，魑魅魍魉而已尔，吾岂以是而动吾心哉！执事之喻，虽有所不敢承，然因是而益知所以自励，不敢苟有所隳堕，则某也受教多矣，敢不顿首以谢！（《王阳明全集》卷二十一，第882页）

这封书信写得正气凛然而又不失谦恭与智慧，体现了阳明以逐臣之微而身处贵阳当地官场的大义、大勇、大智。"君子以忠信为利，礼义为福"，不以世俗之祸福利害动其心，真所谓"圣人处此，更有何道"。以忠信礼义而泰然处贬谪之地，表明阳明的"务求自得"之学达到了新境界——"圣人之道，吾性自足"，即是收摄了丰富伦理内涵的生命觉悟，是孟子"万物皆备于我"的另一种表达。

## 三、良知作为与物同体之知与自知

阳明良知心学的伦理内涵最简要地表达在他的万物一体说中。"万物一体"本为宋明理学的通义[1]，阳明在其良知心学中赋予了这一理学共识以基础性的地位与丰富的含义。就其伦理内涵而言，阳明的良知在根本上是万物一体之感知。阳明在提出"致良知"教之后

---

[1] 对此的探讨，可参钱穆著《阳明学述要》，北京：九州出版社，2011年；陈立胜著《王阳明"万物一体"论：从"身—体"的立场看》。

对"良知"最重要的界定是"是非之心"[1]。如果脱开一体之仁的根基，单单讲是非之心，则只是一个纯形式的讲法。阳明晚年将万物一体与作为是非之心的良知放在一起来讲，莫切于《传习录》中《答聂文蔚》第一书：

> 夫人者，天地之心。天地万物，本吾一体者也，生民之困苦荼毒，孰非疾痛之切于吾身者乎？不知吾身之疾痛，无是非之心者也。是非之心，不虑而知，不学而能，所谓良知也。良知之在人心，无间于圣愚，天下古今之所同也。世之君子惟务致其良知，则自能公是非，同好恶，视人犹己，视国犹家，而以天地万物为一体，求天下无治，不可得矣。古之人所以能见善不啻若己出，见恶不啻若己入，视民之饥溺犹己之饥溺，而一夫不获，若己推而纳诸沟中者，非故为是而以蕲天下之信己也，务致其良知，求自慊而已矣。尧、舜、三王之圣，言而民莫不信者，致其良知而言之也；行而民莫不说者，致其良知而行之也。是以其民熙熙皞皞，杀之不怨，利之不庸，施及蛮貊，而凡有血气者莫不尊亲，为其良知之同也。呜呼！圣人之治天下，何其简且易哉！
>
> 后世良知之学不明，天下之人用其私智以相比轧，是以人各有心，而偏琐僻陋之见，狡伪阴邪之术，至于不可胜说；外假仁义之名，而内以行其自私自利之实，诡辞以阿俗，矫行以干誉，掩人之善而袭以为己长，讦人之私而窃以为己直，忿以

---

[1] 在其四句教中阳明也说"知善知恶是良知"，但阳明更常用的说法是"是非之心"，相比"知善知恶"，"是非之心"更具有智性色彩，阳明以此来统摄孟子所讲的四端之善。

相胜而犹谓之徇义,险以相倾而犹谓之疾恶,妒贤忌能而犹自以为公是非,恣情纵欲而犹自以为同好恶,相陵相贼,自其一家骨肉之亲,已不能无尔我胜负之意、彼此藩篱之形,而况于天下之大,民物之众,又何能一体而视之?则无怪于纷纷籍籍,而祸乱相寻于无穷矣!……

这段话有两大显著的特点:其一,阳明明确以一体恻怛之心来说良知,认为不知生民之困苦就是无是非之心,就是良知的泯灭,因此揭示了**是非之心与恻隐之心的同一性**,这就显示了儒者的良知根本上是一体感应之知;其二,阳明在治天下的语境下向聂文蔚阐明其良知之教,指出"世之君子,惟务致其良知,则自能公是非,同好恶,视人犹己,视国犹家,而以天地万物为一体。求天下无治,不可得矣"。将万物一体之良知揭示为治天下的根本,这就将儒家的一体之仁说与佛教的慈悲观念区别开了。**在"万物一体"说的脉络下,阳明将"良知"解释为"公是非,同好恶"的品性,并以此良知之义召唤像聂豹这样的"世之君子"以万物一体为本怀,实现治国平天下的抱负**,这是阳明对"致良知"伦理政治意义的切揭示。

"良知只是个是非之心"(《传习录》卷下,第288条),此义阳明晚年反复陈说。耿宁将这个意义上的"良知"称为道德–批判概念。但良知作为是非之心的批判性首先并不是针对他人、针对外界,**而是针对自身的**。作为针对自身的道德–批判意识,良知本质上是**自知**。

**良知作为"自知"义是阳明提出"致良知"教的关键发明**,是他的良知经验超出孟子良知概念的独到要素。耿宁指出:

新的"本原知识"概念所指的是一种对本己意向的直接伦理意识，一种对其伦理性质的"知识"。因此，新的"本原知识"按照这个含义不再是一种对父母之爱、对兄长之敬、同情等等自发的萌动和意向，它不是一种特殊的意向，甚至根本就不是意向，而毋宁说是对所有意向的一种内意识，对善的和恶的意向的内意识，它是一种对这些意向的道德善、恶的直接"知识"。这个道德意识不能被理解为一种对本己意向进行伦理评判的反思。[1]

耿宁还将这种对自身意向的内在道德意识与唯识学的"自证分"相对照，指出阳明用来形容良知的"自知"就相当于唯识的自证分[2]，只不过良知作为是非之心并非意向一般的"自身意识"，而是对意向的善与恶的"道德自身意识"。[3]

良知作为对本己意向的善恶是非之自身意识，作为道德的"自证分"，这个维度在阳明提出"致良知"教之后的晚期得到反复阐明。阳明是在"良知"与"意念"的分别中彰显这一良知的自知性维度的，我们且看几则阳明的原话：

> 所云"任情任意，认作良知，及作意为之，不依本来良知，而自谓良知者，既已察识其病矣。"意与良知当分别明白。凡应

---

[1] 《人生第一等事》，第217页。
[2] 据张卫红教授考证，在耿宁之前就已有多位学者用唯识宗的"自证分"来解释发明阳明的"良知"，如章炳麟、梁漱溟与佛学家欧阳竟无，参氏著《由凡至圣：阳明心学工夫散论》，北京：生活·读书·新知三联书店，2016年，第70—75页。
[3] 同上，第219页。

物起念处，皆谓之意。意则有是有非，能知得意之是与非者，则谓之良知。依得良知，即无有不是矣。(《答魏师说》)[1]

尔那一点良知，是尔自家的准则。尔意念着处，他是便知是，非便知非，更瞒他一些不得。尔只不要欺他，实实落落依着他做去，善便存，恶便去。他这里何等稳当快乐。此便是格物的真诀，致知的实功。若不靠着这些真机，如何去格物？我亦近年体贴出来如此分明，初犹疑只依他恐有不足，精细看无些小欠阙。(《答陈九川问》,《传习录》卷下，第206条)

良知者，孟子所谓"是非之心，人皆有之"者也。是非之心，不待虑而知，不待学而能，是故谓之良知。是乃天命之性，吾心之本体，自然灵昭明觉者也。凡意念之发，吾心之良知无有不自知者。其善欤，惟吾心之良知自知之；其不善欤，亦惟吾心之良知自知之；是皆无所与于他人者也。(钱德洪录《大学问》)[2]

这些话清楚地表明了阳明所讲的"良知"**不等于善的意念**，而是决断意念的善恶是非之判分意识、推行意识，是知是知非的**自知**。

良知作为对自身意念知是知非的自知不只是道德判断力，更是包含推行能力的决断力，故阳明常言"致其良知，以求自慊"，如《答欧阳崇一》：

> 君子之酬酢万变，当行则行，当止则止，当生则生，当死则死，斟酌谓停，无非是致其良知，以求自慊而已。故君子素

---

[1] 《王明阳全集》卷六，第242页。
[2] 《王阳明全集》卷二十六，第1070页。

其位而行，思不出其位，凡谋其力之所不及而强其知之所不能者，皆不得为致良知；而凡劳其筋骨，饿其体肤，空乏其身，行拂乱其所为，动心忍性以增益其所不能者，皆所以致其良知也。(《传习录》卷中，第170条)

"自慊"一语本出于《大学》之"诚意"条目："所谓诚其意者：毋自欺也，如恶恶臭，如好好色，此之谓自谦，故君子必慎其独也!"朱子注"自谦(慊)"之"慊"为"快也，足也"，即"恶恶则如恶恶臭，好善则如好好色，皆务决去，而求必得之，以自快足于己"[1]。良知的自知其意念之善恶同时也意味着存善去恶，其中有自我快足的志意与情感。**阳明将《大学》中本用来形容"诚意"的"自慊"转而用来形容"致良知"，使得"致知"与"诚意"汇合为一了。**这么来看，"良知"既是判摄意念的判断力，相比原发意念——知孝知弟知恻隐的良知就是原发意念——处在意识的高阶，是觉知着意念(见分)之是非的自身意识(自证分)；**同时良知本身也是某种"意"，故致良知中包含此"意"之实现的自我快足(自慊)。**那么**良知之"意"**与"有善有恶意之动"之原发意念有什么差别？二者是什么关系？如果说"见父自然知孝，见兄自然知弟，见孺子入井自然知恻隐"是**原发的善之意念**——耿宁所谓向善的秉性，是一**体之感知**，那么良知之"意"与那种原发善念之一体性感知是什么关系？

用阳明自己的话说，良知对原发的意念之善即"知之"即"存

---

[1] [宋]朱熹，《四书章句集注》，徐德明点校，上海：上海古籍出版社，2001年，第9页。

之",对意念之恶即"知之"即"去之"——"尔意念着处,他是便知是,非便知非,更瞒他一些不得。尔只不要欺他,实实落落依着他做去,善便存,恶便去"。阳明有一处讲法透露出了良知即知即行的特征:

> 善念发而知之,而充之;恶念发而知之,而遏之。知与充与遏者,志也,天聪明也。圣人只有此,学者当存此。(《传习录》卷上,第71条)

此处阳明用了两个词语来述说知善知恶充善遏恶的良知实事——"**志也,天聪明也**"。可见**判摄意念之善恶的良知之"意"就是扩充善、遏制恶的"志"**,致良知的自慊就是**存善去恶之志**的自身快足。

良知所要存的善念是什么?所要去的恶念又是什么?大概而言,"善"即是一体恻怛之仁心,恶即是"相陵相贼"互相比轧的"私智"。良知的存善即是涵养扩充一体恻怛之心,故**识"天地万物一体之仁"是儒家圣人之学的第一义**。阳明晚年反复倡言万物一体之义,即是孔子所讲"**志于仁**"的根本宗旨。阳明自道"我此良知二字,实千古圣贤相传一点骨血也"[1],此乃阳明夫子的肺腑之言,如果我们不结合其万物一体之仁说,仅仅从形式上看"知是知非"、"知善知恶",就难以真切体认阳明的"致良知"教,也会辜负这"千古圣贤相传一点骨血"。如果仅仅从形式上理解"是非之心",则容易落入

---

[1] 《传习录拾遗》,第44条。

庄子"此亦一是非，彼亦一是非"的相对主义，"良知"也可能落入每个人独属自身的私人感觉的地步。阳明以万物一体的恻隐感应之心充实良知的根本意蕴，显示其"致良知"教乃是直承孔孟的仁学，非禅非老，不是异端的"自得"之学。

万物一体的仁说是阳明将其良知心学与禅佛教的明心见性之心学判分开来的基本立论[1]。但万物一体之仁说还面临一个与墨子"兼爱"学说相区别的问题。阳明与弟子之间关于"兼爱"非仁有这样一段问答：

> 问："程子云'仁者以天地万物为一体'，何墨氏'兼爱'反不得谓之仁？"先生曰："此亦甚难言，须是诸君自体认出来始得。仁是造化生生不息之理，虽弥漫周遍，无处不是，然其流行发生，亦只有个渐，所以生生不息。如冬至一阳生，必自一阳生，而后渐渐至于六阳，若无一阳之生，岂有六阳？阴亦然。惟其渐，所以便有个发端处；惟其有个发端处，所以生；惟其生，所以不息。譬之木，其始抽芽，便是木之生意发端处；抽芽然后发干，发干然后生枝生叶，然后是生生不息。若无芽，何以有干有枝叶？能抽芽，必是下面有个根在。有根方生，无根便死。无根何从抽芽？父子兄弟之爱，便是人心生意发端处，如木之抽芽。自此而仁民，而爱物，便是发干生枝生叶。墨氏兼爱无差等，将自家父子兄弟与途人一般看，便自没了发端处；不抽芽便知得他无根，便不是生生不息，安得谓之仁？孝弟为仁之本，

---

[1] 参《重修山阴县学记》，《王阳明全集》卷七，第286页。

却是仁理从里面发生出来。"(《传习录》卷上，第93条）

这是从**"仁"的发生流行**角度论说爱有次第、孝弟为仁之本。由此可见儒家仁学所以为是的乃是**生生不息、自有条理**的自然之理，这是宋明理学"天理"最根本的内涵。

仁之中包含的自然条理更鲜明地体现在阳明对《大学》所讲"厚薄"的解释中：

问："大人与物同体，如何《大学》又说个厚薄？"先生曰："惟是道理，自有厚薄。比如身是一体，把手足捍头目，岂是偏要薄手足，其道理合如此。禽兽与草木同是爱的，把草木去养禽兽，又忍得。人与禽兽同是爱的，宰禽兽以养亲，与供祭祀，燕宾客，心又忍得。至亲与路人同是爱的，如箪食豆羹，得则生，不得则死，不能两全，宁救至亲，不救路人，心又忍得。这是道理合该如此。及至吾身与至亲，更不得分别彼此厚薄。盖以仁民爱物，皆从此出；此处可忍，更无所不忍矣。《大学》所谓厚薄，是良知上自然的条理，不可逾越，此便谓之义；顺这个条理，便谓之礼；知此条理，便谓之智；终始是这条理，便谓之信。"(《传习录》卷下，第276条）

阳明此处首先以人的身体中的轻重厚薄来比方与物同体中自然包含厚薄的道理，在我们的头、目遇到危险时我们宁愿让自己的手、足受损也要去捍卫头、目，这就是一体中自然包含的条理，这样的捍卫行为就是知轻重厚薄的良知。接着，阳明以草木、禽兽、人、至亲之间的"**牺牲结构**"[1]来说同体之爱中作出取舍时而不得不"忍得"的情况，这其中就是孟子所讲"亲亲而仁民，仁民而爱物"的厚薄差等次第。这个厚薄轻重的条理是**根据与我们自身的亲疏关系来决定的。由此可见，与物同体感中的厚薄条理之知具有自知的要素。良知作为自知并非单子式的主体对自身的省思，而是在世生存的人对与物同体中的自身实际所是的觉知。**

阳明从《大学》的厚薄之义中引申出来"大人与物同体"中包含的"牺牲结构"之条理——"把草木去养禽兽，又忍得"……"宁救至亲，不救路人，心又忍得"。这个牺牲结构只到路人为止。在至亲与自身之间，就不能再分别彼此厚薄，绝不能"牺牲"至亲以满足自身的需要，那就从厚薄之义滑向彻底的自私自利了。阳明说："此处可忍，更无所不忍矣。"

在此可以见出儒家的**生命存在感**不是个体的，而是**以亲亲为根基的天地万物一体感**。"仁者，人也，亲亲为大。"道出的正是仁者的生命同体存在感。

阳明通过对《大学》厚薄义的解释揭示了大人之心不忍与忍得之间的张力，也就是仁中之义。这个"义"里面包含了良知的自知，特别是亲亲之知。"义"里面包含的"牺牲结构"基于存在的**有限性**。"箪食豆羹，得则生，不得则死，不能两全，宁救至亲，不救路人，心又忍得"，这显示了在有限性的处境下做出不得已选择的必要性。万物一体之仁与轻重厚薄之义的关系显示的是**在生命和存有的有限性境况中践行无限之仁爱的抉择**。良知以一体之仁的无限关爱

---

1 陈立胜教授语，参《王阳明"万物一体"论：从"身—体"的立场看》，第145页。

为根基，但又必须在有限性的当下境况中落实此仁爱，包含**对生命有限性的自知**。

不过，阳明对一体中的差等之爱的解释从细节处看仍有可追问之处。其一，阳明说吾身与至亲之间不可再分彼此厚薄，这个"至亲"包含哪些对象？父母、子女毫无疑问是包括在内的，兄弟呢？夫妻呢？从阳明三十一岁的"归儒之悟"看，他说到自己不忍抛去父亲与祖母离世修仙，但没有说到妻子，更没说到兄弟。这是否意味夫妻之间、兄弟之间还是有彼此厚薄？其二，阳明说到了头目与手足之间的一体与轻重关系，这个关系也经常被用来比喻政治体中**头领与属下**的关系。那么，**作为政治人，既要求君臣一心，又是父子一体，君与父母之间孰轻孰重孰厚孰薄？如果从仁的发生流行来看，则显然孝弟在忠君之先。但从国家作为身体的比方来看，则显然君王才是头目**。在此我们看到很难就单一原则分出厚薄。解决办法是区分出**先后**与**轻重**，论先后则孝弟在先，论轻重则公事、国事为重。

以上这个孝与忠之间的张力在《诗经》时代就已经出现，我们在诗三百中读到不少使臣、役士在外勤于王事而不能奉养父母的感叹歌咏，如《小雅·四牡》"王事靡盬，不遑将父"、"王事靡盬，不遑将母"，虽然怀归思父母心切，但还是不得不以王事为重。这是由使臣的身份决定的，对于"日出而作，日落而息"的庶民而言就不是这样，相比之下，常陪伴父母身边的庶民可能更能在身体和情感方面奉养父母。因此，以孝养父母为重还是以公事、国事为重，这取决于人的身份职守，以及对这一身份职守的自觉。**良知要在万物一体感中分出事情的轻重厚薄而举措得宜，需要对自身身份职守的**

**自知**。泛泛地讲万物一体，只是一番光景而已。

实际上，阳明讲"万物一体"也主要针对的是以治国平天下为己任的士君子。例如，在《答聂文蔚》那封书信中，阳明就明确在圣人治天下的背景下申说"天地万物本吾一体"，召唤聂豹这样的"世之君子"致其万物一体之良知，以复其"公是非，同好恶，视人犹己，视国犹家"的治天下之明德。《答顾东桥书》则是在三代之治与后世王霸之辨的脉络下论及万物一体是三代之治的根本精神（《传习录》卷中，第142条）。明乎此，我们就能知道万物一体之仁是阳明良知学的根本精神，是阳明承续孔孟仁学的"一点骨血"所在，是阳明志在为圣贤的一腔抱负所在，也包含儒家士君子对自身实际生存的自知。阳明的良知作为自知具有"亲亲仁民爱物"的一体而差等之儒家伦理底蕴，这一点通过与西方哲学、特别是海德格尔哲学中"良知"思想的比较可以更鲜明地显示出来。

## 四、与海德格尔生存论良知阐释的比较

与儒家文化中的"良知"概念发端于孝弟亲情经验不同，西方文明中对后世发生重大影响的"良知"概念并不是出现于人伦经验中，而是出现在哲学这种特出的生活形态中。倪梁康教授梳理过欧洲哲学中"良知"概念的历史发展，他将柏拉图《申辩篇》中记载的苏格拉底的"灵机"（daimonion）看作这一发展的源头[1]。苏格拉底自述的这个"灵机"是引导他走向哲学生活而非政治生活的守护神。

---

[1] 倪梁康，《心的秩序：一种现象学心学研究的可能性》，南京：江苏人民出版社，2010年，第84页以下。

在《申辩篇》的记载中苏格拉底这样说起他的"灵机":

> 也许有人感到奇怪,我走来走去,干预别人的事务,以私人身份提出劝告,却不敢参加议院,向城邦提意见。我这样做是有原因的:你们在很多时候、很多场合听我说过,有个神物或灵机附在我身上,这就是梅雷多的状子里以嘲笑的口吻提到的。这是一个声音,我从小就感到它的降临,它每次让我听见的时候,都是阻止我做打算做的事,却从来不叫我去做什么。就是它反对我从政。我认为它反对得有道理。因为你们知道,雅典公民们,我如果很久以前就从政,那就早已被处死,不能给你们或者给我自己做什么好事了。请不要因为我说实话而不高兴。因为一个人如果刚正不阿,力排众议,企图阻止本邦做出许多不公不法的事,就很难保全生命。一个人如果真想为正义而斗争,又不想活一个短暂的时期,那就只能当一名平头老百姓,决不能做官。(《申辩篇》31D)[1]

苏格拉底此处所讲到的"灵机"虽然没有"良知"(syneidesis, conscience)之名,但已经具备西方后世称为"良知"的基本现象要素:其一,它是苏格拉底内心的声音,而且是苏格拉底从小就感到其"**降临**"的声音;其二,它具有对苏格拉底的行为和处境的清醒意识,并针对其行为和处境发出告诫,因此具有"**自身意识**"这一良知现象的基本形式。不过,苏格拉底的这个"灵机"也有其独

---

[1] [古希腊] 柏拉图,《柏拉图对话集》,王太庆译,北京:商务印书馆,2004年,第43页。

特之处——每次都是阻止苏格拉底做打算做的事，却从来不叫苏格拉底去做什么。如果用王阳明"是非之心"的良知概念看，苏格拉底的这个"灵机"所告诫苏格拉底的只是"什么为非"，而没有肯定"什么为是"。这个告诫具体对苏格拉底的人生而言就是**不去以公众的方式从政**，而是以爱智慧（哲学）的方式为正义而斗争。因此可以说这个灵机是苏格拉底选择爱智生活的保护神。但是要注意到，由于苏格拉底的这个灵机只是**阻止**而不**促成**，因此**它并非苏格拉底爱智生活的充足本原**。只有这个**劝阻的灵机**和柏拉图《会饮篇》中所讲的**爱欲（eros）灵机**合在一起，才构成爱智者的完整灵魂。

从《申辩篇》中我们看到苏格拉底的灵机主要不是道德性的，它的德性毋宁说是一种理智德性，接近于亚里士多德在《尼各马可伦理学》中所讲的"明智"。亚里士多德虽然承认伦理德性有天生的因素，但严格作为中道的伦理德性却需要后天习得。西方思想中具有道德意义的"良知"概念最早应该出现在斯多葛派的哲学中。耿宁指出，"斯多葛派哲学家们教导说，道德法则就在我们自己心中，我们根据这一法则知道，我们在道德上的行为是善的还是恶的。他们将这一'知'看作比舆论和比名声的好坏更为重要的东西"。[1] 斯多葛派的"良知"思想影响到使徒保罗，由保罗将其带入到基督教中。在近代的道德哲学中"良知"概念有进一步的发展，比较重要的有休谟、莱布尼茨、康德、黑格尔、尼采等人的相关思想[2]。其中，将"良知"概念推到第一哲学的基础性地位的，则是海德格尔。

海德格尔以**重提"存在"（"是"）的意义（das Sinn von Sein）**

---

[1] 《心的现象——耿宁心性现象学研究文集》，第 191 页。
[2] 参倪梁康著《心的秩序》，第 88 页以下。

问题而复兴了近代知识论以来衰落了的西方哲学存在论（ontology）[1]传统，这可以看作在哲学上刊落支离而回复大本的革命性行动。不过，在康德的哥白尼式革命洗礼之后，在胡塞尔现象学方法的启发下，海德格尔没有以独断的方式确立一个"存在"的定义，再从中推演出一套哲学体系，而是回到"存在"的意义问题首先被问及的"达在"（Dasein），通过阐发达在的生存在世来获得一个领会存在意义的充分视野。在《存在与时间》中海德格尔称这一为"存在"的意义问题做准备的达在生存论阐释为基础存在论（Fundamentalontologie）[2]。海德格尔所追问的"存在的意义"问题乃是西方哲学基础性的问题，因此《存在与时间》的生存论作为基础存在论所探讨的其实是彻底的哲学领悟如何可能的问题。《存在与时间》中海德格尔对"良知"现象的阐发应该在这一基础存在论的视野中来理解。

《存在与时间》的"良知"阐释出现在第二篇的第二章。以"达在与时间性"为标题的整个第二篇的总任务是先行阐明达在在世生存所可能具有的本真性（源始性）与完整性，只有在**达在本真完整的生存可能性**中才可能赢得**领会"存在"意义的充分视野**，才可能**达到一种原发而究竟的哲思**。为此，海德格尔在这一篇的第一章分析了达在可能的完整存在，即"向死存在"。海德格尔从生存论上将达在本真向死生存的方式刻画为"先行"（Vorlaufen）到死，就是面

---

[1] 这个词旧有翻译为"本体论"的，但西方的"本体论"探讨"存在者"（to on）之为"存在者"，而且在"存在"与"生成"、"存在"与"显象"的对置中探究"存在者"的意义，与知识论密切相关，这与儒家的"本体"之学颇异其趣。不过康德的道德形而上学和海德格尔的生存论与阳明的本体之学有很深的相通之处。

[2] 《存在与时间》，第16页。

对死亡的极限境况而预先筹划领会生存的完整可能性。海德格尔将生存论上所筹划的本真向死存在的特征概括如下:

> 先行向达在揭露出丧失在常人自己（Man-selbst）中的情况，并把达在带到主要不依靠操劳着的操切（die besorgende Fürsorge）而是去作为达在自身存在的可能性之前，而这个自己却就在热情的、从常人的迷幻中解脱出来的、实际的、确知它自己（ihrer selbst gewissen）而又畏着的**向死的自由**之中。[1]

这个"向死的自由"在《存在与时间》的语境中首先就是**哲思的自由**，即领会存在意义的自由视野。它不同于康德实践哲学中的**意志自由**，因为达在在这种自由中所领会的自身存在的可能性主要不依靠操劳操切着的与他人共在，不依靠某种伦理和社会身份，而是从身份中脱身出来的自由完整的生存可能性。这个向死的自由也是生存论维度上的良知的自由。

在对达在的向死存在现象的分析中海德格尔已经涉及到与"良知"（Gewissen）相关的现象，即死亡对于达在的**可确知性**（Gewissheit）。在德语中"良知"和"可确知性"具有非常接近的词形，只不过"良知"一般具有道德含义，而"确知"则可以具有更广泛的所指。达在在向死存在中确知其本己的无可逾越的生存可能性——即**对自身生命有限性的自知**。这首先还只是一个生存论（理论）的筹划，海德格尔需要在生存现象上找到这种本真生存的见证，

---

[1] 《存在与时间》，第 305 页。部分译文根据德文本有改动。

这种见证就是良知和决心。

海德格尔的阐释首先抓住"良知的声音"（Stimme des Gewissens）这个日常表述[1]，指出良知本质上是一种**话语现象**，他对良知现象的阐释也遵照了话语现象的结构，良知作为一种呼唤可以分为三个环节：呼声之所及（呼唤谁）、呼唤了什么、呼唤者为谁。由此可见，海德格尔此处并未把"良知"捕捉为一种"**知觉**"，或者说"智的直觉"。在这里我们看到**海德格尔的"良知"**与**苏格拉底的"灵机"**在现象上的类同性——都是一种内心的"**声音**"。只不过，苏格拉底的"灵机"显得更具有某种神秘的超越性，它是"**降临**"到苏格拉底的心中的。

我们来看海德格尔基于"良知的声音"这一现象标志对良知的生存论阐明。首先，良知作为呼唤有"呼声之所及"。良知作为呼声**呼唤的是谁**？当然是达在自己。海德格尔说，"操劳着共他人存在的常人自身为呼声所及"，良知的呼声具有**批判性**。[2]这一点并不难理解。批判的标准和内容是什么？良知对常人自身说了什么？海德格尔说，"严格说来——无。呼声什么也没有说出，没有给出任何关于世间事务的讯息，没有任何东西可能讲述"，"呼声不付诸任何音声。……良知只在而且总在沉默的样式中言谈"。[3]那么，良知的呼声把人唤向何处？

良知的呼声将常人自身唤向本己的自身，"呼声跨越了常人以及公众解释此在的讲法……恰恰是在这种跨越中，呼声将那热衷于公

---

1 《存在与时间》，第 308 页。
2 由此可见海德格尔的"良知"接近阳明作为"是非之心"的第二个良知概念。
3 《存在与时间》，第 314 页。

众声誉的常人驱入无意义之境,但那在召唤中被剥去了栖所和遮蔽的自身却通过呼声被带回其本身","这呼唤所及的自身向它自身**被唤起**,亦即向它最本己的能在被唤起"。[1]可见海德格尔的"良知"与苏格拉底的"灵机"有所不同,良知的呼声不仅是一种阻止的、批判的话语,也是一声积极的召唤,**其中包含积极的爱欲**。不过,在良知的呼声中达在被唤向的是最本己的能在,而不是某种普遍的理想或道德规范,"呼声并不给出任何理想的普遍的能在供人领会"[2]。在这里见出**海德格尔生存论的良知**与**康德道德哲学的良知**之间的差别。在生存性的良知中,达在被唤向的是**自身个体化的生存可能性——哲学生活就是这样一种可能性**,而不是普遍的道德规范。显然,这种全然个别化的良知呼声也不同于王阳明通向圣人之道的良知。

在良知的呼声中是谁在呼唤?谁把达在从常人自身中唤回来并唤向最本己的能在?良知的呼声并非闯入达在的异己力量,而就是达在本身,但也并非某种"先验自我"。海德格尔说:

> 呼唤恰恰不是而且绝不会是由我们本身计划的或准备的或有意作出的。一声呼唤,不期而来,甚至违乎意愿。另一方面,呼声无疑并不来自某个共我一道在世的他人。呼声出于我而又逾越我。(《存在与时间》,第 315 页)

这段话非常重要,它表明良知的呼声**并非"意志"现象**,而不如说是某种"**自发**"现象,"不期而来,甚至违乎意愿",呼声展开

---

1 《存在与时间》,第 313 页。
2 《存在与时间》,第 321 页。

出达在最本己的能在，这并不是一种自我筹划、自我设计，而不如说是一种"**自然**"，是海德格尔后来所解释的希腊哲学中的 physis（"涌现"），良知也可以说是亚里士多德意义上的**自然的德性**。良知的这种超乎意愿的"不期而来"性质与孟子所讲良知良能的"不虑而知，不学而能"暗通款曲，其自发性颇近于孟子所抉发的"乍见孺子入井而恻隐"的现象。良知在这种**自发性**中显示出其**本原性**。不过，与孟子所揭示的恻隐良知不同，此处的良知呼唤并非来自某个与达在一道在世的他人（例如处于危险中的孺子），而是来自达在本身。而且，并非来自处于某个特定身份中的达在，而是来自"无家可归的达在"。

将良知的呼唤者揭示为"无家可归的达在"，是海德格尔的"良知"阐释中最令人讶异之处。海德格尔说道：

> "世间"无可规定呼唤者为谁。他是无家可归的达在，是最源始的、不在家的被抛在世的存在，是在世界之无中的赤身裸体的"它存在"。呼唤者与平均的常人本身不亲不熟——所以传来的像是一种**陌生**的声音。(《存在与时间》，第 317 页)

呼唤者并非身处某个特定的身份、地位中的达在，如为人子、为人父、为国家的领袖或公民等。因此呼唤者从"世间"的角度无可规定为谁。然而，**为人子、为国家的公民（臣民），不正是我们"最源始的"被抛在世的存在吗？家国不正是我们源始的被抛在世吗？**海氏为何说最源始的被抛在世是"**不在家**"的？海氏此处所想的"被抛在世"肯定不是我们的出生一端，而是我们的**会死**一端。

在海德格尔的阐释中，向死存在是他人无可代替的我们最本己的无所依傍的存在可能性，达在在向死存在中**个别化**[1]。这种**个别化的无所依傍的向死存在就是达在被抛的"无家可归"状态**。常人在沉沦中逃避这种无家可归状态，因此来自这一无家可归境况的良知的呼声对平均的常人而言显得是**陌生的**。

通过对呼声之所及、呼声之所向和呼唤者三个环节的分析海德格尔揭示了良知的构造和本质：

> 良知公开自身为操心的呼声：呼唤者是达在，是在被抛境况（已经在……之中）为其能在而畏的达在。被召唤者是同一个达在，是向其最本己的能在（自己领先，sich-vorweg）被唤起的达在。而由于从沉沦于常人（已经寓于所操劳的世界）的状态被召唤出来，达在被唤起了。[2]

从形式上看，海德格尔此处所阐发的良知现象具有类似于王阳明"是非之心"的良知概念的构造。达在在良知的呼声中从迷失于常人的**非本真**状态中被唤起，被唤向其**最本己的能是**，这里的"是"和"非"是生存论上的，不是伦理道德层面的。良知的呼声所提供出来供达在领会的就是这一**非其所非**（常人自身的非本真生存）而**是其所是**（最本己的能是）的生存。这个是其所是而非其所非的存在海德格尔称之为生存论上的"罪责存在"。

良知的呼声所提供给达在领会的是其"罪责存在"。在对"罪责

---

1 《存在与时间》，第 302 页。
2 《存在与时间》，第 318 页，个别译法参照德文原文有改动。

存在"的分析中海德格尔再一次回到日常人们关于"良知"的说法。他指出,在人们的日常经验中良知作为呼声向达在进言说它"有罪责",或作为发生警告的良知揭示可能的"有罪责",或作为"清白"的良知确证"不觉得有罪责"。[1] 日常的良知经验着眼于"负债于……"和"有责于……"这两种流俗含义来理解"有罪责"。海德格尔指出,罪责现象未必牵涉"欠债"与权利伤害之类,因此对"有罪责"这一观念的阐明"必须在一定程度上形式化,直到摆脱对操劳共处的流俗的罪责现象的牵涉"[2]。这其实就是说要**越过伦理、法律层次上的罪责**而深入到罪责的生存论维度。海德格尔看到,在"有罪责"这一观念中有"不"(Nicht)的性质,同时还包含"作为……的根据存在",因此他从形式上把"有罪责"规定为:**是一种不之状态的根据**"[3]。通过将这一"罪责"的形式规定应用到达在的实际性(被抛)、生存(筹划)与沉沦这三个操心的环节,海德格尔指出"**就其本质而言,操心本身自始至终贯穿着不之状态**","是不之状态的(具有不性的)根据"。因此,从生存论上看,达在并非偶尔陷入罪责,而是"**达在之为达在就是有罪责的**"[4]。这种生存论上的罪责存在不等于道德上实际的罪责,而是道德上的善恶之所以可能的生存论条件。[5]

良知的呼声让达在领会的是其"最本己的能在",而这就是说"最本己的罪责存在",在这种最本己的罪责存在中达在选择了它自己。海德格尔说:

---

1 《存在与时间》,第 321 页。
2 《存在与时间》,第 324 页。
3 同上。
4 《存在与时间》,第 327 页。
5 《存在与时间》,第 328 页。

随着这一选择，达在使其最本己的罪责存在对自己成为可能，而这种罪责存在对常人自身则保持其封闭。常人的知性只识得是否满足手头规矩与公众规范。常人结算这些规矩规范受了几许冲撞并企求得到找补。常人溜过最本己的罪责存在，以便嘈嘈嚷嚷议论"犯错误"。但在召唤中，常人自身被召唤回本身的最本己的罪责存在。领会呼声即是选择；不是说选择良知，良知之为良知是不能被选择的。被选择的是有良知，即对最本己的罪责存在的自由存在。**领会召唤**就等于说：愿有良知。（《存在与时间》，第 330 页）

值得注意的是，海德格尔在此处及前后段落中频繁地使用**最高级——最本己的能在，最本己的罪责存在**。何谓达在最本己的能在、最本己的罪责存在？海德格尔没有说，这些用语只是生存形式上的，他避免赋予其特定的内容。从"罪责存在"的"不之状态的根据"这一形式界定看，"最本己的罪责存在"意味着通过**最彻底的"不"**达到**最深沉的根据**。何谓最彻底的"不"（Nicht）？那不就是"无"（Nichts）吗？诚然，达在在良知的呼声中被唤回的就是此一"无"之境况，其中有达在最深远广阔的自由（作为生存的根据）。这一自由关乎究竟的哲思的可能性。

在《形而上学是什么》这一教授就职讲座中，海德格尔更集中地阐明了让存在领会（亦即形而上学[1]）得以可能的"无"和"不"。

---

[1] 海德格尔对"形而上学"这个词语的用法前后期有变化，在前期它是存在论亦即第一哲学的别名，在后期，海德格尔发现形而上学只思及了存在者的存在（是）而遗忘了"存在"本身，因此力图克服形而上学。

在这个讲座中海德格尔把**科学**研究解释为"别具一格的与存在者本身的世界关联",这种关联是"由人类生存的一种自由地选择的态度来承担和推行的"[1]。形而上学则是与存在者整体的自由关联。这种自由关联恰恰只有通过对存在者之全体的完全否定才可能。这种完全否定就是"无"。这个"无"如何被我们所经验?海德格尔指出,"无"不能通过理智的否定得到经验,因为理智怎能一一对全体存在者进行否定呢?"无"作为对存在者整体的否定在一种独特的情绪中得到经验,这种情绪就是"深沉的无聊",这种无聊不只是对这本书或者那出戏、这项活动或者那种消遣感到无聊,而是"把万物、人以及与之共在的某人本身共同移入一种奇特的冷漠状态中"的深刻无聊[2]。这种"百无聊赖"的**深度无聊**其实是《存在与时间》中所阐发的**"畏"**这种情绪的消极方面。在畏,在深刻的无聊中,"万物和我们本身都沦于一种冷漠状态之中。但这不是在一种单纯的消失意义上讲的,不如说,它们在移开的同时就朝向我们"[3]。此处所言颇近于东方"静故了群动,空故纳万境"的禅境。

在"形而上学是什么"这个讲座中**"畏"**的情态突出地显示其**形而上**的样态。《存在与时间》虽然已经以专节阐释了"畏"的现象,并且从畏的形式环节中阐发出了操心这一达在存在的建构,但是这一阐释还是容易被理解为一种哲学人类学,一种人生哲学。在教授就职讲座中,海德格尔才明确阐发出了"畏"的存在论意义。海德格尔说道:

---

1 [德]马丁·海德格尔,《路标》,孙周兴译,北京:商务印书馆,2000年,第120页。
2 《路标》,第127页。
3 《路标》,第129页。

> 达在基于隐而不显的畏而被嵌入无之中的状态，就是对存在者整体的超逾，即：超越。……
> 形而上学就是一种超出存在者之外的追问，以求回过头来获得对存在者之为存在者以及存在者整体的理解。[1]

"畏"由此而显示为一种地地道道**形而上的情绪**。

不过这种形而上的基本情绪在达在中多半被压制起来了，通常只是沉睡着，唯独在具备大勇的大胆开拓者那里震颤得最强：

> 畏的气息不断地通过达在而震颤：最少通过"懦怯的"达在而震颤，并且难以为"唯唯诺诺"的达在所听闻；最早通过身体力行的达在而震颤；最可靠地通过大勇到底的达在而震颤。但是，后面这种情况只有从达在为之耗尽心血的那个东西而来才发生；达在为那个东西耗尽心血以求因此保持达在的最终伟大。

畏的气息最可靠地在**大胆开拓（verwegene）**的达在中震颤，这样的达在为某个东西耗尽心血以求因此保持达在的最终伟大。显然，作为存在之思的形而上学就是这类东西。大胆开拓的达在区别于懦怯的、唯唯诺诺的达在，乃是敢于"不"、敢于承受开拓者必得遭遇的无家可归状态的达在，也就是最能承受其最本己的罪责存在的达在。在这里显示出"**畏**"与"**良知**"的同一性。实际上，"良

---

[1]《路标》，第137页。

知"与"畏"是同一个现象的不同方面,良知在无家可归的被抛状态中将达在从常人自身中唤出,唤向其最本己的罪责存在,这种呼声是**筹划着领会**其最本己能在的缄默话语,这种领会具有畏的**现身情态**。因此,**畏的勇气**也就是本真生存的**良知的勇气**,形而上的**哲学探究**是其体现样态之一。

此处海德格尔还论及到"无"和"不"的关系。在他看来"无"比"不"更源始,"无本身就不着(Das Nichts selbst nichtet)"[1]。这是一个费解的讲法。我们首先看何谓"不着"。"不"首先不只是思维中的否定,而是生存性的决断,属于《存在与时间》中讲的达在的罪责存在。海德格尔说道:

> 达在在某种不着的行为中总是为无之不化所震撼,而否定既不能被称为唯一的不着的行为,更不能被称为起主导作用的不着的行为。比思维中的否定的单纯适恰性更为深沉的,乃是违反之严酷和厌恶之尖锐。相形之下,弃绝之痛苦与禁止之无情也要更负责一些。缺失之辛酸也要更沉重一些。[2]

海氏此处所言违反之严酷、厌恶之尖锐、弃绝之痛苦与禁止之无情、缺失之心酸,都是生存性的"不"之现象。**与阳明的良知思想对照,这些生命中的"不"之行为即是阳明所言"忍得"的良知之"牺牲结构"**。不同的是,阳明所言"忍得"乃是不忍中的忍得,是万物一体的肯定性情感中的不得已之"牺牲"。海德格尔大谈超越

---

[1] 《路标》,第132页。
[2] 《路标》,第135页。

性的"无"与"不",缺乏阳明那里的一体仁心之不忍作为前提,带有强烈的形而上学之严酷精神,与儒家宽裕温柔的仁者本怀大异其趣。海德格尔在二十世纪三十年代之所以会走上与希特勒法西斯主义合作的一段歧途,与他的形而上学之冷淡、严酷不无关系。

关于"无"和"不"的关系,海德格尔的观点也不无可疑之处。违反、弃绝之类"不"之行为、"不"之状态是从"无"中派生出来的吗?属于**无之不化**吗?我们只有经验到畏所启示的无,才会懂得违反(公众意见或父母之命等等)、厌恶、弃绝?抑或相反,正是经由违反之严酷、厌恶之尖锐、弃绝之痛苦等"不"之状态,我们才逐渐接近于敞开着"无"的畏之情绪?这颇近于修行中**顿悟**和**渐修**的关系,也包含了道德与宗教、哲学的关系。在畏的震颤和良知的呼声中经验到"无"的敞开和本真生存的自由,是顿悟。由经验到"无"而学会"不",是"无之不化",是渐修。但顿悟也可以由长期的渐修而来,对"无"的彻悟也可以由一步步积累的"不"而来,正如学佛者可以由觉悟而自觉持戒,也可以由持戒而达到和巩固定、慧境界。显然,海德格尔注重的是突如其来的畏和良知导入"无"和"自由"的"顿悟"法门。在这个方面他确实更接近主张"致良知"的王阳明,而不同于主张由积累而达到贯通的朱熹。

王阳明的良知思想中与海德格尔所言之形而上的"无"最接近的是晚年的"太虚"概念。关于"太虚"境界的工夫论前提,阳明在答南元善的一封书信中讲得最明了:

> 世之高抗通脱之士,捐富贵,轻利害,弃爵禄,决然长往而不顾者,亦皆有之。彼其或从好于外道诡异之说,投情于诗

酒山水技艺之乐，又或奋发于意气，感激于愤悱，牵溺于嗜好，有待于物以相胜，是以去彼取此而后能。及其所之既倦，意衡心郁，情随事移，则忧愁悲苦随之而作。果能捐富贵，轻利害，弃爵禄，快然终身，无入而不自得已乎？夫惟有道之士，真有以见其良知之昭明灵觉，圆融洞澈，廓然与太虚而同体。太虚之中，何物不有？而无一物能为太虚之障碍。……[1]

这封书信照《年谱》作于嘉靖五年（1526），阳明时年五十五岁，当时南大吉入京觐见，与朝中敌视阳明学的嘉靖帝及旧学官僚意见不合，受到罢黜，南大吉给阳明写信，唯以道德学问为事，无一语及于自身的得失荣辱，阳明在回信中对南大吉这种超然脱俗的情操大加赞赏，谈及良知的太虚境界。[2] 阳明指出，要真正做到"捐富贵，轻利害，弃爵禄，快然终身，无入而不自得"的超然，需要洞见到良知的"圆融洞彻，廓然与太虚而同体"的本体觉悟。这看起来很接近海德格尔的由畏之无的启示而实现实际生存的决断之不。但良知首先是存善去恶的道德主体，必须通过为善去恶的道德工夫，良知才能脱去对物的执着，达到廓然大公的太虚之境。**存善去恶的道德境界虽然还未及自由无碍的太虚境界，但却是达到此一境界的工夫论前提**，"其嗜欲深者，其天机浅"，只有通过存理去欲的道德超越工夫，才能笃实坚定地达到并保有与太虚同体的无之境界。

---

[1] 《答南元善》，《王阳明全集》卷六，第234页。
[2] 阳明在给南大吉的信中深言良知的太虚之境，固然是其晚年的思想所深造自得，也未尝没有考虑到南大吉的关学背景，因为"太虚"正是关学鼻祖张载思想的核心概念。

## 五、几点进一步比较

"良知"在海德格尔前期生存论思想中是一个关键概念,是开启达在本真生存的自由、因而也开启究竟的哲学生存之可能性的现象。颇为蹊跷的是,**这一概念在海德格尔二十世纪三十年代之后的中后期思想中几乎消失了**,这也许是因为 Gewissen 这一概念携带了太强的主体意识和道德哲学色彩,而转向后的海德格尔则想避免这类有主体性色彩的概念。与海德格尔那里的情况不同,"良知"在王阳明思想成熟之后一直是他的核心话头,他在其思想发展的各个阶段赋予了其不同层次的含义,与之相应,王阳明的圣贤人生也呈现出极高明而道中庸的日新气象。我们虽然用中文的"良知"来翻译海德格尔《存在与时间》中的 Gewissen,但王阳明的"良知"与海德格尔生存论的"良知"其实颇为不同,前者是**成圣的根据**,后者则首先是本真的**哲学领悟的契机**。二者的相近与相异之处都给人以启发。

其一,二者都重视"良知"(或 Gewissen)在心智生活中的根本性地位,都是反身内求、建立大本的学问。其二,两人的"良知"概念在形式上有接近之处,海德格尔的"良知"概念比较接近于王阳明第二个良知概念(采用耿宁的分析),即作为"是非之心"的良知,对于王阳明那里的第一个伦理意义比较重的良知概念,海德格尔那里缺乏对应物,这也使得海德格尔的良知概念过于形式化,缺乏具体的伦理内涵。王阳明的良知概念虽然伦理道德意义较强,但并不缺乏生存论的维度,是以万物一体之仁爱为根基的儒者"大人之学"的自知。

海德格尔和王阳明"良知"概念的最大不同首先来自两人所处

的不同文明背景。王阳明生长在受儒家文化正统熏陶的文化环境中，**读书做圣贤**这一第一等事的抱负是他学问隐秘而持续的动力，他的良知学是在**圣人文化理想**的背景下发展出来的，开辟的是一条颇不同于当时流行的朱子学的成圣道路。虽然在王阳明良知概念的发展中融摄了"聪明睿智"这一"圣"的原初义项，但其出发点首先还是人伦的，是**万物一体而又自含厚薄轻重的仁义之知**。与此不同，海德格尔的思想出乎基督教神学而入于以古希腊为源头的哲学，他对"良知"现象的生存论阐释从属于其基础存在论，他有意要突破对"良知"的伦理道德解释而深入其生存论哲理的维度，诚然别开生面，但过于形式化而缺乏实际生活的具体内涵。

总体而言，王阳明的"良知"思想比海德格尔生存论的"良知"概念要更为圆融广大。**阳明的良知思想不乏本真自得的生存论维度，但更具有《存在与时间》的生存论良知阐释中所缺乏的人伦关爱精神**。在阳明的良知学中，良知不仅是"是非之心"，是能够有所"不"的自由的根据，更是原发的孝悌仁心，是一体之知。实际上，如果王阳明仅仅追求他个人的本真生存，他完全可以走向自己一度沉溺其中的仙佛道路，他之所以告别仙佛道路而走向儒家的圣人之道，很关键的因素是挂念祖母和父亲的亲情良知。不过，海德格尔生存论的良知思想也可以给阳明的良知心学带来一定的启发，发明其中隐而不彰的生存性维度，破除局限于伦理维度的狭隘性。耿宁先生以"本原知识"译"良知"，大概也有发扬其超伦理维度的意旨吧。

阳明对其早年沉溺于佛老的"自得"之学的超越，可以从以下这段话中看到：

先生曰："仙家说到虚，圣人岂能虚上加得一毫实？佛氏说到无，圣人岂能无上加得一毫有？但仙家说虚，从养生上来；佛氏说无，从出离生死苦海上来：却于本体上加却这些子意思在，便不是他虚无的本色了，便于本体有障碍。圣人只是还他良知的本色，更不着些子意在。良知之虚，便是天之太虚；良知之无，便是太虚之无形。日月风雷山川民物，凡有貌象形色，皆在太虚无形中发用流行，未尝作得天的障碍。圣人只是顺其良知之发用，天地万物，俱在我良知的发用流行中，何尝又有一物超于良知之外，能作得障碍？"（《传习录》卷下，第269条）

这个在太虚中具有天地万物的良知境界，是阳明以万物一体为本怀的良知思想所达到的思想顶峰，是从诚笃的仁义践履而来所达到的自由超越境界。

# 第四章　天命之性的灵明之体与善恶之机

## 引言　阳明心学非不言性

阳明心学以心为本体，多言心体、良知本体，其标志性的学问宗旨是"心即理"。相对于程朱理学的"性即理"，阳明心学给人的一般印象是以讲"心"为标志，程朱理学则是以讲"性"为标志。牟宗三先生著《心体与性体》一书，认为宋、明儒的大贡献即是将《论》《孟》《中庸》《易传》通而一之，豁醒先秦儒家的"成德之教"，揭示吾人之"性体"为"自觉的道德实践所以可能之超越的根据"，此"性体"通宇宙生化的"於穆不已"之实体为一，由此而成"道德的形上学"。牟先生认为，此一"与天地合其德"的"性体"在宋明儒的圆教课题中居关键之地位，"最为特出"，西方无此"性体"观念，故"一方道德与宗教不能一，一方道德与形上学不能一"。[1] 牟先生据他心目中圆教的"性体"观念分宋明理学为三系：

（一）五峰、蕺山系：此一系由濂溪、横渠而至明道之圆教模型而开出，客观地讲性体，以《中庸》《易传》为主，主观地

---

[1]《心体与性体》，第32页。

讲心体,以《论》《孟》为主,特提出"以心著性"义以明心性所以为一之实以及一本圆教所以为圆之实。于工夫则重"逆觉体证"。

(二)象山、阳明系:此系不顺由《中庸》《易传》回归于《论》《孟》之路走,而是以《论》《孟》摄《易》《庸》而以《论》《孟》为主者。此系只是一心之朗现,一心之伸展,一心之遍润,于工夫,亦是以"逆觉体证"为主者。

(三)伊川、朱子系:此系是以《中庸》《易传》与《大学》合,而以《大学》为主。于《中庸》《易传》所讲之道体性体只收缩提炼而为一本体论的存有,即"只存有而不活动"之理,于孔子之仁亦只视为理,与孟子之本心则转为实然的心气之心,因此,于工夫特重后天之涵养("涵养须用敬")以及格物致知之认知的横摄("进学则在致知"),总之是"心静理明",工夫的落实处全在格物致知,此大体是"顺取之路"。[1]

根据这一圆教模型的判教三系说,牟宗三固然给予了象山、阳明的心学以高于程朱理学的地位,认为程朱理学长期的正统地位只是"别子为宗",但他对象山、阳明的心学也有所不满,认为"只是一心之朗现、一心之伸展、一心之遍润,故对于客观地自'於穆不已'之体言道体性体者无甚兴趣,对于自客观面根据'於穆不已'之体而有本体宇宙论的展示者尤无多大兴趣。此方面之功力学力皆差……不免使人有虚歉之感"[2]。这一判教大大提高了南宋胡五峰、明

---

[1] 《心体与性体》,第42页。
[2] 《心体与性体》,第41页。

末刘蕺山在宋明理学中的地位，其首要依据在是否能体悟他所谓"即活动即存有"之实体，能否证成所谓"道德的形上学"。象山、阳明之心学偏"**活动**"[1]，程朱之性理则"**只存有而不活动**"，唯有"以心著性"的五峰、蕺山之学能体证"**即活动即存有**"之性体。

牟先生对阳明心学的看法在古今都不乏同道。明末创立止修学派的李材（字孟诚，别号见罗）就明确批评阳明以良知为本体，认为良知只是性体之用，他提出"摄知归止"的观点，以《大学》"止于至善"为止于人生而静以上之性体。李见罗提出：

> 从古立教，未有以知为体者，明道先生曰："心之体则性也。"伊川先生曰："心如谷种，仁则其生之理也。"横渠先生曰："合性与知觉，有心之名。"亦是性为心体之见。……[2]

这是要回到明道、横渠的"性体"学脉，反对阳明以心为体、以知为体。这个批评有一定道理，相对"性体"而言，心、良知是用，如果讲心体、良知本体而不及"性"，则可能有以用为体、以情为性的弊端，在实践上也可能导向"情识而肆"的流弊。不过此一批评也有两个盲点：首先，没有准确体贴阳明以良知为本体的立言宗旨，阳明良知本体之说乃是针对朱子格物之说的支离之失而来，是要从见闻穷理之知的支离返回到良知的大本大源上来；其次，阳明也并非不言性，他晚年多讲良知是"天命之性"的发现处，也说

---

1 牟氏以"一心之朗现，一心之伸展，一心之遍润"来形容象山、阳明之心学，所体认的显然是心学的"活动"相。
2 《明儒学案》，卷三十一，第673页。

"心之本体则性也"[1]，与明道、横渠不二。

以言心与言性来分别陆王心学与程朱理学，在当代学者中也很常见。束景南教授著《朱子大传》与《阳明大传》两大皇皇之作，其副标题就分别是"性的救赎之路"与"心的救赎之路"。杨国荣教授指出，心性的辨析在逻辑上构成了理学解决内圣之境何以可能的切入点，但对心性问题的看法及心性关系的定位，阳明心学与程朱一系的理学存在重要分歧，"如果说，程朱着力于提升性体，那么，王阳明则更多地以心体为关注之点"[2]。杨国荣并指出程朱的"性即理"说以性说心，确立的是理性本体的主导地位，趋向于抑制对感性存在以及情感、意志、直觉之维的关注，由此走向了本质主义；王阳明则在肯定心以理为本的同时，又联系身以说心，并将情、意，以及乐视为心的应有之义，在理论上为确认人的个性以及个性的多样化发展提供了某种心性论的前提。[3]这一辨析显然受到了西方二十世纪颠覆"本质主义"的存在主义（生存主义）思潮的影响。更早些时候，陈来教授也认为阳明学的"新唯心主义""从心出发，不重视'性'的概念"，"理学到心学的转向类似于黑格尔后，西方哲学从理性主义（Rationalism）到存在主义（Existentialism）的转向"。[4]这一对照颇有启发性，相对程朱理学以"天理"来规定"性"的"本质主义"倾向而言，阳明心学确实具有更强个体生存性的体证特征。然而，正如我们前面指出的，**阳明并非不重视"性"的概念，心之**

---

1 《大学问》，《王阳明全集》卷二十六，第1067、1070页。
2 杨国荣，《心学之思：王阳明哲学的阐释》，北京：中国人民大学出版社，2009年，第45页。
3 《心学之思：王阳明哲学的阐释》，第58页。
4 《有无之境》，第16页。

**本体之为本体、良知之为良知，根底上是由"天命之性"贞定的。阳明心学可以说相比程朱理学而言具有更强生存论的特征，但绝非反本质主义的生存主义（存在主义）。** 阳明心学并不缺乏"性"的维度，阳明对"性"有颇为深切而丰富的阐发，与程朱理学有所不同，其中包含了一种**以性情（感应）为底蕴的性灵论，良知乃是即藏即显、即情即理的性之灵**。我们有必要全面深入地梳理阳明关于"性"的阐论，探讨其中心与性的关系，以深化对阳明学心体、良知本体思想的理解。

## 一、从"奉性以治心"回到由心以著性

论"性"在儒学中是一个聚讼纷纭的话题。自孟子提出"性善"说并与告子的"生之谓性"论进行争辩以来，历代儒者对"性"提出了各种观点，有性无善无恶说，有性恶说，有性善恶混说，有性三品说等等。"性"的话题虽然众说纷纭莫衷一是，但历代大儒多不避之，或多或少会论及。这大概是因为，**知"性"不仅关乎自身修德的工夫，也关乎知人论世**，这个问题一旦提出来，就是难以回避的。北宋周（濂溪）张（横渠）二程诸大儒莫不言性，大体而言他们都认同孟子性善论的宗旨，但又有所修正，通过提出**气质之性**与**义理之性**的双重"性"论而涵摄了荀子的性恶论，对告子"生之谓性"的观点也有同情、包容性的理解。北宋四子论"性"，不仅提出了义理之性与气质之性二分的新构架，而且讨论了生与性、心与性、性与情与才等各方面的问题，相关的见解论点后来在朱子那里得到了综合汇集。朱子论"性"，以义理之性与气质之性的二分为构架，

以伊川的"性即理"为宗旨,以"理一分殊"来贯通人之性与万物之性,奠定了理学讲"性"的基本轮廓。

阳明突破朱子学,走向自己独到的成圣之路,始于龙场大悟解决了困惑他很久的朱子学那里心与理为二的问题,在此之后不久他就重申了象山"心即理"的主张。但阳明讲"心即理",讲"知行合一",并非不讲"性",也没有反对程朱的"性即理"。耐人寻味的是,阳明龙场所悟到的是"圣人之道,吾性自足,向之求理于事物者误也"(《年谱》"正德三年")。如果没有"向之求理于事物者误也",单就"**吾性自足**"一语,我们看不出来阳明所悟与程朱理学的"性即理"有什么差别。这个"吾性自足"的表述当不是出于《年谱》编者的一时误记。阳明在离开龙场升任庐陵知县的途中再会辰州门人冀元亨、蒋信等,即以静坐法教门人,"使自悟性体,顾恍恍若有可即者"(《年谱》"正德五年")。可见,静坐澄心**自悟性体**,是阳明龙场悟道后的基本教法。**阳明虽然讲"心即理",但并未离性而言心。**

那么,阳明的"心即理"与程朱的"性即理"有什么实质性的差别?阳明对"性"的理解与程朱有什么差别吗?单从内容来看,似乎没有差别。程朱以仁义礼智为性,象山、阳明也以仁义礼智为性。如果将程朱的"性即理"视为本质主义,那么阳明并非在反对以仁义礼智为性的意义上类似于反本质主义的"存在主义"。理解阳明与程朱的关键差别,当看他们体认"性体"的**方式**,体认仁义礼智的方式,而主要不在内容,在其**如何**认知,而不在其所认知的是**什么**。阳明龙场悟道体认性体的重要途径是静坐,其后他也以这种方式教门人。但静坐并非阳明悟性体的唯一途径,实际上他在龙场之前，在修仙学禅的阶段就已经有很深的静坐体验（参《年谱》"弘治十五年"，阳明时年三十一岁）。阳明悟到"圣人之道，吾性自足"是他贬谪龙场的事上磨砺与静坐证悟相结合的结果，用王龙溪《悟说》中的说法，"先师之学，其始亦从言而入，已而从静坐中取证，及居夷处困，动忍增益，其悟始彻"[1]。从言而入是阳明信奉朱子学的阶段，那个阶段阳明的悟不彻底，一直没有解决心与理为二的问题。阳明悟性体有别于朱子学的关键，一是从静坐而入的证悟工夫[2]，一是"从人情事变练习而入"的彻悟，其中尤以得之 "**人情事变练习**" 中为多，这也是阳明的悟道为何会发生在经历了重重磨难的龙场之缘由。

虽说殊途同归，但实际上不同的途径中所看到的风景会大相径庭。这从阳明与朱子对《孟子》"尽心知性"章解释的差异可以略窥一二。《孟子》这一章奠定了儒家心性之学的基本范式结构，然而其解释也充满争议。我们先看《孟子》原文与朱子的注释：

> 孟子曰："尽其心者，知其性也。知其性，则知天矣。（心者，人之神明，所以具众理而应万事者也。性则心之所具之理，而天又理之所从以出者也。人有是心，莫非全体，然不穷理，则有所蔽而无以尽乎此心之量。故能极其心之全体而无不尽者，必其能穷夫理而无不知者也。既知其理，则其所从出，亦不外是矣。以《大

---

1 [明]王畿,《王畿集》,吴震编校,南京：凤凰出版社,2007年,第494页。
2 朱子固然也有"半日静坐,半日读书"的讲法,但据钱穆先生考究,此说在朱子著述中仅出现一次,就总的倾向而言朱子对其师延平及二程相传静坐工夫"实颇不重视,抑且言外时露反对之意"。参钱穆著《朱子学提纲》,第111—115页。

学》之序言之,知性则物格之谓,尽心则知至之谓也。)存其心,养其性,所以事天也。(存,谓操而不舍;养,谓顺而不害。事,则奉承而不违也。)夭寿不贰,修身以俟之,所以立命也。(夭寿,命之短长也。贰,疑也。不贰者,知天之至,修身以俟死,则事天以终身也。立命,谓全其天之所付,不以人为害之。)"

孟子这段话贯通心、性、天、命一起讲,其言浑沦,有多重解读的可能,其中最需要分疏的是"心"字。孟子讲"性"意思比较明确,基本上是以性善为宗旨,以仁义礼智为"君子所性",他虽然也看到并承认"口之于味,目之于色"之类告子所说"食色性也"层次上的人性,但是却称之"命也",不将这个层次上的"性"看作人之为人的人性。相对而言,"心"的意思在孟子那里则要更丰富。

"心"的意思虽然不像"性"字争议那么大,但其微妙广大并不亚于"性"。在"牛山之木"章,孟子引孔子的一句话揭示了"心"的微妙、非现成性:

孔子曰:"操则存,舍则亡;出入无时,莫知其乡。"惟心之谓与?(《孟子·告子上》)

朱子解释道:"孔子言心,操之则在此,舍之则失去,其出入无定时,亦无定处如此。孟子引之,以明心之神明不测,得失之易,而保守之难,不可顷刻失其养。"[1] 照此,"出入无时,莫知其乡"是对

---

[1] 《四书章句集注》,第390页。

"心之神明不测"的叹美，而不是对"人心惟危"的描述。但《朱子语类》里有一段话又认为这是**"状人之心是个难把捉底物事"**、"此大约言人心如此，非指已放者而言，亦不必要于此论心之本体也"。[1]如果单就"出入无时，莫知其乡"的描述来看，朱子将此处的"心"看作**"难把捉底物事"**也不错，这是自然状态的"人心"。但孟子讲"尽其心"的"心"肯定不是这个意义的"心"。孟子讲尽心、存心、修身，是修养论的指点，不是心理学的描述，其所引孔子的话重心也在**"操则存，舍则亡"**。这个"操则存，舍则亡"的"心"是什么心？从"牛山之木"那一章的上下文看，当是指"仁义之心"。孟子"牛山之木"的比方所要昭示的就是存心养性的道理——"虽存乎人者，岂无仁义之心哉？""操则存，舍则亡"，说的就是在夜气、平旦之气中一息尚存的仁义之心。"操则存"这一节的解释，以船山的为的当，船山反对朱子以"神明不测"来解释此处的心："此节时解大谬，惟不识得'惟心'心字，将作灵明活动的说。不知此言'心'，乃仁义之心也。'操'，操此仁义也。'舍'，徇嗜欲而不仁不义也。'出入无时'者，欲仁则仁至，思义则义在，一念存即存而入主于中，一念舍则放而与仁义相离也。'莫知其乡'者，存亡在心而不在事，一念舍则茫茫昧昧，不复知有仁义而本心隐也。"[2]从船山的解释看，孟子所引孔子这段讲"心"的话实际上道出了"心"的三个层次：其一，**仁义之本心**，孟子所讲的四端即这个意义上的"心"，孟子讲"存心"、"求放心"，都是指的仁义之本心；其二，**操**

---

1 《朱子语类》卷五十九，第 1400 页。
2 [明] 王夫之，《四书笺解》卷十，《船山全书》第六册，长沙：岳麓书社，1996 年，第 346 页。

心之"操"、求放心之"求"的心，即是让本心失而复得的心灵活动，孟子讲"心之官则思，思则得之，不思则不得也"，求放心、操则存，即是"思"；其三，心的自然状态，即**"出入无时，莫知其乡"的心**，船山所谓"茫茫昧昧，不复知有仁义而本心隐"即是本心放失的一种逐物状态，即古文《尚书·大禹谟》中所讲的与"道心"相对的"人心"。第一、二两个层次的心都是"道心"[1]。孟子"尽心知性"章所讲的"心"，当指"道心"而非"莫知其乡"的"人心"。但由于"道心"里面至少也还包含两个层次，故"尽其心者，知其性也"究竟指四端意义上的恻隐、羞恶、辞让、是非之心，还是"心之官则思"的心，也还有理解的弹性。

四端之心与"思"之心的基本差别在于，恻隐之心、羞恶之心、辞让之心、是非之心都只是心在感于伦物时的一端呈现，并非"心"的全部，相对而言"心之官则思"（《孟子·告子上》）则是一个整体性的揭示。朱子对"尽心知性"章的解释接近于从"心之官则思"的整体性揭示来理解此处之"心"，这里面的关键是他把四端之心看作"情"，而认为心是统性情的[2]，他没有将"尽心"之"心"理解为四端之心，而是将之解释成了"心之全体"：

心者，人之神明，所以具众理而应万事者也。性则心之所

---

[1] 从阳明心学来看，第一个层次的"道心"即本心良知，第二个层次的"道心"即"致良知"的"致"。

[2] 朱子这样解释四端与仁义礼智的关系："恻隐、羞恶、辞让、是非，情也。仁、义、礼、智，性也。心，统性情者也。端，绪也。因其情之发，而性之本然可得而见，犹有物在中而绪见于外也。"（参《孟子章句·公孙丑上》"人皆有不忍人之心"章，朱子注）由此可见，朱子以四端为情，而认为"心统性情"。如果将"尽心"之"心"理解为四端之心，那自然会得出由心著性的结论。朱子通过界定四端为情并区别心与情而否弃了这个理解方向。

具之理，而天又理之所从以出者也。

由此可见他并不在四端之心的意义上理解"尽心"之"心"，而是将"心"解释为"人之神明"，这显然接近于孟子"心之官则思"的讲法。基于此，他认为"尽心"是"极其心之全体而无不尽"。这一点在《朱子语类》相关条目中体现得更清楚：

> 大抵"尽其心"，只是穷尽其在心之理耳。穷得此，又却不能穷得彼，便不可唤做尽心。[1]

照这个讲法，仁者见仁、智者见智之类在单方面的尽力不能称为尽心，孟子所讲的"尽心"需要穷极心之全体所具的众理。这样就使得"尽心"成为一件极为艰难的事情。如何能做到"心之全体"层面上的尽心？朱子认为要通过格物穷理，他认为"知性"就是穷理。这样朱子对"尽心"与"知性"的关系做了一个与常识理解相颠倒的解释——不是由尽心而知性，而是穷理知性才能尽心。

朱子讲"能极其心之全体而无不尽者，必其能穷夫理而无不知者也"。按照这一注解，对"尽其心者，知其性也"这句话的句法也必须重新解释。一般情况下"者……也"表示的是顺承关系，孟子那句话后面的"知其性，则知天也"、"存其心，养其性，所以事天也"都是顺承关系。但照朱子的解释"尽其心者，知其性也"这一句式却是倒置关系，是将结果（尽心）放在前面、前提（知其性）

---

[1] 《朱子语类》第四册卷六十，第1433页。

放在后面来说了。为了证明他这一不同寻常的解释[1]，朱子与门人之间有繁复的问答，兹举几条：

> "尽其心者，知其性也。""者"字不可不仔细看。人能尽其心者，只为知其性，知性却在先。
>
> 李问"尽其心者，知其性也"。曰："此句文势与'得其民者，得其心也'相似。"
>
> 人往往说先尽其心而后知性，非也。心性本不可分，况其语脉是"尽其心者，知其性"。心只是包着这道理，尽知得其性之道理，便是尽其心。若只要理会尽心，不知如何地尽。[2]

朱子紧紧抓住"者"字做文章，如果去掉了"者"变成"尽其心，知其性也"，则朱子的解释整个就垮掉了。由于突出了"者"字，使得"尽其心者，知其性也"与接下来的"存其心，养其性"句式完全两样了。朱子为此还找到了支持他的语例"得其民者，得其心也"。朱子对"尽心"、"知性"这一相对寻常而言颠覆性的解释，其独出心裁的程度殊不亚于调整《大学》古本的次序并自撰一个《格物补传》出来。

朱子认为**知性在尽心之先**，这种解释与他理在事先、知先行后

---

1 汉代赵岐注此章说："性有仁义礼智之端，心以制之。惟心为正。人能尽极其心，以思行善，则可谓知其性矣。"此注基本上也是以"思"为"心"，但究竟是由尽心而知性，还是由尽心而显示已知性，赵岐的注并不明确，从《孟子正义》的疏来看，其中讲"人之心能裁度，得事之宜，所以性善，故仁义礼智之端，原于性而见于心"，明显是由尽心而知性的解读方向。参〔清〕焦循，《孟子正义》，北京：中华书局，1987年，第877页。

2 《朱子语类》，第1422页。

的整个形而上学及实践哲学是相贯通的。他就这一章的大旨说道:

> 愚谓尽心知性而知天,所以造其理也;存心养性以事天,所以履其事也。不知其理,固不能履其事;然徒造其理而不履其事,则亦无以有诸己矣。知天而不以天寿贰其心,智之尽也;事天而能修身以俟死,仁之至也。智有不尽,固不知所以为仁;然智而不仁,则亦将流荡不法,而不足以为智矣。

这是明确地认为理在事先、智在仁之前。朱子的这个解释面临一个问题,如果说尽心需要先知其性,那学者又该如何**知性**?朱子的解答是**格物穷理**。他明确地以《大学》的格物致知来解释这里的尽心知性,认为"以《大学》之序言之,知性则物格之谓,尽心则知至之谓也",《大学》说"物格而后知至",朱子顺此认为知性而后尽心,以《大学》解《孟子》的理路非常明显。

在朱子这一"知性"先于"尽心"的颠覆性解释中,实际上是性为实心为虚,而性又只是理,即相当于理为实心为虚,理在先心在后,心的功能接近于一个大容器,所谓"心只是包着这道理"。这种以"心"为容器的理解显然与孟子所理解的"心"有距离。在孟子那里,无论四端层面的心,还是"心之官则思"意义上的心,都是自发自动的,不是有待填充的容器。尽管我们未必能确定孟子所讲的"尽心"之心就是四端之心,但一定包含四端之心。恻隐、羞恶、辞让、是非之心犹如良知良能,是天然自发的,不待格物穷理而后发,仁义礼智之性是由四端之发而呈现、而被认取的。即便我们采纳程子和朱子以仁义礼智为性、四端为情的性情论解释,性也是由情而显的。用康德的概念来讲，仁义礼智之性是恻隐、羞恶、辞让、是非之心的"存在理由"，四端之心的发动则是仁义礼智之性的"认知理由"。孟子讲"尽其心者，知其性也"，说的是"知性"之事，是"认知理由"。**朱子的解读明显与孟子以心著性的脉络不合。**相对孟子的以心著性之心性学，朱子那里则是以性导心、以理限心的性理学。

阳明在与弟子的问答和书信中多次对《孟子》的"尽心知性"章做了不同于朱子的解释，重点在反对朱子以《大学》的格物、致知、诚意、正心来解释《孟子》此章的次第，他对这一章的解释比较早地出现在《传习录》上与徐爱的问答中：

> 爱问："昨闻先生'止至善'之教，已觉功夫有用力处。但与朱子'格物'之训，思之终不能合。"先生曰："格物是止至善之功，即知至善，即知格物矣。"爱曰："昨以先生之教推之格物之说，似亦见得大略。但朱子之训，其于《书》之'精一'，《论语》之'博约'，《孟子》之'尽心知性'，皆有所证据，以是未能释然。"先生曰："子夏笃信圣人，曾子反求诸己。笃信固亦是，然不如反求之切。今既不得于心，安可狃于旧闻，不求是当？就如朱子，亦尊信程子，至其不得于心处，亦何尝苟从？'精一'、'博约'、'尽心'本自与吾说吻合，但未之思耳。朱子格物之训，未免牵合附会，非其本旨。精是一之功，博是约之功。曰仁既明知行合一之说，此可一言而喻。尽心、知性、知天，是生知安行事；存心、养性、事天，是学知利行事；夭寿不贰，修身以俟，是困知勉行事。朱子错训'格物'，

只为倒看了此意,以'尽心知性'为'物格知至',要初学便去做生知安行事,如何做得?"爱问:"'尽心知性'何以为'生知安行'?"先生曰:"性是心之体,天是性之原,尽心即是尽性。'惟天下至诚为能尽其性,知天地之化育。'存心者,心有未尽也。知天,如知州、知县之知,是自己分上事,已与天为一;事天,如子之事父,臣之事君,须是恭敬奉承,然后能无失,尚与天为二,此便是圣贤之别。至于'夭寿不贰其心',乃是教学者一心为善,不可以穷通夭寿之故,便把为善的心变动了,只去修身以俟命;见得穷通寿夭有个命在,我亦不必以此动心。事天虽与天为二,已自见得个天在面前;俟命便是未曾见面,在此等候相似:此便是初学立心之始,有个困勉的意在。今却倒做了,所以使学者无下手处。"(《传习录》卷上,第6条)

阳明认为朱子对孟子这一章的解读是"**倒做了**"。这个"倒做"有两个方面:其一,朱子将"尽心知性"到"存心养性"、"修身以俟之"解释为由知而行的次第关系,阳明则认为孟子所讲的三个层次是由生知安行到学知利行再到困知勉行;其二,阳明认为"尽心即是尽性",再一次颠倒了朱子那里由知性而尽心的次第。从徐爱的问可以看出来,徐爱本来是信奉朱子对"尽心知性"的解释的,故以此为朱子格物穷理说的证据。因此阳明花了很大力气来批评朱子对这一章的解释,主要是反对朱子以《大学》格物致知为尽心知性、诚意正心修身为存心养性、夭寿不贰修身以俟之为智之尽仁之至。阳明根据其**知行合一**之见解,认为尽心知性知天为生知安行、存心养性事天为学知利行、夭寿不贰修身以俟之为困知勉行。阳明的解释不无牵强之处，如以"知天"之"知"为知州知县之知，显属不伦，知州知县之知有主管的意思，孟子所讲"知天"之"知"显然不是主管，不是以"天"为所知的领域，而是领会，对"天之所以与我"的天命之领会（understand）。他以立德、立功、立言为例，将"立命"的"立"解释为"昔未尝有，而今始建立"（《答顾东桥书》，《传习录》卷中，第134条），也不当。立德立功，是功德的成就，而不是始建立，孟子此处说"立命"，与《易传》"穷理尽性以至于命"义近，朱子以智之尽仁之至来解释是有道理的。朱子的解释，最大的问题不在颠倒了尽心知性、存心养性与修身立命的工夫次第，而在颠倒了尽心与知性的关系。阳明虽然对此或有所意识，但并未鲜明地指出来，倒是后来批评阳明学的船山把这一点指出了。

船山对"尽心知性"章的解释有变化，在《读四书大全说》中，船山采纳的是朱子的解释，主张**奉性以治心**——这一讲法很精要地道出了朱子学对心、性关系的理解。他说："孟子曰：'尽其心者，知其性也。'正以言心之不易尽，由有非理以干之，而舍其所当效之能以逐于妄。则以明夫心之未即理，而奉性以治心，心乃可尽其才以养性。弃性而任心，则愈求尽之，而愈将放荡无涯，以失其当尽之职矣。伊川重言尽心而轻言知性，则其说有如此。"[1] 船山此处以"奉性以治心"来解读"尽心知性"，认为此乃"明夫心之未即理"，明显有反对陆王"心即理"的意思，继承的是朱子的路数，其中关键是**对"人心"的不信任**。"治心"的说法还有一些荀子的味道，与孟子这里"尽心知性"的理路不尽合。但在《四书笺解》中

---

[1] 《船山全书》第六册，第1112页。

船山却明确反对朱子《四书章句集注》对这一句的解释，其解读颇接近于阳明心学：

> 《注》谓知性而后能尽心。有说尽心然后能知性；以实求之，此说为长。若谓知性而后能尽心，不特于本文一串说下，有尽心而知性、由知性而知天之理不顺，且所谓"性即理"者，指其实而言之，非可以理字代性字。盖理，在事物在心皆谓之理，"性即理"，但指在心之理而言耳。若穷理，则穷事物之理，故《注》又言格物。性岂可谓之物？又岂可在事物上能知性哉？径从知性上做工夫，如何能知？"知性"者，实于己身未发之中、已发之和上体会如此。恻隐羞恶等心，在本体上具足仁义礼智之天德。若不尽吾心以求知，则不著不察，竟不知何者是吾性矣。此"心"字是心之神明，所谓"心之官则思"，即《书》所云"睿作圣"者。"尽心"则静而体之，动而察之，以学问证之，极其思之力，而后知吾性之所诚有，故曰此说为长。……[1]

船山批评朱子对"尽心知性"章的章句注解，理由主要有两条，其一是先知性后尽心的解释文理不顺畅；其二是"性即理"之"理"是"在心之理"，不可在事物上求，因此朱子以格物穷理来解释"知性"不恰当。船山质疑"性岂可谓之物？又岂可在事物上能知性哉？"，这非常接近王阳明龙场之悟——"圣人之道吾性自足，向之

---

[1]《船山全书》第六册，第358页。

求理于事物者误也"。质疑了事物上知性,船山认为应该由尽心而知性——"于己身未发之中、已发之和上体会",以及由恻隐羞恶四端之心上体察。这一理解中包含了两套语境和义理脉络,一个是《中庸》未发已发的脉络,一个是孟子四端的脉络。由前者所察知的是**中和之性**——**喜怒哀乐之情及中和之理**,由后者所察知的是**仁义礼智之性**。这两个脉络在阳明那里都已经有了。当然,船山所理解的"尽心"与阳明也有所不同——"**静而体之,动而察之,以学问证之,极其思之力,而后知吾性之所诚有**",其中静存动察是与阳明相同的地方,而"以学问证之,极其思之力"的维度则是阳明学中相对缺乏的。

阳明阐发其心学"尽心"宗旨最深切完备处当数其晚年所作《重修山阴县学记》,他在这篇记文中阐明了其心学与儒家道统的继承关系,申明了儒家心学与禅学的区别,从义理系统看,是以《孟子》的"尽心"来统贯《中庸》的致中和与《大学》的修齐治平,当然同时也是以《中庸》与《大学》来解释孟子的"尽心",从中我们可以考察阳明心学中的心性关系:

夫圣人之学,心学也。学以求尽其心而已。尧、舜、禹之相授受曰:"人心惟危,道心惟微,惟精惟一,允执厥中。"道心者,率性之谓,而未杂于人。无声无臭,至微而显,诚之源也。人心,则杂于人而危矣,伪之端矣。见孺子之入井而恻隐,率性之道也;从而内交于其父母焉,要誉于乡党焉,则人心矣。饥而食,渴而饮,率性之道也;从而极滋味之美焉,恣口腹之饕焉,则人心矣。惟一者,一于道心也。惟精者,虑道心之不一,而或二之以人心也。道无不中,一于道心而不息,是谓

"允执厥中"矣。一于道心,则存之无不中,而发之无不和。是故率是道心而发之于父子也无不亲;发之于君臣也无不义;发之于夫妇、长幼、朋友也无不别、无不序、无不信;是谓中节之和,天下之达道也。放四海而皆准,亘古今而不穷;天下之人同此心,同此性,同此达道也。舜使契为司徒而教以人伦,教之以此达道也。当是之时,人皆君子而比屋可封,盖教者惟以是教,而学者惟以是为学也。圣人既没,心学晦而人伪行,功利、训诂、记诵辞章之徒纷沓而起,支离决裂,岁盛月新,相沿相袭,各是其非,人心日炽而不复知有道心之微。间有觉其纰缪而略知反本求源者,则又哄然指为禅学而群訾之。呜呼!心学何由而复明乎!夫禅之学与圣人之学,皆求尽其心也,亦相去毫厘耳。圣人之求尽其心也,以天地万物为一体也。吾之父子亲矣,而天下有未亲者焉,吾心未尽也;吾之君臣义矣,而天下有未义者焉,吾心未尽也;吾之夫妇别矣,长幼序矣,朋友信矣,而天下有未别、未序、未信者焉,吾心未尽也。吾之一家饱暖逸乐矣,而天下有未饱暖逸乐者焉,其能以亲乎?义乎?别、序、信乎?吾心未尽也;故于是有纪纲政事之设焉,有礼乐教化之施焉,凡以裁成辅相、成己成物,而求尽吾心焉耳。心尽而家以齐,国以治,天下以平。故圣人之学不出乎尽心。禅之学非不以心为说,然其意以为是达道也者,固吾之心也,吾惟不昧吾心于其中则亦已矣,而亦岂必屑屑于其外;其外有未当也,则亦岂必屑屑于其中。斯亦其所谓尽心者矣,而不知已陷于自私自利之偏。是以外人伦,遗事物,以之独善或能之,而要之不可以治家国天下。盖圣人之学无人己,无内外,一天地万物以为心；而禅之学起于自私自利，而未免于内外之分；斯其所以为异也。今之为心性之学者，而果外人伦，遗事物，则诚所谓禅矣，使其未尝外人伦，遗事物，而专以存心养性为事，则固圣门精一之学也，而可谓之禅乎哉！世之学者，承沿其举业词章之习以荒秽戕伐其心，既与圣人尽心之学相背而驰，日骛日远，莫知其所抵极矣。有以心性之说而招之来归者，则顾骇以为禅，而反仇雠视之，不亦大可哀乎！……[1]

阳明在这篇记中旗帜鲜明地道出其学问的主张——"圣人之学，心学也。学以求尽其心而已"。尽心的宗旨表明了对孟子心性之学的认同。但"尽心"还只是一个形式的显示，禅学及其他学问也可以说自己追求尽心。儒家心学与佛教禅宗心学的差异在对"心"的内涵的理解，其中就涉及到"性"。阳明以《古文尚书·大禹谟》中的人心、道心说来进一步解释孟子的"尽心"。君子的求尽其心当然是指**尽道心**而非人心。以尧舜禹三圣相传的道心、人心说为儒家心学的正统来源，阳明此处与朱子《中庸章句序》并无二致。但是阳明对道心、人心的理解与朱子之间有微妙而重要的差异。朱子认为"心之虚灵知觉，一而已矣。而以为有人心、道心之异者，则以其或生于形气之私，或原于性命之正"[2]。这是以**形气（人心）与性理（道心）、私与公**来区分人心与道心。阳明与之不同，是以**诚与伪**的差别来界定道心与人心，"道心者，率性之谓……诚之源也。人心，则杂于人而危矣，伪之端矣"。由于出发点的这一微妙差异，阳明与朱子

---

[1]《王阳明全集》卷七，第 268 页。
[2]《中庸章句序》，《四书章句集注》，第 17 页。

在哪些属于道心哪些属于人心上面理解也有差异。在见孺子入井而恻隐这一仁爱之心上，阳明与朱子当没什么差别。但此处阳明颇为蹊跷地说道，"饥而食，渴而饮，率性之道也"。以朱子形气、性理的二分，这显然属于朱子所谓"形气之私"，然而阳明却称之为率性的道心。由此可见阳明并未严守程朱理学理、气二分的性情论，也没有采纳孟子的大体、小体之分，而是将饥而食、渴而饮的自然需要也纳入到了"率性"的视野中。这一对心性的理解虽然采取了孟子"尽心"的讲法，但**其理路毋宁说更近于《中庸》的性情观**。阳明讲"一于道心，则存之无不中，而发之无不和"，是**以中和为道心**，中和道心涵摄四端之心。就心、性关系而言，阳明则是"**自诚明，谓之性**"的由心著性之路，相比而言，程朱理学则更多是"**自明诚，谓之教**"的奉性理以治心的路径。

实际上，**阳明龙场悟道的事件就是尽心以知性的典范事件**。[1] 阳明在龙场悟到"圣人之道，吾性自足，向之求理于事物者误也"，这一悟可以称为"悟道"，也可以称为"**悟性**"——即孟子所谓"知性"。阳明这一"悟性"的历程可谓经历了千辛万苦，"从百死千难中得来"，正是孟子所说的"天将降大任于是人也，必先苦其心志，劳其筋骨，饿其体肤，空乏其身，行拂乱其所为，所以动心忍性，增益其所不能"（《孟子·告子下》）。阳明在贬谪龙场的过程中悟道的过程，就是一个"苦其心志，劳其筋骨……"的过程，阳明高足龙溪以"动忍增益"来形容阳明在龙场的彻悟，心中想到的无疑是孟子那段著名的话。阳明悟道过程中**静坐**工夫与**人情事变练习**工夫

---

1 关于阳明龙场之悟的详细分析，参本著第五章。

交互为用,也印证了船山所讲"**静而体之,动而察之**"的尽心路径。不如此,不足以称尽心,不如此,不足以知性。

## 二、性善与性中和:良知学的显教与圆教

阳明良知之学直接的思想来源是孟子,在心性观上自然也不会背离孟子的性善论。其早年讲到"良知"说:"知是心之本体,心自然会知:见父自然知孝,见兄自然知弟,见孺子入井自然知恻隐,此便是良知不假外求。"由此可见,知孝知弟知恻隐的良知即是**性善的表征**。阳明去世时,黄绾在朝堂上为当时被目为异端的阳明学辩护,就讲阳明的"良知"之说"出于孟轲性善之论"(《年谱》"嘉靖八年")。这是显而易见的道理。然而,这可能也只是阳明良知教的显义而已,阳明良知教还有其圆教之"密义",阳明论"性",也不限于孟子的"性善"论。

孟子的"性善"论在整个宋明理学中占有主导性的地位,这从孟子的道统地位也可以看出。无论程朱还是陆王,都认可孟子在韩愈以来所逐渐确立的道统地位。不过,理学家论"性"也不是简单地照搬孟子的"性善"论,而是对其做了修正,其中最重要的是张载所提出的天地之性(义理之性)与气质之性二分的观点,这一划分基本上被程子(伊川)与朱子所接受。阳明很少讲义理之性与气质之性的二分,但也没明确反对。总的来说,阳明一方面大体秉持了孟子性善论的宗旨,另一方面对历代各种论"性"的学说采取了兼容涵摄的态度。我们可以从两个层次上来看阳明"性"论的兼容融贯性,其一是**对孟子性善论与《中庸》性情论的融摄**,其二是**对**

**告子"生之谓性"说与荀子性恶论的融摄。**

奠定先秦儒学论"性"义理规模并深刻影响到宋明理学的主要有两大经典系统,一是《孟子》以仁义礼智为性的"性善"论,另一是《中庸》"致中和"的"率性"论。虽然在理学的道统谱系中孟子被认为是子思之学的传人,但孟子论"性"实际上与《中庸》有差别。后世引起大量讨论的四端、七情问题就涉及到孟子与《中庸》的关系,《中庸》所讲的喜怒哀乐未发之中,后世有从七情角度解释的,也有将"喜怒哀乐"往仁义礼智四德方面解释的——如刘宗周。但阳明并未将喜怒哀乐往仁义礼智四德方面去解释,也没有将喜怒哀乐等七情与仁义礼智四德全然分开来说。我们看以下一段话:

> 性一而已,仁义礼智,性之性也;聪明睿知,性之质也;喜怒哀乐,性之情也;私欲客气,性之蔽也。质有清浊,故情有过不及,而蔽有浅深也。(《答陆原静书》,《传习录》卷中)

这段答语针对的是陆澄的问题:"聪明睿知,果质乎?仁义礼智,果性乎?喜怒哀乐,果情乎?私欲客气,果一物乎?二物乎?"阳明的回答采用了他惯用的句法——"……一而已"[1]。追求"一以贯之"的义理融贯,克服各种二分法之类的扞格,是阳明学问的一贯旨趣。在这段问答中,陆澄的问题包含了朱子学中一些重要的分疏——**气质之性与义理之性,性理(仁义礼智)与性情(喜怒哀乐)** 等等。理学家采取义理之性与气质之性的二分法,弥补了孟子性善

---

[1] 阳明屡言"心一而已"、"性一而已"、"理一而已"、"道一而已",这类句式表明了阳明学问追求"一以贯之"的宗旨、特点。

论的理论缺陷,兼顾了**孟子以仁义礼智说性的成德提撕义**,与后世**性恶、性善恶混、性三品说等平铺描述义**。"气质之性"的概念一提出来,则荀子所讲的性恶、扬雄的性善恶混等等都可以归入"气质之性"。这样就兼顾了性的当然义("性即理")与实然义。但是由此也带来了理、气二本的问题。对种种二本的学说,阳明都是不能满意的,一定会想办法贯通圆融。

阳明并没有明确否认宋儒"气质之性"的概念,他也认可张载以来儒学"变化气质"的为学宗旨,但他却并未采纳义理之性与气质之性二分的构架,在讲到"天命之性"时,阳明并不以之与"气质之性"相对。那么,阳明是如何化解这一二分构架的?显然,他也是认可孟子以仁义礼智为性的,他也没有否认人有气禀的差异,甚至也没有完全否定荀子的性恶论。那他是如何将这些不同的学说熔为一炉,将它们放在各自的位置?在笔者看来,这其中的一个关键是**阳明相比朱子更彻底地吸纳了《中庸》的性情观**,对孟子的性善论做了一个独到的解释——将仁义礼智看作"未发—已发"构造中的"已发"层面的"表德",将"未发之中"解释为无善无恶的心性之体,义理之性与气质之性由此都成为已发层面的描述,都从属于"一而已"的"天命之性"。

阳明论性最独到的见地之一是以"仁义礼智"为"性之表德",认为在《中庸》"未发—已发"构造中属于"已发"层面。这一见地也是因陆原静的提问而发[1]:

---

[1] 陆澄为南都时期即跟随阳明的早年弟子,从《传习录》上卷看,同为阳明早年弟子的徐爱学问底子以朱子学的《大学》为主,而陆澄则在《中庸》上面用力较深,其与阳明的问答多涉及《中庸》,尤其是首章的未发—已发问题。

澄问:"仁义礼智之名,因已发而有?"曰:"然。"他日,澄曰:"恻隐、羞恶、辞让、是非,是性之表德邪?"曰:"仁、义、礼、智,也是表德。性一而已:自其形体也谓之天,主宰也谓之帝,流行也谓之命,赋于人也谓之性,主于身也谓之心;心之发也,遇父便谓之孝,遇君便谓之忠,自此以往,名至于无穷,只一性而已。犹人一而已:对父谓之子,对子谓之父,自此以往,至于无穷,只一人而已。人只要在性上用功,看得一性字分明,即万理灿然。"(《传习录》卷上,第38条)

从陆澄的提问看,**"仁义礼智之名,因已发而有"**当属阳明在讲学中曾经提出来过的见解,陆澄或许之前并未亲自听到过,他提出来是要获得先生的确认。之所以他要在阳明这里获得确认,原因很可能是这一观点与程朱理学的正统观点相左。朱子在其《中庸章句》中将喜怒哀乐未发之中解释为与情相对的"性",此天命之性则是"健顺五常之德"。[1] 五常即仁义礼智信。由此可见朱子是以"未发"为"性",而以性为仁义礼智,仁义礼智属于"未发"之性,喜怒哀乐则是已发之情。朱子这一解释中隐藏着一个很大的困难——**由仁义礼智之性发出来的怎么会是喜怒哀乐之情,而不是恻隐、羞恶、恭敬、是非之情**?如果认为未发之中是仁义礼智之性,那么发出来的就是四端之情,或者把喜怒哀乐解释成四端之情、而非七情之情——刘宗周就是这么做的[2]。但这属于刘宗周的别解,朱子和阳

---

1 《四书章句集注》,第20—21页。
2 关于刘宗周将《中庸》的"喜怒哀乐"解释为有别于七情的"四德"、"四气",以及之为仁义礼智之性所发,可参李明辉《四端与七情》,第五章"刘蕺山思想中的'情'"。

明都没有将喜怒哀乐与孟子所讲的四端等同起来。阳明对这一问题的处理是将仁义礼智看作性之表德，与喜怒哀乐同属已发层次，这一解释隐含着一个前见——**仁义礼智之性不异乎恻隐羞恶恭敬是非之情**。在阳明与朱子之间，以仁义礼智为性的孟子学共法没变，但**仁义礼智的本体学地位变了——仁义礼智由未发之中的"性体"转变成了不异于恻隐羞恶之端的"性之表德"**。所谓"性之表德"，可以有两个层面的含义：其一，是性中**表现**出来的德行，因此属于已发，在这个意义上四端与喜怒哀乐是同一个层次，同属已发之情；其二，"表"有**表率**、榜样的意思，如"仁者，天下之表也"（《礼记·表记》），"性之表德"即性中可为表率的标志性品质，仁义礼智即这样的标志，在这个意义上恻隐、羞恶、恭敬、是非之四端不同于喜怒哀乐之情，**四端是"表德"而喜怒哀乐非"表德"**。朝鲜儒者奇高峰与李退溪论辩四端、七情，认为"子思之言，所谓道其全者，而孟子之论，所谓剔拔出来者也"，指出孟子的四端是就七情中"就善一边剔出指示之意"。[1] 这一见解与阳明以四端为"性之表德"所见略同。

仁义礼智为"性之表德"说是阳明借助《中庸》的理路对孟子"性善"说的重大突破，由此阳明可以突破从孟子"性善"说生发出来的义理之性与气质之性二分的构架，仁义礼智之性（表现为四端之情）与气质之性（喜怒哀乐属之）都属于天命之性的"已发"维度，涵摄于**良知中和之体**。就此而言，阳明的心性论乃是**以《中庸》**

---

[1] 参《四端与七情》附录二"退溪、高峰'四端七情'论辩资料选注"，第280页。

涵摄孟子，而不是像牟宗三[1]、李明辉[2]所认为的那样是以《孟子》为基点涵摄《中庸》。

对阳明以仁义礼智为性之表德的思想，日本学者佐藤一斋称赞"前人所未发。此意最宜体察而自得之。盖知此则知未发之中矣"。东正纯则说："可谓千古卓见矣。程朱以仁义礼智为性，块然乎未发中。于是性分本然气质，心分道心人心。云理云气，支离纷淆，至不可收拾。盖其病坐不知仁义礼智为表德也。虽然，表德亦可谓之性。故先下'亦是'字而决之。'性一而已'一句，辞义完全无遗憾矣。"[3] 东正纯的评论极有见地，看出了阳明此一见解对克服程朱理、气二分以及道心、人心二分论的意义。见出仁义礼智为性之表德，则虽然阳明认可"性即理"，此理也不再是先于气的"存有而不活动"的未发之理，而是即在气（四端之情）中的情理，理即在气中，道心即在人心中。学者当由气而明理，由人心而见道心。

在以上阳明与陆澄的论性问答中，阳明给出了一个**性一本论**的**性命宇宙论下贯体系**——由天（形体）而帝（主宰）而命（流行）而性（天赋）而心（主于身）而父子君臣之忠孝人伦。可见阳明的心性论与周张程朱一样有宇宙论的视野与背景。另一方面，从工夫论的角度看，尽心要在父子君臣的忠孝人伦中用功，知性要在身心上用功，知天知帝知命则要在知性上用功。这是**下学而上达的工夫路径**，其中"知性"乃是由人伦、身心而上达天命的枢纽。这也可

---

[1] 牟宗三先生分宋明儒之三系，认为象山、阳明系乃"以《论》《孟》摄《易》《庸》而以《论》《孟》为主"，这一判分值得商榷，对阳明晚年及其后学（如江右的邹守益等）中《中庸》的地位注意不够。

[2] 《四端与七情》，第145页。

[3] 《王阳明〈传习录〉详注集评》，第44页。

见"性"在阳明心学中的分量——"**人只要在性上用功,看得一性字分明,即万理灿然**"。这个"万理灿然"当然包括仁义礼智之理,但不只是仁义礼智。由此我们看到阳明超出孟子性善论的心性学视野。

阳明见性论性的广阔视野表现在他对历代各家论性学说的包容综合,对荀子的性恶说、告子的"生之谓性"说等他都采取了兼容的态度,但又不同于扬雄的性善恶混之说,在根本宗旨上他还是认同孟子的性善说和子思的"天命之性"观念。下面一段论性的话尤能见出阳明晚年思想的宽和而不失头脑:

> 问:"古人论性,各有异同,何者乃为定论?"先生曰:"性无定体,论亦无定体,有自本体上说者,有自发用上说者,有自源头上说者,有自流弊处说者。总而言之,只是一个性,但所见有浅深尔。若执定一边,便不是了。性之本体原是无善无恶的,发用上也原是可以为善,可以为不善的,其流弊也原是一定善一定恶的。譬如眼有喜时的眼,有怒时的眼,直视就是看的眼,微视就是觑的眼。总而言之,只是这个眼,若见得怒时眼,就说未尝有喜的眼,见得看时眼,就说未尝有觑的眼,皆是执定,就知是错。孟子说性,直从源头上说来,亦是说个大概如此。荀子性恶之说,是从流弊上说来,也未可尽说他不是,只是见得未精耳。众人则失了心之本体。"问:"孟子从源头上说性,要人用功在源头上明彻;荀子从流弊说性,功夫只在末流上救正,便费力了。"先生曰:"然。"(《传习录》卷下,第 308 条)

阳明认为荀子性恶之说也不能说全不对，只不过是从性情的流弊上说，孟子性善之说是从源头上说，但也只是"**说个大概如此**"。通过**源头**、**流弊**的分辨，阳明实现了对孟子性善论与荀子性恶论的兼摄，同时也肯定了孟子性善论虽然只是"说个大概"，但较之荀子性恶论为更得原本。这段话微妙之处是，阳明既分别了自源头上说性（孟子）与自流弊处说性（荀子），又分别了"**自本体上说**"、"**自发用上说**"。按照上面以"仁义礼智"为已发，为"性之表德"的见解，则孟子以仁义礼智为性虽然是"自源头上说"，但也是"自发用上说"。"自发用上说"可分出**自发用的源头上说**与**自发用的流弊处说**。因此，"**自源头上说**"不等于"**自本体上说**"。那么，哪一种论性的观点是自本体上说？在儒学的范围内，看来只有《中庸》的"**未发之中**"。阳明说"性之本体，原是无善无恶的。发用上也原是可以为善，可以为不善的"，这显然是《中庸》"未发—已发"的理路，但认为性之本体原是无善无恶的，则是阳明自己独到的解释。**这个"无善无恶""性之体"的观点显然越出了程朱的性理学，也越出了孟子的性善论。**此处论"性"之本体无善无恶、发用可以为善可以为不善，与四句教的"无善无恶心之体，有善有恶意之动"互为表里。可见阳明四句教虽是论心，但隐含了阳明的性情观，而且涵摄了性之本体与发用、源头之善与流弊之恶，是一极具包容性与解释空间的圆教之说。此义容下面再分说。

仁义礼智为已发，为性之表德。阳明此一见解破解了朱子学理（仁义礼智）在气（四端）先、理（义理之性）气（气质之性）二分的困局，其所认可的"性即理"之"理"是心上、气上见出的情理。他在答复陆澄的信中指出"性善之端须在气上始见得，若无气亦无可见矣。恻隐羞恶辞让是非即是气",因此性善之理需要在气上见出,不能离气而言理。针对程子"论性不论气不备,论气不论性不明"的著名讲法,阳明认为"亦是为学者各认一边,只得如此说。若如得自性明白时,气即是性,性即是气,原无性气之可分也"(《传习录》卷中,第150条)。阳明没有否认程子的讲法,但言下之意是认为此只是权说,是破学者各认性(孟子)、气(荀子)之一边的兼总之论。阳明自己的究竟之论则是"气即是性,性即是气",这是一体论,不是综合论。"气即是性",是在实然层面上承认"生之谓性";"性即是气",是在本体层面揭示理见于气。因此,阳明在与门人的问答中接纳了告子"生之谓性"的说法,指出其失在片面,不晓得头脑,如果晓得良知的头脑,那么说"生之谓性"也没问题:

问:"'生之谓性',告子亦说得是,孟子如何非之?"先生曰:"固是性,但告子认得一边去了,不晓得头脑。若晓得头脑,如此说亦是。孟子亦曰'形色天性也',这也是指气说。"又曰:"凡人信口说,任意行,皆说此是依我心性出来,此是所谓生之谓性。然却要有过差。若晓得头脑,依吾良知上说出来,行将去,便自是停当。然良知亦只是这口说,这身行,岂能外得气,别有个去行去说?故曰'论性不论气不备,论气不论性不明':气亦性也,性亦气也,但须认得头脑是当。"(《传习录》卷下,第242条)

阳明在气的层面上接纳告子"生之谓性"的讲法,认为如果晓得良知的头脑,这么讲也没问题。阳明在《重修山阴县学记》里面讲"饥而食,渴而饮,率性之道也",意味着他所理解的"率性之道"包含了"生之谓性"层面的"性"。凡人言行"任性"——信口说,任意行——的"性"也是"生之谓性"的性。这实际上相当于程朱讲的"气质之性"。任气质之性言行——俗话说的"由着性子"——会有过差,如果能依良知的头脑说出来行将去,"便自是停当"。此所谓停当就是《中庸》所讲的"发而皆中节",用阳明自己的话说就是"是便知是,非便知非"(《传习录》卷下,第206条)。是非停当的准则就是无有过差的中和。只要晓得良知中和的头脑,那么气也是性,性也是气,原无性气之可分。此处所论"气",就包括《中庸》的"喜怒哀乐",也包括孟子所讲的四端。阳明讲"喜怒哀惧爱恶欲,谓之七情。七者俱是人心合有的,但要认得良知明白。……七情顺其自然之流行,皆是良知之用,不可分别善恶,但不可有所着"(《传习录》卷下,第290条)。这分明是《中庸》"致中和"的理路,在此一理路中孟子"性善"、告子"生之谓性"以及荀子"性恶"的说法都可以得到融释,因此是论性的"圆教"。阳明晚年的心性论实际是**以《中庸》之圆教融摄《孟子》之显教**,此可无疑。

"生之谓性"在宋明理学中是一个得到广泛讨论的话题,阳明对告子"生之谓性"的观点表示认可,这是承明道而来。明道基于《易传》"天地之大德曰生"的宇宙论而对告子言"生之谓性"表示一定程度认可,这是在《周易》生生宇宙观的视野内对自然人性论的吸纳。牟宗三先生在论程明道之一本论时以一节的篇幅专门对宋明理学中关于"生之谓性"的各家论述做了梳理评论,他指出,"生之谓性"有两个义理模式:"一、本体宇宙论的直贯顺成模式下之'生之谓性';二、经验主义或自然主义的描述模式下之'生之谓性'。前者是明道所创,后者是告子所说。"[1]此一辨析甚有见地,指点出了《易传》《中庸》的生机宇宙论对宋明理学家论性的重要影响。阳明对告子"生之谓性"说的认可也在此一生机宇宙论的指引之下。不过,牟氏的辨析主要从明道的创论与告子原义之间的差异角度看,对明道以生生宇宙论吸纳提升告子"生之谓性"说的命意体贴不够,他对阳明相关论述的批评虽有部分道理,但并未得要领。牟氏非常反对阳明"性无定体,论亦无定体"的看法,判之为"不谛之辞"。这实际上是基于他自己的性二本论来反对阳明论性的混一之说。他说道:"自'性者生也'、'生之谓性'说性,是就人的自然生命而说**人的实然**之性,在此,告子、公都子所引述之两'或曰',荀子、董仲舒、扬雄、王充,以及刘劭《人物志》等之所说皆成立,皆是一原则之所涵,皆是有定者。此一大流传焉可不正视,而只以一性之自本体说、自发用说、自流弊说,去笼统而混之耶?但此种人的实然之性,虽甚重要,却决不能由之说明人的真正道德行为,决不能说明人之所以真正异于禽兽者。因此,必须推进一步,直就人之真正的道德行为所以可能而建立一种人的**应然之性**。此种应然之性不只是道德上之理论的要求,而且必须是一种真实的呈现。……如此看法的应然之性就是正宗儒家所透视的超越的道德心性,即孟子所谓'尽心知性知天'之性,《中庸》'天命之谓性'之性。……此种性与'生之谓性'完全不同。"[2]牟氏此论实际上重复了张载、程朱以来的义理之性与气质之性的二分,借用康德哲学的术语将气质之性

---

[1]《心体与性体》,第125页。
[2]《心体与性体》,第169页。

叫作实然之性，道德心性称为应然之性，但又不能完全将儒家的道德心性等同为康德的实践理性设定，所以又要说这一超越性的道德心性是"真实的呈现"。即是"真实的呈现"，则道德心性也应该是实然的。此可见牟氏以应然、实然来解释义理之性与气质之性之不当。他认为阳明所说的心性是"本孟子、《中庸》、《易传》所说之超越的道德心性"[1]，也失之笼统，全然没体察《中庸》《易传》之论性与孟子的差别，也没有注意到阳明与明道一样对告子"生之谓性"给予一定认可，乃是回到《中庸》《易传》的圆教一本论，突破孟子性善论的格局，对自然人性论予以包容、扬弃。《中庸》的"天命之谓性"与告子所讲的"生之谓性"并非完全不同，与孟子所讲的仁义礼智之性也并非完全相同。阳明对此是有所见的，牟氏基于其康德影响下的道德主义却错失了阳明此一见地。

## 三、由四句教看阳明心学的心性构造

自龙场大悟后阳明立教经历了几番变化，龙场大悟后标志性的教法是知行合一，平宸濠之乱后提揭致良知，晚年居越之后则提出了四句教。教法的变化来自阳明对心体体认的深化，随之而来阳明对性体的认识也自然在深化。我们要探讨阳明心学的心性造诣，不能不探究四句教的宗旨和结构。陈来先生指出："'四句教'关系着阳明思想的'终极关怀'和基本宗旨，而且，不阐明'四句教'也不可能彻底了解阳明的'良知'学说。从历史的角度，'四句教'也

---

[1] 《心体与性体》，第165页。

是了解阳明晚年思想发展的核心课题。"[1] 可以说,不理解四句教,就谈不上阳明学的登堂入室,就把握不了阳明心学的整全义理。自阳明提出四句教之后,关于这一学说的理解就产生了无数纷争,现代学者对四句教的研究、解释也堪称汗牛充栋。我们在此无法备举历代关于四句教的解释和研究,只从两个方面来探讨阳明四句教的义理问题:其一,四句教中所包含的阳明心性观;其二,四句教与"致良知"说的关系。

阳明晚年归越之后在一定程度上远离了宦海的是非与劳累,有了更多的闲暇讲学,四方求学之士益众,心性义理的探讨益精。阳明始归越时的两首诗颇能体现他解甲归田的心境:

归兴二首

百战归来白发新,青山从此作闲人。峰攒尚忆冲蛮阵,云起犹疑见虏尘。岛屿微茫沧海暮,桃花烂漫武陵春。而今始信还丹诀,却笑当年识未真。

其二

归去休来归去休,千貂不换一羊裘。青山待我长为主,白发从他自满头。种果移花新事业,茂林修竹旧风流。多情最爱沧州伴,日日相呼理钓舟。

此"种果移花"的新事业当然主要不是去种花花草草,弄些小的闲情逸致,而是讲学培养良知花果的事业。阳明晚年居越的讲学,

---

1 《有无之境》,第218页。

既有对生平学问的总结,对刚刚提揭的致良知教的进一步阐发,也有学问新境的开辟,这些总结和开新都归拢在四句教中了。

据束景南先生考证,王阳明向弟子们正式提出"王门四句教"是在嘉靖五年(1526)春,记载在门人朱得之的《稽山承语》中:

> 杨文澄问:"意有善恶,诚之将何稽?"师曰:"无善无恶者心也,有善有恶者意也,知善知恶者良知也,为善去恶者格物也。"曰:"意固有善恶乎?"曰:"意者心之发,本自有善而无恶,惟动于私欲而后有恶也。惟良知自知之,故学问之要曰致良知。"[1]

这个初本"王门四句教"表述不如后来的精密,没有用到"心之体"、"意之动"的说法,但这段话非常清楚地显示了四句教与致良知的关系,阳明认为学问之要在"致良知",说明**知善知恶的良知在四句教中居于枢要的地位**,四句教是在《大学》心、意、知、物的条目中对致良知说的一个安置。

从其立教的开始,《大学》身、心、意、知、物的条目就是阳明心性学的基本展开结构。在他与早期门人徐爱关于格物的问答中阳明说道:

> 身之主宰便是心;心之所发便是意;意之本体便是知;意之所在便是物。如意在于事亲,即事亲便是一物;意在于事君,

---

[1] 束景南,《阳明大传:"心"的救赎之路》,上海:复旦大学出版社,2020年,第1300页。

即事君便是一物；意在于仁民爱物，即仁民爱物便是一物；意在于视听言动，即视听言动便是一物。所以某说无心外之理，无心外之物。《中庸》言"不诚无物"，《大学》"明明德"之功，只是个诚意。诚意之功只是个格物。（《传习录》卷上，第6条）

在这段问答中阳明以下定义式的方式对《大学》八条目中的心、意、知、物做了解释。这个解释看起来像心理学的描述，但其中包含了阳明对《大学》"格物致知"工夫的独到理解——意之所在即是物，故格物即是格自家心意中的物，即在事上诚意；意之本体即是知，故致知即是复本体的意，即是诚意。这其实是阳明龙场之悟的突破，在阳明看来"**诚意**"是《大学》工夫，也是儒家圣人之学的枢要。在这个时期，身、心、意、知、物的条目中占据核心地位的其实是"意"，"知"是从属于"意"的，"致知"也从属于"诚意"，还没有获得后来所具有的枢要地位。从后来的四句教返回看，"诚意"属于已发层面的工夫，阳明这个时期的知行合一说以"诚意"为根基，也属于已发层面的工夫，"心"作为"未发之中"的意蕴尚未点出，"身之主宰便是心"只是一个一般性的通常解释，与朱子学没有什么差别。朱子《大学章句》就说："心者，身之所主也。意者，心之所发也。"[1] 阳明此处与朱子的主要差别在对知与物的解释——"致知"之"知"非知识，而是意之本体的知，即知行合一的知，物不是"犹事也"，而就是意所在之事。阳明此时已经有以"致知"之"知"为"良知"的意思，只是没有明确提出"致良知"

---

1 《四书章句集注》，第5页。

的讲法。[1] 这其中的一个关节在于阳明彼时尚是以"诚意"为《大学》头脑,"知"与"意"的关系还不够分明。与晚年四句教时期相比,这一时期心性观最大的差别有两个:**其一,致知独立的枢要地位尚未凸显,"知"尚属于"意",阳明此时可以说是"意本论"者;其二,没有用"无善无恶"来标识"心之体",实际上这个时期阳明更常说的是"至善是心之本体"**。从由心著性的角度看,阳明这时期对"性"的理解基本上是**孟子的性善论**。

自提出"致良知"教之后,阳明对心、意、知、物的刻画较之前有了微妙的变化,"知"的地位凸显了。在晚年的《答顾东桥书》中,阳明在《大学》心、意、知、物的条目中阐释其致知格物的思想,回应顾东桥的质疑:

> 心者身之主也。而心之虚灵明觉,即所谓本然之良知也。其虚灵明觉之良知应感而动者谓之意,有知而后有意,无知则无意矣。知非意之体乎?意之所用,必有其物。物即事也。如意用于事亲,即事亲为一物。意用于治民,即治民为一物。意用于读书,即读书为一物。意用于听讼,即听讼为一物。凡意之所用,无有无物者。有是意,即有是物。无是意,即无是物矣。物非意之用乎?……(《传习录》卷中,第137条)

阳明这段话的要旨在申明其致知格物的工夫未尝离却天下国家之事物,他讲"意之所在即是物",这个"物"即是事亲、治民、听

---

[1] 阳明曾说:"吾良知二字,自龙场以后,便已不出此意。只是点此二字不出。"(《传习录拾遗》第10条,《王阳明〈传习录〉详注集评》,第236页。)

讼等齐家治国平天下之事。也就是说，意所在之物是修身齐家治国平天下。意在修身齐家治国平天下，此"意"显然已经是善的，而非有善有恶。孔子说："苟志于仁，无恶矣。"阳明此处对"意"的解释与四句教有所不同，关键在于此处他**将"知"前置**了——"其虚灵明觉之良知应感而动者谓之意，有知而后有意，无知则无意矣"。这个"意"已经是诚意，而非私意了。阳明此处的心—知—意—物次第与《大学》条目有所不合，更接近《中庸》由中（未发之中）导和的理路。心之"虚灵明觉之良知"即是未发之中，由此良知应感而动的意即是纯善无恶的意。在提出"致良知"教之后，阳明已经由"**意本论**"转进到"**知本论**"了。

但是阳明这一将良知前置的"知本论"却面临一个问题，如果以《中庸》的未发—已发条理来解释《大学》，则"意"属于心之已发，如果"意"从属于"知"，有知而后有意，先于"意"的"良知"就是"未发之中"了。这个"未发之中"的良知超出了孟子"良知"概念的原本范围。孟子所讲的知爱知敬知恻隐的良知照《中庸》未发—已发的视野看当属已发，即便阳明把"良知"解释为"是非之心"，也是在已发维度上讲的。作为"未发之中"的良知先于爱、敬、恻隐、是非，就其寂然不动而言乃是无是无非的，阳明以"虚灵明觉"来称"本然之良知"暗示了这一点。这个"未发"维度良知的开显是阳明提出四句教的基本义理背景，而良知未发之体与已发之用的关系，是理解四句教的关键问题。

《传习录》中关于"四句教"的讨论出现在著名的天泉证道中，在此之前阳明都没有关于"四句教"的明确讲述。这说明这一教法提出得相当晚,阳明在居越的最初几年里并未提出四句教[1],四句教是阳明晚年思想的一个总结,是其学问遗嘱。我们来看这一在后世引起纷纷争议的遗嘱:

> 丁亥年九月,先生起复征思、田。将命行时,德洪与汝中论学。汝中举先生教言,曰:"无善无恶是心之体,有善有恶是意之动,知善知恶是良知,为善去恶是格物。"德洪曰:"此意如何?"汝中曰:"此恐未是究竟话头。若说心体是无善无恶,意亦是无善无恶的意,知亦是无善无恶的知,物是无善无恶的物矣。若说意有善恶,毕竟心体还有善恶在。"德洪曰:"心体是天命之性,原是无善无恶的。但人有习心,意念上见有善恶在,格致诚正修,此正是复那性体功夫。若原无善恶,功夫亦不消说矣。"是夕侍坐天泉桥,各举请正。先生曰:"我今将行,正要你们来讲破此意。二君之见正好相资为用,不可各执一边。我这里接人原有此二种。利根之人,直从本源上悟入[2]。人心本体原是明莹无滞的,原是个未发之中。利根之人一悟本体,即是功夫,人己内外,一齐俱透了。其次不免有习心在,本体受蔽,故且教在意念上实落为善去恶。功夫熟后,渣滓去得尽时,本体亦明尽了。汝中之见,是我这里接利根人的;德洪之见,是我这里为其次立法的。二君相取为用,则中人上下皆可引入于

---

1 陈来先生认为四句之提当在丙戌丁亥(嘉靖五—六年 [1526—1527])间(《有无之境》,第219页),可信。
2 此处陈荣捷《王阳明〈传习录〉详注集评》的断句与吴光等人编校《王阳明全集》本子断句略有不同,陈荣捷断作"从本源上悟入人心",似不如全集本妥当,今从全集本。

道。若各执一边，眼前便有失人，便于道体各有未尽。"既而曰："已后与朋友讲学，切不可失了我的宗旨：无善无恶是心之体，有善有恶是意之动，知善知恶的是良知，为善去恶是格物。只依我这话头随人指点，自没病痛。此原是彻上彻下功夫。利根之人，世亦难遇，本体功夫，一悟尽透，此颜子、明道所不敢承当，岂可轻易望人！人有习心，不教他在良知上实用为善去恶功夫，只去悬空想个本体，一切事为俱不着实，不过养成一个虚寂。此个病痛不是小小，不可不早说破。"是日德洪、汝中俱有省。(《传习录》卷下，第315条)[1]

这段对话的引出是起于王畿对阳明四句教法的怀疑，王畿认为四句教不是阳明立教竟话头，而是"权法，未可执定"[2]，据"无善无恶是心之体"一句推演出四无论。钱德洪对四无论提出反驳，认为这样会废了格致诚正修的学问工夫。二人求正于阳明夫子，阳明夫子做了一个折中的判决——"二君之见，正好相资为用，不可各执一边"。阳明认为王畿的四无论是用来接引利根人的，钱德洪的见地是为中下根器人立法的，利根之人"一悟本体，即是工夫"，而本体"原是明莹无滞的，原是个未发之中"，中根以下的则"本体受蔽"，要在意念上为善去恶。由此可见**阳明区分利根人与"其次"的依据是《中庸》"未发—已发"的理路**，利根人能彻悟"未发之中"的良知本体，因此人己内外一齐俱透，其次则要在**已发**的意念上做为善去恶的工夫。在这一区分中阳明看来是更推重王畿的利根之见，

---

[1] 《王阳明全集》，第133页。
[2] 《天泉证道纪》，《王畿集》卷一，第1页。

推重"未发之中"的悟本体工夫,对王畿的四无论做了默认。但他又补充说利根之人难遇,本体工夫一悟尽透,"此颜子、明道所不敢承当",**实际上否认了王畿四无论在工夫实践中的可行性**。因此**阳明的结论是再次肯定四句教宗旨的不可更改:"以后与朋友讲学,切不可失了我的宗旨:无善无恶是心之体,有善有恶是意之动,知善知恶的是良知,为善去恶是格物。"**这似乎是对钱德洪的肯定,但通过区分利根之人与为其次立法,阳明重新肯定的四句教里面其实容受了王畿的四无论,四句教中的"无善无恶是心之体"里面隐含了未展开的意、知、物的无善无恶。阳明对王畿的四无论表现出了模糊的两可——**工夫上否认其现实可行性,告诫其养成虚寂的危险;理论上承认了其意义,认为是接引利根人的上乘法门**。

对天泉证道这一重要事件王畿及其门人的记录与《传习录》略有差别。《传习录》和王阳明《年谱》对这一事件的记载主要出自钱德洪的编撰,或许有钱德洪的"偏见"在。《王畿集》中的《天泉证道纪》学派偏向则更明显,对王畿的"四无"说做了更详细的论证,指出其理论依据是"体用显微只是一机,心意知物只是一事",因此悟得心是无善无恶之心,那么意、知、物也即是无善无恶,由无善无恶所造之境则是"无心之心则藏密,无意之意则应圆,无知之知则体寂,无物之物则用神⋯⋯"[1]。《天泉证道纪》与《传习录》中相关记载的最大不同在于以王阳明的名义肯定了四无说与四有说,使得四句教变成了"八句教"——"吾教法原有此两种:四无之说,

---

[1] 《王畿集》,第1页。对"无善无恶"之境的这段形容不见于《传习录》《年谱》,及王畿所作的《钱绪山行状》,当是王畿门人根据其师教补入。

为上根人立教；四有之说，为中根以下人立教"[1]，四无说被称为顿悟之学，四有说被称为渐悟之学，禅味非常明显。王阳明分别肯定"四无"与"四有"，这个说法在《传习录》与《年谱》中都未见，只见于王畿为钱绪山写的行状以及王畿门人据此写的《天泉证道纪》中，是王畿门下的一面之词。表面上看起来，《传习录》与王阳明的《年谱》是由钱德洪编定的，其中关于天泉证道的记录也只是钱德洪的一面之词，但《传习录》是面向天下学者的公开著述，钱德洪主持编订的《年谱》则经过邹守益、罗洪先等王门高足的审定，王畿也为《年谱》作过序[2]，其公信度非王畿门下私相传授的《天泉证道纪》可比[3]。耐人寻味的是，按照《年谱》的记载，阳明在调停了钱德洪与王畿的分歧而确认四句教宗旨之后，王畿还有一段与阳明夫子的问答：

> 畿曰："本体透后，于此四句宗旨何如？"先生曰："此是彻上彻下语，自初学以至圣人，只此功夫。初学用此，循循有入，虽至圣人，穷究无尽。尧、舜精一功夫，亦只如此。"先生又重嘱付曰："二君以后再不可更此四句宗旨。此四句中人上下无不

---

[1] 《王畿集》，第 2 页。
[2] 《王畿集》卷十三，第 339—341 页。王畿在序中说："友人钱洪甫氏与吾党二三子，虑学脉之无传而失其宗也，相与稽其行实始终之详，纂述为《谱》，以俟将来。其于师门之秘，未敢谓尽有所发，然亦不敢假借附会，以滋臆说之病。"可见，虽然王畿认为《年谱》没有尽发师门之秘，但也认可其权威性、可信性。
[3] 陈来先生基于文献产生过程，指出《天泉证道纪》是由王畿门人根据《东游问答》与《钱绪山行状》等文献中关于"四句教"的内容撰合而成，不能作为研究"天泉证道"的直接史料，只能作为王畿及其门人对"四句教"的理解来运用。参陈来，《〈天泉证道纪〉之史料价值》，《中国近世思想史研究》，北京：生活·读书·新知三联书店，2010 年，第 667—681 页。

接着。我年来立教,亦更几番,今始立此四句。……"[1]

王畿多半还是认为阳明的四句教只是权法,想从夫子那里得到对其四无说的肯认,所以有"本体透后,于此四句宗旨何如"的一问。但阳明显然否定了其四句教只是权法的疑问,再次申明四句教是"彻上彻下语",嘱咐"二君以后再不可更此四句宗旨"。这无疑等于明确否认了王畿的四无说。**王畿在阳明反复叮嘱之后仍倡四无之说不啻是对师门四句宗旨的背离。**[2]

但问题不只在于指出王畿四无说对阳明四句教的背离,更要探究**何以会有这一背离**。这个背离并非出于龙溪个人的独出心裁,而是对四句教中首句"无善无恶心之体"的逻辑引申。龙溪正是根据这一句得出四无说——心体既是无善无恶,意亦是无善无恶,知亦是无善无恶,物亦是无善无恶。阳明对龙溪的四无之说并未从义理上加以澄清、反对,反倒肯定龙溪对本体有透悟,只是四无之说不能用以接引尚有习心的中根以下人。也就是说,**阳明并未在义理上反对龙溪的四无说,而只是反对四无说作为普遍的教法**,宜乎龙溪认为阳明四句教只是因人设教的权法。阳明出于教法的考虑叮嘱门下共守四句教,没能让坚持逻辑彻底性的龙溪心服。阳明警戒龙溪四无说的理由只是"利根之人,世亦难遇。本体功夫,一悟尽透。

---

[1] 《王阳明全集》卷三十五,第1443页。
[2] 近有束景南先生提出新说,认为王阳明在天泉证道之际经由王畿的激发而有"王门八句教"之悟,其所依据的主要是王畿门人所撰的《天泉证道纪》,而对钱德洪主持编订的王阳明《年谱》则多端质疑。参《阳明大传》下卷,第1301页以下。此说质疑为王门共同认可的钱德洪所编《年谱》,却反信从王畿门下私相传授之说,已有学者提出商榷、反驳,参邓国元《王门"天泉证道"探释——以束景南先生"王门八句教"为中心的考察》,《中国哲学史》2019年第5期。

此颜子、明道所不敢承当[1]，岂可轻易望人"。阳明此说实有不圆融之处，既然说"一悟尽透"颜子、明道所不敢承当，那么儒门中又有谁能承当呢？在阳明眼里颜子、明道可是儒门中醇乎其极的顶级人物，阳明甚至有颜子高过孔子之说[2]，如果颜子、明道不敢承当，儒门中又谁敢承当？孔子尚且"七十而从心所欲不逾矩"（《论语·为政》），自道"加我数年，五十以学易，可以无大过矣"[3]（《论语·述而》）。这么来看，"本体功夫，一悟尽透"的利根之人儒门不只是难遇，简直就是没有——换言之，**此"一悟尽透"不是儒门功夫！**由此反推，阳明所认可的利根之人"一悟本体，即是功夫"的义理预设也有问题——此中"本体"之说大可商量。我们且来检讨阳明与龙溪为"利根之人"预设的"本体功夫"说。

对"利根之人"所悟的"本体"，《传习录》与《年谱》中相关段落讲法分别如下：

> 利根之人，直从本源上悟入，人心本体原是明莹无滞的，原是个未发之中。利根之人，一悟本体，即是功夫。人己内外，一齐俱透了。（《传习录》卷下，第315条）

---

1 《传习录》和《年谱》中的说法都是"颜子、明道所不敢承当"，《王畿集》中的《天泉证道纪》却改成了"此是传心秘藏，颜子、明道所不敢言者"，"不敢承当"的分量比"不敢言"强得多，几乎可以肯定后者是偷梁换柱的回护龙溪四无说之改编。

2 其晚年居越诗《夜坐》言"却怜扰扰周公梦，未及惺惺陋巷贫"，《王阳明全集》卷二十，第867页。此语或有针砭当时大礼议的隐射，但其推崇颜子也显然可见。

3 陈立胜教授指出，在阳明的圣人观中有很强的"圣人有过"论的面向，圣人与凡夫的重要差别在于圣人能自见其过（念虑之过）而保持戒慎恐惧、兢兢业业，因此能寡过（形见之过），阳明的人性论及功夫论并非肤浅的乐观主义。参陈立胜《"圣人有过"——王阳明圣人论的一个面向》，《学术研究》2007年第4期。

《年谱》中则有针对钱德洪的"本体"点拨：

> 有只是你自有，良知本体原来无有，本体只是太虚。太虚之中，日月星辰，风雨露雷，阴霾饐气，何物不有？而又何一物得为太虚之障？人心本体亦复如是。太虚无形，一过而化，亦何费纤毫气力？德洪功夫须要如此，便是合得本体功夫。（《年谱》"嘉靖六年九月"）

此两处关于"本体"的两种不同说法讲的应该是同一件事，针对钱德洪说的"良知本体原来无有，本体只是太虚"就是"无善无恶心之体"的意思。《传习录》中所言"人心本体原是明莹无滞的，原是个未发之中"说的即是此"无善无恶"的太虚本体。**既然利根之人"一悟本体，即是功夫"，为什么阳明还告诫已悟得本体的王畿"汝中须用德洪功夫"？**阳明关于"本体"的讲法已经透出其中消息——"利根之人"悟得的"本体"只是"未发之中"，并非"致中和"的全体，**悟得未发之中的本体，存养此未发之中，并非功夫的全体，还需要在意念之发上为善去恶的省察克治功夫。**所谓"汝中须用德洪功夫"，大端即在"知善知恶"、"为善去恶"的致知格物工夫。以《中庸》的语言来说，"一悟本体，即是功夫"，只不过是立"天下之大本"的功夫，并不等于就尽了行"天下之达道"的功夫。要做"致中和"的全体功夫，需要在君臣、父子、夫妇、昆弟、朋友之交的五伦中致知诚意，此即阳明所理解的"格物"。钱德洪所用力的即是《大学》"诚意"、"格物"的工夫，而**按照王畿所解释的"四无"说，则工夫全在悟"未发之中"的本体上，诚意、格**

物变成了无功夫。[1] 这显然是对阳明四句教的片面理解，更是对《大学》格致诚正修身功夫的误解。这一误解的根源在于混淆了**本体之本（未发之中）**与**全体之体（致中和之大本达道）**[2]，误将未发之本当作了良知的全体大用，而阳明（包括钱德洪在内）并未能澄清这一混淆，所以并未在内在义理上说服龙溪。耿宁先生以其现象学的敏锐体察觉察到阳明所言之"本体"有实体（Substanz）与本己体段（eigentliches Wesen）两重意思，四句教之"无善无恶心之体"乃言良知未发之"实体"，而非指良知全部体段而言。[3] 从未发之体的无善无恶得不出意、知、物的无善无恶，**龙溪的四无说只是一个泥于字面的形式推论，并未深入四句教所道出的思想实事，更脱离了**《大学》格致诚正修齐治平的纲领条目。阳明四句教之所以会引出龙溪四无说这样的歧出，一方面固然是其名理讲究不精细，过分注重"理一"而少"分殊"的穷理工夫；另一方面则是因为其晚年居越后立教多从高明一路发明，容易启龙溪之类超拔之士的玄虚之思，往往失了其良知学"事上磨炼"的格物真精神。

根据上面的分疏我们看到，阳明晚年的"四句教"一定程度上**是将《中庸》"未发—已发"的体用构架引入《大学》心、意、知、**

---

1 如江右主归寂工夫的聂豹就将阳明之"致知"解释为"致中"，以"格物"为致知之功用，功夫全在归寂致未发之中上，格物成了无功夫的功夫，由此聂豹认为阳明"格其不正以归于正"的格物说只是"不得已之辞"。参《明儒学案》卷十七，第 373 页。聂豹的归寂说实与王畿的四无说接近，其以阳明格物说为权宜也与王畿以阳明四句教为权法相近。

2 在《中庸》首章的脉络中，未发之体（"大本"）与"用"（"达道"）相对待，致中和的全体则不与"用"对待，而是兼体用而言，与工夫为对待。因此严格来说与工夫为对子的"本体"乃指全体，不只是体用之体，《中庸》的致"中"与致"和"各有工夫，即静存与动察，致"未发之中"的静存工夫并不能涵盖已发上的省察克治工夫。黄宗羲后来所讲的"心无本体，工夫所至即是本体"，乃是就成德之"全体"而言，不是就未发之本体而言。

3 参本书第一章"良知的体段"。

**物条理**的结果，"无善无恶心之体"是讲的"未发之中"，阳明也称之为良知的"太虚"本体，是未发上的廓清存养功夫；"有善有恶是意之动，知善知恶是良知，为善去恶是格物"讲的是已发上的省察克治功夫，四句合起来才是"致良知"的功夫全体，是合全体大用（圣人之道）的功夫，实证于全体工夫（静存动察）的本体。黄宗羲早已有见于此，他对引起阳明身后纷纷议论的四句教做澄清说：

> 其实无善无恶者，无善念恶念耳，非谓性无善无恶也。下句意之有善有恶，亦是有善念有恶念耳，两句只完得动静二字。他日语薛侃曰："无善无恶者理之静，有善有恶者气之动。"即此两句也。所谓知善知恶者，非意动于善恶，从而分别之为知，知亦只是诚意中之好恶，好必于善，恶必于恶，孰是孰非而不容已者，虚灵不昧之性体也。为善去恶，只是率性而行，自然无善恶之夹杂。先生所谓"致吾心之良知于事事物物也"。四句本是无病，学者错会文致。……[1]

黄氏以阳明语薛侃的"无善无恶者理之静，有善有恶者气之动"来解释四句教中的前两句，可谓以阳明解阳明的会心语。这正好也表明了"无善无恶心之体"说的是未发之中，**是寂然不动的寂体**，是相对于有善有恶的意气之动而言的。这个"寂体"并非心之全体，而只是心的静寂一端。

---

[1]《明儒学案》卷十，第178页。

对这个"寂体",这一"未发之中"的良知,阳明为何不避被攻击为佛老之嫌而标举其"无善无恶"?圣人之学何以需要一个"无善无恶理之静"的工夫?还是"侃去花间草"一章阳明讲得明白:

侃去花间草,因曰:"天地间何善难培,恶难去?"先生曰:"未培未去耳。"少间,曰:"此等看善恶,皆从躯壳起念,便会错。"侃未达。曰:"天地生意,花草一般,何曾有善恶之分?子欲观花,则以花为善,以草为恶;如欲用草时,复以草为善矣。此等善恶,皆由汝心好恶所生,故知是错。"曰:"然则无善无恶乎?"曰:"无善无恶者理之静,有善有恶者气之动。不动于气,即无善无恶,是谓至善。"曰:"佛氏亦无善无恶,何以异?"曰:"佛氏着在无善无恶上,便一切都不管,不可以治天下。圣人无善无恶,只是无有作好,无有作恶,不动于气。然遵王之道,会其有极,便自一循天理,便有个裁成辅相。"曰:"草既非恶,即草不宜去矣。"曰:"如此却是佛、老意见。草若有碍,何妨汝去?"曰:"如此又是作好作恶?"曰:"不作好恶,非是全无好恶,却是无知觉的人。谓之不作者,只是好恶一循于理,不去又着一分意思。如此,即是不曾好恶一般。"曰:"去草如何是一循于理,不着意思?"曰:"草有妨碍,理亦宜去,去之而已。偶未即去,亦不累心。若着了一分意思,即心体便有贻累,便有许多动气处。"曰:"然则善恶全不在物?"曰:"只在汝心循理便是善,动气便是恶。"曰:"毕竟物无善恶。"曰:"在心如此,在物亦然。世儒惟不知此,舍心逐物,将格物之学错看了,终日驰求于外,只做得个义袭而取,终身行不著，习不察。"曰"'如好好色，如恶恶臭'，则如何？"曰："此正是一循于理；是天理合如此，本无私意作好作恶。"曰："'如好好色，如恶恶臭'，安得非意？"曰："却是诚意，不是私意。诚意只是循天理。

虽是循天理，亦着不得一分意，故有所忿懥好乐则不得其正，须是廓然大公，方是心之本体。知此即知未发之中。"伯生曰："先生云'草有妨碍，理亦宜去'，缘何又是躯壳起念？"曰："此须汝心自体当。汝要去草，是甚么心？周茂叔窗前草不除，是甚么心？"（《传习录》卷上，第101条）

这段对话由去不去花间草引发关于"无善无恶"的讨论，曲折有致。阳明在其中谈到了**两个层次的"无善无恶"**：其一，"不动于气"的"无善无恶理之静"，这个意义上的善恶是从躯壳起念的私意之好恶所生，这个从私意起的作好作恶是不可有的，但去除私意的好恶不同于佛氏的无善无恶，圣人的无善无恶只是好恶一循天理，不动于气，即阳明在《答聂文蔚》第一书中所讲的"公是非，同好恶"（《传习录》卷中，第179条），此无善无恶只是**"无私意作好作恶"**，即是至善；其二，**即便是循天理的好善恶恶也"着不得一分意"**，阳明引《大学》"正心"条目来说明这层意思——"故有所忿懥好乐，则不得其正"，愤怒好恶本也是人心自然有的，但不可"有所"，不可执着，即"着不得一分意"。"意"——无论私意还是诚意——在阳明心性观中属于已发，"着不得一分意"即是**不能着在已发上**的意思，因此阳明接着说"须是廓然大公，方是心之本体，知此即知未发之中"，此是将明道《定性书》的**"廓然大公"**与《中庸》的"未发之中"、《大学》的"正心"贯通为一的理解。四句教中"无善无恶心之体"的深意正在于不着于已发之善恶,能够时时存养廓然大公的未发之中,如此才有合着太虚本体的至诚无息之功夫。简言之,"无善无恶心之体"的蕴意乃是:**私善私恶不可有(即"无有作好,无有作恶"),诚意之善不可着**。阳明之"无善无恶心之体"与佛家"无善无恶"的区别在于,**阳明并未否认"公是非,同好恶"层面的有善有恶**,而只是基于"未发之中"的视野点出不可执着于已发的善念,不可滞于一善。而王畿的四无论则有消泯儒佛疆界的危险,也会使得阳明心学面临更激烈的指为禅学的攻击,当是阳明断然不会采纳的。

  阳明晚年的"四句教"在字面上是沿用《大学》正心、诚意、致知、格物的条目,着眼点在**心上功夫**。但在本体论说与工夫次第上阳明依据的是《中庸》"未发—已发"的致中和理路,其中包含其性情论思想。实际上,就工夫次第而言,阳明致良知的先天之学更切合《中庸》"致中和"的性情论,而不是《大学》"格致诚正"的条目次第。《大学》讲"物格而后知至,知至而后意诚,意诚而后心正,心正而后身修……",以"格物"为入学首要工夫,正心在格物致知、诚意之后。**阳明的四句教则以明心体为首要功夫,以格物为学问的最后落脚点,与《大学》的工夫次第是反过来的**。阳明如果严格按照《大学》格致诚正修的字面条目来解释其致良知工夫,则多扞格难通之处,因为《大学》以修身为本,以格物致知诚意正心的工夫立本体,而致良知教则是悟本体以用工夫。因此,阳明在解释《大学》工夫次第时反复申言"身、心、意、知、物者,是其工夫所用之条理,虽亦各有其所,而其实只是一物。格、致、诚、正、修者，是其条理所用之工夫，虽亦皆有其名，而其实只是一事"[1]，这样就淡化了格致诚正修的先后次第，**既可说"致良知以格物"，也可说"格物以致其良知"**[2]，无先后之可分。实际上不仅四句教，阳明晚年的《大学》解释处处体现了**以《中庸》首章的先天之学立基**。如其以良知解释《大学》的"止至善"说：

> 至善者，明德、亲民之极则也。天命之性，粹然至善，其灵昭不昧者，此其至善之发见，是乃明德之本体，而即所谓良知也。至善之发见，是而是焉，非而非焉，轻重厚薄，随感随应，变动不居，而亦莫不自有天然之中，是乃民彝物则之极，而不容少有议拟增损于其间也。少有拟议增损于其间，则是私意小智，而非至善之谓矣。自非慎独之至、惟精惟一者，其孰能与于此乎？[3]

阳明以"**天命之性**"的"灵昭不昧"之本体为良知，以性灵良知为至善之根据，以天然之时中为至善的准则，以"慎独"、"惟精惟一"为致良知的工夫，莫不体现**基于《中庸》首章来解释《大学》的诠释学先见**。阳明有言"子思括《大学》一书之义，为《中庸》首章"（《传习录》卷上，第 42 条），正可以见《中庸》首章在阳明心学中的分量。基于此，我们可以认为《中庸》的"**天命之性**"是阳明心性论最根本的体认，**阳明对孟子性善论的超越，对告**

---

[1] 《大学问》，《王阳明全集》卷二十六，第 1069 页。
[2] 《博约说》，《王阳明全集》，第 296 页。
[3] 《王阳明全集》，第 1067 页。

子"生之谓性"论、荀子性恶论的融摄,都基于对"天命之性"的体认。

基于"天命之性"的视野,我们可以再来审视阳明四句教中包含的心性见解。首当其冲的是,阳明讲"天命之性粹然至善",但四句教的首句却是"无善无恶心之体",二者是否融贯?心之体即是性,如果心之体无善无恶,那么性也应该是无善无恶,实际上在天泉证道事件中钱德洪就说"心体是天命之性,原是无善无恶的",他将意念上的善恶归之于人有习心的存在[1]。天命之性无善无恶,这倒与"无善无恶心之体"融贯,但却与阳明《大学问》的"天命之性粹然至善"说不合。阳明后学为调和其说,多解释为无善无恶即是至善。[2] 无善无恶何以是至善?如果不能体察实事,讲明白其中关节,这种说法只不过是词穷的遁词而已。我们回到"天命之性粹然至善"的语境看,阳明此语是用来说明"良知"的来源的,而良知乃是是非之心、天然中和之则,在四句教的体系中归于第三句"知善知恶是良知",因此此处"天命之性粹然至善"是兼未发、已发的体用全体而言,而其重点则在"已发"的工夫,**所谓"粹然",乃是"惟精惟一"的拣择琢磨之成就,包含"知善知恶""为善去恶"的致知格物工夫。**"天命之性粹然至善"一语包罗四句教的全部义理,此处"天命之性"并不只是对应"无善无恶心之体","无

---

[1] 可见钱德洪接受四句教的"无善无恶心之体",所持并非什么"四有"说。
[2] 如《天泉证道纪》就说"天命之性,粹然至善,神感神应,其机自不容已,无善可名。恶固本无,善亦不可得而有也"(《王畿集》,第1页)。这种调和之论看似高明,实则敷衍。我们可以问,其所谓"神感神应"的内容是什么?孟子所讲的恻隐、羞恶、辞让、是非之心是不是神感神应?如果是,那显然有仁义礼智之可名,如果不是,那其所谓神感神应又是何物呢?这类玄虚之言实际上经不起进一步的"审问"。

善无恶"只是未发之中,是"性之静"——即"理之静"。"无善无恶心之体"只说得一个"**人生而静,天之性也**",后面却还有"感于物而动,性之欲也"(《礼记·乐记》),这就是"有善有恶意之动",《乐记》接着说"物至知知,然后好恶形焉。好恶无节于内,知诱于外,不能反躬,天理灭矣",这是从"好恶无节"的角度讲"性之欲"的流弊,近于荀子的性恶论。[1] 阳明认为荀子的性恶论是从流弊处说性,也并非全不是,或许汲取了《乐记》对人性的看法,而《乐记》的人性论实与《中庸》颇为接近,差别主要在于**《中庸》着眼于君子之道,对好恶无节的性情流弊戒慎恐惧于前,因此能存养未发之中而达到喜怒哀乐发而皆中节,《乐记》则兼顾到众庶的情形,同时着眼于对性情流弊的救治,因此重视礼乐刑政先王之道的裁成辅相**。阳明的性情观当然基于《中庸》,其以"未发之中"为良知本体,以戒慎恐惧为致良知的工夫,正是好恶节于内的存心工夫,是致中和的君子之道。阳明的四句教实兼顾到了从源头处立本的君子之道与未免就流弊来救治的众庶之情,即所谓"**此四句中人上下无不接着**"。值得注意的是,阳明虽然承认人根器不同,有"利根之人"与中根以下人,但其主张的并非汉唐的性三品说,而是认为良知性灵愚夫愚妇与圣人同,差别主要在于圣人能致良知而众人不能致而已,下面一段话最能表明阳明对圣人与众人之间同异的见解:

先生曰:"圣人亦是学知,众人亦是生知。"问曰:"何如?"

---

[1] 《乐记》与《荀子·乐论》篇文字大量重叠,与荀子思想的接近处非常明显。

曰:"这良知人人皆有,圣人只是保全,无些障蔽,兢兢业业,亹亹翼翼,自然不息,便也是学;只是生的分数多,所以谓之生知安行。众人自孩提之童,莫不完具此知,只是障蔽多,然本体之知自难泯息,虽问学克治也只凭他;只是学的分数多,所以谓之学知利行。"(《传习录》卷下,第 221 条)

此可见阳明认为良知这一"天植灵根"是众人皆具的,"粹然至善"的天命之性人人皆有,只不过圣人能尽此性而已,"兢兢业业,亹亹翼翼"即是圣人至诚无息的尽性工夫。圣人虽然生知安行,犹然戒慎恐惧,做"小心翼翼,昭事上帝"(《诗经·大雅·大明》)的工夫,可见对性情之流弊仍时时警惕,并非"一悟本体,即是功夫。人己内外,一齐俱透了"。因此,"有善有恶意之动",不仅众人如此,即圣人也或不免,只不过圣人时时戒慎,一动即觉,一过即改,不让念虑之过流为显见的大过而已。由此可见,"天命之性粹然至善"并不等于"无善无恶",而是要在四句教的工夫全体中才能实现,"无善无恶心之体"只是"性之静",**无善无恶"只是至善的一个环节,不等于至善。**

阳明以《中庸》的"天命之性"为良知本体,以性灵良知解释《大学》"至善"的本体依据,其"至善"论与孟子性善论略有不同。前面我们已经介绍到,阳明认为孟子所讲的仁义礼智属于已发,是"性之表德",而"四句教"作为天命之性的展开包含未发之中的维度,**其"无善无恶心之体"的心性维度在孟子那里是缺乏的**。因此,包含了"无善无恶"环节的"至善"不能仅仅在孟子性善论的意义上理解。用胡五峰的话来说,此"至善"是"叹美之辞也,不与恶对"[1]。**不与恶对，故天命之性的粹然至善观包含性之静的无善无恶，也可以融摄孟子的性善论与荀子着眼性情之流弊的性恶论**。此可见阳明晚年四句教所包含的心性观乃最相应于《中庸》首章的"天命之性"说与"未发—已发"的体用工夫，而不是牟宗三先生所认为的以《孟子》为主。

阳明四句教的理路乃是基于《中庸》首章的未发—已发论述，由此我们可以再来审视四句教与致良知教的关系。从字面上看，"良知"只出现在四句教中的第三句"知善知恶是良知"，就此而言，似乎晚年居越时提出的四句教已经发展、超出了江右时期提揭的"致良知"教，尤其四句中的第一句"无善无恶心之体"似乎是"致良知"所不能包含的，因为良知的基本标志就是"知善知恶"，良知就是"是非之心"，在四句教的体系中"良知"只是心之用，而非本体。止修学派的李见罗就是这么理解阳明的"良知"概念的。然而这并非阳明的自我理解。阳明在提出"致良知"教之后曾经说：

> 吾良知二字，自龙场以后，便已不出此意，只是点此二字不出。于学者言，费却多少辞说。今幸见出此意，一语之下，洞见全体，真是痛快，不觉手舞足蹈。学者闻之，亦省却多少寻讨功夫。学问头脑，至此已是说得十分下落，但恐学者不肯直下承当耳。(《传习录拾遗》，第10条)

---

[1] [宋] 胡宏，《胡宏集》，吴仁华点校，北京：中华书局，1987年，第333页。胡五峰从其父那里绍述而来的这一见解本以状孟子的"道性善"，窃以为不是很恰当，盖孟子的道性善是言仁义礼智之"大体"，与乐声色安逸之"小体"（孟子谓之"命"）相对而言，不能说"不与恶对"，《中庸》的天命之性才是兼小体、大体而言，阳明以"至善"形容之，可以说是"叹美之辞，不与恶对"。

阳明以"一语之下，洞见全体"来形容其悟到"致良知"的痛快，并且说"学问头脑，至此已是说得十分下落"，可见他是以"致良知"为其学问的究竟法门，良知是即体即用的，故阳明屡有"良知本体"之说。这么看，四句教中的第三句"知善知恶是良知"或为权说，并非良知全体，四句教整体才构成致良知的全体，四句乃是致良知的分解之说。或者也有可能，"致良知"还不是阳明学问的最终教法，四句教是对"致良知"的进一步发展，是"致良知"之后的一个新阶段。

关于"致良知"是否为阳明学问的终极究竟教法，阳明的弟子与后学有不同的理解。钱德洪在《刻文录叙说》中将阳明一生的学问概括为为学三变与为教三变：

> 先生之学凡三变，其为教也亦三变：少之时，驰骋于辞章；已而出入二氏；继乃居夷处困，豁然有得于圣贤之旨：是三变而至道也。居贵阳时，首与学者为"知行合一"之说；自滁阳后，多教学者静坐；江右以来，始单提"致良知"三字，直指本体，令学者言下有悟：是教亦三变也。[1]

可见钱德洪是以"致良知"为阳明的究竟教法，是其生平学问的归结。但是王畿的看法不太一样，最大的不同在江右提"致良知"之后分出居越以后一个阶段："逮居越以后，所操益熟，所得益化，信而从者益众。时时知是知非，时时无是无非，开口即得本心，更

---

[1]《王阳明全集》卷四十一，第 1745 页。

无假借凑泊，如赤日丽空而万象自照，如元气运于四时而万化自行，亦莫知其所以然也。盖后儒之学泥于外，二氏之学泥于内，既悟之后则内外一矣，万感万应，皆从一生，兢业保任，不离于一。晚年造履益就融释，即一为万，即万为一，无一无万，而一亦忘矣。"[1] 王畿以"时时知是知非，时时无是无非"来形容阳明思想居越以后的化境，这一点也被黄宗羲采纳在《明儒学案》中[2]。王畿的分阶段法与四句教有很大关系，尤其"时时无是无非"的点出，与其"四无"说直接相关。王畿的三阶段说将居越时期与江右提"致良知"划分开来，蕴含了他的这一看法——四句教（或者他所理解的"四无"、"四有"八句教）超出了江右以后提出的"致良知"，是阳明思想发展的一个新阶段。"致良知"能否统摄四句教？四句教是否为"致良知"之后的新教法？关键在这一点——**"无善无恶心之体"是否包含在阳明对"良知本体"的理解中，良知是否可以说"无善无恶"**？根据我们前面的解读，四句教中"无善无恶心之体"是阳明对《中庸》"未发之中"、《大学》"正心"工夫的阐发，而他明确讲"良知即是未发之中，即是廓然大公，寂然不动之本体，人人之所同具者也"（《答陆原静书》，《传习录》卷中，第155条），因此**"无善无恶之体"即是未发之中的良知之寂体**。"一语之下，洞见全体"的"致良知"教赅摄四句教，此可无疑。关于"致良知"的赅摄动静工夫之圆融，阳明有揭示，如：

一友静坐有见，驰问先生。答曰："吾昔居滁时，见诸生

---

[1] 《王畿集》卷二，第34页。
[2] 《明儒学案》卷十，第180页。

多务知解,口耳异同,无益于得,姑教之静坐。一时窥见光景,颇收近效。久之,渐有喜静厌动,流入枯槁之病。或务为玄解妙觉,动人听闻。故迩来只说致良知。良知明白,随你去静处体悟也好,随你去事上磨练也好,良知本体原是无动无静的。此便是学问头脑。我这个话头自滁州到今,亦较过几番,只是致良知三字无病。医经折肱,方能察人病理。"(《传习录》卷下,第 262 条)

钱德洪将滁阳教静坐与江右之后提"致良知"分为阳明教法的两个阶段,当是根据阳明自己的这类表述。良知本体无动无静,静处体悟、事上磨练一以贯之,故也可以说良知即是未发之中、即是中节之和,即是大本达道,钱德洪以"致良知"为阳明教法三变的究竟阶段并没有错。

那么王畿与黄宗羲分出居越阶段,以之为"时时知是知非,时时无是无非"的化境,难道错了吗?居越六年阳明的思想没有实质性的发展,只是"致良知"教法的展开运用?似也不能如此断定。**从构架来看**,四句教确实可以看作内在于"致良知"的分解性命题[1],而非超出"致良知"教的新阶段[2]。但**就思想境界看**,以"无善无恶心之体"为良知的未发之中,在"天泉证道"中点拨钱德洪"良知

---

[1] 邓国元认为四句教为内在于"致良知"的分析性命题,参《王阳明思想"最后定见"辨证——兼论"四句教"与"致良知"之间的思想关系》,《中国哲学史》2018 年第 3 期。此说得当,不过对四句教中阳明良知思想相对江右以后初提揭时期的发展,该文缺乏必要的考察,因此对龙溪的观点评价有欠公允。

[2] 就"四句教"的构架本之于《大学》正心诚意致知格物的条目而言,可以说四句教的构架至少在阳明龙场悟道之后就有了,但显然不能说四句教相对于龙场悟道之后的王阳明思想没有新发展。

本体原来无有，本体只是太虚"，这都是之前没有的新讲法，体现了阳明"致良知"所达到的新境界。对照一下正德十五年（1520）王阳明对陈九川始揭"致良知"教时的讲法（《传习录》卷下，第206条），可以看到阳明最初是以**知是知非**、**存善去恶**为致知格物，工夫重点在对意念之发的省察克治上。这一"致知"思想阳明并未放弃，而是在四句教的后三句中体现出来了。但是首句的"无善无恶心之体"则是在居越以后才得到充分阐发的。[1] 以良知本体为未发之中，为太虚，为无善无恶，这彻底越出了孟子"知爱知敬"的"良知"本义，甚至也越出了孟子讲的"是非之心"，是阳明自家对"良知"概念的创造性发展。钱德洪以"致良知"教涵盖王阳明江右以后居越时期的整个思想，虽然不能说错，但确实淡化了居越时期王阳明"致良知"思想的新发展，淡化了其思想中无之境界的维度[2]，而王畿则对阳明居越时期所发展的这一思想新维度有极度的敏感，以至于在其四无说中夸大了这一新维度，将阳明的四句教解释成了八句教。如果根据王畿与黄宗羲对阳明立教三变的叙述，认为居越之后提出的四句教是一个超出"致良知"教的新阶段，那是对阳明思想的误解。但是如果认为阳明居越时期思想没有实质性的新发展，四句教只是江右以来"致良知"教的分析性命题，那也会错失阳明致良知思想的新境界。

---

[1] 《传习录》卷上"侃去花间草"一段问答中已有"无善无恶者理之静"的讲法，时间当在提出"致良知"教之前，可见阳明早已有关于"无善无恶"思想的萌发，但系统性阐发是居越之后。

[2] 钱德洪并非不懂得阳明思想的这一维度，其淡化的叙述很可能是有意的。

## 小结

阳明良知学承孟子"本心"、《中庸》"道心"[1]的儒家心学传统，以心著性、以性定心是其本体学的基本范型。阳明心学并非如学界习常以为的那样重心不重性，牟宗三先生形容陆王心学一系学问旨趣为"一心之朗现，一心之伸展，一心之遍润"，此固为极有力之揭示，然此"一心"乃根于天命之性的本心良知，乃率性之"道心"。阳明认可伊川、朱子"性即理"之命题，其"心即理"命题并不与"性即理"相对立，只不过阳明体认性理的工夫路径与程朱迥然有别，与朱子通过格物穷理以知性、"奉性以治心"的迂回路径不同，阳明通过诚意、致良知的反身体认由本心以著性，更合乎孟子"尽心知性"的本义，属于《中庸》"自诚明谓之性"的学问路径。

阳明"良知"思想的直接渊源是孟子，其心性思想自然也较接近孟子的性善论。但是由于阳明以"致良知"的宗旨来解释《大学》格致诚正的条理工夫与《中庸》"未发—已发"的体用理路，其"良知本体"思想溢出了孟子知爱知敬的孝弟"良知"之本义，其居越时期的心体"无善无恶"思想更进一步越出了以"是非之心"来刻画良知的范围，在心性论上也越出了孟子的性善论而以《中庸》的"天命之性"来通贯良知的未发与已发。阳明将"良知"揭示为天命之性"灵昭明觉之本体"，称之为"天植灵根"（《传习录》卷下，第244条），"造化的精灵"（第261条）。这类称述表明阳明晚年所体证的"良知"已不只是孟子的性善之端，而是内涵更深广的天赋之灵，

---

1 《中庸》虽然没有提出"道心"的概念，但自朱子《中庸章句序》以尧舜禹"十六字心传"来构建儒家道统以来，"人心惟危，道心惟微"成为理学的通识。

即是"性灵"[1]。但是阳明的良知性灵论并未背弃孟子的性善论，而是性善论的深化，良知本体虚灵不昧，阳明且以"太虚"来形容良知本体，但此虚灵不昧的灵体并不离弃人伦事物，致良知不离格物，在人伦事物中为善去恶是致良知的日用实功。**良知在知善知恶、为善去恶中体现的性善乃是其显义，寂然不动、无是无非而神感神应之性灵乃是其密义**。良知体用一源显微无间的妙义在阳明对《中庸》首章的化用中表现得最圆融，并以此"未发—已发"的良知体用之义贯通到对《大学》《论语》等诸多儒家经典的解释中。由此我们不难理解，阳明在江西始揭致良知教之后的几年里，多次充满自信与喜悦地称致良知为"**吾圣门正法眼藏**"或"**孔门正法眼藏**"。[2] 阳明不避讳用佛家的"正法眼藏"一语来形容其致良知教，既表明了其坦荡荡的狂者气象，也因为这一词语最能揭示致良知体用一如显微无间之妙义[3]。阳明心学面对佛老"异端"既开放又不失自家主张，这种胸怀在我们当今文明交融互鉴的时代特别具有典范性的借鉴意义，其心性论为我们提供了融摄欧美精神哲学及人类文明中各种心灵智慧的本土根基。

---

[1] 阳明本人并未以"性灵"称"良知"，这一称谓在阳明后学中出现较多，实本自阳明思想中本有的蕴含。

[2] 分别可见于正德十六年（辛巳，照钱德洪所编年谱阳明是年始提揭致良知教）"与杨仕鸣"、嘉靖二年（癸未）"寄薛尚谦"、嘉靖四年（乙酉）"与邹谦之"等。这也可见"致良知"教是阳明在居越时期一直主张的，并非未定之见。

[3] 日本学者忽滑谷快天指出"正法眼藏"是禅宗将"正法眼"和"正法藏"两个词合成而来。参氏著《王阳明与禅学》，李庆保译，廖明飞审，北京：时代文艺出版社，2018 年，第 234 页。正法眼与正法藏分别对应于《中庸》的发而中节之和与未发之中，孟子的性善与《中庸》《乐记》的性静、性中和，即良知的显义与密义，这大概是阳明喜用"正法眼藏"一语形容良知的重要缘故。

境界篇

# 第五章　龙场彻悟心体的起点

明正德三年（1508），在偏远的贵州龙场万山丛棘中，被贬谪为龙场驿丞的王阳明看破了世间的一切得失荣辱，唯独觉得生死一念未化，于是日夜端居静坐在一石墎中，一边参悟生死，一边安慰照料生病抑郁的随从，并将自己的处境、作为与圣人之道对照，在这样一个困心衡虑的凝神潜思中，王阳明忽然在一个深沉的子夜悟得了困扰他很久的《大学》"格物致知"宗旨，明了"圣人之道，吾性自足，向之求理于事物者误也"。王阳明的龙场之悟开启了宋明理学中革命性的突破，作为官方权威的朱子学被撑开一道裂隙，儒家心学从这道裂隙中透出光明，并大放异彩。

龙场悟道作为王阳明心学创立的标志性事件在学界已经有了相当多的研究。陈立胜教授在《龙场悟道论》一文中就悟道的地点、时间、内容、性质等等对这一事件做了系统的分析，认为龙场悟道的内容就名相而言"放在道学思想系谱之中并无别出心裁之处，故应从其探索成圣之路这一生存论角度加以理解"[1]。龙场悟道的**内容**是"圣人之道，吾性自足"，这个见解对于整个理学传统而言确实不是全新的创见，但"向之求理于事物者误也"包含了王阳明与当时

---

[1]《入圣之机》，第113页。

朱子学正统的分道扬镳，既具有个人成圣之路突破的生存意蕴，也是对儒家圣人之道在心性中的**重新奠基**。对阳明龙场悟道的生存性意义，学界也有了较多的研究，其中多着眼于龙场悟道的发动契机——化解生命困厄中最难排遣的生死忧虑。已有的研究多有启发，但很少触及一个根本问题——龙场悟道的基本动机是化解生死忧虑，其悟得的结果则是"格物致知之旨"，这两者是什么关系？"格物致知之旨"看起来只是一个《大学》文本的诠释问题，这与生死大事如何关联起来？王阳明对生死问题的沉思在他的龙场大悟中处于什么位置？基于这些疑惑，笔者不惮于在众多的研究文献中再附骥赘论，以期探明王阳明龙场的格致之悟如何契入其生死忧虑的生存关切。

基于生死之念这一龙场悟道的发端与格致之悟的结果，我们可以将王阳明的龙场悟道称为**透生死明格致的性命之悟**。从现象学的角度看，这一悟包含三个基本过程。[1]其一是通过端居俟命的澄默化解生死之念，达到"胸中洒洒"的无碍境地，这是一个具有**现象学悬搁**特征的心灵修炼。其二是通过纯粹的生命实践经验而恍悟"圣人之道，吾性自足"，这是一个向**圣人之道的心性根本**回复的自我发现，具有**现象学还原与奠基**的意义。其三，这个向"吾性自足"回复的过程也是一个与儒家传统的圣人之道互证的过程，具有**视域融合**的诠释学特征，以此为起点王阳明逐渐发展出了他独到的释经方

---

1 郑晓江教授认为阳明"龙场悟道"可分为三个阶段：一是超越功名利禄之求；二是突破"生死之念"；三是悟出"格物致知之旨"。参《尽性至命之学——阳明子生死智慧探微》，《浙江社会科学》2008 年第 10 期。这个分析有一定道理，但郑晓江所讲三个阶段中的第一阶段王阳明实际上在初到龙场之际已经完成，可以与第二阶段合并。

式——在生命实践中见精神的**本体诠释学**。

## 一、悬搁：超脱得失荣辱、化去生死一念的"胸中洒洒"

王阳明龙场悟道的发端动力是化解生死之念。《年谱》记载：

> 龙场在贵州西北万山丛棘中，蛇虺魍魉，蛊毒瘴疠，与居夷人鴃舌难语，可通语者，皆中土亡命。旧无居，始教之范土架木以居。时瑾憾未已，自计得失荣辱皆能超脱，惟生死一念尚觉未化，乃为石墩自誓曰："吾惟俟命而已！"日夜端居澄默，以求静一；久之，胸中洒洒。而从者皆病，自析薪取水作糜饲之；又恐其怀抑郁，则与歌诗；又不悦，复调越曲，杂以诙笑，始能忘其为疾病夷狄患难也。因念："圣人处此，更有何道？"忽中夜大悟格物致知之旨，寤寐中若有人语之者，不觉呼跃，从者皆惊。始知圣人之道，吾性自足，向之求理于事物者误也。乃以默记《五经》之言证之，莫不吻合，因著《五经臆说》。居久，夷人亦日来亲狎。……[1]

正德三年（1508）春，王阳明到达贵州西北的龙场。此地"蛇虺魍魉，蛊毒瘴疠"，随时面临疾病、死亡的危险，与当地土著的言语也不通，而且权宦刘瑾的迫害危险也并没有消除，正是在这样孤独、艰险的环境中，王阳明感到自己虽然能超脱于世俗的得失荣辱，

---

[1] 《王阳明全集》卷三十三，第1354页。

但生死的忧虑仍不能遣于心，于是有静坐于石椁以化解生死之念的举动。这个过程不难理解。生命当然是比世俗的得失荣辱更为珍贵的，面对疾病、死亡的危险，我们怎能不挂怀？但是，如果我们想到此时的王阳明已经是返归儒家圣学的圣人之徒，这就不是那么自然而然的问题了。圣贤对于生死问题早有解答，"杀身成仁"、"舍生取义"，"死生有命"，有何可虑？王阳明，这位十一二岁就以"读书学圣贤"为第一等事的圣人之徒，怎么会在龙场这个地方变得怕死起来？生死之念，成了王阳明在龙场唯一挥之不去的心灵障碍，作为儒家的圣贤之徒，这其实是很特别的事情。

众所周知，儒家对待生死问题的传统态度是孔子答子路问讲的"未知生，焉知死"。这并不是回避生死问题，而是说不必把一己的生死看作人生的头等大事揪住不放。孔子并不讳言生死，如"朝闻道，夕死可也"，就是在"道"的视域中看待个体的生死。孔子本人也多次面临紧迫的生死关头，如在卫国的时候被误认为阳虎而围于匡，在宋国时被桓魋加害，在陈蔡间的绝粮，等等。但在面临这些危险的生死关头时孔子并未产生对自己生死的焦虑，他所关心的始终是"**斯文**"的天命：**"文王既没，文不在兹乎？天之将丧斯文也，后死者不得与于斯文也，天之未丧斯文也，匡人其如予何！"**（《论语·子罕》）念兹在兹于斯文、斯道，这让孔子超出了对自身个体生死的忧虑——仁者不忧。

孔子所奠定的这种"仁者不忧"的生死态度对后世儒家发生了深远的影响。宋代儒学复兴，将辟佛当作一大要事。理学家们批评佛教以"生死事大"耸动信众。宋儒对待生死问题的典型态度是张载在《西铭》篇中讲的"存，吾顺事；没，吾宁也"，把生死当作一件常事泰然处之。这种态度为宋代理学家所共享。如程子（明道）说："佛学只是以生死恐动人。……圣贤以生死为本分事，无可惧，故不论死生。佛之学为怕死生，故只管说不休。……皆利心也。"[1] 程子将佛教对生死问题的重视看作"**利心**"作怪，认为儒家圣贤以生死为本分事，所以不论死生。

宋代理学家关于生死问题的这些语录，还有孔子对生死的态度，王阳明肯定是早就熟悉的，可是为何他到了龙场之后生死的忧虑仍然不能释怀？要知道，王阳明虽然在早年耽溺过佛老，但是在三十一岁（弘治十五年[1502]）时就已经"渐悟仙、释二氏之非"而归向儒学，三十四岁时更与湛甘泉定交"共以倡明圣学为事"。[2] **早已矢志倡明儒家圣学的王阳明为何到了龙场却仍然没能化去"生死一念"**？对这个问题，有研究者从明代儒者政治生态相对宋代的恶化这一角度加以解释，认为"相比于宋代士大夫受到皇权优待的情况，明代士大夫所面临的生存环境要恶劣得多。……坚持儒家道义却屡屡不能得到公正的对待，更可能随时面临刑戮的命运，这让士人处于普遍的生存焦虑之中。在这样的背景下，儒学究竟是否可能发展出适应时代需求的生死学说，在患难之中安顿个体生命，成为明代儒者重要的思想关怀"[3]。这是一个有启发的思考角度。对于传统的儒家士大夫而言，立德、立功、立言的三不朽是安顿生命的基本方向。在专制强化、帝王滥用淫威的政治环境下，明代的士大夫很多都采取了退出仕途归隐山林的人生路向，如王阳明之前的吴与弼、

---

[1]《河南程氏遗书》卷一，见《二程集》，第3页。
[2]《年谱》"弘治十八年"，《王阳明全集》卷三十三，第1352页。
[3] 刘琳娜，《王阳明与宋明理学生死观之转向》，《孔子研究》2016年第4期。

陈白沙两位大儒就都过着终身不仕的隐居讲学生活。甚至王阳明本人，也曾多次动过遗世入山之想。对归隐不仕的儒者而言，至少立功这一实现不朽的途径中断了，而立德由于缺乏行动的实现空间也变得渺茫，儒者的生命安顿很大程度上落入了茫然失所之境，剩下的主要生命实现方式是**立言**，即**讲学**。讲学立言是儒者将自己的个体生命安顿于斯文的文化大生命之中的基本方式，对道统意识极度强化以后的理学士大夫而言，尤其如此。可以说，**讲学和家族的绵延**是理学士大夫在变幻、险恶的政治生态中安顿个体生命的"本分事"、"常事"。因此我们发现在吴与弼、陈白沙这些布衣儒者那里讲学都成为安顿生命最重要的方式之一，也许另一个最重要的方式就是家族的绵延。对赴谪龙场之前的王阳明而言，情况大体也差不多。实际上，王阳明在与湛甘泉定交的弘治十八年（1505）就已经开始授徒讲学，以"为往圣继绝学"为己任。

正德元年（1506），王阳明三十五岁，抗疏救言官戴铣等而得罪当权太监刘瑾及初登位的明武宗，被廷杖四十并下狱，后贬谪贵州龙场。这一事件不仅猝然打击了王阳明为国效忠经世致用的立德立功之志，而且中断了他刚刚起步的讲学立言事业。在狱中，王阳明深切地感到了生命的孤独和岁月无常，并且透露出了他的身世宗族之忧——不仅自己婚娶多年没有子嗣，而且他的几个兄弟也都子嗣不旺[1]。在《屋罅月》这首狱中诗里面，他写到了自己的家室之念——"宁知幽室妇，中夜独愁叹！良人事游侠，经岁去不返。来

---

[1] 黄绾的《阳明先生行状》说阳明元配夫人诸氏不育，后抚养族子正宪。(《王阳明全集》卷三十八，第 1580 页。) 可见正宪并非其亲兄弟的儿子过继来的。关于阳明子嗣的情况，可参考钱明著《王阳明及其学派论考》（北京：人民出版社，2009 年）第六、七章。

归在何时？年华忽将晚。萧条念宗祀，泪下长如霰"[1]。想起膝下无子、宗室的萧条令狱中的王阳明泪下如雨，我们可以想见**王阳明的岁月无常之感、生死之念与他的这种家室状况不无关系**。但在狱中和赴谪途中还不是王阳明最孤独的时候，在狱中他还可以和狱友一起读《易》论学，"累累囹圄间，讲诵未能辍"（《别友狱中》），在赴谪路上他一路凭吊古迹、与沿途的朋友和门生唱酬不断，最深沉的孤独还没有到来。

正德三年（1508）春，王阳明历经长途跋涉抵达龙场，初到龙场，与当地土著言语不通，龙场驿仅存其名，即便最简陋的"办公室"和"宿舍"也没有，只能自己结草庵暂居，偶然得一稍宽阔洞穴，奉为福地。此时的王阳明可以说是遭遇到了有生以来最大的孤独、困苦，家人和道友都在万里之外，暂时也还没有门生来听他讲学。这种极度孤独的"无家可归"境况是一般的儒家士大夫罕有遭遇的，包括宋儒和孔孟，都未遭遇过这种**被剥夺了各种通向"不朽"的生命关联**——功名、家人、朋友、学生等等——的个别化境况。孔子在陈蔡之间绝粮仍弦歌不辍，身边环绕着自己最忠诚的几个弟子。朱子隐居武夷山著述讲学，有儿孙绕膝的家庭温暖，还不间断地有学生来问学、记笔记（"语录"）。然而初到龙场的王阳明这些都没有。正是在这样一个地位、荣誉、亲朋都被剥离的极度孤苦中，王阳明只还剩下处在疾病、迫害危险中的生命可以抓住。这个境况颇近似于海德格尔《存在与时间》中讲的**丧失了与世界意蕴关联**的达在（Dasein）无家可归的境况，一种无所依傍的情境，极度**个别化**

---

[1] 《王阳明全集》卷十九，第748页。

（孤独）的畏（Angst）之情境。[1] 所谓"生死一念尚觉未化"，说的无非就是"向死存在"之"畏"[2]。

但是，王阳明并没有逃避这个"向死存在"的"畏"，没有刻意让自己不去想生死问题，而是在龙场这一孤独困苦之地勇敢地正视自己的生死忧虑——自为石椁端居其中，向死而生，修炼心灵的"静一"，通过"端居澄默"的心灵修炼达到了"**胸中洒洒**"的达观无碍境地。我们可以从两个层次理解这一"胸中洒洒"的境地：其一，**原本既已看淡的得失荣辱此时更被看破，毫不挂碍于心**。实际上，阳明来到龙场所"担任"的龙场驿不只是一般的低级官职，更可以说是一个无官之官——没有衙门，没有下属，甚至也没有事务[3]。就世俗地位和荣誉而言，阳明已没有什么可以失去的了，也不再挂怀，甚至以道统自任的"虚荣"也因为暂时失去了讲学的对象而不得不放下[4]。其二，原本难以释怀的生死之念也得以化解，这才是真正的"胸中洒洒"，不只是海德格尔所讲的"**向死的自由**"[5]，更是超越了"向死"而达到的"**忘死**"的自由。这一自由是王阳明在龙场被剥去了世间的各种依傍之后，凭借自己"端居澄默"的心灵修炼而达到的，是他龙场之悟的重要一步。

通过"端居澄默"的静一工夫达到"胸中洒洒"的无挂碍境地，

---

[1] 《存在与时间》，第218页。

[2] 《存在与时间》，第305页。海德格尔讲，"向死存在本质上就是畏"。

[3] 观《龙场生问答》一文，可知阳明的龙场驿丞是一个无事可做的闲职（《王阳明全集》卷二十四，第1004页）。阳明龙场诗云"投荒万里入炎州，却喜官卑得自由"（《龙岗漫兴之一》），也道出了龙场驿丞这一职务的闲散。

[4] 因此，从情理上看，绝地重生的"龙场悟道"当发生于阳明来龙场后不久，不应该是来龙场较长时间交游渐多、诸生鳌集之后。

[5] 《存在与时间》，第306页。

是王阳明通向最终的龙场之悟的重要一环，但**不能就将这一"胸中洒洒"境地当作龙场悟道的终极状态**。董平教授指出，王阳明"'日夜端居澄默，以求静一'，是他达成'大悟'境界的必要条件"，这是对的。他接着又说王阳明在"胸中洒洒"的无限虚明之中，终于真实地体悟到了"圣人之道，吾性自足"。[1] 这个讲法忽略了王阳明的龙场悟道兼有"无"与"有"的两重工夫，"胸中洒洒"只是"无"的工夫，是龙场悟道的一个准备阶段。张新民教授同样忽略了这两个层次的差别，他认为王阳明的龙场悟道"将私欲障碍层层剥落殆尽，即使生死一念也消归于无形，最后则豁然顿悟心性本体"，"人心"彻底转化为"道心"。[2] 这一分析将"生死一念"看作"人心"，即有待剥落殆尽的"私欲障碍"，颇有启发性。但是将"生死一念消归于无形"的境地看作"豁然顿悟心性本体"，这却未得究竟。

**东方哲人所讲的"悟"、"开悟"乃是生命的自我觉醒、自我认识，随着生命的成长可以有不同层次**。从阳明一生追求圣人之道的历程看，他生命中实际上有不只一次"开悟"。对心学之"悟"，王阳明的高徒王畿所作《悟说》有一个分疏，王畿将本体之悟分为四个阶次——从言而入的**解悟**、从静坐而入的**证悟**、从人情事变练习而入的**彻悟**以及圣人的**忘悟**。[3] 在《自讼问答》与《滁阳会语》中王畿就阳明心学的发展历程印证解说了悟的四个阶段：

---

1 董平，《王阳明的生活世界》，北京：商务印书馆，2018年，第51页。
2 张新民，《儒家生死智慧的超越性证取与突破——王阳明龙场悟道新论》，《贵州师范大学学报》2015年第1期。
3 《王畿集》，第494页。

先师之学，幼年亦从言入，继从静中得悟，其后居夷三载，从万死一生中练习过来，始证彻悟，生平经纶事业皆其余事。[1]

从王畿的分疏来看，"胸中洒洒"还只是从静坐而入的"证悟"阶段，这其实是王阳明此前"默坐澄心"工夫的深化。据束景南教授的考证，王阳明在其走向心学之路的过程中还有一次先于龙场之悟的"**乙丑之悟**"（弘治十八年 [1505]，阳明在京师），这一年阳明从朋友那里得到《白沙先生全集》并做了精心研读，将白沙心学的宗旨"默坐澄心，体认天理"书写为自己的座右铭。[2]"端居澄默，以求静一"实际上还是白沙"默坐澄心"之法，由此达到的"胸中洒洒"还没有完全达到王畿所讲的"彻悟"阶段。

从现象学的角度看，王阳明通过端居澄默以求静一的工夫相当于现象学中所讲的**悬搁**，通过静一工夫达到的"胸中洒洒"境地则相当于现象学悬搁所达到的"纯粹意识"。只不过王阳明那里的"纯粹意识"不是认知的意识，而是"成圣"之志。王阳明龙场悟道的悬搁既有被动的因素，也有主动的因素。贬谪到蛮荒之地，被剥夺与官场以及亲人、朋友的各种世间关联，是被动的悬搁，在端居澄默的静坐修炼中化去得失荣辱以及生死念头，是主动的悬搁。在彻底的悬搁中王阳明放下了对外部世界的各种倚靠，甚至连生死也置之度外了。这种"悬搁"为他最终的内在觉悟做了准备。

---

[1]《王畿集》，第 740 页。
[2]《阳明大传》，第 261 页以下。

## 二、向"意之本体"的还原

我们如果揆情度理,遵循情理现象的严格性,而不只是实证细节方面的严格性[1],就会发现钱德洪所编的年谱[2]对龙场悟道事件的记载非常耐人寻味。按照钱德洪所编年谱的记载,王阳明通过静坐化解生死之念达到**"胸中洒洒"**后还没有马上顿悟**"格物致知之旨"**。接着还有一段话:

> 而从者皆病,自析薪取水作糜饲之;又恐其怀抑郁,则与歌诗;又不悦,复调越曲,杂以诙笑,始能忘其为疾病夷狄患难也。

此处的从者应该是王阳明故乡越地陪同他一道来龙场的仆从。仆从们都病了,这个时候,王阳明从被服侍者换位成了服侍者,像在陈绝粮为病弱的"从者"鼓琴的孔子,也有点像受难前为门徒洗脚的耶稣。实际上阳明的"服侍"比孔子更全面,既要照顾病人的身体,做米粥喂病人,又要安慰随从的情绪,为之歌诗,歌诗不行,还要唱越曲,编笑话,让仆从忘却疾病夷狄患难。我们可以看到,

---

1 例如,王阳明也许只是把龙场的一处洞穴当作了石椁,而不是为自己造了一个石墩(石棺),因此钱德洪年谱记载的"为石墩"可能有误导性。但这只是实证细节的问题,造一个石棺与把一处洞穴当作石棺在"向死而生"的生存现象上差别不大。束景南教授在这一细节上严厉抨击钱德洪的年谱记录(参束景南著《王阳明年谱长编》,上海:上海古籍出版社,2017 年,第 482 页),窃以为不够公允。
2 陈立胜教授指出,《王阳明全集》中收录的《年谱》是钱德洪为首的众多阳明高足共同编撰、反复修订而成,"可谓阳明门人集体智慧之结晶",认为《年谱》固然于史实方面偶有失察处,然作为圣贤传记则无疑是经典之作"。参《入圣之机》,第 75 页。

阳明前面"胸中洒洒"的静坐工夫起了准备作用，很难设想，如果阳明自己本人也满腹忧愁抑郁，他怎么能又是歌诗，又是编笑话安慰仆从。他很可能自己也一起病倒了，甚至可能落到他在《瘗旅文》中所写到的那个可怜的吏目的境地，"瘴疠侵其外，忧郁攻其中，其能以无死乎？"阳明知道自己能健康地活下来——而且还要照顾安慰病倒的仆从，是因为"**未尝一日之戚戚也**"[1]。这就是"胸中洒洒"的功效。

但"洒洒"说的其实还只是心灵"**消极的自由**"——无挂碍。王阳明通过端居澄默的静坐工夫达到了心灵无挂碍的境地。据年谱记载，王阳明在石椁中静坐时对自己"自誓"的是——"**吾惟俟命而已**"[2]。从"俟命"如何能通达"胸中洒洒"？胸中洒洒意味着心无挂碍，**没有执念**，包括生死之念。用现象学的语言说，就是从固执、胶着于某一意向结点的意识模式中解放出来，敞开一种非对象性的心灵境地。"俟命"正是这样一种超越意向结点的非对象性心灵态势。"命"在此并非"俟"的对象，而是"莫之致而至者"（《孟子·万章上》），是一种人力不能左右的"被抛境况"（海德格尔语）。俟命意味着将人力不能左右的不确定状况委之于天，这同时也意味着承担起自己当下能够承担的义务，尽心尽力地做好当下之事。因此"俟命"并非全然安于宿命的消极等待，与消极的等死不一样。钱德洪编撰的《年谱》改黄绾《阳明先生行状》中的"俟死"为"俟命"，深有所见。俟死是以"死"为意向对象，"俟命"则包含了将"生死"委之于命的达观，包含了不再将生死当作意识焦点的超

---

[1] 《瘗旅文》，《王阳明全集》卷二十五，第 1049 页。
[2] 黄绾《阳明先生行状》里的表述是"吾今惟俟死而已"（《王阳明全集》，第 1577 页）。

脱。用宋儒的话来说，**生死之念也是"利心"[1]的表现，由"俟命"而达到的"胸中洒洒"意味着对这种"利心"的超越**。

"俟命"之说出自《中庸》，并见于《孟子》。子思言："君子居易以俟命，小人行险以徼幸。""居易以俟命"就是"素其位而行，不愿乎其外"，"素富贵，行乎富贵；素贫贱，行乎贫贱；素夷狄，行乎夷狄；素患难，行乎患难"。坦然接受"莫之致而至"的被抛境况——不管是富贵还是贫贱，是处夷狄还是处患难——并**在被抛境况中开展当下的可能性、履行当下的义务**，就是"居易以俟命"。因此"俟命"并非消极宿命论，而恰恰需要以尽心尽力顺应当下当为之事为前提。所以孟子说"君子行法，以俟命而已矣"（《孟子·尽心下》），行法以俟命就是"居易以俟命"。这里可以看到孟子对《中庸》思想的继承。朱子在注中引程子语"行法以俟命者，'朝闻道夕死可矣'之意也"（《孟子章句集注·尽心下》），道出了"俟命"对生死之念的超越。这个解释合乎孟子本人对"俟命"的理解，孟子讲"夭寿不贰，修身以俟之，所以立命也"（《孟子·尽心上》），正有"**朝闻道夕死可也**"的意思。"**修身以俟之**"，也道出了君子的俟命并非无所作为的宿命论，而是"尽性至命"，是积极中的通达。在阳明端居俟命于石椁的心灵修炼中，我们也看到了通达洒落的尽心担当。王阳明身处夷狄患难而无微不至地照顾安慰病倒的仆从，就是"行法以俟命"的仁义担当。

这一担当在王阳明身上不是到了龙场之后才有的，而是在此之前已经有相当深厚的积累涵养。王阳明被贬谪到龙场，就是因其仗

---

[1] 宋儒所讲的"利心"，用现代语言说就是"个体意识"，生死之念其实是从伦理关系中疏离出来的个体意识的"觉醒"。

义上疏救言官戴铣等得罪了刘瑾和明武宗,是"行法"的结果。不过,王阳明的仗义上疏多少还带有一点**侠义**的因素,并不是那么坚定不移。在遭到廷杖、贬谪的打击后,王阳明对朝政与世道极度失望,一度产生了抗命远遁的想法,只是因为担心连累到父亲才作罢。[1]张祥龙先生指出,在王阳明的悟道和立教过程中孝悌亲情是非常关键的基本经验。[2] 王阳明之所以遵从朝廷之令赴谪龙场,是因为担心抗命远遁会连累到亲人。更早些时候,他从仙、释二氏之溺中振拔出来归心儒学,也是出于对祖母和父亲的挂念,并且觉悟到这一**爱亲之念**"生于孩提",是不可断灭的"**种性**"的发露。[3] 觉悟到这一**不可悬搁(断灭)的爱亲之念**,是王阳明从仙、释二氏转向儒学的关键,我们可以称为王阳明的"壬戌之悟",其中已包含其后来良知学的萌芽。这一不可悬搁的爱亲之念,就是儒家"伦理学还原"的先天本原——"孝弟也者,其为仁之本与?"(《论语·学而》)

对儒家"仁"德体悟的深化是王阳明突破朱子学的藩篱另辟儒家成圣之道的根本动力。**赴谪龙场是王阳明的仁者本心得以考验和扩充的重要契机**。在经受赴谪龙场的磨难中,王阳明更多地接触到了民间疾苦,扩充了他的恻隐之心,例如,他在赴谪途中所作的《去妇叹五首》,就深切地表达了对一位独居山间的弃妇的同情。这类的诗在王阳明遭贬谪流放之前的早期诗作中基本见不到。其次,王阳明在赴谪途中一路寻访凭吊先贤古迹,对景生情,更真切地激发了与先贤心心相印的感知。这从王阳明赴谪途中的诗文可以获知

---

1 《年谱》"正德二年",《王阳明全集》卷三十三,第 1353 页。
2 张祥龙,《良知与孝悌——王阳明悟道中的亲情经验》,《广西大学学报》2015 年第 2 期。
3 《年谱》"弘治十五年",《王阳明全集》卷三十三,第 1351 页。

一二，如经过江西萍乡途中的《萍乡道中谒濂溪祠》，过长沙登岳麓山仰怀朱熹、张栻二贤，过沅、湘之际的《吊屈平赋》等等。与这些先贤的神交坚定了王阳明笃行儒家圣人之道的信念[1]，也强化了他战胜困境的勇气。第三，到达龙场后王阳明与当地土著的交往开阔了王阳明的心胸，让他能超越文化的差别体察人性最朴素的共通之处。如他的诗《初至龙场无所止结草庵居之》中写道："……群獠环聚讯，语庞意颇质。鹿豕且同游，兹类犹人属。"这里虽然还习惯性地将当地少数民族蔑称为"群獠"，但另一方面又称赞他们"语庞意颇质"，赞赏他们的质朴，引之为同类。我们可以猜度，阳明心学的黜文返质倾向和他在龙场与质朴的"夷人"打交道的正面经验不无关系。

王阳明通过端居俟命达到胸中洒洒是从"损"的一面来应对处夷狄患难的困境，放下身段仁至义尽地照顾生病的仆从、破除文化隔阂与土著居民友好地交往、不卑不亢地与贵州当地各级官员打交道等等，是从"益"的一面来积极地应对困境。如此损益并行，从各个方面尽力做好自己当做、能做的事，对一切人力莫可奈何的外在境况则安之若命，这正是孔子的"与命与仁"（《论语·子罕》）之道。基于这种"行法以俟命"的修炼，王阳明才能问心无愧地自语"圣人处此，更有何道"。

因此，王阳明在龙场的处困之道有**素位俟命**和**体仁集义**两个方面，后一个方面往往被以往的研究者所忽视了。我们从阳明后学的

---

[1] 王阳明赴谪贵州龙场主要经过江西、湖南，即广义的湖湘地区，有意味的是途中王阳明寻访的主要是儒家圣贤的遗迹，而不是仙、佛名胜，例如，他特意取道长沙缅怀朱、张二贤，而没有去佛教道场衡山。

发展中也可以看到，阳明心学最紧要的工夫不只是"**制欲**"，更在"**体仁**"[1]和"**集义**"。体仁集义不只是默坐澄心的工夫，更需要在行动中、在应事中实现出来。王阳明在龙场大悟后所立的知行合一之教，即来自践行仁义的经验。

王阳明在龙场居夷处困的经历中真切地体会到了素位而行、与命与仁的圣人之道。这个体会主要不是通过读书穷理得来的，而是通过存心和躬行达到的。[2] 正是在存心躬行的真切经验中，王阳明达到了对"格物致知"这一长期困扰他的问题新的理解。在这一背景下我们才能恰当地领会《年谱》中下面的话：

> 忽中夜大悟格物致知之旨，寤寐中若有人语之者，不觉呼跃，从者皆惊。始知圣人之道，吾性自足，向之求理于事物者误也。乃以默记《五经》之言证之，莫不吻合，因著《五经臆说》。居久，夷人亦日来亲狎。……

这段话从以下几个方面提示我们去寻绎王阳明的龙场大悟：其一，大悟所悟的**内容**为"格物致知之旨"，对"**格物致知**"的领悟何以会被称为"**大悟**"？是因为从朱子立《大学》为《四书》之首以来，格物致知的意旨就成为儒家圣人之道的根本。因此龙场大悟乃是圣人之道的**根本之悟**。其二，阳明将这一根本之悟表述为"始知

---

1 泰州学派颜山农治罗近溪"心火"的著名范例鲜明地显示了这一点。参吴震著《泰州学派研究》，北京：中国人民大学出版社，2009 年，第 281 页。
2 王阳明在到达龙场之前的赴谪途中就已经有了"存心"的觉悟，如《平溪馆次王文济韵》里面有一句"穷途还赖此心存"。只不过，彼时"心"的觉悟还没有导向对"格物致知"的新觉悟。

圣人之道，吾性自足，向之求理于事物者误也"，**圣人之道的根本被体认为"吾性自足"，"始知"**表明这是王阳明**本己的**圣人之道的**起始**，同时也是对向来之迷误的幡然**悔悟**，伴随着对向来所信奉的朱子学的告别与批评。其三，这一大悟伴随着一些引人注目的现象，如"**中夜**"这个时间点，"**寤寐中若有人语之者**"的神奇，悟者在大悟中"**不觉呼跃，从者皆惊**"的兴奋势态。其四，王阳明在大悟后**著《五经臆说》**来印证自己的所悟。我们以下从这四个方面来探析这一"大悟"的现象构造。

王阳明龙场的格物致知之悟为何会被称为"大悟"？这要从王阳明青少年时代的圣贤之志以及对朱子学的信奉说起。王阳明少年时代很早就受到圣贤之道的召唤，十一岁在京师的时候就曾向塾师问过"何为第一等事"[1]，并质疑塾师给出的"读书登第"这一世俗回答，认为第一等事应该是"读书学圣贤"。不过，我们还不能把王阳明十一岁的这个"第一等问"就看作他的"志于圣学"，才华横溢的王阳明后来还有任侠、辞章、仙释等诸多兴趣爱好在等着他去发展。《年谱》记载，王阳明真正的志于圣学是在十八岁始谒娄谅之后，娄谅作为明初大儒吴与弼的高足信奉朱子学，给王阳明讲授**宋儒格物之学**，谓"圣人必可学而至"，王阳明遂"深契之"。[2] 从此王阳明走向了曲折的成圣之途。

以格物为成圣之途的起点，这在朱子的《大学章句集注》中得到系统化的阐述。朱子以"大学"为"大人之学"，也就是圣人之

---

1 这一问题或许并非完全是天才少年王阳明的凌空之问，而是有深厚的政治-哲学时代背景，即宋代以来理学家以道统与皇权分庭抗礼的圣学自觉。
2 《年谱》"弘治二年"，《王阳明全集》第 1348 页。

学。大人之学的起点是格物致知,格物致知的始基性意义在《大学》文本中是非常清楚的。朱子对《大学》中未加解释的格物致知做了一个"补传":

> ……《大学》始教,必使学者即凡天下之物,莫不因其已知之理而益穷之,以求至乎其极。至于用力之久,而一旦豁然贯通焉,则众物之表里精粗无不到,而吾心之全体大用无不明矣。此谓物格,此谓知之至也。

朱子通过这个补传为"大人之学"定下了一个广大的规模——即凡天下之物,莫不因其已知之理而益穷之。朱子的补传合乎郑玄古注中对《大学》一篇宗旨的解释,也与圣人孔子博学的形象相符。王阳明在十八岁见娄谅时"深契之"的应该就是朱子的这一格物之学,所以有后来格竹子的举动。结局我们知道,王阳明格竹失败,学为圣贤的志向受到打击。这个失败我们不能简单地以为是王阳明方法不当,不懂现代科学,因此没有格出竹子的理。因为朱子的格物之学根本不同于现代科学研究,并非以一事一物的规律为目标,而是要穷至天下之理,成为能够修齐治平的圣贤。王阳明格竹的失败,很可能是没能从竹子一物之理进而豁然贯通天下之理,因此是由格物而学为圣贤的努力的失败。当他发现自己格竹的问题,进而按照朱子上宋光宗疏中所提到的循序致精的读书法去格物,开始有条理贯通的眉目,但"物理吾心终若判而为二"[1]。《年谱》中没有讲

---

[1] 《年谱》"弘治十一年",《王阳明全集》第1350页。

到这个"判而为二"在王阳明那里具体是什么情况。从他当时所信奉的朱子学来看,这个"二"可以有两种可能:其一,理外在于心,虽然知道事物的道理,但并不契于心;其二,不能穷尽、贯通天下事物之理,即便明了这一物那一物的道理,那个贯通性的天下之理总还在心之外,因此也就做不到与圣贤相似的地步,简言之,就是做不到"豁然贯通"。这里面的第二种情况尤其增加了通过格物穷理成为圣人的难度。这应该是王阳明圣贤之志中的一块心病,一直到初到龙场时仍没有解开。

王阳明的被谪龙场改变了"圣人之道"的指引方式。处在疾病、夷狄、患难中的王阳明面临的已经主要不是如何格尽天下之物的道理,**而是如何应对当下的处境**,不是求知的问题,而是**当下的生活与行动问题**。"圣人之道"的意蕴变得真实而迫切。因此,当王阳明通过端居澄默实现心灵宁静,通过仁至义尽地对待仆从和当地土著而达到问心无愧,他自信地问出——"圣人处此,更有何道"。王阳明发现,他的**契于圣人之道**并非来自朱子学路向的格尽天下事物的理,而是得之于心灵的修炼,即**应对本分事务、安稳自家身心的德性与智慧**。这就是阳明自道的"**圣人之道,吾性自足**"。王阳明不仅以圣人之道应对了**当下处境**,而且觉悟到了应对各种处境的**内在根据**。这个内在根据就是自足的"**吾性**"。这个时候王阳明还没有明确地提出"良知"说,因此我们还不能说龙场大悟是良知之悟。

由于《年谱》中并没有对王阳明此时所悟的"格物致知之旨"做细节的交代,我们只能根据王阳明随后的一些讲述来推测其具体内容。我们可以根据阳明此时的表述推断"致知"之所知就是"**圣人之道**"。单就这个所知的内容来说阳明与朱子也没有本质的差别。

更重大的差别在"格物"。朱子的大学之教要格尽天下之物,阳明显然放弃了这一理解。他后来对徐爱讲"格物"的意旨:

> 身之主宰便是心,心之所发便是意,意之本体便是知,意之所在便是物。如意在于事亲,即事亲便是一物;意在于事君,即事君便是一物;意在于仁民爱物,即仁民爱物便是一物;意在于视听言动,即视听言动便是一物。所以某说无心外之理,无心外之物。[1]

这段对话发生在王阳明从龙场回来后不久,应该比较接近于王阳明在龙场所悟的格物致知之旨。从这段话我们可以看到阳明对"物"和"知"都有了与朱子很不同的理解。"意之所在即是物",如事亲、事君、仁民爱物等等,基于这一理解王阳明彻底发挥了《**大学**》"**格物**"**的实践旨趣**,而且这个"意之所在的物"并非一上来就着眼于天下之物,而是着眼于**当下之事**——事亲、事君、仁民爱物、视听言动等等,但是又不离天下之物。格物致知就是在意之所在的当下之事中致当然之知。

"意之本体便是知",这是一个更关键的体认。事亲、事君、仁民爱物之理并不需要向外求,而是内在于"**意之本体**"中,也就是龙场大悟中所悟到的"圣人之道,吾性自足"。在"**意之本体便是知**"的理解中,后来的"良知"之教已经呼之欲出了。"致知"就是致意之本体的知,而不是在一事一物上去增加知识。王阳明所悟到

---

[1] 《传习录》卷上,第6条。

的致知格物乃是去除不正的念头回复到"意之本体"的"现象学还原",这个还原并非离却事物回到孤立的自我,而是在**意所在之事**上实现**"知"的判断与主宰作用**。因此"致知"是还原,也是**奠基**,这个奠基不是在抽象的反思中实现的,而是在格物,在"意"的**构造**中实现的。因此,阳明所理解的格物致知既是向"意之本体",向"吾性"的返回,是**还原**;也是以纯正之意("诚意")投入事物的出发,是**奠基和构造**。[1] 王阳明从朱子学的格物系统中突破出来,为儒家的圣人之道重新找到了本源,也是他告别既往之迷途走向自己的成圣之正道的起始。王阳明为这一返归本源和重新出发的大悟而**"不觉呼跃"**,其狂喜之情已远超出**"胸中洒洒"**的达观和淡定。

通过对王阳明龙场之悟内容的意识构造分析,我们就可以来体察分析这一大悟过程的外部表现。首先是悟道的地点与时间。据《年谱》记载,阳明悟道的时候"为石墩自誓",这个"石墩"应该是龙场的一处石穴[2],而不太可能是阳明为自己做一石棺。偏远龙场的一处石穴,这一悟道的地点包含了双重剥离。首先,**龙场**本身远在贵州西北的万山丛棘中,既远离京城政治中心的名利场,也与省城贵阳相隔有一段距离,地理的间隔起了一个自然的隔绝世缘的作用。其次,**石穴**是人为建造居室前人们的天然栖息地,端居于石穴也意味着放弃人力之巧回到最素朴的上天赐予。王阳明在发现东洞时所

---

[1] 关于胡塞尔现象学中的悬搁、还原、奠基和构造的关系,可以参看倪梁康著《胡塞尔现象学概念通释》"现象学还原"(第 393 页)、"先验还原"(第 398 页)、"奠基"(第 173 页)、"构造"(第 264 页)诸条,北京:生活·读书·新知三联书店,1999 年。

[2] 从文献和现有的遗迹看,阳明悟道的石穴应该是玩易窝,而不是龙场的东洞(阳明自称为"阳明小洞天")。观其"始得东洞遂改为阳明小洞天三首",恬淡中带着欣悦,殊非初到龙场时но心衡虑的境况。

作的诗中就讲到"人力免结构，天巧谢雕凿"、"上古处巢窟，杯饮皆污樽"[1]。因此，王阳明在石穴中的悟道既是回到自己**内心的本源**，也是向远古时代淳朴未雕的**文明本源**的回复。陈立胜指出，王阳明一生深受道教影响，在道教中洞穴一直是修炼的"宝地"，往往与"子宫"、"母体"、"大地母亲"的意象联系在一起而富有"重生"的象征意蕴。[2] 王阳明的龙场之悟对于他的成圣道路而言也确实是一次深沉而重大的"**重生**"历程。

关于悟道的"**中夜**"这个时间点，陈立胜也有比较详细的解释，特别突出了悟道的**梦境**特征，认为《年谱》中记载的"寤寐中若有人语之者"是"梦中与人论道"。[3] 梦寐中的论道说明了阳明的**求道之诚**。俗语说"日有所思，夜有所梦。"《诗》云："窈窕淑女，寤寐求之。求之不得，寤寐思服。悠哉悠哉，辗转反侧。"从青少年时代起，王阳明对圣人之道的追求就有如君子对窈窕淑女一般"**寤寐思服**"，"如好好色"。"寤寐中若有人语之者"正是求道之诚的结果。阳明大悟前念兹在兹的还是"圣人处此，更有何道？"也表明了他对圣人之道的诚挚追求。这一念犹如攀越重重关山登堂入室前的最后一道虔诚而轻微的**叩门声**。"寤寐中若有人语之者"就是不期然而然的一声**开门应答**。这声"开门应答"为何发生在"中夜"这一时间点？

中夜，也就是夜半时分。此时不仅人歇了白日的工，各种夜间的娱乐、交游也停息了，万籁俱寂，这是各种喧哗与骚动都平息下

---

1 《王阳明全集》卷十九，第769页。
2 《入圣之机》，第79页。
3 《入圣之机》，第83页。

来的时候，是意向纷扰趋于停止的时候，这种深沉的宁静是留给微细的天籁发声的时间，对"胸中洒洒"的修道者而言更是如此。这是留给清梦的时间，而进入清明静一之境的修道者，其梦境也必定不同于凡尘之中的世俗之人。与推崇无梦的印度思想及庄子笔下的真人不同，儒家圣贤有梦，其中最著的莫过于孔子的"梦周公"了。对志于道的儒士而言，梦是念念不忘的求道之心的示现，是不可磨灭的志士仁人之心。王阳明的悟道梦境出现在中夜时分，从《周易》的消息卦来看，当于**"剥""复"之际**，子夜正是昼夜轮换之际，是**一阳来复**的时机，相当于一年中的冬至。一阳来复的中夜时分，这是天道运行的"悬搁"与"还原"。由此可见，阳明龙场悟道的"石墩"和"中夜"时分都带有现象学悬搁与还原的特征，只不过这种"悬搁"与"还原"并非完全是意识行为，而是**与天道冥契的生命行止**，伴随心灵的静息，也带着生命的震动。

根据《年谱》的记载，这一震动的表现是王阳明在寤寐中"不觉呼跃，从者皆惊"。黄绾《阳明先生行状》中的记载是"一夕，忽大悟，踊跃若狂者"[1]。明朝另一些传记性文字中则说阳明悟道当晚通宵不寐，"踊跃若狂者两日夜"[2]。"踊跃若狂"明显比"呼跃"更强烈，"狂"是对突破日常尺度的状态的形容，可能是出于"从者"角度做出的描述。但"呼跃"本身确实有向身边从者发出的指向，而且要溢出身边的从者唤起更广大的鼓舞踊跃，这从阳明心学后来的效应可以看到。这一跃是**王阳明从困惑他已久的朱子格物之学中的跃出**，是身心的大解放；同时，这一跃也是**坚定明了地跃向他钻仰已久的**

---

1 《王阳明全集》卷三十八，第 1557 页。
2 雷礼，《国朝列卿记》卷五十。参《入圣之机》，第 92 页。

**圣人之道**，是弘毅担当。"呼跃"的现象表明王阳明的龙场大悟作为本源之悟，具有孟子所讲的"若火之始燃，泉之始达"的兴起势态。

当然，火与泉都只是比方，表现为"呼跃"的大悟比火的自燃、泉的自涌意蕴更丰富。按照《年谱》记载，这一跃来自中夜大悟格物致知之旨的"悟"，同时这一悟又不像只是来自冥思苦想的自悟，而是"寤寐中若有人语之者"，不是破门而入，而是有人开门。何方神明在王阳明的梦寐中为他开门？王阳明没有明确地说"语之者"是谁，实际上可能确实也没有一个特定的谁在给他传授秘诀，这个"语之者"不是哪个王阳明所认同的先圣先贤，如陆九渊、程明道或孟子、孔子。这些圣贤的思想王阳明是熟悉的，但王阳明并不是通过阅读他们的著作而悟道，龙场之悟不是王畿所说的"解悟"，而是从人情事变的磨砺中达到的"彻悟"。龙场大悟并不是王阳明在陆九渊和朱熹之间选择了陆，在二程之间选择了大程子。这些更多可能是悟道后的结果。那么这个"语之者"是谁呢？此处我们或许可以借鉴一下海德格尔对"良知"（Gewissen）现象的生存论分析来理解"语之者"是谁[1]。

海德格尔在《存在与时间》中把"良知"作为达在（Dasein）能本真生存的见证来加以阐释。他从"良知的声音"这种日常的解释出发，揭示出"良知"是一种具有"呼唤"形态的特出话语样式。这一点与王阳明龙场大悟中"若有人语之者"的现象相契合。海德格尔根据话语样式的构造分析良知呼声的现象，从召唤之所及、召唤之所向以及召唤者为谁三个方面分析良知的呼唤。他从形式上指

---

[1] 参本著第三章第四部分。

出，在良知的呼声中，呼唤者是达在，是在被抛境况中为其能在而畏的达在。被召唤者是同一个达在，是向其最本己的能在被唤起的达在。而由于从沉沦于常人的状态被召唤出来，达在被唤起了。[1] 对照这一现象构造，我们可以认为**在王阳明的龙场之悟中，被唤向的"最本己能在"即成为圣人的可能性**，但召唤所及的却并非具有沉沦性质的"常人"自身，因为王阳明到龙场时早已超脱了得失荣辱这类常人的操心，甚至在更早的时候，王阳明就已经有超出常人的荣辱观，自道"世以不得第为耻，吾以不得第动心为耻"(《年谱》"弘治五年")。**在龙场之悟的"良知"召唤中，召唤所及的王阳明向来之我并非随世态沉浮的常人自我，而是将朱子格物之学当作入圣之方的正统理学士大夫之我**。因此，王阳明的龙场之悟是一场突破正统朱子学的**历史性对话**。那么，是谁将阳明从正统朱子学的窠臼中召唤出来的？"寤寐中若有人语之者"的"有人"是谁？看来只能是王阳明自己，是问"圣人处此，更有何道"的王阳明，是自信"圣人之道，吾性自足"的王阳明。不过，我们也不能那么确凿地说"有人"就是王阳明自己，否则他为什么要说"若有人语之者"？这应该不是故弄玄虚，因为王阳明明确地表达了"吾性自足"的自信。这里不妨还是参照一下海德格尔的阐释——"呼声不是明确地由我呼出的，倒不如说'有一声呼唤'"[2]。王阳明这里正好也是"若有人语之"。实际上，王阳明虽然有了"圣人之道，吾性自足"的信心，却还不敢径直主张他对格物致知的新理解，而是要**通过默记的五经之言来印证自己的所悟**，于是有《五经臆说》的著述。

---

[1] 《存在与时间》，第318页。

[2] 《存在与时间》，第316页。

## 三、以生命"诚意"述作者之"志"的心体诠释学

著《五经臆说》是王阳明龙场之悟一个不可忽略的重要环节。因为王阳明所悟的圣人之道并非他凭空筹划设计出来的,而是来自《五经》《四书》的传统,并且经过了宋儒——特别是朱子——的重新解释。王阳明的龙场之悟实际上是与传统的一场对话,是王阳明基于自己处夷狄患难的生命经验而产生的**对圣人之道的突破性领悟**。这一悟离不开王阳明自身被贬谪龙场过程中独到的生命经验,是他长期以来对圣人之道上下求索的结果。

阳明高足王龙溪有解悟、证悟、彻悟、忘悟四阶次说,从言语而入为解悟,从静坐而入是证悟,从人情事变练习而入才是彻悟。他说:"先师之学,其始亦从言而入,已而从静中取证,及居夷处困,动忍增益,其悟始彻。一切经纶变化,皆悟后之绪余也。"[1] 王阳明的龙场之悟堪称从人情事变练习而来的**彻悟**,唯其如此,能称为"大悟"。但这个彻悟里面也包含了证悟的成分,由默坐澄心达到的"胸中洒洒"就是证悟。而且,**这一"彻悟"在之前和之后都包含了从言而入的"解悟"因素**。在王阳明龙场处困的人情事变经验中,有圣贤之言的指引,包含**实际生命经验与经典传统之间的"视域融合"**[2],就此而言,"若有人语之者"的"语",既非圣人或神明的神秘启示,亦非王阳明良知的独白,而是**良知呼唤与圣人之言的无声对**

---

[1] 《悟说》,《王畿集》卷十七,第494页。

[2] 伽达默尔指出:"如果没有过去,现在视域就根本不能形成。正如没有一种我们误认为有的历史视域一样,也根本没有一种自为的现在视域。**理解其实总是这样一些被误认为是独自存在的视域的融合过程**。"([德]伽达默尔,《真理与方法》,洪汉鼎译,上海:上海译文出版社,1999年,第393页)

话。作为龙场大悟有机环节的《五经臆说》，也包含了**彻悟与解悟之间的"视域融合"**。注意到龙场之悟的视域融合特征，有助于我们理解阳明心学的**历史文化背景**。良知心性唯有在度越古今的历史性生存中才堪称"万古未尝改"的光明道心，才能以积极的方式彻底"了生死"。正如王阳明在龙场悟道前的一首诗中写道：

> 阳伯即伯阳，伯阳竟安在？大道即人心，万古未尝改。长生在求仁，金丹非外待。谬矣三十年，于今吾始悔。[1]

这首诗根据《全集》中的编排属于王阳明弘治十八年（1505）任兵部主事时作，在贬谪龙场之前。单看诗，我们会有王阳明在那时已经悟透生死的印象——"长生在求仁，金丹非外待"。那么王阳明为何会到龙场后仍然生死一念未化呢？这里我们看到王龙溪对解悟与证悟、彻悟之间的分辨非常有力道。阳明在《赠阳伯》诗中的"长生在求仁，金丹非外待"或许更多还属于解悟阶段，只有经过赴谪龙场的居夷处困，他才真正彻悟"大道即人心，万古未尝改"。龙场所悟的"圣人之道，吾性自足"就是从人情事变的练习之后彻悟到的"万古未尝改"之道心。以此道心与经典中的圣贤之心相印，其《臆说》就不是逞一己之私见，而是"胸中浩浩"的自出胸臆之说，能够赋予经典以鲜活的生面，并且给后来者以启发。

关于《五经臆说》，王阳明在自序中说：

---

[1] 《赠阳伯》,《王阳明全集》，第 745 页。

> 龙场居南夷万山中，书卷不可携，日坐石穴，默记旧所读书而录之。意有所得，辄为之训释。期有七月而五经之旨略遍，名之曰《臆说》。盖不必尽合于先贤，聊写其胸臆之见，而因以娱情养性焉耳。[1]

《臆说》的写作方式与通常的经典注疏大不一样，从注疏对象讲，是**默记**中的五经，而不是逐章逐句的经生注解。默记虽然在细节上可能不全、不准确，但所记住的却是经过自己消化了的经典的精华。而且，阳明的注解并非基于思维知解的注释，不是意在传世的立言，不是"为人之学"，而是"写其胸臆之见"。这种"胸臆之见"看起来很主观，但由于经由生命的体证与磨砺而来，往往可能比追求字面准确的"客观"解释更切合经典的真意，像阳明所主张的那样"得鱼而忘筌，醪尽而糟粕弃之"。这也合乎孟子"以意逆志"（《孟子·万章上》）的解经法。从保存下来的《五经臆说十三条》[2]看，一方面显示出阳明对五经惊人的熟悉与记忆力，另一方面也可以见出阳明以生命诚意体会作者之志的精粹警发。

《五经臆说》的写作照阳明自己说用了一年又七个月，从时间上推算应该是阳明正德三年（1508）春夏之际刚到龙场不久筑玩易窝后开始撰写，到正德四年（1509）十月阳明将离开龙场驿时大致完成序定。[3] 阳明的这一交代给出了一个重要的时间线索，即他的龙场悟道是在到达龙场之后不久。钱德洪与黄绾都说阳明是在悟道后对

---

1 《王阳明全集》卷二十二，第 966 页。
2 《王阳明全集》卷二十六，第 1075 页以下。
3 《阳明大传》，第 430 页。

朱子学产生了怀疑，因此将自己的所悟与记忆中的五经之言相验证，"一一相契"，因而增强了对自己所悟的信心。[1] 这种以心灵体悟来诠解经典大义的解经法在后来阳明对《大学》古本的解读中也有体现，成为阳明独到的以知行合一为品格的心体诠释学。[2]

王阳明的龙场大悟在发端处包含对生死之念的化解，继之以对格物致知的突破性领悟，在获得"圣人之道，吾性自足"的信心之后，王阳明以更加光明、积极的态度应对龙场谪居生活中的各种事务与困难，以他德性与智慧的魅力赢得了当地百姓与官员的尊崇，很快就有远近士子来求学问道。王阳明在他的诗中记载了与门生讲习的乐趣，如"讲习性所乐，记问复怀缅"（《诸生来》）、"讲习有真乐，谈笑无俗流。缅怀风沂兴，千载相为谋"（《诸生夜坐》）。在与诸生讲习吟咏的乐趣中，王阳明想到了孔子"吾与点也"的风流，发出"千载相为谋"的感慨，这也是阳明的性之所好与圣人之道的相印处。在这种相印之乐中，王阳明彻底超越了得失荣辱的世俗计较，也超越了生死忧虑。

---

[1] 参《王阳明全集》卷二十六《五经臆说十三条》钱德洪序，以及卷三十八黄绾作《阳明先生行状》。

[2] 美国夏威夷大学的成中英教授提出"本体诠释学"，以此融汇人文智慧与科技理性、中国哲学与西方哲学，是一个会通中西古今的宏大思路。其"本体诠释学"显然有儒家经学的传统背景，也表现出与心学解经取向的亲缘性（参成中英《马一浮的"六艺心统说"与儒家经学的哲学意涵：从"经典诠释"到"本体诠释"》，《杭州师范大学学报》2009年第2期），但是相比阳明的以心解经而言缺乏工夫论的支撑，更多是一种理论建构。蔡祥元教授指出"它虽然依托诠释展开对本体的思考，但对诠释活动本身并未展开讨论"（《成中英本体诠释学的基本内涵及其困境》，《周易研究》2018年第3期），这一批评是有道理的。拙著探讨阳明心学的"本体"思想及其以心解经的诠释学，有取于成中英教授的"本体诠释学"，但会更具体地从阳明的本体工夫与解经实践中来展示其心性本体与解经见地的循环生成。

在龙场，王阳明悟得了超越生死之念的道，之后他的生平记载中再看不到生死之念构成其胸中障碍，王阳明也很少主动讲论生死问题，他的相关论述都是对学生提问的回答，如以下一段：

> 问"夭寿不贰"。先生曰："学问功夫，于一切声利嗜好俱能脱落殆尽，尚有一种生死念头毫发挂带，便于全体有未融释处。人于生死念头，本从生身命根上带来，故不易去。若于此处见得破，透得过，此心全体方是流行无碍，方是尽性至命之学。"[1]

阳明此处回答显然回响着他龙场大悟的个人经历。王阳明在谪居龙场期间见破了生死，悟得了格物致知的宗旨，开启了别具一格的儒家心学成圣之路。对照上面这段话，王阳明在龙场是如何见破并透过生死念头的？我们看到，是通过"**尽性至命之学**"。尽性至命之学是化解生死念头的指引，王阳明在龙场就是通过端居**俟命**的"静一"工夫达到胸中洒洒的境地，**接受个体生命的无常**，忘怀生死忧虑；通过人情事变的练习彻悟到"圣人之道，**吾性**自足"，领悟到内在于心性而贯通古今的道，**超越个体生命的无常**，达到夭寿不贰流行无碍的境地。化解生死念头也是抵达尽性至命之学的一大动力。化解生死念头，意味着此心破除了对自我个体生命的执着，领悟到**生生不息古今一贯**的道理，抵达生命的极限。

通过与胡塞尔、海德格尔现象学的对照，我们看到王阳明在龙场悟到的"尽性至命之学"与现象学具有高度的契合性。王阳明端

---

[1]《传习录》卷下，第278条。

居俟命以求化解生死一念的"静一"工夫具有**现象学悬搁**的性质，"胸中洒洒"就是悬搁之后所达到的纯粹意识状态。通过素位夷狄患难、行乎夷狄患难的实践修炼，他在中夜大悟"圣人之道，吾性自足"，这是圣人之道在性命之学中的**还原与重新扎根**，这一扎根（奠基）具有生命经验与圣人之言交融的**心体诠释学**特征，表明王阳明的心学实具有儒者历史性生存取向普遍的性质，并非空穴来风的"生而知之"。通过探析王阳明年谱中记载的龙场大悟，我们也发现钱德洪等人所编的这一年谱具有高度的"现象"精准性，作为体会王阳明思想的重要文献值得仔细寻味。

## 小结

王阳明的龙场悟道对于他个人求道的生命历程以及整个宋明理学而言都是一次立定根基的重新出发，具有革命性意义。龙场悟道的过程以王阳明化解生死之念的石穴静坐工夫为起点，最终达到对"格物致知之旨"的顿悟，并通过著《五经臆说》实现对这一顿悟的学脉印证。这个过程可分为三个环节：一、默坐澄心，化解生死之念；二、通过处夷狄患难的素位而行悟得"圣人之道，吾性自足"；三、著《五经臆说》印证所悟。由第一个环节的"默坐澄心"到第二个环节的"大悟格物致知之旨"之间的递进关系往往被忽略，第三个环节作为龙场悟道的内在一环也未得到应有重视。通过与胡塞尔、海德格尔现象学的对照，可以发现这三个环节分别具有现象学悬搁、还原与视域融合的性质。当然，在王阳明这里，这是以圣人之道为指向的具有诠释学背景的"心性现象学"。

# 第六章 心之德的成长

王阳明的一生充满传奇色彩，从其入圣之路来看，早年他在京师的时候一位相士就预言了他圣贤之路的几个阶段："吾为尔相，后须忆吾言：须拂领，其时入圣境；须至上丹台，其时结圣胎；须至下丹田，其时圣果圆。"（《年谱》"成化十八年"，阳明时年十一岁）这次相士的命运预言对王阳明或许产生了很大的暗示作用，他的"第一等事"之问就发生在这次相面之后。我们不必将相士的这种"神秘"预言一一坐实对应于王阳明生命某一阶段的事件。但他入圣之路的心灵境界成长过程是很明显的。

关于阳明一生思想历程的发展，有为学三变与为教三变之说，为学三变为阳明成学之前的探索和迷失，为教三变为阳明立教之后思想的发展。关于为教三变有两种说法，一为其高徒钱德洪所定，分别是：（一）龙场悟道之后的"知行合一"说；（二）居滁阳时多教人静坐；（三）江右以来提出"致良知"，直指本体，令学者言下有悟。[1] 为教三变说的另一个版本是黄宗羲提炼的，与钱德洪不同的地方是他把龙场悟道时期与居滁阳时期合为一个阶段，都是以"默坐澄心"为学的；江右以后提"致良知"是一个时期，此时由于悟

---

1 《刻文录叙说》，《王阳明全集》卷四十一，第1746页。

得良知本体,"默不假坐,心不待澄,不习不虑,出之自有天则";在此之外黄宗羲把"居越以后"划分为一个单独的时期,此时的阳明"所操益熟,所得益化,时时知是知非,时时无是无非"。[1] 黄宗羲把居越时期划分为一个不同于江右时期的独立阶段,体现了在对阳明晚年思想理解方面与钱德洪的不同。两种"为教三变"说从不同角度勾画了阳明学说的发展历程,但并未揭示其中德行进阶的意蕴。阳明良知学是以"尊德性"为突出特点的儒学路向,我们有必要在先秦儒家"德性伦理"的视野中探究其德性意蕴,特别是分疏阳明心体工夫进展中包含的德行意义。

## 一、先秦儒家的德目与成德境界

从《尚书》《诗经》这些经典看,崇德、敬德是尧舜以来华夏文明的悠久传统。往宽了说,人类从野蛮进入文明的基本标志就是以尚德代替尚力作为群居和统治的法则。因此任何一个文明民族都有其崇德的传统,只是"德"的观念会有差别而已。孔子生活的春秋晚期相对西周而言已经是一个礼崩乐坏的乱世,但是对德行的崇尚并没有消失。《左传》《国语》等文献里记载了春秋时代人们所讲求的各种德目,这些德目在《论语》和《中庸》里面凝结成了智、仁、勇三达德的观念,思孟学派则总结出了"五行"的德目,最终在西汉的董仲舒手中形成仁义礼智信五常的定式,被中国人尊奉了两千多年。

---

[1] 《明儒学案》卷十《姚江学案》,第180页。黄氏三变说来自王畿《滁阳会语》(《王畿集》卷二,第33页),与钱德洪三变说有两大显著不同,其一是突出了晚年居越阶段,其二是突出"默坐澄心",不提"知行合一"。

智、仁、勇三者并列的德目是孔子之前春秋贵族社会已有的提法[1],孔子的贡献在于抉发出了"仁"作为根本的德行,以之为礼乐文明的内核。孔子及其后学对"仁"的解释既有继承传统的一面,也有创发的一面。继承的一面即接受西周以来"爱亲之谓仁"(《国语·晋语一》)的讲法,主张"孝弟,为仁之本"(有子),"仁者人也,亲亲为大"(《中庸》),"亲亲,仁也"(孟子)。创发的一面即把"爱亲"发展为"爱人",并把爱人之"仁"落实为"己欲立而立人,己欲达而达人"、"己所不欲,勿施于人"的恕道。[2] 孟子则从内心的原发情感出发将"仁"从心性上解释为"恻隐之心",从心性本体上开启了仁的普泛化路向,后来宋明理学中程明道和王阳明的万物一体仁说即由此发端。

除了抉发出"仁"作为根本的人伦德行作为礼乐文明的内核之外,孔子德行观的另一重要发明是提出了**中庸至德**的境界,这一境界为子思在《中庸》里面大加发挥。孔子感叹:"中庸之为德也,其至矣乎!民鲜久矣!"(《论语·雍也》)又说:"不得中行而与之,必也狂狷乎!狂者进取,狷者有所不为也。"(《论语·子路》)孔子为什么会感叹时人已经很难达致中庸至德?基本的背景是礼崩乐坏。因为中庸是周礼的基本智慧,礼乐是达致中庸的大道。孔子说:"恭而无礼则劳,慎而无礼则葸,勇而无礼则乱,直而无礼则绞。"(《论

---

[1] 陈来先生指出,仁、智、勇并称在春秋前期就已经提出来了,而且,在有些地方"勇"往往被置换为"武"(这说明春秋时代的"德"更关注的还是表现出来的德行,而不是内在的德性)。参氏著《古代思想文化的世界》,北京:生活·读书·新知三联书店,2002年,第 257 页以下。

[2] 关于孔子将西周以来血缘背景的爱亲之仁发展为普遍性的爱人之仁,参陈来《仁学本体论》,北京:生活·读书·新知三联书店,2014 年,第 16 页及第 102 页以下。

语·泰伯》)缺乏礼乐的调和,恭、慎之德就会失于狷,勇、直之德就会流为狂,达不到中庸的至境。礼不是天生就能通晓,需要后天的学习,中庸至德(在孔子那里)也不是天生的性之德,而是需要勤学精修的工夫。《中庸》讲:"博学之,审问之,慎思之,明辨之,笃行之。"孔子以六言六蔽告诫子路:"好仁不好学,其蔽也愚;好知不好学,其蔽也荡;好信不好学,其蔽也贼;好直不好学,其蔽也绞;好勇不好学,其蔽也乱;好刚不好学,其蔽也狂。"(《论语·阳货》)可见孔子所重的"学"是去除习性、气质之偏而达致中庸的必要工夫,不只是增广知识的博学多闻。在孔子这里道问学与尊德性相辅相成,道问学正所以成就德性而臻于中庸。

好学是成就中庸至德的必要功夫,也是保持德行日新的进取功夫。孔子在诸弟子中独许颜渊好学,一个表现是颜子能"择乎中庸","不迁怒,不贰过";另一个就是颜子能德行日新,"惜乎!吾见其进也,未见其止也"(《论语·子罕》)。《易·系辞》曰:"富有之谓大业,日新之谓盛德。"日新其德是好学如孔子、颜子一流圣贤所体现的**盛德**。《易》大畜卦象传曰:"刚健笃实辉光,日新其德。""象传"则说:"天在山中,大畜,君子以多识前言往行,以畜其德。"多识前言往行,就是温故而知新的日新之道。《大学》云:"苟日新,日日新,又日新。"日新是明明德、亲民、止于至善的大学之道内在的要求。

《论语》和《大学》多从成德境界和修德工夫上说到"德",罕言及德行的心性本体。孔子虽自信"天生德于予",但所重在学。由**德行**而返诸自身心性上讲**德性**,是思孟学派的新发展。《中庸》开始详言"性命",以成己之"仁"与成物之"知"为"性之德",开启了孟子性善论的先声。孟子以仁义礼智四德为人皆有之的固有之性，见之于原发的恻隐、羞恶、恭敬、是非之心。这是对**心之德**最早的系统阐明。基于这一心性论的"美德伦理"，孟子发展了求放心、存夜气、持志、集义等向内发明、涵养心性的成德工夫。孟子的心性论和修养工夫论为后世的宋明理学所接续，尤其陆王心学可说是主要以孟子心性学为宗。程朱理学则对孟子学有所修正，在性善论基础上继承了孔子博学的精神，并将其往格物穷理的方向发展，张大了儒学"道问学"的向度。这个向度的张大先是引起了陆九渊的批评，后又招致阳明的"革命"。前者讲"发明本心"，后者讲"致良知"，都是要确立"尊德性"的根本地位，防止其被"道问学"的张大所遮蔽。然而，阳明的"致良知"心学相比象山的"发明本心"而言实则涵摄了更多"道问学"的因素，在心性工夫、事上磨炼、经典诠释等方面都比陆学更为精致。

## 二、从知孝知弟到是非之心：良知的仁与义

相对孟子的仁义礼智四端，本心、良知是更为简约的对道德本体的揭示。阳明所言良知显然并非诸德目中的一种品德，而是**诸般德行的内心根据**。用日本阳明学者冈田武彦先生的话说，**阳明哲学是"培根之学"**[1]。但这个"根"是能一节一节长出参天大树的活根，

---

[1] [日] 冈田武彦，《王阳明大传》，杨田译，钱明审校，重庆：重庆出版社，2015年，第3页。但冈田先生把西方哲学贬称为"枝叶探求之学"，则未免误导后生了，实则西方哲学从泰勒斯到笛卡尔、海德格尔，都在探究"本原"，只不过对"本"的理解有差异而已。"探本"是哲学的本性，枝叶探求之学不足以言哲学。

不是有本无末的枯寂死根。良知学要能应对程朱理学的批评，必须讲明从良知的根本中如何能生出仁义礼智的诸般德行，讲明良知中如何包含了中庸至善，这样才能接上孔孟儒学的正统，不致于流为程朱理学家所攻击的枯禅、狂禅。我们看到，阳明心学的发展历程正是一个从枝叶回到根本，又不断拓宽深化这个根本，最终实现本末兼顾的修德历程。其立说的起始就是针对朱子格物穷理说的流弊而恢复《大学》古本的"诚意"要旨，在此基础上援孟子解《大学》，提出"知行合一"说。在这一由"枝叶"返回根本的过程中**孝悌亲情**的原发经验起着重要的作用。但是阳明毕竟不是朱子讲的"一乡善士"，其年少即已立下"做圣贤"的大志，孝悌亲情固然是良知的基本经验，但并非良知的充分内涵。在其居官莅政、破山中贼的复杂历练中阳明锤炼出了"**是非之心**"作为"良知"的统领性要义，也明确了"致良知"为其学问的大宗旨。相比孝悌亲情之类的情感性体认，"是非之心"更具有理性品质，实际上兼摄了仁、义、礼、智四德。其对《大学》八条目的关注重心也由"**诚意**"转向了"**致知**"[1]。新儒家学者蔡仁厚认为阳明思想发展中的为教三变"是一根同质的发展，是同一个系统的圆熟完成，在工夫上虽有困勉

---

[1] 冈田武彦通过对王阳明《大学古本》序言两个版本的对照指出《阳明文录》中的后一个序言与他先前赠给罗钦顺的《大学古本序》有微妙的差异，前一个序言重心是"诚意"，后者突出了"致知"。参《王阳明大传》中册，第282页以下。罗钦顺所记载的原序见《困知记》，阎韬点校，北京：中华书局，2013年版，第125页。按照罗钦顺的记载，这个以"诚意"为宗旨的原序应该作于戊寅（正德十三年[1518]）七月，但却是庚辰（正德十五年[1520]）春王阳明赠给罗钦顺的，这意味着在正德十五年春王阳明可能还未揭发致良知教。关于阳明《大学古本序》改定稿以"致知"代替"诚意"作为《大学》古本根本宗旨的研究，还可参考钱明著《阳明学的形成与发展》，南京：江苏古籍出版社，2002年，第56页以下。

与纯熟之别,在义理骨干上则并没有什么改变"[1]。这个讲法可以商榷,我们通过下面的分析将看到阳明思想中的为教三变在义理骨干上是有推进的。

阳明挑战朱子学的权威最重要的经典依据是《大学》古本。他根据古本指出"诚意"是《大学》的头脑,而朱子的格物穷理说则遮蔽了《大学》"诚意"的要旨。阳明龙场悟道后突破朱子学的藩篱自立己说的起点是"知行合一"论,而其思想来源则是《大学》的"诚意"宗旨。我们看《传习录》上卷中徐爱所录与阳明之间的问答:

> 爱因未会先生"知行合一"之训,与宗贤、惟贤往复辩论,未能决,以问于先生。先生曰:"试举看。"爱曰:"如今人尽有知得父当孝、兄当弟者,却不能孝、不能弟,便是知与行分明是两件。"先生曰:"此已被私欲隔断,不是知行的本体了。未有知而不行者。知而不行,只是未知。圣贤教人知行,正是要复那本体,不是着你只恁的便罢。故《大学》指个真知行与人看,说'如好好色,如恶恶臭'。见好色属知,好好色属行。只见那好色时已自好了,不是见了后又立个心去好。闻恶臭属知,恶恶臭属行。只闻那恶臭时已自恶了,不是闻了后别立个心去恶。如鼻塞人虽见恶臭在前,鼻中不曾闻得,便亦不甚恶,亦只是不曾知臭。就如称某人知孝、某人知弟,必是其人已曾行

---

[1] 蔡仁厚,《王阳明哲学》,北京:九州出版社,2013年,第11页。蔡仁厚先生此论主要来自《明儒学案》中黄宗羲相关论断的影响,而黄宗羲对阳明思想发展的分析值得商榷,实不如钱德洪切实精到。

孝行弟，方可称他知孝知弟，不成只是晓得说些孝弟的话，便可称为知孝弟。又如知痛，必已自痛了方知痛；知寒，必已自寒了；知饥，必已自饥了；知行如何分得开？此便是知行的本体，不曾有私意隔断的。圣人教人，必要是如此，方可谓之知，不然，只是不曾知。此却是何等紧切着实的工夫！"[1]

阳明引《大学》"诚意"章的"如好好色，如恶恶臭"来解释他心目中的"真知行"，正说明"诚意"是"知行合一"说的义理根基。从这段话我们也可以看到阳明从《大学》"诚意"思想中体认出来的"知行本体"具有痛痒自知的**身心感知**特征，这种紧扣身心感知的倾向是如此强烈，以致阳明如果不由此说到孝悌上去的话，那么他的知行合一论就只有说明人的感觉—冲动机制的心理学意义，而不具有道德哲学意义了。那么知孝知悌是否具有如阳明所想的知痛知寒一般的紧切着实？阳明如何开显这一孝悌知行的本体？

我们再看他与徐爱之间的一段答问：

> 爱问："至善只求诸心，恐于天下事理有不能尽。"先生曰："心即理也。天下又有心外之事，心外之理乎？"爱曰："如事父之孝，事君之忠，交友之信，治民之仁，其间有许多理在，恐亦不可不察。"先生叹曰："此说之蔽久矣，岂一语所能悟？今姑就所问者言之：且如事父，不成去父上求个孝的理；事君，不成去君上求个忠的理；交友治民，不成去友上、民上求个信

---

[1]《传习录》卷上，第5条。

与仁的理？都只在此心，心即理也。此心无私欲之蔽，即是天理，不须外面添一分。以此纯乎天理之心，发之事父便是孝，发之事君便是忠，发之交友治民便是信与仁。只在此心去人欲、存天理上用功便是。"爱曰："闻先生如此说，爱已觉有省悟处。但旧说缠于胸中，尚有未脱然者。如事父一事，其间温凊定省之类有许多节目，不亦须讲求否？"先生曰："如何不讲求？只是有个头脑，只是就此心去人欲、存天理上请求。就如讲求冬温，也只是要尽此心之孝，恐怕有一毫人欲间杂；讲求夏凊，也只是要尽此心之孝，恐怕有一毫人欲间杂；只是讲求得此心。此心若无人欲，纯是天理，是个诚于孝亲的心，冬时自然思量父母的寒，便自要去求个温的道理；夏时自然思量父母的热，便自要去求个凊的道理。这都是那诚孝的心发出来的条件。却是须有这诚孝的心，然后有这条件发出来。譬之树木，这诚孝的心便是根，许多条件便是枝叶，须先有根然后有枝叶，不是先寻了枝叶然后去种根。《礼记》言：'孝子之有深爱者，必有和气；有和气者，必有愉色；有愉色者，必有婉容。'须是有个深爱做根，便自然如此。"[1]

在这段话中徐爱所疑惑的事父之孝、事君之忠、交友之信、治民之仁各有理在，正是《大学》"**知止**"宗旨的展开：为人君止于仁，为人臣止于敬，为人子止于孝，为人父止于慈，与国人交止于信。在朱子的《大学章句》中格物穷理也正是"知止"的要求，朱

---

[1] 《传习录》卷上，第3条。

子把"止于至善"的"至善"解释为"事理当然之极"[1],蕴含了格物穷理以止于至善的取向。徐爱对阳明起初的疑惑正来自于信守朱子的这个解释。阳明却非常巧妙地把"**知止**"的问题转换成了"**知本**"的问题——心是孝、忠、信、仁诸种德行的根本,心无私欲遮蔽即是天理,发之事父就是孝,发之事君就是忠,发之交友就是信,发之治民就是仁。但在徐爱与阳明之间的进一步问答中,事例还是回到了"**孝**"这种基本德行中。阳明引《礼记》中的话解释了"诚孝"的爱心是温清定省之类孝行的根本。和气、愉色、婉容这类词语显示了孝子的深爱所带来的**身体气息和容态**的变化,这正是孔子答子夏问孝以"色难"的深意所在。"色难"之"色"(容色)与《大学》"如好好色"之"色"(美色)不是一个意思,但未始没有相通的地方——其发生作用的机理都是**生命气息的感通**。阳明所言之"知行本体"即是此**感通之体**,"天理"即是**生命感通之理**。私意就是堵塞生命感通之道的阻碍——阳明巧妙地将之比方为"鼻塞"。

非常明显,孝悌(其实只是孝,阳明并未就"悌"做出深切的解释)在阳明阐明自己"知行合一"、"心即理"这些学说时起到了原型、典范的作用。对于更广范围内的事君之忠、交友之信、治民之仁等等事理阳明并未有深切著明的阐发。阳明早期立说中的"知行本体"是感通性的情理本体,实即**仁体**。在阳明立教的第一个阶段,仁德——尤其是**孝悌亲亲之仁**——是他最重要的德性体认。

在这个阶段虽然阳明并未明确以"致良知"为学问宗旨,但"良知"体认已经产生,而且已经提出"知是心之本体"的思想:

---

[1]《四书章句集注》,第4页。

> 知是心之本体,心自然会知:见父自然知孝,见兄自然知弟,见孺子入井自然知恻隐,此便是良知不假外求。若良知之发,更无私意障碍,即所谓"充其恻隐之心,而仁不可胜用矣"。[1]

这是阳明早期的良知概念,来自孟子的"孩提之童,无不知爱其亲者;及其长也,无不知敬其兄也"(《孟子·尽心上》)。这即是耿宁先生所分疏的王阳明第一个"良知"概念——向善的秉性。[2] 在孟子和阳明这里,知孝知悌都是良知原发的现象。但在良知的扩充方面,阳明诉诸的是心体上的恻隐,而不是孝悌良知。这也说明在阳明早期的良知概念中"仁心"是最主要的道德经验。但如果阳明的思想停留于此,那么"良知"就不能解释更广泛的道德现象,如果局限于孝悌良知,阳明心学也难以逃脱朱子对象山心学的批评——为一乡善士则可,为圣贤则难。阳明的良知思想要能够对仁义礼智诸般德行提供充分的解释,必须有一个更具有统摄力的良知概念,即"是非之心",这个良知概念是在他江西平乱之后随着"致良知"思想的提出而明确的。

据阳明年谱记载,他在正德十六年(1521)五十岁时"始揭致良知教",其时他刚平定江西宁王之乱,又经历了张忠、许泰小人构祸之难,所以阳明自道"某于此良知之说,从百死千难中得来……"[3]。"致良知"教是在攸关身家性命与家国大义的一次次重大抉择与考验中体会出来的,这个"良知"不只是向善的自发情感,

---

1 《传习录》卷上,第8条。
2 参《人生第一等事——王阳明及其后学论"致良知"》,第一章。
3 《王阳明全集》卷三十四,1412页。

而是清明的道德判断能力，即"是非之心"。阳明以"是非之心"界定良知，随处可见于他中晚期的答问和书信，如：

> 夫子尝曰"盖有不知而作之者，我无是也"，是犹孟子"是非之心，人皆有之"之义也。此言正所以明德性之良知，非由于闻见耳。(《答顾东桥书》，《传习录》卷中，第140条）
>
> 意与良知当分别明白。凡应物起念处，皆谓之意。意则有是有非，能知得意之是与非者，则谓之良知。依得良知，即无有不是矣。(《答魏师说》，《王阳明全集》卷六，第242页）

可见在阳明成熟的思想中良知并非自发的善念，而是对自身意念善恶是非的裁断，其晚期四句教中"有善有恶意之动，知善知恶是良知"，也道出了"良知"在意识中的这一二阶地位。这个二阶层次的良知相比知孝知悌、恻隐之心的原发善念具有强烈的自知特征，耿宁先生称之为"对本己意向中的伦理价值的直接意识"[1]。孝悌良知、恻隐之心是感应性的（应物起念），是道德情感，"是非之心"则是包含自身意识的道德判断。从德目看，第一个良知概念是"仁"的内在根据，第二个良知概念是"义"与"智"的内在根据。

阳明以"是非之心"界定良知，与孟子四端中的是非之心稍有差别，在孟子那里是非之心是"智"之端，阳明则以之统摄了仁义礼智，"是非之心"是包含了道德情感在内的道德判断。如：

---

[1]《人生第一等事》第二章，200页以下。

> "良知只是个是非之心，是非只是个好恶，只好恶就尽了是非，只是非就尽了万事万变。"又曰："是非两字，是个大规矩，巧处则存乎其人。"(《传习录》卷下，第288条)

牟宗三先生认为阳明此处是"把孟子的'是非之心智也，羞恶之心义也'两者合一而收于良知上讲，一起皆是良知之表现，良知的是非之智就是其羞恶之义。阳明说'好恶'就是孟子所说的'羞恶'"[1]。这一解释富有启发性，但可能还不够，因为阳明不只是要把"羞恶之心，义也"收到良知上讲，而且认为"只好恶就尽了是非，只是非就尽了万事万变"，从孟子四端来看，不只羞恶之义可收于良知上讲，而且恻隐之仁、恭敬辞让之礼也可收于良知上讲。阳明此处所言"好恶"与"羞恶"其实并不完全等同，因为"羞恶"其实还是偏于"恶"的（从孟子所举不受嗟来之食的例子看很明显），而好恶则还包含了"好"，"好生"之仁、尊贤之礼都可以包含在好恶中。但如果我们对"义"做宽泛的理解，不限于"羞恶之心"（例如尊贤既是礼，也是义，《中庸》就说"义者，宜也，尊贤为大"），那么良知作为"是非之心"确实体现了"智"与"义"的合一。

在阳明第二个"良知"概念中，良知首要地是"义"的根据，这表现在阳明以"致良知"来解释孟子的"集义"：

> 在孟子言必有事焉，则君子之学终身只是集义一事。义者宜也。心得其宜之谓义。能致良知，则心得其宜矣，故集义亦

---

[1] 《从陆象山到刘蕺山》，第138页。

只是致良知。君子之酬酢万变，当行则行，当止则止，当生则生，当死则死，斟酌调停，无非是致其良知，以求自慊而已。故君子素其位而行，思不出其位，凡谋其力之所不及而强其知之所不能者，皆不得为致良知；而凡劳其筋骨，饿其体肤，空乏其身，行拂乱其所为，动心忍性以增益其所不能者，皆所以致其良知也。(《答欧阳崇一》，《传习录》卷中，第170条)

此处阳明以"致良知"解释"集义"，对"义"的理解则采取了《中庸》"义者，宜也"的声训，"义者，宜也"的"义"显然比"羞恶之心，义也"含义更广，这个"义"也包含了"礼"（酬酢万变）和"智"（斟酌调停），不是四德之一，而是一个统摄性的道德概念。[1] 阳明的独特之处在于，将"义者，宜也"的"宜"解释成了"心得其宜"，由此他才能顺当地将集义解释为"致良知"。由于将酬酢万变的"礼"和斟酌调停的"智"都收摄到"心得其宜"的良知中，阳明就能够在"致良知"中开出中庸、时中的"至德"，这突出地表现在他晚年《大学问》对"至善"的解释中。《大学问》为阳明晚年征思田之前对钱德洪面授的心学大义，钱德洪悬之为师门教典，比较能代表阳明晚年思想的定论，从中我们可以看到阳明良知学对儒家成德境界的最终阐述。

---

[1] 可以与之对照的是，在柏拉图和亚里士多德的伦理学中"正义"也是一个统摄性的道德概念，涵摄了整个社会的道德秩序。

## 三、万物一体之仁与天然自有之中:《大学问》的成德境界[1]

阳明一生学问都围绕《大学》展开,早年以古本的"诚意"宗旨为据突破朱子改本的格物穷理体系,立知行合一说。中期则突出"致知",结合孟子良知概念立"致良知"说。晚年《大学问》则以其成熟的"致良知"思想解释《大学》三纲领八条目,俨然与朱子的《大学章句》分庭抗礼。在这一过程中我们也可以看到阳明对儒家成德之学独到的理解和不断深化的轨迹。《大学问》是阳明以答问的形式对《大学》首章的纲领性解释,是阳明对其学问宗旨的系统性阐述,我们在此主要关注他对"明明德"和"止于至善"的诠释,从中略窥良知学的修德法门如何登堂入室,直趋至德、盛德的堂奥。

"《大学》者,昔儒以为大人之学矣。敢问大人之学何以在于'明明德'乎?"

阳明子曰:"大人者,以天地万物为一体者也,其视天下犹一家,中国犹一人焉。若夫间形骸而分尔我者,小人矣。大人之能以天地万物为一体也,非意也,其心之仁本若是,其与天地万物而为一也。岂惟大人,虽小人之心亦莫不然,彼顾自小之耳。是故见孺子之入井,而必有怵惕恻隐之心焉,是其仁之与孺子而为一体也;孺子犹同类者也,见鸟兽之哀鸣觳觫,而必有不忍之心焉,是其仁之与鸟兽而为一体也;鸟兽犹有知觉者也,见草木之摧折而必有悯恤之心焉,是其仁之与草木而

---

[1] 关于《大学问》的章句解义,参本著附录一"王阳明《大学问》疏证"。

为一体也；草木犹有生意者也，见瓦石之毁坏而必有顾惜之心焉，是其仁之与瓦石而为一体也；是其一体之仁也，虽小人之心亦必有之。是乃根于天命之性，而自然灵昭不昧者也，是故谓之'明德'。小人之心既已分隔隘陋矣，而其一体之仁犹能不昧若此者，是其未动于欲，而未蔽于私之时也。及其动于欲，蔽于私，而利害相攻，忿怒相激，则将戕物圮类，无所不为，其甚至有骨肉相残者，而一体之仁亡矣。是故苟无私欲之蔽，则虽小人之心，而其一体之仁犹大人也；一有私欲之蔽，则虽大人之心，而其分隔隘陋犹小人矣。故夫为大人之学者，亦惟去其私欲之蔽，以自明其明德，复其天地万物一体之本然而已耳；非能于本体之外而有所增益之也。"[1]

这段话中阳明以"大人之学"的宗旨解释"明明德"，"明德"即大人之德，而大人之德即以天地万物为一体之仁心，阳明且以孟子的"恻隐之心"的扩充来解释万物一体的仁心，此一体之仁心就是根于天命之性的"明德"。阳明这一对"明德"的解释与朱子有很大的差异，朱子的《大学章句》把"明德"解释为"人之所得乎天，而虚灵不昧，以具众理而应万事者"。虽然都认为"明德"是人禀受于天的天德，但朱子的解释注重的是明德"具众理而应万事"的圆融无碍，为其格物穷理说张本，阳明的解释则只突出了仁义礼智四德中的"仁"之一德，尤其是弱化了朱子那里强调的明德中的"聪明睿智"。但阳明解释的优点也在于突出了作为众德之元的仁德，比

---

[1] 《王阳明全集》卷二十六，第1066页。

朱子以"虚灵不昧"统言明德主旨要鲜明，而且这也切合《大学》推孝弟慈之仁心以治国平天下的要义。

阳明此处以万物一体之仁心解释"明德"，相比其早年从孝悌本心发明知行合一宗旨境界大为开阔。但其中仍有一贯之处，那就是从切己感通处发明仁心。孝悌之仁是与父兄的生命感通，不是出于"自家人"的狭隘区隔意识。万物一体之仁则是基于恻隐本心而与天地万物的感通，不是意识形态的高调（非意之也）。大人仁心的"万物一体"感里面有一个"体"，己与物之间的体贴、体认、体会，不是抽象的"一即一切"、"万法归一"。要体认这个万物一体之仁，需要破除私欲之蔽，破除各种私意的分隔隘陋，在"亲民"的实践中将一体之仁的温暖和光辉发挥出来。基于一体之仁的明德体认，阳明一气贯通地解释了明明德与亲民之间的体用关系。

> 曰："然则何以在'亲民'乎？"
>
> 曰："明明德者，立其天地万物一体之体也。亲民者，达其天地万物一体之用也。故明明德必在于亲民，而亲民乃所以明其明德也。是故亲吾之父，以及人之父，以及天下人之父，而后吾之仁实与吾之父、人之父与天下人之父而为一体矣；实与之为一体，而后孝之明德始明矣！亲吾之兄，以及人之兄，以及天下人之兄，而后吾之仁实与吾之兄、人之兄与天下人之兄而为一体矣；实与之为一体，而后弟之明德始明矣！君臣也，夫妇也，朋友也，以至于山川鬼神鸟兽草木也，莫不实有以亲之，以达吾一体之仁，然后吾之明德始无不明，而真能以天地万物为一体矣。夫是之谓明明德于天下，是之谓家齐国治而天

下平,是之谓尽性。"

通过将"明德"解释为大人万物一体之仁心,阳明使得亲民成为落实明明德必不可少的内在要求,所以说"明明德必在于亲民,而亲民乃所以明其明德"。"大人以天地万物为一体"不是虚着说的,一定要见之于亲民的实践。这也体现了《大学》作为儒家德政思想文献的命意。但是阳明以体用范畴来解释明明德与亲民的关系也带来了一个问题,他把"亲吾之父"、"亲吾之兄"的孝弟也放在亲民里面来讲,于义未安。事父事兄是家内的事,治民则是家外的事,道理虽然相通,但是分际不得不讲。《论语》讲,"君子笃于亲,则民兴于仁"("泰伯"篇),《大学》讲,"上老老而民兴孝,上长长而民兴弟,上恤孤而民不倍"("平天下在治其国"章),孟子说"亲亲仁民爱物","民"都是相对于亲人讲的,没有把亲人也视作"民"的用法。"大学之道,在明明德,在亲民,在止于至善。"从先秦儒家"亲亲"、"仁民"自有分际的传统看,**修身齐家实际上都是"明明德"的事,治国平天下才是"亲民"**。《大学》讲治国平天下之道,无非是将齐家的孝、悌、慈推广开去,更可见孝、悌、慈即是《大学》所言"明德",推孝、悌、慈之仁心以治国平天下就是亲民。修身齐家的孝、悌、慈是本,治国平天下是末。《大学》讲"本末",并没有讲"体用"。阳明由于以万物一体之仁心为体,事父事兄的孝悌也就成了仁心的发用,成了"亲民"。亲亲、仁民(《大学》之"亲民"实际上是"仁民")之间分际的弱化是由于封建宗法时代的孝悌之仁向孟子的"恻隐"之仁转化带来的,孟子本人还同时保持了亲亲之仁与恻隐之仁两个向度的理解。宋明理学将孟子的四端,尤其是恻隐之仁本体化，这样孝悌势必降到用的现象层次。所以程子解释"孝弟也者，其为仁之本与"（《论语·学而》），一定要辨析说："谓行仁自孝弟始，孝弟是仁之一事。谓之行仁之本则可，谓是仁之本则不可。盖仁是性也，性中只有个仁、义、礼、智四者而已，何尝有孝弟来？"[1] 这就将仁、义、礼、智形而上化了，阳明的万物一体仁说显然也继承了这个道德形而上学的传统。但宋明新儒家的万物一体仁说毕竟又要把自己与墨家的兼爱说区别开来，要讲万物一体之中的轻重厚薄，讲孝悌为先，这是"仁"中之"义"。在阳明的《大学问》中，这个"仁"中之"义"是通过诠释"止至善"的"良知"说发挥出来的。

> 曰："然则又乌在其为'止至善'乎？"
> 
> 曰："至善者，明德、亲民之极则也。天命之性，粹然至善，其灵昭不昧者，此其至善之发现，是乃明德之本体，而即所谓良知也。至善之发现，是而是焉，非而非焉，轻重厚薄，随感随应，变动不居，而亦莫不自有天然之中，是乃民彝物则之极，而不容少有议拟增损于其间也。少有议拟增损于其间，则是私意小智，而非至善之谓矣。自非慎独之至，惟精惟一者，其孰能与于此乎？后之人惟其不知至善之在吾心，而用其私智以揣摸测度于其外，以为事事物物各有定理也，是以昧其是非之则，支离决裂，人欲肆而天理亡，明德、亲民之学遂大乱于天下。盖昔之人固有欲明其明德者矣，然惟不知止于至善，而骛其私心于过高，

---

[1] 《四书章句集注》，第56页。

是以失之虚罔空寂,而无有乎家国天下之施,则二氏之流是矣。固有欲亲其民者矣,然惟不知止于至善,而溺其私心于卑琐,是以失之权谋智术,而无有乎仁爱恻怛之诚,则五伯功利之徒是矣。是皆不知止于至善之过也。故止至善之于明德、亲民也,犹之规矩之于方圆也,尺度之于长短也,权衡之于轻重也。故方圆而不止于规矩,爽其则矣;长短而不止于尺度,乖其剂矣;轻重而不止于权衡,失其准矣;明明德、亲民而不止于至善,亡其本矣。故止于至善以亲民,而明其明德,是之谓大人之学。"

阳明在此把至善的主体根据解释为"良知",把良知解释为"至善之发现"。这个"至善"在形式上基本的界定是"是非"("是而是焉,非而非焉"),其精微处则是**时中**("轻重厚薄,随感随应,变动不居,而亦莫不自有天然之中")。可见,阳明明确继承了孔孟以"时中"为德行之至善的传统,并且确认**良知**为保持时中至善的内在根据。这一对至善的解释比他早年讲"至善是心之本体"(《传习录》卷上,第2条)要具体明确多了,由此也可见阳明思想在义理讲求上的精益求精,不只是修德工夫的纯熟而已。这个时中至善,阳明也称之为"**天理分限**"、"心之本体"的"中和",它需要节制人的自然情感。如阳明对弟子陆澄的一段著名开导:

澄在鸿胪寺仓居,忽家信至,言儿病危。澄心甚忧闷不能堪。先生曰:"此时正宜用功。若此时放过,闲时讲学何用?人正要在此等时磨炼。父之爱子,自是至情。然天理亦自有个中和处,过即是私意。人于此处多认做天理当忧,则一向忧苦,不知已是有所忧患，不得其正。大抵七情所感，多只是过，少不及者。才过便非心之本体，必须调停适中始得。就如父母之丧，人子岂不欲一哭便死，方快于心。然却曰'毁不灭性'，非圣人强制之也，天理本体自有分限，不可过也。人但要识得心体，自然增减分毫不得。"（《传习录》卷上，第44条）

从这段话我们看到阳明虽然在早期的知行合一说中非常重视道德情感的发动力，但随着思想的发展也注意到了理智对情感的节制，良知的时中境界需要善于调停自己的情感，哪怕是父子之间的至情。因此，阳明一方面非常注重良知的感应力，万物一体之仁心就植根于这种感应力，另一方面，阳明又注重良知的判断力和调停力，德行的时中至善之境有赖于这种判断和调停。对应于良知的这两个层次，天理既是生命**感应**之理，又是各有**分限**的"天然自有之中"。如果说前者体现的是诗与乐的精神，后者体现的就是礼的法则。这么来看，良知中自有礼乐之根，阳明的良知学并没有偏离儒家的礼乐文明宗旨。

良知是"至善之发现"，是"民彝物则之极"，随感随应、变动不居而亦"莫不自有天然之中"。这是在尊德性的眼界内对"良知"的至高推崇。《中庸》所言"不勉而中，不思而得，从容中道，圣人也"，也不过如此。阳明确实表白过致得良知即可成圣的信心，如其咏良知诗：

　　个个人心有仲尼，自将闻见苦遮迷。而今指与真头面，只是良知更莫疑。

"个个人心有仲尼",即"心之良知是谓圣",因为良知即是万物一体之仁,即是从容中道之智。仁且智,是谓圣。

## 四、良知心德的工夫阶次

良知并非由社会化而获得的经验性道德知识,但也不只是先天现成的道德本能,而是在人生实际的磨炼中成长完善起来的自性灵明。耿宁以 Wesen 来译解良知之"体",启发我们注意良知本体的成长性、完满性。同时,阳明对良知本体的揭示并非一种理论思辨,而是其本人的良知在生命历练中的证成,以及基于此证成对弟子的点化。阳明告诫弟子:

> 某于此良知之说,从百死千难中得来,不得已与人一口说尽。只恐学者得之容易,把作一种光景玩弄,不实落用功,负此知耳。(《年谱》"正德十六年")

"百死千难中得来"即是讲阳明证成良知本体的艰难工夫,因此不能当作一种理论的"光景"玩弄。

对阳明证悟心之本体的工夫阶次,王畿所作《悟说》有一个分疏,他将本体之悟分为四个阶次——从言而入的**解悟**、从静坐而入的**证悟**、从人情事变练习而入的**彻悟**以及圣人的**忘悟**。[1]在《自讼问答》与《滁阳会语》中,王畿就阳明心学的发展历程印证解说了悟的四

---

1 《王畿集》,第 494 页。

个阶段:

> 先师之学,幼年亦从言入,继从静中得悟,其后居夷三载,从万死一生中练习过来,始证彻悟,生平经纶事业皆其余事。(《王畿集》,第740页)

这里只讲到了解悟、证悟、彻悟三个阶段,彻悟是以龙场之悟为标志,未及平宁藩之后的"良知之悟"。在《滁阳会语》中王畿则将阳明居越以后看作"忘悟"阶段[1]。

解悟、证悟、彻悟、忘悟四阶段与我们前述良知体段的几个环节颇有切合之处。[2] 从王阳明对圣人之道的求索历程看,早年立志读书学圣贤、十八岁时求学于娄谅而深契宋儒格物之学,以及其后对朱子学的钻研等,都是解悟的阶段。静中得来的"证悟"相当于良知"寂"的环节,"彻悟"则包含了"感"的环节与"判"的环节,最后是"忘"的环节。解悟是对圣人之道的听闻、向往与初步的知解,是某种"光景",严格讲并非"本体"之悟,**解悟所理解的"体"还不是本己之体,而是与己身为二的"假体"——言语的假借之体**,即王畿所讲的"门外之宝,非己家珍"。但这一"假体"也有其重要意义,它的绚丽"光景"可以激发求道者的热烈爱欲。王畿指出王阳明求道过程中的解悟阶段,暗示了阳明心学所生长其间的儒学历史语境。实际上,阳明的知行合一、致良知之悟虽然来自自家心路历程,但同时也是与先儒、特别是朱子学的对话,他向同时

---

[1] 《王畿集》,第34页。
[2] 参本著第一章。

代人讲述其心学思想，大量借助《四书》和宋儒的理学话语。

证悟是心与理会的初机。王畿将王阳明的"证悟"阶段归诸"究心于老佛之学"的静坐工夫[1]，有失片面。王阳明早年的"溺于二氏"是《年谱》所明载的，但其"证悟"应该主要不是得自于修炼仙家与佛学的静坐，因为他所悟的并非仙佛之道，而是儒家的圣人之道。实际上，**阳明心学之路的"证悟"阶段另有来历**。这个来历，就是王阳明三十四岁时接触并服膺白沙心学，束景南教授称之为"乙丑之悟"，这一年（弘治十八年[1505]，阳明在京师）阳明从朋友那里得到《白沙先生全集》并做了精心研读，称赞"白沙先生学有本源，恁地真实……"，并将白沙心学的宗旨"默坐澄心，体认天理"书写为自己的座右铭。[2] 阳明所体认证悟的乃是**儒家的天理**，可以想见其受到白沙启发后的"**默坐澄心**"法也当有异于老佛的静坐法。在"默坐澄心，体认天理"的工夫中阳明初步体认到了**心体的呈现**，圣人之道于他不再是一个在外的"假体"。弘治十八年（1505）阳明**在京师首倡"身心之学"**，"门人始进"，也是在这一年阳明与陈白沙得意门生湛甘泉订交"共以倡明圣学为事"。[3] 因此，阳明在此阶段通过"默坐澄心"所证悟的"身心"诚然是一"寂体"，**但这一寂体不同于老佛的"虚静"之体，而是寂中有感的未发之"中"体**。阳明赴谪龙场时答赠友人湛甘泉、崔子钟的"八咏"之六已经道出其中消息：

---

1 《王畿集》，第33页。
2 《阳明大传》，第261页以下。
3 《王阳明全集》卷三十三，第1352页。

> 静虚非虚寂,中有未发中。中有亦何有?无之即成空。无欲见真体,忘助皆非功。至哉玄化机,非子孰与穷!(《王阳明全集》卷十九,第751页)

这个在"默坐澄心"中证悟的"**真体**"经历了赴谪龙场的般般考验,终于成长现身为具备圣人之道的"心体"。

龙场悟道是王阳明成为王阳明的标志性事件,是王畿所讲的"彻悟"。从《年谱》看,阳明的龙场之悟实际上包含了从静坐而入的"证悟"与从人情事变练习而入的"彻悟"。赴谪龙场对王阳明而言是一段**剥去官场身份以及士大夫文饰**的经历,"与居夷人鴃舌难语"意味着阳明**从儒家经典中学来的那套文士话语在此地的交往中已几乎不起作用**,必须凭借更质朴的感应和行动来与当地"夷人"打交道。阳明在龙场的患难中超脱了世俗的得失荣辱,但生死忧患尚不能忘怀,为此他在石椁中"日夜端居澄默,以求静一;久之,胸中洒洒"。这是"默坐澄心"的工夫,由此阳明达到了内心的宁静洒脱。这样的洒脱放下为心体的本真呈现做了准备,一直到最后一层"假借"也必须放下——当他的随从仆人都在龙场的恶劣环境中生病时,阳明从被服侍的主人变成了为仆从服务的人。此时,无所假借的阳明能凭借的只有内心的信念,心中想"圣人处此,更有何道"。久经磨砺而暗中滋长的本体光明不经意间闪现于万籁俱寂的中夜,如一颗星划破夜空——"圣人之道,吾性自足,向之求理于事物者误也"[1]。阳明龙场悟道,悟的是圣人之道,是宋儒讲的"天理"。

---

[1] 《王阳明全集》卷三十三,第1354页。

但这个"天理"不再是书本上、事物中需要学者的心与之契合的"理",而是"吾性自足"的"心即理"的理。这个"理"是阳明在"默坐澄心"的体认证悟之后,又经历过万死一生的事上磨砺而彻悟的理。

龙场之悟是阳明走向独到的心学之路的启程。经由此一悟,阳明心学立足心体的宗旨更趋明确,阳明先前所信从的朱子格物穷理之学从此之后被判为"支离",阳明心学作为**"本体"**学问的特征越来越凸显。龙场大悟所悟的是什么样的"本体"?从阳明随后的讲学看,是**"知行本体"**。这一经由龙场的彻悟而朗现的"知行本体"相比阳明契合白沙心学的"乙丑之悟"所证悟的心体有何进展?如果说白沙心学通过"默坐澄心"所体认的"天理"最根本的就是**"感应"之理**[1],即**"寂"**中有**"感"**的"未发之中",那么**"知行本体"**就应该比"寂—感"之心多一些,但又比"致良知"时期的"是非之心"少一些。**这一介于"感应"与"是非"之间的"知行本体"当如何理解?**阳明称《大学》"如好好色,如恶恶臭"的"诚意"工夫为"真知行"(《传习录》卷上,第 5 条),他依据《大学》的条理讲"心之所发便是意,意之本体便是知,意之所在便是物"(《传习录》卷上,第 6 条)。此**"意之本体"**即是**"知行本体"**。相比陈白沙虚明静一的"感应",阳明的"知行本体"更具有**力行的主体精神,是动能之体**。阳明从"万死一生"中得来的本体领悟与白沙"静中涵养端倪"的心体领悟自然也有别,其彻悟之"彻"在贯动静、彻内外的知行合一工夫。

---

[1] 陈白沙有诗"六经尽在虚无里,万理都归感应中"。(《陈献章集》,孙通海点校,北京:中华书局,1987年,第 644 页)

龙场悟得知行合一的本体后,阳明踌躇满志,对学问和经世都有了新的信心。正德五年(1510),阳明升任江西庐陵(今吉安)知县,在赴任途中再过萍乡濂溪祠,表达了告别"支离"的朱子学、直接濂溪学脉的信心与勇气:

曾向图书识面真,半生长自愧儒巾。斯文久已无先觉,圣世今应有逸民。一自支离乖学术,竟将雕刻费精神。瞻依多少高山意,水漫莲池长绿苹。(《王阳明全集》,第794页)

这春水涣漫的莲池中生机盎然的绿苹正是阳明心中满腔生意与抱负的象征。到庐陵后阳明又作诗:

万死投荒不拟回,生还且复荷栽培。逢时已负三年学,治剧兼非百里才。身可益民宁论屈,志存经国未全灰。正愁不是中流砥,千尺狂澜岂易摧!(《王阳明全集》,第795页)

阳明志存经国、愿为中流砥柱的抱负与信心溢于言表。从正德五年(1510)庐陵治县初试牛刀到正德十四年(1519)南、赣、汀、漳"破山中贼",这十年间阳明一边莅官治民,一边授徒讲学,践行着他的"知行合一"学问。在安徽滁阳督马政的时期王阳明也以静坐法教学生,看起来回到了陈白沙的"默坐澄心"。这时的静坐教法用阳明自己的话说是"欲以此补小学收放心一段工夫耳"(《年谱》"正德五年")。

阳明在提揭**知行合一**说之后又曾以"收放心"的**静坐法**教人,说明"知行合一"的教法也有其局限——偏重于动的一面,用的一面，未能笼罩阳明动静、体用一如的心性追求。但静坐法也有弊端。阳明后来反省道：

> 吾昔居滁时，见诸生多务知解，口耳异同，无益于得，姑教之静坐。一时窥见光景，颇收近效。久之，渐有喜静厌动，流入枯槁之病。或务为玄解妙觉，动人听闻。（《传习录》卷下，第262条）

"知行合一"与"静坐"各有一偏的问题如何得到彻底解决？阳明还需要一次新的"彻悟"，那就是**"致良知"**之悟。

王阳明提揭"致良知"教法，是在平定宁藩朱宸濠叛乱并经历张忠、许泰谗谤之乱以后，这一经历对阳明而言堪称一生中最大的"人情事变练习"，其复杂凶险远超过正德初年遭刘瑾构陷贬谪龙场的考验。关于这一事件对王阳明提出"致良知"教的影响，阳明本人只有很简要的一个自述——"某于此良知之说，**从百死千难中得来**"。这显然与孟子讲的孩提之童爱亲敬兄不虑而知、不学而能的良知良能有所不同。

关于阳明"致良知"经验从"百死千难"中得来的心路历程，王畿在《读先师再报海日翁吉安起兵书序》中有真切的记载。王阳明平定宁藩的叛乱只用了两个月时间，以王阳明超卓的军事才华，看起来此役军事上并不是特别难。事后有朝中官员评价"平藩事，不难于成功，而难于倡义"[1]。宁王朱宸濠夺取皇位的叛乱久有预谋，

---

1 《王阳明全集》卷三十四，第1407页。

在朝廷内外都拉拢了一批暗中响应者，起事之后也有很多官员持观望态度，连王阳明的高徒邹守益都心存犹疑，王阳明倡义平叛实出于超凡的担当与勇气。王畿回顾道：

> 夫宸濠逆谋已成，内外协应，虐焰之炽，熏灼上下，人皆谓其大事已定，无复敢撄其锋者。师之回舟吉安，倡义起兵也，人皆以为愚，或疑其诈。时邹谦之在军中，见人情汹汹，入请于师，师正色曰："此义无所逃于天地之间，使天下尽从宁王，我一人决亦如此做。人人有个良知，岂无一人相应而起者？若夫成败利钝，非所计也。"（《王畿集》卷十三，第342页）

王阳明在吉安起兵平叛时尚未接到朝廷平叛的成命，完全是出于自身良知的**挺身担当**。王阳明生平中有**两次毅然决然的道义担当，他学问中最大的两次突破都来自这两次担当的历练工夫**。第一次是正德元年（1506）上疏救言官戴铣，此举得罪了当权太监刘瑾而招致杖责、下狱并贬谪龙场，后来有龙场格致之悟，另一次就是举义兵平定朱宸濠谋反，其后有"致良知"之教。

据王畿的转述，王阳明如此对门生自述他应对宸濠及忠、泰之变的内心工夫：

> 致知在于格物，正是对境应感实用力处。平时执持怠缓，无甚查考，及其军旅酬酢，呼吸存亡，宗社安危所系，全体精神只从一念入微处自照自察，一些着不得防检，一毫容不得放纵。勿助勿忘，触机神应，是乃良知妙用，以顺万物之自然，

而我无与焉。夫人心本神,本自变动周流,本能开物成务,所以蔽累之者,只是利害毁誉两端。世人利害不过一家得丧而已,毁誉不过一身荣辱而已。今之利害毁誉两端,乃是灭三族、助逆谋反,系天下安危。只如人疑我与宁王同谋,机少不密,若有一毫激作之心,此身已成齑粉,何待今日?动少不慎,若有一毫假借之心,万事已成瓦裂,何有今日?此等苦心,只好自知。譬之真金之遇烈焰,愈锻炼愈发光辉。此处致得,方是真知;此处格得,方是真物。非见解意识所能及也。自经此大利害、大毁誉过来,一切得丧荣辱,真如飘风之过耳,奚足以动吾一念?今日虽成此事功,亦不过一时良知之应迹,过眼便为浮云,已忘之矣!……(《王畿集》,第343页)

阳明自道其军旅酬酢的"大考"之中致知格物工夫之要在于——**全体精神只从一念入微处自照自察**。此一念之微不仅关系到个人的性命安危,而且关系到宗族命运、系天下安危。在招致"与宁王同谋"的猜疑非议下,阳明做到了**无一毫"激作之心"**,大义凛然,面对宁王的拉拢不为所动,面对外界的猜疑自信坦荡;同时,当宁王兴兵谋反而朝野多在观望时,阳明义无反顾地倡义平叛,**无一毫"假借之心"**,没有观望、没有等待,及时扑灭了叛乱的战火,避免了社稷的危局与更大范围的生灵涂炭。这里所讲的**无一毫激作之心、假借之心**,就是"破心中贼"的工夫。王阳明以一介儒臣成就平定宁藩的旷世伟业,固然有他善于用兵的军事才能因素,但根本处得力于他"破心中贼"的"致良知"工夫。

与知行合一工夫相比,致良知工夫有几大进益:一、**知行合一**

工夫的要领在**回复动力自足的"意之本体"**，在于实现从向外格物穷理到自觉"心即理"的**内在自信**；**致良知工夫则要对意念之微进行自照自察**，更具有对自身意念中之非僻的警觉性，即"破心中贼"的廓清之功，兼有**内在自信与内在警觉**。二、知行合一工夫的实质是物我之间通达无碍的**感应**，以浑然与物同体的"**识仁**"为本；致良知工夫则是**对自身意念之是非善恶的照察**，以"**集义**"为要。阳明在提揭"致良知"之后往往讲"集义"就是致良知，这也是从"事上磨炼"得出来的良知经验。三、知行合一所诉诸的是**情感性的道德本体**，即知孝知弟知恻隐的**道德情感**；致良知所磨炼的则是**良知的整全体段，以真诚恻怛的仁心为本，同时包含心得其宜、事得其理的权衡智慧**，最终迈入妙应自然、物我两忘的化境，这种忘化的工夫即是良知的功成不居，廓然与太虚同体。

## 小结

阳明在龙场悟道确立自己独到的学问道路之后思想仍经历了丰富的发展过程，这个过程被称为为教三变。有学者认为这三变只是阳明学问工夫纯熟度的差别，义理骨干没有变化。本文通过对照先秦儒家的德目和成德境界论，分析阳明从前期知行合一说、江右致良知说和晚年《大学问》中的相关思想，指出阳明在德性本体的体认和修德境界上经历了一个由孝悌仁心为核心到集义、时中的进德之路。

# 第七章　心之良知是谓圣

王阳明踏上圣贤之路的标志性事件是少年时代以"读书学圣贤"为"第一等事"的抱负,这一抱负最终结出的"圣果"则是"心之良知是谓圣"的认取。王阳明的学问以"致良知"的口诀为标志,与"格物穷理"的朱子学分庭抗礼。二者看起来只是学问工夫的差别,在学问的宗旨方面王阳明与朱子是一样的,都是儒家的"止于至善"——内圣外王。但是,不同的工夫路径所通向的最终境界实际上并不完全一样。其中一个差别是,阳明心学的圣人观念相比朱子更具有平民色彩,这在"见满街人都是圣人"的话头中表现得尤为昭著。这一讲法消解了正统圣人观遥不可及的崇高性,看起来张狂,但其实是孟子性善论及其圣人观的合理延伸。孟子提出"尧舜之道,孝弟而已矣"(《孟子·告子下》),主张"人皆可以为尧舜",开启了以孝弟良知为成圣根底的儒学路向,是阳明学"见满街人都是圣人"之说的先声。王阳明提出"心之良知是谓圣"[1],是在其"致良知"学说基础上对孟子圣人观的继承发展。王阳明的"良知"思想来自孟子"不虑而知,不学而能"的孝悌良知观念,又通过其人生历练与论学过程发展了"良知"概念的内涵,阐发了"良知"作

---

[1] 《书魏师孟卷》,《王阳明全集》卷八,第312页。

为"是非之心"的智性维度,以及作为"造化之精灵"的宇宙论品性。王阳明基于其良知说的圣人观一方面具有"**与愚夫愚妇同**"的伦常面相,另一方面又涵摄了"圣"德原本具有的"**聪明睿智**"禀赋[1],具有"道中庸"和"极高明"的双重品格。阳明虽然主张圣人与愚夫愚妇同德,但并非反智主义,"见满街人都是圣人"不是西方基督教背景下的"愚人颂"。学界对阳明学圣人观的认识多偏重于"道中庸"这一面相,认为阳明学将儒家的"圣人"世俗化、大众化了。[2] 这一通行的观点在阳明及其后学中能找到很多证据[3],但并不全面。通观王阳明后期关于"致良知"的阐述,可以看到"良知"既包含"人伦之至"的伦理含义,也有"聪明睿智"的智性维度,既包含"尽性至命"的乐境,也包含"赞天地之化育"的境界,而这些维度正是儒家传统"圣人"境界所包含的。因此,阳明学的"见满街人都是圣人"唤起了普通人为善成圣的道德信心,但"心之良知是谓圣"作为其理论基础并未降低儒家"圣人"境界的品格。

## 一、儒家"圣人"观中的张力

王阳明在"学为圣贤"的道路上历经曲折,与当时居于权威

---

[1] 不过与朱子不同,阳明更着意良知先天的"聪明睿智",而不是通过后天的"格物穷理"达到的学问贯通。
[2] 关于阳明心学的圣人观学界已有较多研究,但多偏重其"与愚夫愚妇同"的通俗化一面,比较有代表性的论文可参方旭东,《以良知为圣》,《孔子研究》2000年第2期;李丕洋,《略论王阳明的圣人观及其历史意义》,贵州大学中国文化书院年刊《阳明学刊》(第五辑),2011年;吴震,《中国思想史上的圣人概念》,《杭州师范大学学报》2013年第4期。其他相关论文颇多,不一一列举。
[3] 关于阳明及其后学"圣凡一致"论说的例证,参吴震《中国思想史上的圣人概念》,《杭州师范大学学报》2013年第4期,第24页。

地位的朱子学中"圣人"观念的张力有关系。朱熹虽然继承自韩愈到二程以来的儒家道统观而尊孟子贬荀子,但是在某些重要问题上却接近于荀子的见解,不尽同于孟子。例如,关于学问的工夫路径,朱子不单讲孟子的"求放心",而是兼重——甚至可以说是更重——博学积累的工夫。与之相关的是,朱子的圣人观念不仅重视德行,也重视聪明才智的方面、学问的方面,遵循的是《中庸》"尊德性而道问学"的路向。但在其实际展开中朱子学更多地是发展了"道问学"的方面。由于朱子学在元明以来科举考试中的权威地位,其"道问学"的方面更是压倒了"尊德性"的方面,心与理的不一、知与行的脱节日益严重。这正是王阳明在其"学为圣贤"的道路上遇到的问题。

王阳明天禀睿智,少年时就有以"读书学圣贤"为第一等事的抱负。自此之后**学为圣人的第一等事**就不断地指引着王阳明崎岖的人生道路。弱冠之年,王阳明在送夫人诸氏归余姚的路上拜谒儒者娄谅,娄谅告之以宋儒格物之学,谓"圣人必可学而至",王阳明"遂深契之"(王阳明《年谱》"弘治二年")。[1] 自此王阳明踏上了一段由朱子的格物之学而探入成圣之境的道路。不过,这段路是充满曲折的,王阳明的格物之途经历了两次严重的挫折,一次是二十一岁(弘治五年 [1492])时格父亲官署中的竹子,不得其理,反遇疾,于是"自委圣贤有分",转向辞章之学;第二次是二十七岁时(弘治十一年 [1498])按照朱子上宋光宗疏所言读书法读书穷理,较上一次大有进步,但"物理吾心终若判而为二",仍然没有找到真正属于

---

1 《王阳明全集》卷三十三,第 1348 页。

自己的成圣道路，于是"益委圣贤有分"，转向道教养生之学。但尽管有一次次的曲折，王阳明最终没有放弃"学为圣贤"这第一等事的抱负，而是在一次次的"沉溺"后又回到了"圣学"的求索道路上来。这也可以看作是王阳明的作圣良知在不断地把他从"五溺"的迷途中召回。

王阳明格物经历的挫折是他告别朱子学而另辟作圣之途的关键经验。朱子的格物之学主张要"即凡天下之物，莫不因其已知之理而益穷之，以求至乎其极"[1]，这确实是一条漫长、艰辛而曲折的道路，如果缺少良师引领，也很容易走向驳杂枝蔓的歧途。朱子的格物之学在其当世就遭到了批评，陆九渊就判其为支离而另主张发明本心的易简工夫。问题是，尽管面对陆九渊的强大批评，朱子为什么还要坚持他的那套格尽天下之物的穷理之学呢？这基于朱子对儒学的整体理解，基于他对儒家圣人境界的理解。朱子的圣人观经历了一个变化过程，他说：

> 某十数岁时，读孟子，言圣人与我同类者，喜不可言。以为圣人亦易做。今方觉得难。[2]

不过朱子的圣人难为论并不同于汉唐时代的"圣不可学"观点，而是认为成圣贤需要经过下学上达、内外兼修的艰苦工夫。他告诫自己的门人陈淳说：

---

[1] 朱熹撰《格物补传》，见《四书章句集注》，第8页。
[2] 转引自《朱子学提纲》，第71页。

自古无不晓事情底圣贤，亦无不通变底圣贤，亦无关门独坐底圣贤，圣贤无所不通，无所不能，那个事理会不得？如《中庸》"天下国家有九经"，便要理会许多物事。如武王访箕子陈《洪范》，自身之视、听、言、貌、思，极至于天人之际，以人事则有八政，以天时则有五纪，稽之于卜筮，验之于庶征，无所不备。[1]

　　在朱子看来，圣人要能够理会得天下事，单靠"持敬，收拾身心"的涵养工夫是不够的，还需要博学多能。钱穆先生认为"朱子乃以德行、聪明、才能、事业四者并重而称之为圣人"[2]。从中可以看出朱子的圣人观隐含了古代圣王的背景，《中庸》"九经"与《尚书·洪范》讲的都是王天下之事与王者之德。这样的圣人普通的庶民当然不能想望。因此，朱子的圣人观里面其实包含了内在的张力，一方面，他继承了孟子"人皆可为尧舜"的圣人观，另一方面又保持了汉唐时代以圣王为圣人原型的观念。[3]

　　阳明早年立志要做的圣贤是不是朱子眼中**德行、聪明、才能、事业并重**的圣贤？从年谱看，阳明少年就有经略四方之志，钻研过兵法（《年谱》"弘治十年"），而且也广读过经史子集（《年谱》"弘治二年"），确实遵照朱子格物之学下过工夫。这些工夫对阳明日后的事功肯定打下了一定的知识基础。那么，阳明为什么没能在朱子

---

[1] 《朱子语类》卷一百一十七，第2830页。
[2] 《朱子学提纲》，第75页。
[3] 在以圣王为原型的圣人谱系中孔子的地位非常特别，孔子当然不是掌握政权的王，也没有像伊尹、周公那样做过"王佐"，但孔子从汉代以后就被视为为王道立法的"素王"，其地位与尧舜文武周公相侔。

主敬穷理双翼并行的成圣之路上走下去？阳明自己给出的原因是，他在朱子格物之学中始终没有解决"物理吾心终若判而为二"的问题（《年谱》"弘治十一年"）。也就是说，无论格竹子也好，还是读书也好，阳明始终**没能在这类"天下之物"上安顿自己的身心**，加之他在当时看到的世之学者对圣人之道多徒取辩于言辞之间，"诡心色取，相饰以伪"，这种情况加重了他对朱子学的怀疑，认为其弊来自朱子"言之太详、析之太精"的章句之学。[1]

"物理吾心判而为二"这个困扰阳明的问题是怎么解决的？这要回到阳明龙场悟道的起点上去看。阳明在正德元年（1506）因上疏救言官戴铣等而得罪当权的宦官刘瑾，被下狱、廷杖四十然后谪官贵州龙场驿丞。在赴龙场之前阳明屡次动过抗旨远遯山林的念头，只是因为对父亲和祖母的亲情牵挂而作罢。从这里我们知道阳明对朝政的黑暗、官场和士林的虚伪已极度失望，治国平天下的抱负已在惨重打击下颇为淡漠，他之所以没有走向佛老出世的道路，首要是孝道、亲情的牵挂。这些构成了阳明龙场悟道的经历和心路背景。关于龙场悟道，在内容方面最重要的是如下一句话：

……始知圣人之道，吾性自足，向之求理于事物者误也。（《年谱》"正德三年"）

悟道的关键是破解了"物理吾心判而为二"的问题，圣人之道不在事物中，而是内在于吾性，无须向外穷尽事物之理。这样，**阳**

---

[1] 《别湛甘泉序》，《王阳明全集》卷七，第257页。

明就找到了与朱子格物之学很不相同的一条圣人之道——反求自家心性，显发自家宝藏。伴随着成圣工夫改变的，是圣人境界其实也发生了微妙而重要的变化。

朱子的圣人观念要求圣人要能理会得天下事。应该说，这个理解承续了训"圣"为"通"的古义（《说文》"圣"字条）。"圣"（聖）字本从耳从口，是声入心通的意思，引申为"聪明"、"明智"，本来属于理智德性。[1] 这层意思在郭店楚简的《五行》篇中见得很分明，在那里"圣"与"智"相对，是与仁、义、礼并列的五种德行之一，"圣"来自声入心通的"聪"："闻君子道，聪也。闻而知之，圣也。"[2] "圣"作为五种基本德行之一的用法在《中庸》还有保留，如"唯天下至圣，为能聪明睿知，足以有临也"，这里的"圣"虽然已经指德行的全体与极致，但也还保留了"聪明睿智"的本义。[3] 在《论语》中孔子已经被称为"圣人"，其中"圣"也有聪明睿智的意思。如孔子自谦"若圣与仁，则吾岂敢"（《论语·述而》），"圣"与"仁"并列，犹"智"与"仁"并称，是智慧的极至。[4] 不过，这一圣人观在孟子那里发生了微妙的变化。孟子一方面仍然用"圣"来称

---

1 关于"理智德性"与"伦理德性"的分别，见亚里士多德《尼各马可伦理学》第二卷 1103a15 以下。其实，这个分别在儒家这里也是有的，孔子所称赏的仁、智两种基本德性分别就是伦理德性和理智德性。

2 《五行》，见李零著《郭店楚简校读记》，北京：北京大学出版社，2002 年，第 79 页。

3 相对于这一"聪明睿智"的"圣"之古义而言，朱子圣人观稍有不同的地方在于突出了"学而知之"的重要性，这是对孔子"好学"精神和《中庸》"学问思辨行"宗旨的发扬。

4 此处之"圣"朱子以孟子的"大而化之之谓圣"注解，俞樾在《群经平议》中提出了批评，认为"圣与仁，犹言智与仁"。参程树德撰《论语集释》，北京：中华书局，1990 年，第 500 页。

道**德能的极至**[1]，另一方面又赋予了"圣人"以新义。孟子圣人观的突破主要有两点：其一，是将"圣"的含义从理智德性引向伦理德性，提出了"圣人，人伦之至也"（《孟子·离娄上》）这一新的圣人观；其二，孟子提出了"人皆可以为尧舜"（《孟子·告子下》）的主张，这其实基于孟子的性善论和伦理化的圣人观，既然"尧舜之道，孝弟而已矣"（《孟子·告子下》），而孝悌乃是人的良知良能，那当然就"人皆可以为尧舜"了。[2] 如果以《中庸》"尊德性而道问学"的标准来衡量，则孟子"孝弟而已矣"的圣人观偏重的乃是"尊德性"这一维度。这种圣人观为王阳明突破朱子学而发展出致良知的成圣路径开了先声。

## 二、只从孝弟为尧舜：在人伦觉悟中体证圣人之道

阳明的龙场悟道体现出他对新发现的成圣之道的高度**自信**——"始知圣人之道，吾性自足"，同时也有一种"**今是昨非**"的新生感——"向之求理于事物者误也"。这个自信其实在阳明那里已经有了相当深厚的积累。我们可以从年谱中的例子来看阳明龙场悟道之前积累起来的对儒家心学的信心和自信。弘治十五年（1502），王阳明三十一岁，《年谱》说"是年先生渐悟仙、释二氏之非"，"非"相对于"是"而言，**让阳明"渐悟仙、释二氏之非"的"是"是什**

---

1 这种"极至"可以是德能的某一方面，也可以是全体，如孟子分别称伯夷、伊尹、柳下惠为圣之清者、圣之任者、圣之和者，而孔子则被称为"圣之时者"。
2 关于儒家圣人观的演变，参王中江《儒家"圣人"的早期形态及其变异》（《中国哲学史》1999年第4期），以及吴震《中国思想史上的圣人概念》。

么？**首先是对祖母和父亲的深切挂念**。阳明在出世与入世的犹豫中悟到："此念生于孩童。此念可去，是断灭种性矣。"正是这一至深的亲情之念让阳明最终放弃了离世修行的仙佛道路，归向了儒家的圣人之道。在这一由仙佛归向儒家的"悟"中我们看到阳明后来的良知说已经呼之欲出，爱亲之念**"生于孩童"**，这正是孟子早已揭示出来的"良知良能"——"孩提之童，无不知爱其亲也"（《孟子·尽心上》）。这个爱亲的良知不仅让阳明自己领悟了仙佛二氏之非、归向了儒家圣人之道，而且成为阳明点化他人的立教依据。他点化西湖边坐关三年的禅僧，依据的就是僧人心中潜藏的**"爱亲本性"**[1]。这个爱亲本性是儒家仁道生发的根本，有子说"孝弟也者，其为仁之本欤"（《论语·学而》），孟子说"亲亲，仁也"。**儒家所理解的"人性"（人的"种性"）首先就是"仁性"**，孟子指出这种"仁性"表现在人的爱亲和恻隐之本心中。由此我们也可以理解阳明在因直言上疏救戴铣而得罪权宦刘瑾之前所写的一首说理诗：

阳伯即伯阳，伯阳竟安在？大道即人心，万古未尝改。长生在求仁，金丹非外待。谬矣三十年，于今吾始悔。（《赠阳伯》）[2]

这首诗可以看作阳明告别早年所耽溺的道教养生之学而归向儒家的一个宣告。"大道即人心"，已经有"心即理"的意思，此心此

---

1 《王阳明全集》，第 1351 页。
2 《王阳明全集》，第 745 页。

理万古未改,真可以忘古今、了生死。¹ 此心就是仁心,可以超出个体有限生命而长生的"丹心",也就是阳明后来所称的"良知"。

从阳明悟道的历程我们看到,让他告别朱子格物之学而确立"吾性自足"信心的"吾性"基本就是以爱亲本性为起点的"仁性"。这一点也表现在阳明早期的良知概念中。按照耿宁教授的分疏,王阳明那里有三个良知概念,第一个"良知"概念是指"向善的秉性",特别是原发的向善的情感,如对亲属的爱、对他人所遭遇不幸的震惊、对他人的尊敬和对不义行为的厌恶;第二个"良知"概念是"对自己意向的伦理价值意识",即"是非之心";第三个"良知"概念是"始终完善的良知本体"。² 第一个"良知"概念实际上是王阳明在提出"致良知"教之前沿袭自孟子的概念。阳明在其立教早期即以孟子"良知"说解释《大学》的"致知格物":

> 知是心之本体,心自然会知:见父自然知孝,见兄自然知弟,见孺子入井自然知恻隐,此便是良知不假外求。若良知之发,更无私意障碍,即所谓'充其恻隐之心,而仁不可胜用矣'。然在常人不能无私意障碍,所以须用致知格物之功胜私复理。即心之良知更无障碍,得以充塞流行,便是致其知。知致则意诚。(《传习录》卷上,第8条)

---

1 从这首诗看,阳明似乎在龙场悟道之前已经悟到了彻生死的大道。那么,在龙场时阳明为什么还会觉得"生死一念尚觉未化"呢?借用阳明高足王畿的辨析,我们可以说阳明在这首诗中所讲到的"长生在求仁"还只是一种道理上的"解悟",还不够真切,没有达到从生命体证而来的"证悟"、"彻悟"。

2 《人生第一等事》上卷第一部分第一、二、三章,另见该书第 344 页。

这应该就是阳明在龙场悟道中所悟出的"格物致知之旨"。从这段话可见阳明早期的"良知"概念基本是**伦理的**——"见父自然知孝,见兄自然知弟,见孺子入井自然知恻隐"。孝弟、恻隐(慈),都是仁德的表现。这个"仁德"是内在于我们的良知。不过,从这段话中我们也看到这个"不假外求"的良知其呈现是需要外物的触发的——见父、见兄、见孺子入井,"**见……自然知……**"构成这种**伦理良知的现象形式**。[1]

这种情感性的伦理良知是阳明在龙场悟得圣人之道的基本经验。关于这一点我们可以从他悟道之后提出的知行合一说窥见一二。"**知行合一**"是阳明龙场悟道之后提出的第一个独到的学说,实际上构成他后来"**致良知**"说的先声。知行合一的本体依据——阳明这个时期经常说的"知行本体"——其实就是"良知"。阳明在向徐爱解释"知行合一"时所举的例子就是"知孝"、"知弟"这类人伦良知。由此可以推想彼时阳明所理解的"圣人之道"主要就是以孝悌为本的人伦之道。阳明心目中的"圣人"看来忽略了"**聪明睿智**"的原本含义,转向了孟子发挥的"**人伦之至**"这个后起的圣人观念。**只有以"人伦之至"为规定的"圣人"才可能完全立足于知孝知弟知恻隐这类伦理性的良知**。阳明学后来滥觞的"见满街人都是圣人"话头依据的正是知孝知弟的伦理良知,或者说"向善的秉性"。如果我们依据朱子和《论语》中的圣人标准,这类话头会显得狂妄夸张,但放在孟子"尧舜之道,孝弟而已矣"(《孟子·告子下》)这个视野

---

[1] 良知这一"见……而知"的现象形式在孟子用来劝导齐宣王的"以羊易牛"喻例(《孟子·梁惠王上》)中已经有生动的展示,这也说明情感性的伦理良知需要当场引发的契机。

下,就没什么不好理解的了。

## 三、良知的"聪明睿智"

那么,阳明是否放弃了"圣"原本所具有的"聪明睿智"这个维度,是否完全将"**圣人**"降到了伦理道德性的"**善人**"这个层次上?阳明的"良知"只是知孝知弟的仁德吗?当然不止如此。"圣人之道,吾性自足",这个"吾性"不只是知恻隐的仁性,而是仁义礼智圣五德俱在其中。阳明曾以其"良知"说解释《中庸》的五德:

> 盖吾良知之体,本自聪明睿知,本自宽裕温柔,本自发强刚毅,本自齐庄中正文理密察,本自溥博渊泉而时出之……[1]

这正是"圣人之道,吾性自足"的意思。可见,阳明的"良知"说并没有轻视"聪明睿智"的理智德性。他在其良知学的第二个阶段以"是非之心"为良知的本质规定,包含了"聪明睿智"的理智德性在其中。

"是非之心"本来是孟子性善论四端中的"智之端",阳明把它化用为"良知"的核心界定,饶富深意。"是非"在汉语思想中很早就有了表示道德上正确与错误的含义,而且在伦理和政治的公共领域人们对"是非"可以有很不相同的主张,在战国百家争鸣的局面中各家各有其是非,因此有庄子针对儒墨的"此亦一是非,彼亦一

---

[1] 《答南元善》,《王阳明全集》,第 235 页。

是非"而建议"莫若以明"(《庄子·齐物论》)。阳明认"良知"为"是非之心",这个"是非之心"当然首先是**道德**意义上的,但并非**没有理智判断**的维度在其中。虽然阳明在提出"致良知"教法之后才更常以"是非之心"来界说"良知",但在此之前他已经有一些相关讲法。如:

> 善念发而知之,而充之;恶念发而知之,而遏之。知与充与遏者,志也,天聪明也。圣人只有此,学者当存此。(《传习录》卷上,第71条)

此处的"善念发""恶念发"而知之、充之、遏之的就是"是非之心",阳明称之为"志也,天聪明也"。这个"**天聪明**"就是"**良知**"[1]。由此可见阳明第二阶段的良知概念中包含了"聪明睿智"的智性因素,而且这个因素其实在阳明明确提出"致良知"教法之前已经有了,只不过还没有明确作为宗旨提出。

**良知作为"天聪明",作为"是非之心"包含智性因素,而不只是道德情感,这也体现在阳明将"明智"这一理智能力包含在"良知"概念中。**在答欧阳崇一的一封信中阳明以"致良知"解释孟子的"集义":

---

[1] 《王阳明全集》中"天聪明"这个词出现两处,另一处是阳明平定宁王之乱后遭忠、泰之谤时所作的《月夜二首》诗中,彼时阳明正处在提出"致良知"作为其学问宗旨的阶段,诗中把"良知"比作唤醒人的鼓声,最后两句说"何当闻此鼓,开尔天聪明"(《王阳阳全集》卷二十,第861页)。

> 义者宜也。心得其宜之谓义。能致良知，则心得其宜矣，故集义亦只是致良知。君子之酬酢万变，当行则行，当止则止，当生则生，当死则死，斟酌谓停，无非是致其良知，以求自慊而已。故君子素其位而行，思不出其位，凡谋其力之所不及而强其知之所不能者，皆不得为致良知；而凡劳其筋骨，饿其体肤，空乏其身，行拂乱其所为，动心忍性以增益其所不能者，皆所以致其良知也。(《答欧阳崇一》，《传习录》卷中，第170条)

阳明子此处以"心得其宜"解释"义"，并以"思不出其位"解释良知之"宜"，表明了良知并非抽象的道德判断，而是包含了对自身德位的清醒认识，包含了明哲的自知——凡不自量力而谋其力所不及与知所不能者，都不是致良知。"良知"的这层"明哲"的意思在泰州学派的王艮那里得到了进一步的发挥，王艮将"明哲保身"解释为"良知良能"[1]，虽与阳明所引"思不出其位"的古训有微妙差别[2]，但在保持对自身处境的明觉这一点上是一样的。

通过将"良知"解释为"是非之心"，王阳明开显了良知中的"聪明"元素，也在他的圣人论中保存了"圣"之为"聪明睿智"的古义，只不过阳明并不把"聪明睿智"看作个别人的神秘禀赋，而是看作人人本具的良知：

> 先生曰："惟天下至圣，为能聪明睿智，旧看何等玄妙，今

---

[1] 参《泰州学派研究》，第151页。
[2] 阳明以"思不出其位"为"良知"，关注的是"位"的本职和界限，更有"公共性"，王艮的"明哲保身"说关注的则是更具个体性和主体性的"身"。

看来原是人人自有的。耳原是聪，目原是明，心思原是睿智，圣人只是一能之尔。能处正是良知，众人不能，只是个不致知，何等明白简易！"(《传习录》卷下，第283条）

由这层"聪明睿智"的因子，阳明在晚年的《大学问》中把"良知"解释为"至善"的本原，而"至善"在彼时阳明的眼里已不再只是道德上的"纯乎天理"[1]，而是体现为"变动不居"的"时中"：

> 至善者，明德、亲民之极则也。天命之性，粹然至善，其灵昭不昧者，此其至善之发现，是乃明德之本体，而即所谓良知也。至善之发现，是而是焉，非而非焉，轻重厚薄，随感随应，变动不居，而亦莫不自有天然之中，是乃民彝物则之极，而不容少有议拟增损于其间也。[2]

良知是"至善之发现"，因此也就是成圣的根据，此中之"圣"实具有孟子称道孔子的"**圣之时者**"之妙义。这个在随感随应中发现"至善"的良知不仅是**人伦（民彝）的极则**，也是**事物的极则（物则）**，因此具有"宇宙论"[3]的维度。阳明在晚年居越讲学期间对良知的"宇宙论"维度发明最详。

---

1 参《传习录》第2、3、4条。
2 《大学问》，《王阳明全集》卷二十六，第1067页。
3 中国古人视野中的"宇宙"不同于西方现代科学宇宙论的cosmos，"上下四方曰宇，往古来今曰宙"，"宇宙"虽然是超越人伦的终极境域，但不离人心的感知，是人栖居的家园。陆九渊有"宇宙即是吾心，吾心即是宇宙"一语，可知心学本具一种宇宙视野。

## 四、"良知"之"完全":赞天地之化育的圣境

耿宁教授将阳明晚年第三个良知概念称为"始终完善的良知本体"。这个完善不只表现在道德上的纯粹,也表现在**作用上的广阔**。用《中庸》的语言说,良知不仅能"尽其性",而且能"尽人之性"、"尽物之性",如此才是"**赞天地之化育**"的**至诚至圣**的良知。阳明如此赞叹"良知"的宇宙本体意蕴:

> 良知是造化的精灵。这些精灵,生天生地,成鬼成帝,皆从此出,真是与物无对。人若复得他完完全全,无少亏欠,自不觉手舞足蹈,不知天地间更有何乐可代。(《传习录》卷下,第261条)

良知此间成了"与物无对"的"绝对精神",不只是"见父自然知孝,见兄自然知弟,见孺子入井自然知恻隐"的伦理精神,也是"生天生地,成鬼成帝"的造化之精灵。

这当然不是狂妄荒谬的主观唯心主义。因为此处的生—成并非实存层次上的,而是**意义、秩序**层次上的。阳明说:

> 我的灵明,便是天地鬼神的主宰。天没有我的灵明,谁去仰他高?地没有我的灵明,谁去俯他深?鬼神没有我的灵明,谁去辨他吉凶灾祥?天地鬼神离却我的神明,便没有天地鬼神万物了。我的灵明离却天地鬼神万物,亦没有我的灵明。如此,便是一气流通的,如何与他间隔得!(《传习录》卷下,第336条)

这个"灵明"作为人的良知是"赞天地之化育"的宇宙心,有赖于这一点灵明,天地才成为显出秩序、显出大美的**宇宙(cosmos)**,而不是一团**混沌(chaos)**。[1]

阳明此处所言"我的灵明"与"天地鬼神万物"互为根据"一气流通"的关系,颇近于西方哲学中"思维与存在同一"的核心命题。只是,西方哲学中这个与"存在"同一的"思维"具有深远的理论静观传统,与之相关,在西方文明中主**静观思辨的哲学生活**与主**行动的伦理、政治生活**往往分途。但在阳明这里与天地鬼神"一气流通"的"灵明"是动静交养、知行合一的,既是"**知体**",更是"**仁体**"。[2]因此"良知"在其"生天生地,成鬼成帝"的宇宙维度中仍不同于"玩弄光景"的想象,仍有"**极高明而道中庸**"的实践品格,这正是儒家圣人的品格,也就是《易·文言》所赞的"大人"境界——"与天地合其德,与日月合其明,与四时合其序,与鬼神合其吉凶,先天而天弗违,后天而奉天时"[3]。朱子将大人与天地的"合德"解释为"人与天地鬼神,本无二理"[4],这个"本无二理"仍有

---

[1] 在阳明这里,良知的宇宙是一个事事物物皆得其理的秩序化宇宙,这与古希腊神话和哲学中"混沌"(chaos)通过logos而成为显现出秩序的宇宙(cosmos)的观点所见略同。吾友风行兄提醒,古希腊神话中的chaos实不同于庄子笔下的"混沌"。阳明晚年之"无善无恶心之体"颇有庄子的"混沌"之意味。

[2] 阳明在其晚年的良知学中一方面开显了良知的宇宙性维度,另一面也没有弱化其伦理德性维度,良知既是"生天生地,成鬼成帝"的灵明之体,也是"真诚恻怛"的"仁体",此真诚恻怛的良知本体发之事亲就是孝,发之从兄便是悌,发之事君就是忠(《传习录》卷中,第189条)。在良知的一气流行中,孝悌忠信的人伦世界与天地鬼神的宇宙是一体的,没有间隔。

[3] 与天地合其德,是大人之仁,盖天地之大德曰生,生生之仁即天地之德。"与日月合其明"是大人之智、"与四时合其序"是大人之礼、"与鬼神合其吉凶"是大人之义。仁者,智之端;智者,仁之成。

[4] [宋]朱熹,《周易本义》,廖名春点校,北京:中华书局,2009年,第41页。

独断论的色彩,从阳明良知学的角度看,大人"与天地合其德"的根据乃是良知与天地鬼神一气流通的"感应之几"(《传习录》卷下,第336条)。这个"感应之几"虽然人人具有,但是只有在"寂然不动,感而遂通天下之故"(《易·系辞上》)的圣人境地中才能充拓得尽,达到"通天下之志"、"成天下之务"的至精至神境界。

## 小结

"心之良知是谓圣"是王阳明基于其良知学的圣人观。王阳明的良知概念经历了一个从伦理层面到生存论、宇宙论层面深化扩展的过程,与之相应他的圣人观也有一个发展丰富的过程,在"人伦之至"这一基本含义中融摄了聪明睿智的智性维度,最终迈入了"赞天地之化育"的至诚至圣境地。因此,王阳明基于其"良知"思想的圣人观具有道中庸和极高明的双重维度。学界通常根据阳明及其后学"见满街人都是圣人"的话头认为阳明心学将儒家圣人观念通俗化平民化了,这种观点有一定的合理性,但不够全面。

王阳明提出了"心之良知是谓圣"的独到圣人观,并基于此而认为"个个人心有仲尼",人人皆有良知,人人皆可成圣,这一新的圣人观使得阳明心学建立了"见满街人都是圣人"的道德自信。不过,由于阳明的"良知"观念具有多重层次和丰富内涵,因此基于"心之良知是谓圣"的圣人观也具有丰富的内涵,需要详加辨析。阳明的"良知"观念最初来自孟子的"孝弟良知",其圣人观也以孟子的"人伦之至"为主要规定,这是圣人与愚夫愚妇同德的道中庸维度。然而,"良知"在阳明那里也是知善知恶、知是知非、随感随应的"天聪明",是时中的本体,良知之圣包含了"圣"的本义所具有的睿智通达的义项。阳明良知学的平民色彩绝非反智的道德主义。其晚年所阐发的"生天生地,神鬼神帝"的良知本体观念更具有"与天地合其德"的"极高明"品格。"良知"观念所具有的丰富内涵在阳明后学中得到了不同方向的侧重发展,其后学的思想具有或偏重道中庸或偏重极高明的不同面相。[1] 今天我们研究和弘扬阳明心学,必须探讨其"良知"和"圣人"观念的完整内涵,避免研究的片面和实践的偏差。

---

[1] 如泰州学派相对而言比较具有"道中庸"的品格,而以王畿为代表的浙中王门则相对而言更具有"极高明"的品格。

# 第八章　直承颜子与明道的心学境界

伟大人物在其生命历程中重演历史的高度。阳明心学的境界既体现在他个人思想的发展中，也体现在他对历代儒者的评骘中，体现在他的道统观中。自韩愈《原道》篇提出儒家道统论以来，道统意识就成为儒家、特别是理学家学问中的一大支柱。韩愈的道统观除了辟佛老异端外，还包括了对儒学人物的评骘，他认为儒家道统由尧舜而文武、周公，由周公而孔子、孟子，至孟子没而道不传，"荀与扬也，择焉而不精，语焉而不详"。韩愈扬孟子而贬荀子、扬雄，这里面就包含他对儒学思想境界的认识。宋代理学家接续韩愈尊孟子、辟佛老的思想主张，进一步发展了儒学的道统论，这在朱子的《中庸章句序》中得到权威性的表述。朱子的道统论有三个大的环节，一是从尧舜禹到文武、周公，这个环节的表述与韩愈基本一致；其二是从周公到孔子、孟子，在这个环节朱子加入了颜子、曾子和子思；其三是推尊二程兄弟，以为程夫子兄弟能"续夫千载不传之绪"，得子思、孟子之心传。[1]

理学的道统论述包含明确的正统、异端甄别与儒学内部纯驳高下的评判，韩愈的道统论尊孟贬荀，这个评判为其后整个理学所接

---

[1] 《四书章句集注》，第18页。

受，朱子的道统论则推尊二程，贬退与二程同时的王安石新学、三苏的蜀学，乃至理学内部的张横渠、邵康节，地位也不能与二程相提并论。朱子同时代也面临与其分庭抗礼的象山之学、胡五峰与张南轩的湖湘学派等。随着朱子学后来官方正统地位的确立，朱子成为理学道统论中最近的一位集大成者，有越过二程而与孟子比肩之势。这一局面在明中叶的王阳明这里被打破，阳明学在突破朱子学而自立门户的同时提出了自己有别于朱子学的道统论述，对历代的儒家圣贤做出了有别于朱子学的评判。

粗看起来王阳明的道统论述与朱子没什么差别，一样的尊孟贬荀，一样的推尊周、程。这也表明阳明心学虽然与朱子学分庭抗礼，但其中的分歧仍是理学内部的分歧，其间的差别远没有理学与非理学、儒学与非儒学之间的差别那么大。但大同之间仍有微妙而并非不重要的差异，其一是恢复象山心学的地位，为朱子学独尊之后象山心学的隐没不彰鸣不平；其二是在二程之中分别明道与伊川之学，特别推尊明道，对伊川则不无微词；其三是对颜子的特别推崇，以颜子迈越曾子，提出了"颜子没而圣学亡"这一颇具争议性的论断，对颜子之学做出了独到的解释。这些微妙差异中包含了阳明心学对儒学工夫论和境界论的独到理解，值得做一番探讨。由于阳明与象山的一致之处比较显而易见，而且阳明对象山的肯定中也有所保留，我们着重从阳明对明道和颜子的推崇来探讨其中包含的儒学境界观。

## 一、阳明的道统叙述

阳明很早就有以道统自任的意识，这个意识的明确化应该始于他在三十四岁时与湛甘泉的定交。《年谱》记载:"是年先生门人始进。学者溺于词章记诵,不复知有身心之学。先生首倡言之,使人先立必为圣人之志。闻者渐觉兴起,有愿执贽及门者。至是专志授徒讲学。然师友之道久废,咸目以为立异好名,惟甘泉湛先生若水时为翰林庶吉士,一见定交,共以倡明圣学为事(《年谱》"弘治十八年")。这个"共以倡明圣学为事"并非一般意义上的共学,而是要恢复圣学的真精神、接续圣学的真血脉,其中有以道统自任的担当在。这从阳明离开京城赴谪龙场与湛甘泉等友人的唱和诗中可以看出:

> 阳明子之南也其友湛元明歌九章以赠崔子钟和之以五诗于是阳明子作八咏以答之
>
> 其三
>
> 洙泗流浸微,伊洛仅如线;后来三四公,瑕瑜未相掩。嗟予不量力,跛鳖期致远。屡兴还屡仆,惴息几不免。道逢同心人,秉节倡予敢。力争毫厘间,万里或可勉。风波忽相失,言之泪徒泫。
>
> 其七
>
> 忆与美人别,赠我青琅函。受之不敢发,焚香始开缄。讽诵意弥远,期我濂洛间。道远恐莫致,庶几终不惭。[1]

这几首唱和诗在龙场悟道之前,第三首表现了明确的道统意识,

---

[1]《王阳明全集》卷十九,第750页。

其中已包含了对朱子的微词——"后来三四公,瑕瑜未相掩","三四公"当包含朱子。"道逢同心人,秉节倡予敢",表明了与友人同志共同复兴洙泗、伊洛之学的宏愿。第七首"讽诵意弥远,期我濂洛间",暗示了友人对阳明承续濂洛(周程)道统的期待。

龙场悟道之后,阳明以道统自任的意识更加明确,对朱子学的不满也更强了。在作于正德七年(1512)的《别湛甘泉序》中,阳明提出了自己的道统论述:

> 颜子没而圣人之学亡。曾子唯一贯之旨传之孟轲,终又二千余年而周、程续。自是而后,言益详,道益晦;析理益精,学益支离无本,而事于外者益繁以难。[1]

这段论述中最惊世骇俗的讲法是"颜子没而圣人之学亡",在其门人中也引起了疑问,这个问题我们后面再展开一点讲。王阳明这么说固然是对颜子的极度推崇,但他也没有否定韩愈以来的道统讲法,即由曾子而传承到孟子的先秦道统脉络。其次,这段话已经明显包含了对朱子学的批评,即"言益详,道益晦;析理益精,学益支离无本",这已经不是龙场悟道前的"瑕瑜未相掩"的微词了,而是采取了象山批评朱子学"支离"这一讲法。

阳明在《别湛甘泉序》中表明了自己与宋学的继承关系,早年究心于老、释,后来"赖天之灵,因有所觉,始乃沿周、程之说求之,而若有所得"。这里讲周、程,没有对二程加以区分,在更往

---

[1] 《王阳明全集》卷七,第257页。

后些的《朱子晚年定论》中，阳明在序言里更明确地指出他眼中的"周、程"实际上是濂溪、明道：

> 洙、泗之传，至孟氏而息；**千五百余年，濂溪、明道始复追寻其绪**；自从辨析日详尽，然亦日就支离决裂，旋复湮晦。吾尝深求其故，大抵皆世儒之多言有以乱之。[1]

这段话与《别湛甘泉序》已经不一样，将明道从二程中单独表彰出来了，与朱子的推尊伊川异趣。阳明还指出，濂溪、明道之后，"自从辨析日详尽，然亦日就支离决裂"，虽然没有点伊川之名，但实际上很可能包括伊川在内。[2]

阳明心学与象山心学并称，世称陆王心学，王阳明对象山之学也颇多褒奖推崇，但值得注意的是，在阳明的道统追认中，象山的地位却并不特别高。这其中或有与当时主流的朱子学妥协的因素，阳明挑战朱子学权威的心学主张在当时已经引起了朱子学者的强烈不满，以至于阳明要别出心裁地搜集整理出《朱子晚年定论》，弥合其说与朱子学的裂缝。可想而知，如果在道统论述中阳明要尊陆退朱，会引起怎样的反对、攻击。王阳明道统论所处的这个诠释学形势，与牟宗三的尊陆王贬程（伊川）朱是非常不同的。不过，阳明对象山的推崇中有所保留，还不完全是出于学说传播策略的考量，其中也有对象山学问境界有所未至的认识。这一点在阳明与门人陈

---

1 《王阳明全集》卷三，第144页。
2 牟宗三先生认为"明道妙悟道体，善作圆顿表示。而伊川则质实，多偏于分解表示"（《心体与性体》，第206页）。理学的"辨析日详尽"大体由伊川发其端。

九川的问答中有透露：

> 又问："陆子之学何如？"先生曰："濂溪、明道之后，还是象山，只是粗些。"九川曰："看他论学，篇篇说出骨髓，句句似针膏肓，却不见他粗。"先生曰："然他心上用过功夫，与揣摹依仿，求之文义，自不同。但细看有粗处，用功久当见之。"
> （《传习录》卷下，第 205 条）

这段对答中阳明肯定了濂溪、明道之后以象山之学为是——"他心上用过功夫"，但又指出其学"只是粗些"。粗在什么地方？这里阳明没有明说，只是提示陈九川"用功久当见之"，使之自悟。这体现了阳明的教学风格。陈荣捷先生认为"阳明从未说明象山如何是粗"[1]，这个讲法可商榷。

朱陆学术之争在其生前身后一直不断，阳明所处时代亦然。阳明虽然实际上更认同陆九渊一方，但也有所保留。在答复友人徐成之问朱陆异同的一封论学书信中，阳明一方面指出长期以来天下之论"是朱非陆"的偏失，为陆学的沉晦鸣不平，另一方面也指出了朱、陆之学的各有得失：

> 仆尝以为晦庵之与象山，虽其所为学者若有不同，而要皆不失为圣人之徒。今晦庵之学，天下之人童而习之，既已入人之深，有不容于论辩者。而独惟象山之学，则以其尝与晦庵之

---

[1] 《王阳明〈传习录〉详注集评》，第 173 页。

有言，而遂藩篱之。使若由、赐之殊科焉，则可矣，而遂摈放废斥，若碱砆之与美玉，则岂不过甚矣乎？夫晦庵折衷群儒之说，以发明《六经》《语》《孟》之旨于天下，其嘉惠后学之心，真有不可得而议者。而象山辨义利之分，立大本，求放心，以示后学笃实为己之道，其功亦宁可得而尽诬之！而世之儒者，附和雷同，不究其实，而概目之以禅学，则诚可冤也已！故仆尝欲冒天下之讥，以为象山一暴其说，虽以此得罪，无恨。仆于晦庵亦有罔极之恩，岂欲操戈而入室者？顾晦庵之学，既已若日星之章明于天下；而象山独蒙无实之诬，于今且四百年，莫有为之一洗者。使晦庵有知，将亦不能一日安享于庙庑之间矣。……

夫学术者，今古圣贤之学术，天下之所公共，非吾三人者所私有也。天下之学术，当为天下公言之，而岂独为舆庵地哉！兄又举太极之辩，以为象山"于文义且有所未能通晓，而其强辩自信，曾何有于所养"。夫谓其文义之有未详，不害其为有未详也；谓其所养之未至，不害其未至也。学未至于圣人，宁免太过不及之差乎！而论者遂欲以是而盖之，则吾恐晦庵禅学之讥，亦未免有激于不平也。夫一则不审于文义，一则有激于不平，是皆所养之未至。昔孔子，大圣也，而犹曰"假我数年以学《易》，可以无大过"；仲虺之赞成汤，亦惟曰"改过，不吝"而已。所养之未至，亦何伤于二先生之为贤乎？此正晦庵、象山之气象，所以未及于颜子、明道者在此。吾侪正当仰其所以不可及，而默识其所未至者，以为涵养规切之方，不当置偏私于其间，而有所附会增损之也。[1]

阳明此处与一般的道统论述不同，对晦庵、象山的得失没有采取非此即彼独尊一家的判教，而是认为晦庵与象山为学虽有不同，"要皆不失为圣人之徒"，二者之间的差异可以看作由（子路）、赐（子贡）之不同科。[2] 阳明肯定朱子折衷群儒、发明六经《语》《孟》之旨于天下的功劳，同时认为象山辨义利之分、立大本求放心以示笃实为己之道，不可目为禅学，朱子及其后学攻陆学为禅是不公允的。在阳明的眼里，如果从孔门分科的角度看，朱子近于传经的文学科，象山则近于德行科。阳明指出，在象山与晦庵的论争中，象山与晦庵各有所养之未至。在朱、陆太极之辩中，象山疑《太极图说》非濂溪所作，阳明友人徐成之指出象山"于文义且有所未能通晓，而其强辩自信，曾何有于所养"，阳明认可了这一批评，承认了象山"学未至于圣人"。另一方面，阳明指出，朱子讥象山之学为禅，也未免"有激于不平"。两人都有所养未至，气象不及颜子、明道。所养未至，也即是象山之学的"粗处"。

这个"粗处"特别是在与颜子、明道的对照中显示出来的。在《启周道通书》中，阳明表彰了门人周道通对朱、陆之辩的评论，这一评论指出了朱子、象山之学问境界不及明道的地方在有"动气之病"，这个评论当受到了阳明平日议论的影响：

---

1 《答徐成之·壬午》，《王阳明全集》卷二十一，第891页。
2 《论语·先进》将孔门诸贤弟子分为德行、政事、言语、文学四科，子路属政事，子贡属言语。

来书云:"今之为朱、陆之辨者尚未已,每对朋友言正学不明已久,且不须枉费心力为朱、陆争是非;只依先生立志二字点化人,若其人果能辨得此志来,决意要知此学,已是大段明白了,朱、陆虽不辨,彼自能觉得。又尝见朋友中见有人议先生之言者,辄为动气。昔在朱、陆二先生所以遗后世纷纷之议者,亦见二先生工夫有未纯熟,分明亦有动气之病,若明道则无此矣。观其与吴涉礼论介甫之学,云:'为我尽达诸介甫,不有益于他,必有益于我也。'气象何等从容!尝见先生与人书中亦引此言,愿朋友皆如此。如何?"

此节议论得极是极是,愿道通遍以告于同志,各自且论自己是非,莫论朱、陆是非也。以言语谤人,其谤浅,若自己不能身体实践,而徒入耳出口,呶呶度日,是以身谤也,其谤深矣。凡今天下之论议我者,苟能取以为善,皆是砥砺切磋我也,则在我无非警惕修省进德之地矣。昔人谓"攻吾之短者是吾师",师又可恶乎?(《传习录》卷中,第149条)

周道通以明道与介甫(王安石)之间的论辩态度来对照朱子、象山之间的论辩,指出明道不求胜人廓然大公的从容气象,而朱、陆二先生则工夫未纯熟,有动气之病。动气根子在于伐善胜人之心。观朱、陆鹅湖之会,象山"易简工夫终究大,支离事业竟浮沉"之句,自是而非人之意溢于言表,据象山自己的记载,"举诗至此,元晦失色。至'欲知自下升高处,真伪先须辨只今'。元晦大不怿……"[1]。由

---

[1] [宋]陆九渊,《陆九渊集》卷三十四,钟哲点校,北京:中华书局,1980年,第427页。

象山记载可见鹅湖之会上陆氏兄弟居上风,象山且不无咄咄逼人的伐善之嫌。而朱子每攻象山之学为禅,如阳明所说,未免有激于不平。相比照明道对待他与介甫的分歧说"不有益于他,必有益于我也",朱子、象山皆未免有求胜的动于气之心,有这个心就是学问粗处,未达廓然大公、惟精惟一之境[1]。

阳明虽然对朱子与象山之学都有所不满,但相较而言还是更接近象山。在二程兄弟中,他也与象山一样更推崇明道。在阳明心目中明道地位极高,乃颜子之后第一人。要体察阳明心学的圣贤境界,不可不知阳明心目中的明道。

## 二、恢弘明道的浑然廓然一体大公之境

阳明与明道的道缘颇深,在他三十岁游九华山时,他曾寻访到一位住在九华山地藏洞的方外异人,与其论最上乘道"周濂溪、程明道是儒家两个好秀才",阳明后来再去寻访,此人已离开,阳明有"会心人远之叹"。[2] 可见此时阳明已心仪濂溪、明道之学。这一点可能一定程度上构成他与湛甘泉定交的共识。甘泉在祭奠王阳明的祭文中回忆道:

嗟惟往昔,岁在丙寅。与兄邂逅,会意交神。同驱大道,

---

[1] 但朱子、象山的关系中也有常人所不可及处,鹅湖之会后朱子与象山兄弟的交往仍然密切,私人感情甚好,而且彼此之间也多少汲取了对方的意见,特别是朱子还能坦陈自己的学问确有支离之病。关于朱子与象山的关系,可参陈荣捷《朱熹》,第十五章"朱子与陆象山",北京:生活·读书·新知三联书店,2012年。

[2]《王阳明全集》卷三十三,第1351页。

期以终身。浑然一体，程称"识仁"。我则是崇，兄亦谓然。[1]

从甘泉的回忆可见明道的《识仁篇》是他与王阳明定交时共奉的儒学纲领。王阳明晚年大阐万物一体的仁说，实本于明道之"仁者浑然与物同体"之说，而对这一学说的信奉至迟在他与湛甘泉定交时已经确立。

综核阳明关于明道的引用、论述，他从明道之学中体认到的学问境界主要有三个方面：其一，明道之"一本"说；其二，明道之《识仁篇》；其三，明道《定性书》之境界。这三个方面不仅体现在阳明的思想中，也为众多阳明后学所尊奉，因此可以说明道之学构成阳明心学中主要的宋学学脉。

明道的识仁说与定性说对阳明心学的影响广为人知，然而明道对阳明的影响尚有更基本的一维，即明道的"一本"论。阳明早年学问的根本驱动力在读书学圣贤的第一等事追求，而其基本困惑在朱子格物之学的心与理为二，龙场悟道所解决的就是这个心与理为二的问题。阳明解决这个问题当然主要不是来自明道的启发，而是来自尽心求索的生命历练，但明道之学未尝没有助缘的作用。在阳明龙场悟道之后，明道的"一本"论思想更成为阳明大阐其"心即理"思想的助力。

关于明道的"一本"论，牟宗三先生有高屋建瓴的揭示："所谓'一本'者，无论从主观面说，或从客观面说，总只是这'本体宇宙论的实体'之道德创造或宇宙生化之立体地直贯。此本体宇宙论的

---

[1] 《奠王阳明先生文》，《王阳明全集》卷四十，第1682页。

实体有种种名：天、帝、天命、天道、太极、太虚、诚体、神体、仁体、中体、性体、心体、寂感真几、於穆不已之体等皆是。此实体亦得总名曰天理或理。此理是既超越而又内在的动态的生化之理、存在之理或实现之理。……此一义理纲维，圆顿之智慧，便是明道之承接濂溪，旁通横渠，而圆满完成之，而亦妙契于《论》《孟》《中庸》《易传》之原始型范者，亦是与伊川、朱子之所以不同处。"[1] 照牟先生此论述，明道的一本论是北宋理学的集大成者，承接濂溪、旁通横渠而完成了本于《中庸》《易传》的"一本"之客观面，落实于《论》《孟》而发挥了濂溪、横渠之学中有所不足的主观面，两面同样饱满而无虚歉，成其"一本"之圆顿智慧。

明道之"一本"论贯通宇宙生化之理与心性道德创造之理，统名之曰"天理"。其"一本"有不同言说角度，有从主观面透到客观面的，如：

> 尝喻以心知天，犹居京师往长安，但知出西门便可到长安。此犹是言作两处。若要诚实，只在京师，便是到长安，更不可别求长安。只心便是天，尽之便知性，知性便知天［一作性便是天］，当处便认取，更不可外求。（《河南程氏遗书》卷第二上）[2]

这是承孟子"尽心知性知天"的理路。也有从"客观面"透到"主观面"的，如：

---

[1] 《心体与性体》，第16页。
[2] 《二程集》，第15页。此段未注明二先生谁语，牟宗三认为自是明道语（《心体与性体》，第83页）。

> 明道曰:"维天之命,於穆不已,不其忠乎!天地变化草木蕃,不其恕乎!"(《河南程氏外书》卷第七,胡氏本《拾遗》)[1]

这是从《诗经》《周易》中的形容天道讲到《论语》中的忠恕一贯之道,也可见明道善用诗的比兴方式讲道理。

明道的一本论对阳明的助发主要在主观面的由尽心而知性知天。在《答顾东桥书》回应顾东桥举《中庸》"学问思辨行"对"知行合一"的问难时,阳明引证了明道之言来佐证其知行合一论:

> 今吾子特举学、问、思、辨以穷天下之理,而不及笃行,是专以学、问、思、辨为知,而谓穷理为无行也已。天下岂有不行而学者邪?岂有不行而遂可谓之穷理者邪?明道云:"只穷理,便尽性至命。"故必仁极仁,而后谓之能穷仁之理;义极义,而后谓之能穷义之理。仁极仁则尽仁之性矣,义极义则尽义之性矣。学至于穷理至矣,而尚未措之于行,天下宁有是邪?是故知不行之不可以为学,则知不行之不可以为穷理矣;知不行之不可以为穷理,则知知行之合一并进,而不可以分为两节事矣。夫万事万物之理不外于吾心,而必曰穷天下之理,是殆以吾心之良知为未足,而必外求于天下之广,以裨补增益之,是犹析心与理而为二也。夫学、问、思、辨、笃行之功,虽其困勉至于人一己百,而扩充之极,至于尽性知天,亦不过致吾心之良知而已。良知之外,岂复有加于毫末乎?(《传习录》

---

[1] 《二程集》,第392页。

卷中，第136条）

《易·说卦传》说"穷理尽性以至于命"，阳明以此穷理为知行合一之事，故穷理即是尽性——"必仁极仁，而后谓之能穷仁之理；义极义，而后谓之能穷义之理。仁极仁则尽仁之性矣，义极义则尽义之性矣"。穷理尽性为一回事，即是"知行合一"。**在阳明此一解释中"穷理"实际上就是"尽心"，"穷理尽性以至于命"与孟子所讲的"尽心知性知天"是同一理路。**这个解释方向在明道那里有其本。

明道一再讲到"穷理尽性以至于命"是一件事：

"穷理尽性以至于命"，三事一时并了，元无次序，不可将穷理作知之事。若实穷得理，即性命亦可了。[明]（《河南程氏遗书》卷第二上，元丰己未吕与叔东见二先生语）[1]

"穷理尽性以至于命"，一物也。（《河南程氏遗书》卷第十一，明道先生语一）

牟宗三指出，明道此等语含知行合一之义，"穷理"是究明"性命之理"而彻知之，既不是散开究明外物之理，亦不是对于"性命之理"只做一外在之知解。[2] 明道认为不可将穷理作知之事，是在通俗知解的意义上说"知"，非阳明"知行合一"之知。穷得理即可了性命，是合外内之道的"一本"思想，包含阳明"知行合一"之义。

---

1 《二程集》，第15页。
2 《心体与性体》，第86页。

这个"理"首先是**"当然"之理**,阳明解之为"穷仁之理"、"穷义之理",合乎明道的理路。从《说卦传》本身的语境看,明道、阳明的解释也大体不差。"穷理尽性以至于命",所穷的是"性命之理",而"顺性命之理"即是"立天之道曰阴与阳,立地之道曰柔与刚,立人之道曰仁与义"。《易》推演阴阳刚柔的变化,正是要穷性命之理以尽性至命。当然,在《易》的语境中"穷理"当还包括吉凶得失的"所以然"之理。但"所以然"从属于"所当然"。

明道的"一本"论将穷理属之于尽性至命,理不是外在的认知对象,而是天人共循之理,就人而言即是性命之理。这个理显在人身心上即是"仁"。明道的"一本"论落在性上就是仁本论。明道的"仁"说有两大基本特点,一是以"浑然与物同体"来说"仁",二是以"仁"统四德五常,这两点都包含在他的《识仁篇》中:

> 学者须先识仁。仁者,浑然与物同体。义、礼、知、信皆仁也。识得此理,以诚敬存之而已,不须防检,不须穷索。若心懈则有防,心苟不懈,何防之有?理有未得,故须穷索。存久自明,安待穷索?此道与物无对,大不足以名之,天地之用皆我之用。孟子言"万物皆备于我",须反身而诚,乃为大乐。若反身未诚,则犹是二物有对,以己合彼,终未有之[一本下更有"未有之"三字],又安得乐?《订顽》意思,乃备言此体。以此意存之,更有何事?"必有事焉而勿正,心勿忘,勿助长",未尝致纤毫之力,此其存之之道。若存得,便合有得。盖良知良能元不丧失,以昔日习心未除,却须存习此心,久则可夺旧习。此理至约,惟患不能守。既能体之而乐,亦不患不能守也。[明]

(《河南程氏遗书》卷第二上，元丰己未吕与叔东见二先生语）

这段后来被冠以《识仁篇》的文字道出了明道学问的根本纲领，对后来的心学影响甚大，王阳明与湛甘泉定交共倡圣学，所尊奉的就是明道"与物同体"的仁说。"仁"为诸德之首，这其实是儒家共奉的宗旨，以万物一体来说"仁"，严格说也不是明道独有的创见，至少横渠的《西铭》篇（即《订顽》）已略早于明道而"备言此体"，如果仅就境界而言，韩愈讲"博爱之谓仁"，也已经有万物一体的意思。那么，**为何不是横渠的《西铭》篇，而是明道的《识仁篇》成为阳明万物一体说最重要的思想来源？** 陈立胜教授道出了其中的重要原因——"明道识仁最亲切，此为历来学者所公认"[1]。

亲切在何处？在紧切身心。明道之仁说，最动人处不在说出"浑然与物同体"，而在以切身的体知唤起人普遍的仁之感通，这即体现在他以医病的日常现象来指点"仁"：

> 医书言手足痿痹为不仁，此言最善名状。仁者以天地万物为一体，莫非己也。认得为己，何所不至？若不有诸己，自不与己相干。如手足不仁，气已不贯，皆不属己。故"博施济众"乃一之功用。仁至难言，故止曰："己欲立而立人，己欲达而达人，能近取譬，可谓仁之方也已。"欲令如是观仁，可以得仁之体。[明]（《河南程氏遗书》卷第二上，元丰己未吕与叔东见二先生语）

---

[1] 《王阳明"万物一体"论：从"身—体"的立场看》，第43页。

医家以手足痿痹为不仁，手足痿痹，是心的气血不贯导致的痛痒没有感觉，到了严重的程度会出现似乎不再是己身的一部分的现象。这也是一种"能近取譬"，是从"不仁"的切近现象指点出"仁"——仁是**以天地万物为己身之一体的切身感通**。这一从切身痛痒感知来指点"仁"的理路与孟子的"恻隐之心，仁之端也"之说一脉相承，是儒家仁学最真切、最动人处。这个仁学当然也即身心之学。阳明心学的万物一体论继承明道"识仁"的这一学脉，其中有身心的相契。相对照而言，横渠的《西铭》篇由乾父坤母说到民胞物与，是通过"合天心"而"大其心"（《正蒙·大心第七》），毕竟转了一层，其境界不可谓不大，然而就切于身心而言实不如明道之仁说紧切。可以说，**明道的"与物同体"说是从身心本体中开示出仁者博施济众的境界，而横渠的"民胞物与"说则以乾坤父母说为宇宙论架构，如他的四句教一般不无大言炎炎、玩弄光景之危险。**

阳明的万物一体论深契明道就身心感知说"与物同体"的情理，多饱含真切、悲悯的救世情感。我们姑引两段文字看：

> 阳明子曰："大人者，以天地万物为一体者也，其视天下犹一家，中国犹一人焉。若夫间形骸而分尔我者，小人矣。大人之能以天地万物为一体也，非意之也，其心之仁本若是，其与天地万物而为一也。岂惟大人，虽小人之心亦莫不然，彼顾自小之耳。是故见孺子之入井，而必有怵惕恻隐之心焉，是其仁之与孺子而为一体也；孺子犹同类者也，见鸟兽之哀鸣觳觫，而必有不忍之心焉，是其仁之与鸟兽而为一体也；鸟兽犹有知觉者也，见草木之摧折而必有悯恤之心焉，是其仁之与草木而

为一体也；草木犹有生意者也，见瓦石之毁坏而必有顾惜之心焉，是其仁之与瓦石而为一体也；是其一体之仁也，虽小人之心亦必有之。是乃根于天命之性，而自然灵昭不昧者也，是故谓之'明德'。"(《大学问》)[1]

夫人者，天地之心。天地万物，本吾一体者也，生民之困苦荼毒，孰非疾痛之切于吾身者乎？不知吾身之疾痛，无是非之心者也。是非之心，不虑而知，不学而能，所谓良知也。良知之在人心，无间于圣愚，天下古今之所同也。世之君子惟务致其良知，则自能公是非，同好恶，视人犹己，视国犹家，而以天地万物为一体，求天下无治，不可得矣。古之人所以能见善不啻若己出，见恶不啻若己入，视民之饥溺犹己之饥溺，而一夫不获，若己推而纳诸沟中者，非故为是而以蕲天下之信己也，务致其良知，求自慊而已矣。(《答聂文蔚》，《传习录》卷中，第179条)

阳明这两处讲"万物一体"的文字，都从对民物之伤痛的切身感知阐发，与明道从医家经验来譬喻仁同一血脉，体现了儒者"上医医国"的救世之心。相比之下，《答聂文蔚》第一书讲"万物一体"更饱含痛切之情，而《大学问》以万物一体之仁释"明德"，情中寓理，"见**孺子入井**，而必有**怵惕恻隐之心**"，"见**鸟兽之哀鸣觳觫**，而必有**不忍之心**"，"见**草木之摧折**而必有**怜恤之心**"，"见**瓦石**

---

1 《王阳明全集》卷二十六，第1066页。

**之毁坏而必有顾惜之心"，一体之中远近轻重分明，浑然同体之中又隐然有物各付物的意思**，体现了阳明运思遣词的精到。《大学问》的万物一体之仁说远承孟子的"亲亲仁民爱物"，近与明道"识仁"相契，而其在一体中又不失差等分明，有意或无意地呼应了朱子以"心之德，爱之理"释仁的理性化解释。

从明道到阳明的万物一体说，粗看起来只是理学家内圣之学的德性论，然而实有仁政的传统背景与抱负在其中。阳明以万物一体之仁来解释大人之良知，以此为挽回三代之治的心学根基，其仁政抱负显而易见。同样，明道的"与物同体"之仁说，也包含了"民之父母"的仁政抱负。据载，明道做县官时，凡坐处都书"视民如伤"四字，常说"颢常愧此四字"。[1] "视民如伤"四字就是明道"以天地万物为一体"的落实处。对于未从政的学者而言，万物一体大体只是一种志向、情怀而已，但在身负州县、国家天下之任的父母官而言，万物一体是要见之行事的考验。以现象学的术语说，在无父母官之责的一般学者那里，万物一体更多只是一个"**意向**"，在"民之父母"的施政实践中，万物一体的含义才得到真正的"**充实**"。明道与阳明都各以其亲民的实践践履了其"万物一体"之念。[2] 也正是在仁政的实践中，"仁"之中包含的"公"的维度得到彰显，阳明所吸纳的明道另一个重要思想就是《定性书》中的"廓然大公"境界。

明道《定性书》本为《答横渠张子厚先生书》，是答复横渠"定性未能不动，犹累于外物"的问题。横渠这个问题究竟是什么意思，

---

1 《河南程氏外书》卷第十二，《二程集》，第 429 页。
2 关于明道的政事施为，可参看伊川所作《明道先生行状》，《二程集》，第 630 页以下。

由于原书没有留存下来，很难确定。[1] 从明道的回信看，横渠的信中或许透露出了喜静厌动、是内非外的倾向，其所追求的定性近于绝去情累的不动心境地。明道的答书则阐明了自己对"定性"的理解——性之"定"贯动静、无内外，定性不必绝情，是一种廓然大公以应物的无情之情境界。这封书信中很多讲法都被阳明所采纳了，值得大段引录：

所谓定者，动亦定，静亦定，无将迎，无内外。苟以外物为外，牵己而从之，是以己性为有内外也。且以性为随物于外，则当其在外时，何者为在内？是有意于绝外诱，而不知性之无内外也。既以内外为二本，则又乌可遽语定哉？

夫天地之常，以其心普万物而无心，圣人之常，以其情顺万事而无情。故君子之学，莫若廓然而大公，物来而顺应。《易》曰："贞吉悔亡。憧憧往来，朋从尔思。"苟规规于外诱之除，将见灭于东而生于西也。非惟日之不足，顾其端无穷，不可得而除也。

人之情各有所蔽，故不能适道，大率患在于自私而用智。自私则不能以有为为应迹［一作物］，用智则不能以明觉为自然。今以恶外物之心，而求照无物之地，是反鉴而索照也。《易》曰："艮其背，不获其身，行其庭，不见其人。"孟氏亦曰："所恶于智者，为其凿也。"与其非外而是内，不若内外之两忘也。两忘则澄然无事矣。无事则定，定则明，明则尚何应物之为

---

[1] 牟宗三先生指出了这一点，参《心体与性体》，第192页。

累哉?

  圣人之喜,以物之当喜;圣人之怒,以物之当怒。是圣人之喜怒,不系于心而系于物也。是则圣人岂不应于物哉?乌得以从外者为非,而更求在内者为是也?今以自私用智之喜怒,而视圣人喜怒之正为如何哉?夫人之情,易发而难制者,惟怒为甚。第能于怒时遽忘其怒,而观理之是非,亦可见外诱之不足恶,而于道亦思过半矣。[1]

这篇不长的书信虽然从头到尾都在说"定性"这一件事,但却包含动静、内外、公私、情理等多个展开维度,我们就其对阳明心学的影响来看明道这一定性之境界的各维度。

首先是性的无内外、贯动静。儒学是内圣外王之学,既讲天道性命,又讲修齐治平,内外本是贯通一如的,但在很多儒者那里内圣与外王的一面各有侧重,一般认为理学的传统内圣的一面更强。就论"性"而言,儒学中有很强的以性为静、为内的主张。《乐记》讲:"人生而静,天之性也,感于物而动,性之欲也。"这一"性静"说对后来的儒学影响颇大。理学的先驱,中唐时韩愈的门生李翱有《复性书》,认为"人之所以为圣人者,性也。人之所以惑其性者,情也",基于这种"性善情迷"的看法,李翱以"不动心"为道统的主要内容。[2] 这一警惕情欲而主静的儒学流派在理学中影响很大,甚至二程的老师周濂溪也有"主静"之说(《太极图说》)。从明道《定性书》所回应横渠"定性未能不动,犹累于外物"的问题看,

---

[1] 《二程集》,第460页。
[2] 陈来,《宋明理学》,上海:华东师范大学出版社,2004年,第25页。

横渠有追求"不动心"的境界而未能的焦虑，静的境界对他是很有吸引力的。明道肯定了横渠对"定"的追求，但开阔了"定"的领域——"所谓定者，动亦定，静亦定，无将迎，无内外"，起首就将"定"与"静"区别开来了——"定"并不等于脱离事物的"静"，应事之动中也可以有定。由此工夫本领上的动静皆定就顺理成章地导出了本体上的性无内外，破除了内外二本的问题[1]，也从根本上确立了儒家不同于佛教的心性之学。性无内外本是儒家仁学的应有之义，仁者爱人，"克己复礼，天下归仁"，仁者不可能以外物为累而避之。但因为礼乐的崩坏和佛教的传入，士人中多有在佛老之学中追求内心安宁的，即便在理学兴起后也不免。阳明早年曾溺于仙释多年，其门人中也有不少好静而曾耽溺于佛老的。对此，阳明除了以动静一理的良知教对治以外，也以明道的《定性书》来提点门人。门人中有以书信质于阳明，"欲入坐穷山，绝世故，屏思虑，养吾灵明。必自验至于通昼夜而不息，然后以无情应世故"，这是想通过避世习静来养心，以不动心的境界来应对事务，阳明一方面肯定其立志不凡，但又告诫：

> 夫良医之治病，随其疾之虚实、强弱、寒热、内外，而斟酌加减。调理补泄之要，在去病而已。初无一定之方，不问证候之如何，而必使人人服之也。君子养心之学，亦何以异于是！元道自量其受病之深浅，气血之强弱，自可如其所云者而

---

[1] 儒者中颇有以佛老修心、以儒学经世的看法，就是典型的二本。张载虽然未必有这种明确看法，但其除外诱而追求不动心的倾向中有接近佛老的一面。从吕大临所作《横渠先生行状》看，横渠弃佛老而归于儒学受到了二程的影响。

斟酌为之，亦自无伤。且专欲绝世故，屏思虑，偏于虚静，则恐既已养成空寂之性，虽欲勿流于空寂，不可得矣。大抵治病虽无一定之方，而以去病为主，则是一定之法。若但知随病用药，而不知因药发病，其失一而已矣。间中且将明道《定性书》熟味，意况当又不同。[1]

阳明肯定"绝世故，屏思虑"的静养灵明工夫有随病用药的意义，可对治务外遗内的纷乱迷失，但不可偏于虚静，养成空寂之性。针对静养法因药发病的危险，阳明指点门人去熟味明道《定性书》。可见阳明认为明道的《定性书》是对治"养成空寂之性"弊病的理学宝典，其中要诀就在于明道提出了一种贯通于动静内外的定性工夫。

明道定性说的高明之处在于指点出"定"的境界不一定要在静中求，动中也可以有定，应对事务可以不妨碍心性的安定。这是一种怎样的境界？明道讲："夫天地之常，以其心普万物而无心；圣人之常，以其情顺万物而无情。故君子之学，莫若廓然而大公，物来而顺应。"其中出现了矛盾性的修辞——天地普济万物，以**无心之心**，圣人情顺万物，是**无情之情**。这里明道似乎采纳的是道家色彩的圣人无情论，与其一体之仁说相悖。但明道并非主张一种漠然不动心的无情，其所谓"无情"只是无私情，"圣人之喜，以物之当喜；圣人之怒，以物之当怒。是圣人之喜怒，不系于心而系于物

---

[1] 《与刘元道》，《王阳明全集》卷五，第213页。此书作于嘉靖二年（癸未），王阳明晚年居越时期，可见阳明在提出"致良知"教之后仍以明道之学提点门人，其良知无内外思想与明道的性无内外思想实一脉相承。

也","系于心"在此说的是与道心相对的人心、私情。圣人的"无情"是无人心、私情境界,但未尝离万物,就像天地的无心而生养万物一样。君子效法圣人,故以"廓然而大公,物来而顺应"为学。廓然就是无私情,但并非漠然与物隔绝,相反,正因为廓然无私,才能物来顺应、情顺万物,"浑然与物同体"。廓然与浑然形容的是同一颗心,只不过侧重点不一样。

明道所开启的"廓然而大公,物来而顺应"境界对阳明影响很大。阳明以《中庸》首章的未发之中—已发之和来解释心体的动静,他将《中庸》的未发—已发与《易传》的寂然不动、感而遂通及明道的廓然大公、物来顺应并提,看作对心体之动静的三大经典表述,这类并提反复出现在阳明的书信和语录中,姑举几例:

> 澄曰:"好色、好利、好名等心。固是私欲。如闲思杂虑,如何亦谓之私欲?"先生曰:"毕竟从好色、好利、好名等根上起,自寻其根便见。如汝心中,决知是无有做劫盗的思虑,何也?以汝元无是心也。汝若于货色名利等心,一切皆如不做劫盗之心一般,都消灭了,光光只是心之本体,看有甚闲思虑?此便是寂然不动,便是未发之中,便是**廓然大公**!自然感而遂通,自然发而中节,自然**物来顺应**。"(《传习录》卷上,第72条)

> 守衡问:"《大学》工夫只是诚意,诚意工夫只是格物。修齐治平,只诚意尽矣。又有'正心之功,有所忿懥好乐,则不得其正',何也?"先生曰:"此要自思得之,知此则知未发之中矣。"守衡再三请。曰:"为学工夫有浅深。初时若不着实用意去好善恶恶,如何能为善去恶?这着实用意便是诚意。然不知

心之本体原无一物，一向着意去好善恶恶，便又多了这分意思，便不是**廓然大公**。《书》所谓无有作好作恶，方是本体。所以说'有所忿懥好乐，则不得其正'。正心只是诚意工夫里面体当自家心体，常要鉴空衡平，这便是未发之中。"（《传习录》卷上，第119条）

来书云："良知，心之本体，即所谓性善也，未发之中也，寂然不动之体也，**廓然大公**也。何常人皆不能而必待于学邪？中也，寂也，公也，既以属心之体，则良知是矣。今验之于心，知无不良，而中寂大公实未有也。岂良知复超然于体用之外乎？"

性无不善，故知无不良，**良知即是未发之中，即是廓然大公、寂然不动之本体**，人人之所同具者也。但不能不昏蔽于物欲，故须学以去其昏蔽，然于良知之本体，初不能有加损于毫末也。知无不良，而中寂大公未能全者，是昏蔽之未尽去，而存之未纯耳。体即良知之体，用即良知之用，宁复有超然于体用之外者乎？（《答陆原静书》，《传习录》卷中，第155条）

上面三段引文中前面两节出自《传习录》卷上，是阳明提出"致良知"教之前的语录，第三段引文出自《传习录》卷中的《答陆原静书》，作于嘉靖三年（1524），阳明此时已提出"致良知"教，用未发之中、廓然大公、寂然不动来解释良知本体。阳明以明道的"廓然大公"来解释心体，这一提法贯穿其提出良知教的前后阶段，说明他对明道《定性书》中的思想境界服膺已久，不是一时的附会。他将明道的这一思想与《中庸》之未发—已发、《易传》的寂感并提，也表明了其道统观乃是以明道为《易》《庸》精一之学的嫡传，他的良知心学所接续的即是明道与《易》《庸》的学脉。

阳明将《定性书》的廓然大公、物来顺应与《中庸》未发—已发论题相提并论有其深意，"廓然大公"并不只是在心体上添加一个与"未发之中"并列的形容词，这关系到阳明对《中庸》"未发之中"的理解，通过与朱子的注解对照我们能清楚地看到这一点。朱子《中庸章句》注说：

> 喜怒哀乐，情也。其未发，则性也，无所偏倚，故谓之中。发皆中节，情之正也，无所乖戾，故谓之和。大本者，天命之性，天下之理皆由此出，道之体也。达道者，循性之谓，天下古今之所共由，道之用也。此言性情之德，以明道不可离之意。[1]

朱子的注将"未发之中"解释为"天命之性"，将喜怒哀乐发而皆中节之和揭示为情之正。这样未发之中与已发之和就分别属于性之德与情之德。这个解释在工夫论上推导出来的结论是，"致中和"主要是在已发之情的省察上做工夫，未发之中作为性之德其上面是没法做工夫的。在《朱子语类》的记载中，朱子有时将"未发之中"解释为"性"，有时又解释为"心"，表现出他在不同时期对这个问题认识的动摇。解释为"性"的地方，如：

> 中，性之德；和，情之德。

---

[1]《四书章句集注》，第21页。

"喜怒哀乐未发之中,未是论圣人,只是泛论众人亦有此,与圣人都一般。"或曰:"恐众人未发,与圣人异否?"曰:"未发只做得未发。不然,是无大本,道理绝了。"或曰:"恐众人于未发昏了否?"曰:"这里未有昏明,须是还他做未发。若论原头,未发都一般。只论圣人动静,则全别;动亦定,静亦定。自其未感,全是未发之中;自其感物而动,全是中节之和。众人有未发时,只是他不曾主静看,不曾知得。"[淳][1]

从第二段看,朱子认为众人与圣人同样具备"未发之中",这是因为他把"未发之中"看作"性",性则圣人与众人无别。圣人与众人的差别不在本体的"性",而在动静的工夫上,圣人能做到"动亦定,静亦定"。这里朱子引证了明道《定性书》的话,但却只是将其做工夫看。阳明则将明道讲的"廓然大公"体当为心之本体,是即心而性的。当然朱子也有将"未发之中"解释为"心"的地方。如:

吕氏"未发之前,心体昭昭具在",说得亦好。[淳]

朱子指出,伊川曾经讲过"凡言心者,皆指已发而言",后来又改过来了,认为心有体用,指体而言即是"寂然不动",指用而言则是"感而遂通",朱子认同"此语甚圆,无病"。[2] 伊川、朱子改过来的说法明显更接近明道之说。阳明径直以明道的"廓然大公"与《中庸》"未发之中"并提,洞然以"未发之中"为心体,未发之中

---

1 《朱子语类》第四册卷六十二,第 1508 页。
2 《朱子语类》第四册卷六十二,第 1512 页。

与发而中节之和都是**心之德，**一心贯乎动静，克服了分未发、已发为性—情两橛的问题。并且，"廓然大公"既可以说心之本体，也包含去私欲意气的工夫，本体工夫为一，克服了朱子《中庸章句》注解中性体与工夫支离为二的弊端。就此而言，阳明以明道《定性书》来贯通理解《中庸》的未发—已发，将自己的心学主张彻底贯彻到了《中庸》解读中，也使得《中庸》致中和的境界、明道《定性书》的大公应物境界成为心体本有的风光。

## 三、阳明心学视野中的颜子

阳明以"致良知"为学问成熟宗旨，"良知"一语来自《孟子》，"致知"则是《大学》八条目之一。从话语系统看，阳明学是以《孟子》为精神来源，以《大学》为学问构架。就此而言，我们可以想见曾子、孟子在阳明的道统观中具有特出的地位。前面我们也屡次讲到了，阳明以心之体用来解释《中庸》的未发之中—已发之和，子思在阳明心学中也具有崇高的地位。由曾子到子思、孟子，这是理学公认的道统谱系，阳明与程朱在这一点上似没有什么差别。唯有在理学中享有崇高地位的颜子，阳明心学似乎在话语、义理系统中看不出颜子的影响，但阳明却赋予了颜子极高的地位，其中最具争议性的是"颜子没而圣人之学亡"这一断言，该断言在阳明生前即已引起门人的疑惑，阳明身后围绕这一断言的争议也不少。

我们先来看这一断言：

颜子没而圣人之学亡。曾子唯一贯之旨，传之孟轲终，又

二千余年而周、程续。自是而后，言益详，道益晦；析理益精，学益支离无本，而事于外者益繁以难。……[1]

"颜子没而圣人之学亡"，这个断言来得猛烈而突兀，虽然没有否定曾子、孟子的道统地位，但实际上已让颜子的地位迈越曾子、孟子了。学问境界上颜子在孔门诸贤弟子中具有至高的地位，这是《论语》就已确定下来的，孔子在诸弟子中独称颜回好学，颜回早死，孔子有"天丧予"之哭，可见孔子对颜回是寄予了传道厚望的。曾子后来在宋明理学中被尊奉为传承道统的关键人物，其中最主要的有两大原因，一是传孔门的内圣之学，即"唯一贯之旨"，其次是被认为是《大学》的撰述者。但就才华和学问境界而言曾子仍无法与颜子比肩，对理解孔门学问的究极全副精神而言颜子是一个超出孔门诸弟子的标杆。

颜子的学问造诣不仅被认为高于曾子，而且被认为高于孟子，这在理学中基本也是公论。关于孔子、颜子、孟子学问气象，程子有一段评骘（当是明道语）：

仲尼，元气也。颜子，春生也。孟子并秋杀尽见。仲尼无所不包，颜子示"不违如愚"之学于后世，有自然之和气，不言而化者也；孟子则露其才，盖亦时然而已。仲尼，天地也；颜子，和风庆云也；孟子，泰山岩岩之气象也。观其言，皆可以见之矣。仲尼无迹，颜子微有迹，孟子其迹著。

---

[1]《别湛甘泉序》,《王阳明全集》卷七，第257页。

> 孔子尽是明快人，颜子尽岂弟，孟子尽雄辩。[1]

这段话定下了颜子、孟子之间的高下，对整个宋明理学的圣贤品题有很大影响。如朱子也说："孔门只一个颜子合下天资纯粹。到曾子便过于刚，与孟子相似。世衰道微，人欲横流，不是刚劲有脚跟底人，定立不住。"[2] 朱子与程子一样认为孟子的"过于刚"有时势使然的因素，其雄辩也是拒异端、斥邪说的不得已，但在气象、境界上毕竟已不如颜子的纯粹和完具。从理学的传统看，颜子之学的至高地位是公认的，阳明"颜子没而圣学亡"的讲法虽乍一听很突兀，但放在理学传统中看也不是多么特出的观点，关键还要看阳明怎么解读颜子。

阳明提出"颜子没而圣学亡"的看法，在门人中也引起过疑惑。陆澄就此问过阳明，阳明答之：

> 见圣道之全者惟颜子。观喟然一叹可见。其谓"夫子循循然善诱人，博我以文，约我以礼"，是见破后如此说。博文约礼，如何是善诱人？学者须思之。道之全体，圣人亦难以语人，须是学者自修自悟。颜子虽欲从之，未由也已，即文王望道未见意。望道未见，乃是真见。颜子没，而圣学之正派遂不尽传矣。（《传习录》卷上，第77条）

阳明之所以说"颜子没而圣学亡"，是因为唯独颜子能见孔子之

---

1 《二程集》卷五，第76、77页。
2 《朱子语类》第六册卷九十三，第2353页。

道的全体,因此颜子没而圣人之学的正脉就不能全部传下来了。颜子见圣道之全,体现在其仰之钻之的喟然一叹中,其大要则是"博文约礼"。然而博文约礼本是孔门君子之教的通法,并非什么独门秘传,颜子在其中领受到夫子的循循然善诱人,只是体认得真,也正是颜子的好学处。阳明以博文约礼为颜子所见圣人之道的全体,看起来与朱子也没什么大异。然而,如果我们进一步考究阳明对"博文约礼"的解释,就会看到他眼中的颜子与朱子眼中的颜子实际上有微妙的差别。

阳明立知行合一、致良知之教,突破朱子的格物穷理之学,在其立教讲学的过程中一再遇到初学者的质疑。在初学者的质疑中,非常重要的是朱子的格物法似乎于《论语》的博文约礼、《中庸》的学问思辨行、《易·大畜·象传》的"多识前言往行"等经典有所据,而阳明的致知格物说则与这些经典的讲法扞格不合。经典的权威是不能轻易质疑的,阳明不能否认经典的讲法,需要对经典做出与己说一致的解读。以博文约礼为例,阳明对孔门这一宗旨性的教法做出了多次解读。较早的时候,针对徐爱的疑惑,阳明做出了自己的解释,反对朱子以博文为先约礼为后的先后次第说,提出博文为约礼的功夫之说,即以约礼为本体、博文为工夫,将博文与约礼的关系由先后关系转变为外与内、功夫与本体的关系。我们看下面一段阳明与有王门颜子之称的徐爱之间问答:

> 爱问:"先生以博文为约礼功夫,深思之未能得,略请开示。"先生曰:"礼字即是理字。理之发见,可见者谓之文;文之隐微,不可见者谓之理:只是一物。约礼只是要此心纯是一

个天理。要此心纯是天理,须就理之发现处用功。如发现于事亲时,就在事亲上学存此天理;发现于事君时,就在事君上学存此天理;发现于处富贵贫贱时,就在处富贵贫贱上学存此天理;发现于处患难夷狄时,就在处患难夷狄上学存此天理;至于作止语默,无处不然,随他发现处,即就那上面学个存天理。这便是博学之于文,便是约礼的功夫。'博文'即是'惟精','约礼'即是'惟一'。"(《传习录》卷上,第9条)

通过将礼解释为此心之天理、文为礼之发见(音"现"),阳明就证成了其"博文为约礼功夫"之说,博文与约礼因此是体用内外的关系,不是知先行后的先后关系。

在其晚年居越之后,南大吉之弟南逢吉(字元真)来问学,其问与徐爱相近,阳明作《博约说》答之,这篇文字义理与上引答徐爱问相近,但特别提到了颜子,可以见出阳明眼中的颜子之学为何:

南元真之学于阳明子也,闻致知之说而恍若有见矣。既而疑于博约先后之训,复来请曰:"致良知以格物,格物以致其良知也,则既闻教矣。敢问先博我以文,而后约我以礼也,则先儒之说,得无亦有所不同欤?"阳明子曰:"理,一而已矣;心,一而已矣。故圣人无二教,而学者无二学。博文以约礼,格物以致其良知,一也。故先后之说,后儒支缪之见也。夫礼也者,天理也。天命之性具于吾心,其浑然全体之中,而条理节目森然毕具,是故谓之天理。天理之条理谓之礼。是礼也,其发见于外,则有五常百行,酬酢变化,语默动静,升降周旋,隆杀厚薄之属；宣之于言而成章，措之于为而成行，书之于册而成训；炳然蔚然，其条理节目之繁，至于不可穷诘，是皆所谓文也。是文也者，礼之见于外者也；礼也者，文之存于中者也。文，显而可见之礼也；礼，微而难见之文也。是所谓体用一源，而显微无间者也。……是故约礼必在于博文，而博文乃所以约礼。二之而分先后焉者，是圣学之不明，而功利异端之说乱之也。

昔者颜子之始学于夫子也，盖亦未知道之无方体形像也，而以为有方体形像也；未知道之无穷尽止极也，而以为有穷尽止极也；是犹后儒之见事事物物皆有定理者也，是以求之仰钻瞻忽之间，而莫得其所谓。及闻夫子博约之训，既竭吾才以求之，然后知天下之事虽千变万化，而皆不出于此心之一理；然后知殊途而同归，百虑而一致，然后知斯道之本无方体形象，而不可以方体形象求之也；本无穷尽止极，而不可以穷尽止极求之也。故曰：'虽欲从之，末由也已。'盖颜子至是而始有真实之见矣。博文以约礼，格物以致其良知也，亦宁有二学乎哉？"[1]

这篇文字阳明仍是据其一贯思理，以礼与文为体用显微关系，所谓"体用一源、显微无间"，反对朱子学以博文约礼为先后关系的观点。阳明在其中还对《论语》中颜子的"喟然而叹"一章（《论语·子罕》）做了解释，认为颜子的仰之弥高钻之弥坚瞻之在前忽焉在后之叹是始学于夫子之时的情形，及闻孔子博约之训后才知道

---

[1] 《博约说》,《王阳明全集》卷七，第297页。

"天下之事虽千变万化，而皆不出于此心之一理"，自始才有真实之见，懂得斯道不可以方体形象、穷尽止极求之，因此有"虽欲从之，末由也已"的感叹。这样，阳明就证成了孔颜的博文约礼之学与其致良知以格物之学的一致，将孔颜之学解读成了心学。

阳明对孔颜之学的心学化解读屡见于《传习录》中的问答，我们姑举几例：

黄诚甫问"汝与回也孰愈"章，先生曰："子贡多学而识，在闻见上用功；颜子在心地上用功：故圣人问以启之。而子贡所对又只在知见上，故圣人叹惜之，非许之也。"（《传习录》卷上，第113条）

"颜子不迁怒，不贰过，亦是有未发之中，始能。"（《传习录》卷上，第114条）

阳明肯定颜子之学高于子贡，是因为颜子在心地上用功，而子贡只在闻见上用功。在阳明看来，孔子独许颜子好学，以其"不迁怒，不贰过"，这也是因为颜子有心地上的功夫，而且阳明还基于其《中庸》心学指出颜子的心地功夫深入到了"未发之中"的层次，因此能不迁怒、不贰过。突出"未发之中"的慎独觉知功夫，是阳明心学本体功夫论的一大特点。这一点尤其在后来的王畿那里得到了发挥。王畿基于其先天正心之学对颜子给予了独到的高度评价："正心，先天之学也；诚意，后天之学也。……颜子不远复，才动即觉，才觉即化，便是先天之学。其余频失频复，失则吝，复则无咎，便

是后天之学。难易之机,不可以不辨也。"[1] 王畿这个解释在阳明那里有其根据。阳明曾说:

> 孔子无不知而作;颜子有不善,未尝不知:此是圣学真血脉路。(《传习录》卷下,第259条)

"有不善未尝不知,知之未尝复行",这是《易经·系辞下传》中孔子对颜子的称赞。阳明在其中看到了儒学良知之学的源头,因此称之为"圣学真血脉"。"有不善未尝不知",这个"不善"是心之过,颜子对心之过有清明敏锐的觉知,所以能"知之未尝复行",能避免行之过。这就是龙溪所说的"才动即觉,才觉即化"的先天正心之学。

从阳明、龙溪对颜子的解读看,颜子之所以度越孔门诸子,特别是因为其心地上的工夫,尤其是"不远复"的未发之中工夫。这个在颜子与子贡、子张等孔门高徒的对照中可以看得比较明显,后者在阳明学派看来所得只是知见之学。但是,这里面还有疑惑。单就心地上用功而言,曾子、孟子之学也是心性之学的嫡传,何以不如颜子?就曾子而言,用王畿的先天正心、后天诚意之学的分辨看,以"日三省吾身"著称的曾子大概落在后天诚意之学的层次上了,不如"有不善未尝不知"的颜子明敏。[2] 觉悟未发之中的良知本体,

---

[1] 《王畿集》卷十六,第445页。关于王畿对阳明"颜子没而圣学亡"这一论断的继承发挥,可参考吴震教授《心学道统论——以"颜子没而圣学亡"为中心》,《浙江大学学报》2017年第3期。

[2] 当然,曾子的"忠恕"一贯之领悟、其诚意慎独工夫能否被称为后天之学,也还需要进一步斟酌。

在此先天的未发先机中存善去恶,这是阳明心学的本体功夫中深澈精微之处,龙溪的先天正心之学对此发挥得尤为精彩,阳明与龙溪师徒对颜子之学心地功夫的解读也可谓慧眼独具。然而,阳明的"颜子没而圣学亡"论断放在儒学道统论中仍有难解之处。因为仅就先天正心之学而论,子思的"致中和"之学也有未发之中的本体功夫维度,甚至孟子的"存心"、《大学》的"正心",与颜子的"不远复"之间也难分伯仲。颜子的好学、颜子的不可及之境界当不只是"不远复"的知几之明。

回到前面程子论衡颜子与孟子的话,程子称颜子气象为和风庆云,孟子为泰山岩岩,又说"孔子尽是明快人,颜子尽岂弟,孟子尽雄辩",庶几可见孟子与颜子之间学问境界的差异。朱子与吕祖谦编的《近思录》辑有程子这段话,清儒张伯行的《近思录集解》发明颇明晓:

> "孔子尽是明快人",明者,心无渣滓,人欲尽而天理见也;快者,心无系累,万物一体而因物付物也。所谓气质清明,义理昭著,廓然大公,物来顺应是也。"颜子尽岂弟",岂,和乐也;弟,谦逊也。有若无,实若虚,犯而不校,无伐善,无施劳,皆是也。孟子尽雄辩,息邪说,诋诐行,放淫辞,以至陈贾、淳于髡之徒,排击剖割,息其喙而后止,可谓雄矣。由是观之,圣人全体太极,颜子得仁意思多,孟子得义意思多。[1]

---

[1] [宋]朱熹、吕祖谦纂,《近思录集释》,张京华辑校,长沙:岳麓书社,2010年,第965页。

此处以明道的"廓然大公,物来顺应"解释"孔子尽是明快人",可见明道地位之高;以"有若无,实若虚"解释颜子的"岂弟",关涉到有无、虚实之境;孟子的雄辩则是是非分明,属于"时时知是知非"的集义功夫,是有我之境。阳明与龙溪推崇颜子之学,不仅因其"不远复"的知几功夫,也因其"有若无,实若虚"的"有无之境","**岂弟**"气象即在此"有无之境"中。

"以能问于不能,以多问于寡,有若无,实若虚,犯而不校"(《论语·泰伯》),是曾子的话,历代注家都认为是称道颜子的。其中体现的谦虚品格与颜子自言其志时讲的"愿无伐善,无施劳"高度吻合。阳明也曾以曾子称道颜子的话表彰门人邹谦之,多少有些以邹谦之为门下之颜子的意思:

> 癸未春,邹谦之来越问学,居数日,先生送别于浮峰。是夕,与希渊诸友移舟宿延寿寺,秉烛夜坐。先生慨怅不已,曰:"江涛烟柳,故人倏在百里外矣!"一友问曰:"先生何念谦之之深也?"先生曰:"曾子所谓以能问于不能,以多问于寡,有若无,实若虚,犯而不较,若谦之者,良尽之矣!"(《传习录》卷下,第 314 条)

以如此深情送别门生,可见阳明对邹东廓品格的器重,而东廓也确实是阳明门下恺悌极近颜子的君子之人。

阳明以颜子为典范来说学问的"有无之境",还可以见他为门人刘观时所作的《见斋说》:

……阳明子曰:"道不可言也,强为之言而益晦;道无可见也,妄为之见而益远。夫有而未尝有,是真有也;无而未尝无,是真无也;见而未尝见,是真见也。子未观于天乎?谓天为无可见,则苍苍耳,昭昭耳,日月之代明,四时之错行,未尝无也;谓天为可见,则即之而无所,指之而无定,执之而无得,未尝有也。夫天,道也;道,天也。风可捉也,影可拾也,道可见也。"曰:"然则吾终无所见乎?古之人则亦终无所见乎?"曰:"神无方而道无体,仁者见之谓之仁,知者见之谓之知。是有方体者也,见之而未尽者也。颜子则如有所立,卓尔。夫谓之'如',则非有也;谓之'有',则非无也。是故虽欲从之,末由也已。故夫颜氏之子为庶几也。文王望道而未之见,斯真见也已。"[1]

阳明以颜子喟然之叹中的"如有所立"来说见道的有无,"如有"就不是有方体的有,故虽有而若无,虽实而若虚,"有所立",则不是无,因此颜子的恺悌并非柔弱,其中自有刚强勇猛。孔子称赞颜渊"一箪食一瓢饮,人不堪其忧,回也不改其乐",非强立而不反,孰能如此!颜子的恺悌虽然给人的印象更多是谦逊,但其实是有无之间刚柔兼备的。颜子被认为是"具体而微"[2]的圣人,其言不虚。

---

1 《见斋说》,《王阳明全集》卷七,第292页。
2 参《孟子·公孙丑上》,这一说法也被程子、朱子等理学家所接受。

## 余论　明道、颜子与阳明心学的有无之境

　　陈来教授指出："在阳明的整个思想中一直有两条线索：一条是从诚意格物到致良知的强化儒家伦理主体性的路线，另一条是如何把佛道的境界与智慧吸收进来，以充实生存的主体性的路线，而这两条线索最后都在'良知'上归宗。"[1] 这是对阳明心学旨趣极为精到的揭示。第一条线索所要解决的是内与外的问题，即从向外的格物穷理回到即心即性即理；第二条线索所要处理的是有与无的关系，即吸收佛道的超越性智慧，破除意念的滞碍，达到心体的洒落自由。这第二条线索所达到的境界，陈来教授称之为"有无之境"，他认为宋明理学，特别是王阳明所发展的哲学形态在境界上是"以有为体，以无为用"，其中"有"的境界不仅仅是道德境界，也包含天地境界，"无"具有超道德性，是面对人的生存的基本情态提出的超然自由之境。陈来教授认为，这个"有无合一之境"是儒学从孔子到王阳明的终极境界。[2] 这一揭示诚为高屋建瓴之见。从王阳明对明道、颜子的推崇看，他的心学确实具有由内贯外、以有合无的特征，阳明所理解的明道、颜子之学也具有这两个特征。不过，其中也还有可以斟酌之处。从阳明所推崇的明道和颜子来看，明道之学中的"有无之境"未必同于颜子，阳明心学的"有无之境"也未必尽同于明道。

　　我们先来看明道之学的"有无之境"。陈来教授认为明道的《定性书》相对横渠的《西铭》篇而言体现的是无我之境，后者则是有

---

1　《有无之境》，第 252 页。
2　《有无之境》，第 312 页。

我之境。[1]明道"识仁"说的"仁者与天地万物为一体"与《西铭》篇的"民胞物与"同属仁学的"有我之境"。[2]这么来看,在宋明理学中"有无合一之境"最早在明道之学中圆融地呈现,对阳明有最近最强大的启发。仁者浑然与物同体,自是有之境——但并非"有我之境"。《定性书》的"廓然大公,物来顺应"在何种意义上是无之境界?从字面上看,明道说的是"天地之常,以其心普万物而无心;圣人之常,以其情顺万物而无情"。天地之心普万物而无心,无心,是说无意识、无计较。既然说无心,何以又说天地之心?这要从天地与万物的关系看,天地普遍成就万物,只是一个交感生生之理[3],此理即是天地之心。天地可以说无心,圣人则只能说"无情",无情并非漠然无感,而是无私情,无私情才能廓然大公而情顺万物,"感人心而天下和平"。

从字面看,"无情"并非儒家的讲法,而是道家的讲法。庄子与惠施之间曾有过人有情还是无情的争辩,庄子主张道德充粹之人"有人之形,无人之情。有人之形,故群于人,无人之情,故是非不得于身",惠施则质问"既谓之人,恶得无情?",庄子的回答是:"是非吾所谓情也。吾所谓无情者,言人之不以好恶内伤其身,常因自然而不益生也。"[4]庄子的至人无情论是主张不要以主观的好恶伤害自然——既包括内在的天性,也包括天地自然。这是在天人关系的

---

[1] 《有无之境》,第266页。
[2] 《有无之境》,第270页。严格来讲,明道"浑然与物同体"的识仁境界也有某种"无我"(浑然)的意思,与横渠《西铭》篇的"天地之帅吾其性,天地之塞吾其体"还微有不同,《西铭》更近孟子的"万物皆备于我"意思。
[3] 《易》泰卦彖传说"天地交而万物生",咸卦彖传说"天地感而万物化生,圣人感人心而天下和平"。
[4] [清]郭庆藩,《庄子集释》第一册,北京:中华书局,1961年,第221页。

论域中主张顺天而不任人情。明道的《定性书》显然在话语与义理上都受了庄子的影响，圣人"无情"的讲法来自庄子，以"无将迎，无内外"为"定性"境界的说法也采自《庄子》[1]。将迎就是好恶，无将迎就是无好恶[2]，即无有作好，无有作恶（厌恶之恶）。但儒家讲的"无有作好"、"无有作恶"与庄子仍有所不同。《大学》"正心"条目讲"身有所忿懥，则不得其正；有所恐惧，则不得其正；有所好乐，则不得其正；有所忧患，则不得其正"，这看起来与《庄子》讲"不以好恶内伤其身"相同。但《大学》同时讲"民之所好好之，民之所恶恶之"（"平天下"条目），又讲"好而知其恶，恶而知其美"（"修身"条目）。因此，儒家君子修身正心避免"有所好乐"、"之其所亲爱而辟焉，之其所贱恶而辟焉"，是要努力做到**公好恶**，而不是无好恶，其中的关键在**公私之辨**，而庄子关注的方向则在天人之辨。以明道《定性书》而言，虽然他用了"无将迎"、"情顺万物而无情"的讲法，但落脚点仍在"**廓然而大公，物来而顺应**"，其精神旨趣仍是儒家以治国平天下为抱负的修身正心之学。

再以明道的《定性书》与佛教禅宗对照看，明道讲的"廓然大公，物来顺应"与禅宗的"不思善，不思恶"、"无念"、"无所住"也很不同。"廓然大公"显然不是无善无恶，而是至善，只是"无我"，而非"无念"。《定性书》所要应对的关键是情感反应如何做到恰当的问题，明道一方面讲要廓然大公、情顺万物而无情，这是从

---

1 庄子说："至人之用心若镜，不将不迎，应而不藏，故能胜物而不伤。"（《庄子·应帝王》,《庄子集释》，第 307 页。）
2 成玄英疏：将，送也。参《庄子集释》第一册，第 309 页。好故迎之，恶故送之，是凡人之常情。

做减法的角度说，另一方面又说"圣人之喜，以物之当喜；圣人之怒，以物之当怒。是圣人之喜怒，不系于心而系于物也"，这是从正面说。"当喜"、"当怒"的"当"即是"理"。明道在以制怒为例时说"第能于怒时遽忘其怒，而观理之是非，亦可见外诱之不足恶，而于道亦思过半矣"，可见"观理之是非"是"当喜"、"当怒"的准则。喜怒的当否要以理裁之，"廓然大公，物来顺应"，**顺的实际上不是"物"，而是"理"**。如果只是顺物，则"物之感人无穷"（《礼记·乐记》）、"物交物，则引之而已矣"（《孟子·告子上》），必将导致累于外物而放失其心、贼害其性的境地。因此，"廓然大公"不是无念、无心，而是明理正心，只能说是"无我之境"，而不是"无"之境界。阳明将明道讲的"廓然大公"与《中庸》的"未发之中"、《易传》的"寂然不动"并提，以之为良知本体，承续的是儒家心学的正统。然而其晚年四句教中讲"无善无恶心之体"，实与儒家正统有所出入，将禅宗因素带入心学的本体论述中了，其在后世引起纷纷异议，或许可以说是有所未审。这个讲法也与以廓然大公、未发之中为心之本体的讲法不融贯，廓然大公显然不能说是无善无恶，《中庸》的未发之中以慎独工夫为前提，也不能说是无善无恶。用陈来教授"本体之无"与"境界之无"的辨析来看，明道《定性书》的"情顺万物而无情"只能说是"境界之无"，是"以有为体，以无为用"，但"无善无恶心之体"就不能只说是"境界之无"了。

我们看到，相比明道的《定性书》主要受到了庄子的一些影响，阳明的四句教则更多受到了佛教禅宗的影响，"无"不只是境界，也有了本体的意味。如果再与颜子那里的"有无之境"对照的话，其间的差别会更大一些。《论语》中关于颜子的记录有好几处透露出颜子的"有无之境",我们且再琢磨一下。程子将孔子、颜子、孟子放在一个序列观,称孔子明快、颜子恺悌、孟子雄辩。"恺悌"两个字形容颜子真切,恺是和乐,悌是谦逊。我们在《论语》中多处可以看到颜子的谦逊,如自言其志"愿无伐善,无施劳"(《论语·公冶长》),即不夸示自己的长处,不张大自己的功劳,这正是《周易》谦卦主爻九三"劳谦"之义;其他如"有若无,实若虚",也都是一种谦逊的精神,深合礼的"辞让"之道。不过,这不是柔弱的谦逊,不是安于现成的谦逊,而是进取中的谦逊。孔子称许颜渊好学,进取不惰是很重要的一个方面:

> 子曰:"语之而不惰者,其回也与!"(《论语·子罕》)
> 子谓颜渊,曰:"惜乎!吾见其进也,未见其止也。"(《论语·子罕》)

著名的"仰之弥高,钻之弥坚"之叹也体现出颜子好学进取的精神,"既竭吾才,如有所立",表达的就是不安于小成、现成的进取精神。阳明以文王的"望道而未之见"来比方,是贴切的。但阳明以夫子之道的无方体来说颜子"虽欲从之,末由也已"的"有无之间",未必切于颜子本义。颜子在学夫子之道的过程中发出仰钻瞻忽的感叹,还是从境界上说的,**其言夫子循循善诱,也只是说一个"博我以文,约我以礼",并没有说到性与天道**。从"博文约礼"之教来看,颜子所感叹的是夫子之道的致广大(博文)而尽精微(约礼),并非道的无形象、无方体。颜子所理解的"博文"也并非如阳明所解释的那样,"文"并非只是在心之天理发见于外者,从颜渊问为邦一章孔子的回答看,"行夏之时,乘殷之辂,服周之冕,乐则韶舞,放郑声,远佞人,郑声淫,佞人殆"(《论语·卫灵公》),这里面包含的是为邦之道的博文约礼,其"文"显然是三代礼乐之文。阳明"博文是约礼的功夫"之说自有其知行合一的精义在,但不必合于孔颜本义,其所解释的颜子之学"有无之境",也不尽合乎颜子之学恺悌气象。

从阳明与同时代友人、门人的交往看,其辞气多谦逊,有恺悌之风,但在对自己学说义理的坚持上,阳明却极具孟子的雄辩精神,与象山的"六经注我"同一路数。以他与湛甘泉的交往为例,阳明早年与甘泉定交,共宗明道"识仁"之学,可谓莫逆之交,但后来两人论学多不合,尤其在阳明提出"致良知"教之后,阳明对其"良知"说自信甚笃,批评甘泉的"随处体认天理"有"义袭"之嫌,甘泉在《奠王阳明先生文》里面隐约表达了对友人的不满——"遥闻风旨,开讲穗石;但致良知,可造圣域;体认天理,乃谓义袭;勿忘勿助,言非学的"[1]。从中透露出一丝消息,阳明对自己的"致良知"教是高度自信的,辞气之间或不免有扬己抑彼(甘泉)之嫌。但从临终遗言看,阳明嘱身边家童说:"他无所念,平生学问方才见得数分,未能与吾党共成之,为可恨耳!"[2]这又是其赞叹文王与颜子"望道而未之见,乃是真见"的精神了。

---

[1] 《王阳明全集》卷四十,第 1683 页。
[2] 《阳明先生行状》,《王阳明全集》卷三十八,第 1579 页。钱德洪所编《年谱》中的说法则是广为流传的"吾心光明,夫复何言"。这两个讲法不一定是非此即彼的关系,可以同时成立,分别体现了阳明之学坦荡自信与不安于现成的一面。

体用篇

# 第九章　变化气质的身心之学

在现代中国哲学的哲学史叙述中，宋明理学被分为理学、心学、气学三大主脉，阳明学属于陆王心学这一脉。这个划分当然有一定道理，但三者并不能截然区分。一个明显的事实是，在程朱理学"气"与"心"也是重要范畴，阳明心学也极为重视"理"和"气"，视为气学之代表的张载、王夫之，其论"理"和"心"的深度未必弱于理学和心学。近年来，一些研究者开始关注探讨阳明心学中"气"的维度。这些研究揭示了阳明思想中"气"论的多个层面，工夫论层面的有阳明心学中的志—气关系问题[1]，修养论层面的有致良知的"变化气质"意义[2]，宇宙论层面的有良知作为"造化的精灵"与天地灵气一气贯通的意蕴[3]，思想史层面的有阳明学派对告子"生之谓性"、孟子"形色天性"思想的引申发展[4]。这些研究揭示了"气"的作用与问题，弥漫在阳明心学的整体中，是深入理解阳明心学不可忽略的维度。

---

[1] 李洪卫,《志气相依与通达——王阳明心志与气机关系略论》,《哲学分析》2015年第1期。

[2] 张䶮,《气与变化气质——王阳明"致良知"学说源流一考》,《平顶山学院学报》2016年第2期。

[3] 陈立胜,《良知之为"造化的精灵"：王阳明思想中的气的面向》,《社会科学》2018年第8期。

[4] 吴震,《心学与气学的思想异动》,《复旦学报》2020年第1期。

"气"的作用弥漫在阳明心学的本体、工夫与宇宙论诸层面，表明其乃阳明心学的有机构成因素。之所以如此，是因为阳明心学乃是身心之学，与西方的心灵哲学传统不同，儒家心学的"心"并非独立于身体的灵魂，而是身心一体的，是落实在修养工夫论中的身心之学。身心一体性使得存心养性的工夫必定包含养气、治气的工夫。从这个角度也可以看出儒家的心学并非西方哲学身心二元论传统中的主观唯心主义。我们要深入理解阳明心学关于良知本体及致良知工夫的讲述，需要从体用一如的视野体察其中气的因素。阳明本人关于"气"的论述从工夫论的角度大体可以分为两个层次，一是养气，一是治气。养气与治气都是广义的致良知工夫，是良知的身心之用。阳明这些讲论承接了宋明理学共享的"变化气质"问题，而这个问题其实又是先秦儒家"修身"主题的哲理化发展。因此，我们需要在"修身"、"变化气质"的传统主题下来看阳明心学的养气、治气工夫论，从中透视良知学对儒家身心之学做出的独到贡献，深化对良知本体及其身心运用的体会。

## 一、从修身、养气到变化气质

钱穆先生指出，宋代理学家在意见分歧中存有全体一致的见解，成其为一时代的学风，"他们对于本体论共同的见解是'万物一体'，他们对于修养论共同的见解是'变化气质'"[1]。宋儒讲"变化气质"最早者当为张横渠，横渠说：

---

[1] 钱穆，《阳明学述要》，北京：九州出版社，2011年，第1页。

变化气质。孟子曰:"居移气,养移体",况居天下之广居者乎!居仁由义,自然心和而体正。更要约时,但拂去旧日所为,使动作皆中礼,则气质自然全好。《礼》曰"心广体胖",心既弘大则自然舒泰而乐也。若心但能弘大,不谨敬则不立;若但能谨敬而心不弘大,则入于隘,须宽而敬。大抵有诸中者必形诸外,故君子心和则气和,心正则气正。其始也,固亦须矜持,古之为冠者以重其首,为履以重其足,至于盘盂几杖为铭,皆所以慎戒之。(《经学理窟·气质》)[1]

又:

为学大益,在自求变化气质,不尔皆为人之弊,卒无所发明,不得见圣人之奥。故学者先须变化气质,变化气质与虚心相表里。(《经学理窟·义理》)[2]

横渠从君子"为己之学"的根本处讲变化气质,使得变化气质成为儒者内圣之学的根本要务。在变化气质的工夫上,横渠已经具有心学的视角,他引《礼记·大学》"心广体胖"一语来说明变化气质之要在心上做工夫,"心和则气和,心正则气正"。同时,横渠又很重视"克己复礼",认为变化气质之始需要约礼的工夫,一开始哪怕有矜持也无妨。既讲存心,又讲复礼,这正体现了横渠变化气质之学**诚(存心)明(复礼)两进**的宗旨,存心养气主要来自孟子的

---

1 [宋]张载,《张载集》,章锡琛点校,北京:中华书局,1978年,第265页。
2 《张载集》,第274页。

养气之学，复礼则是孔子与颜曾的修身之学。不过存心与复礼之间关系，横渠似并未讲透彻。

从儒学"内圣外王"的两面来看，变化气质是内圣之学，其源头是先秦儒学的"修身"。按照陈立胜教授的概述，儒家的"修身"之学起点是春秋战国时代的"轴心突破"，经历了以培养"君子"为目标的"德性—德行培育"到以"成圣"为目标的"心灵操练"两个不同的时代。[1] 按照陈立胜的阐述，孔子及其亲炙弟子的修身之学有以下特点：一、以君子德行为目标的内外交养——"一方面是'仁'之精神的植根与培养，另一方面则是言行举止的修饰"[2]，如曾子的动容貌、正颜色、出辞气之道就是体现在言行举止方面的修身；二、孔子"文、行、忠、信"的教学之道着眼于培育具有实际行政能力的君子，"士"的修身之学与其承担政治、军事、礼仪职责的身份相关；三、春秋时代开始出现游离于政治身份的"游士"，"士君子"的修身成为其政治上进退出处的依据，通过修身体现所抱之道的庄严性，是士君子以道与王公之势分庭抗礼的凭依所在。[3] 修身载道体现了儒家修身之学的终极文明意义，这个维度在思孟学派中得到了深入阐发。

儒家的修身不只是精神修炼，不同于基督教的灵修和佛教的禅修，也不同于古希腊的心灵操练与体魄操练的结合。"修身"里面当然有一个"身"，而不是"灵魂"。但"身"也不只是身体、身

---

[1] 陈立胜，《儒家修身之道的历程及其现代命运》，《华东师范大学学报（哲学社会科学版）》2020 年第 5 期。

[2] 后一方面是在个体层面对礼乐文明传统的保存发展。

[3] 陈立胜，《儒家修身之道的历程及其现代命运》，第 70 页。

躯。修身之"身"说的其实是**自身、自己**,是孟子所讲"反身而诚"的"身"。与这个意义上的"身"对应的西方哲学概念是 selfhood 或 person,而不是 body。实际上,在儒家那里"修身"有时候也被说成"修己",如孔子说"修己以敬"。但儒家成德之学的标志性称呼是"修身",而非"修己"。为何儒家君子品格的自我造就会凝结在"修身"这个引导词中?从文化史的角度看,这是宗周礼乐文明熏陶的结果。在礼乐文明的氛围中,士君子的品格不只是狭义的道德操守,而是在礼仪交往和莅政临民中表现出来的言行品质与风度仪容。唯有受过礼乐文明熏陶的修身君子才可以上格于神明、君王,下感化民众,左右取信于朋友。因此,修身之"身"不只是内在的、先天的灵魂与人格(person),而是**在以礼乐自饰的言行中现身(anwesend)的自身性**。孔子以其仁学赋予了士大夫的修身之学以德性内核,但并没有背弃"修身"的外部光晕。"文质彬彬,然后君子",是孔门修身之学的中道至理。即便是后来的思孟学派,虽然以心性之说名世,其修养论也还保留了由内而外的"身"之光晕。

  孟子的修身思想继承了曾子、子思一脉又有所发展,继承的一面是其"践形"的思想,发展的一面是"养气"的思想。孟子的践形思想是从先天根据的角度讲修身的礼容。仪容本是礼的修养中很重要的一个方面,曾子修身思想中的"动容貌"、"正颜色"都属于传统容礼的内容。孟子则从先天的心性根据出发来讲身之"容"。他说:

> 形色,天性也;惟圣人,然后可以践形。(《孟子·尽心上》)

> 君子所性，仁义礼智根于心。其生色也，睟然见于面，盎于背，施于四体，四体不言而喻。(《孟子·尽心上》)

孟子指出，体现出人之为人的尊严的"**形色**"就是人的天性，而且只有圣人才能充分实现出这天性的形色。具体来说，圣人所实现出来的天性就是"仁义礼智"，仁义礼智根于心，会在形色中表现出来，"清和润泽"（睟然）的容色体现出来的就是"仁"，"浩然之气"体现出来的就是"义"，恭敬辞让之气表现出来（盎于背，施于四体）就是"礼"。孟子此处所表达的仁义礼智之"生色"、之"睟面盎背"，与出土文献中郭店楚简《五行》篇中的"玉色"[1]说、帛书《五行》篇中的"德气"[2]说如出一辙。而德气说又与孟子的"养气"思想相关。

孟子的"养气"论对儒家修身之学有独到的贡献，对后世影响深远。相对"践形"说而言，"养气"更是孟子的深造自得之论。《论语》中孔门师徒未见养气之说，孔子在君子三戒中谈到"血气"（《论语·季氏》），讲的是生理－精力层面上的气，不是孟子所要养的仁义"德气"。收入《礼记》中的《大学》与《中庸》里面也没有养气之论[3]。孟子养气之论对后世影响较大的主要有两个方面：其一为"善养吾浩然之气"说（《孟子·公孙丑》）；其二为养"夜气"、"平旦之气"说（《孟子·告子上》）。"浩然之气"是就养气所达到的

---

1 《郭店楚简校读记》，第78页。
2 陈来，《竹帛〈五行〉与简帛研究》，北京：生活·读书·新知三联书店，2009年，第158页以下。
3 此或亦可作为《大学》《中庸》早于孟子的一个旁证。

境界说，"夜气"是就求放心复其初的工夫而说，大体上可以说一个是终条理，一个是始条理。孟子讲浩然之气是"集义所生"，是"义气"，"夜气"讲的是未与物接时的本来良心，有比方的意味，是在存仁义之心的话题下展开的，因此二者都属于"德气"，不只是生命血气。但相对而言，"夜气"、"平旦之气"的讲法道德色彩不像"浩然之气"那么明显，包含非道德性的生命哲学维度。据日本学者的研究，孟子的养气之论具有齐地的文化学术背景，靠近海边的齐地有注重养生、神仙之术的传统，齐地的稷下之学中多邹衍这类阴阳家的学说议论，孟子在齐国活动时间较长，他的养气思想应该受到过齐地学术的影响。[1] 这是一条重要的思想线索，"养气"后来成为儒家和道家、道教共同的话题，虽然二者关注的方向不同，但也存在交织。王阳明的存心治气思想主要来自孟子，同时也有道教修炼的背景。

《气的思想》一书以孟子为儒家养气思想的源头，并推测了这一养气思想的齐地神仙方术之学背景，可谓发人所未发。不过，这个研究还是有些局限于字面上的"气"思想，没有深入孟子养气思想的内容去全面探索其思想渊源。[2] 从字面上看，《论语》《大学》《中庸》及同时代儒家文献里面确实没有出现养气的论述，《诗经》《尚书》中更没有。但从概念内容看，**孟子的"养气"思想关注的是气的流动（"持其志毋暴其气"）、生气的滋长（养夜气）、气的充养洋**

---

1  [日]小野泽精一、福光永司、山井涌编，《气的思想——中国自然观与人的观念的发展》，李庆译，上海：上海人民出版社，2014年，第36页。
2  日本学者前川捷三在《气的思想》第一章结束语中指出："从甲骨文、金文资料中追究气概念有两种方法。一种方法是检核'气'字使用的例子，另一种方法则是紧扣在后代'气'学说中气概念的主要内容，在甲骨文、金文中发现与之相适合的东西"（见《气的思想》，第25页）。这一方法论的自觉很可贵，也很有启发性，可惜在第二章没有得到很好的贯彻。

**溢状态（浩然之气）**，就当时士人的礼乐文化生活而言，这种**生气的流动洋溢状态**主要来自**乐的经验**。孔子听关雎之乐的"洋洋乎盈耳哉"（《论语·泰伯》）之叹，《中庸》感叹鬼神之盛德、圣人之大道的"洋洋乎"，都是一种"乐感文化"经验，是"德气"充沛的气象，只不过没有用到"气"之名而已。儒家后世的气论不乏乐感文化的原初经验，后面我们会讲到，王阳明的气论中也有乐的元素。

"养气"是孟子所发明的修身养德的工夫，其原初的文明经验是礼乐生活，而孟子所得于乐之情者为多，相对而言，荀子"治气养心之术"则得于礼义为多。荀子在《修身》篇中写道：

> 养心治气之术：血气刚强，则柔之以调和；知虑渐深，则一之以易良；勇胆猛戾，则辅之以道顺；齐给便利，则节之以动止；狭隘褊小，则廓之以广大；卑湿、重迟、贪利，则抗之以高志……凡治气养心之术，莫径由礼，莫要得师，莫神一好。夫是之谓治气养心之术也。[1]

与孟子涵养扩充"德气"的养气工夫不同，荀子的养心治气之术所针对的是"血气"，是性情气质的偏失，治气的道术则是由礼、得师与"一好"[2]，通过师、礼而补气质之偏以达到心气的中和，是荀子所发展的修身之法。

陈立胜教授对孟子和荀子的修身法有一个综合的评论："固然

---

[1] [清]王先谦，《荀子集解》，沈啸寰、王星贤点校，北京：中华书局，1988年，第25页。
[2] 一好，王先谦引王念孙曰"谓所好不二也"，即"虚壹而静"的"壹"，这其中已包含程朱理学的"主敬无适"工夫。

孟、荀修身的具体方法有异，孟子采取的是一种由内而外的'扩充'模式（development model），荀子采取的则是一种由外而内的'改造'模式（re-forming model），二人对'大丈夫'、'士君子'的人格亦各有精彩之描述，但究其实质都未超出'君子'这一目标，要之，通过心—气—形的联动而像虫蛹蜕变一般（'君子之学如蜕'）形成新的自我（'君子'），这是先秦儒学修身传统的共法。"[1] 孟子的养气修身法是由内而外的"扩充"模式，荀子的治气修身法则是由外而内的"改造"模式，二者都是以形成新的君子自我为目标。这一概括颇为精准。[2] 但将二者都概括为"心—气—形"的三联结构则微有不妥，这一结构用来阐述孟子存心养气法更恰当，荀子以由礼得师为途径的养心治气法或许可以概括为**心—形（师法与礼乐）—气—形（言行的中和）**的四联结构。荀子与孟子对心、气、形的理解都不一样，孟子的心以先天情志为主，养气之气是先天德气（夜气、浩然之气），形是作为天性的"形色"；荀子的心则以后天修养的认知心、意志心为主，治气之气是血气、有所偏的气质，形是礼乐塑造之形。以《中庸》的术语讲，孟子存心—养气—践形的修身法是"自诚明谓之性"的本体工夫，荀子得师、由礼以治气的修身法则是"自明诚谓之教"的由工夫塑造"本体"。

横渠"诚明两进"的变化气质之学显然是对孟子和荀子修身法的一个综合。"气质"之说即是对荀子性情论的汲取，这一点也被其

---

[1] 陈立胜，《儒家修身之道的历程及其现代命运》，《华东师范大学学报》2020 年第 5 期，第 70 页。

[2] 更早些，彭国翔教授在《"养气"与"尽心"：孟子身心修炼的功夫论》（《学术月刊》2018 年第 4 期）、《"治气"与"养心"：荀子身心修炼的功夫论》（《学术月刊》2019 年第 9 期）两文中已有类似概括。

后的二程与朱子所采纳。横渠写道:

> 形而后有气质之性,善反之则天地之性存焉。故气质之性,君子有弗性焉。
>
> 人之刚柔、缓急、有才与不才,气之偏也。天本参和不偏,养其气,反之本而不偏,则尽性而天矣。性未成而善恶混,故亹亹而继善者斯为善矣。恶尽去则善因以成,故舍曰善而曰"成之者性也"。[1]

横渠提出"气质之性"概念作为"天地之性"的补充,是以孟子性善论为本而兼取了荀子的性恶论,在变化气质的工夫论上也兼取了孟子的存心养气与荀子的循礼治气。在这方面朱子的修身工夫论也接近横渠。其好处是全面,不容易走偏。短处则是阳明所讲的"少头脑"(《传习录》卷下,第 234 条),德性本体的透显不彻底。

阳明在人性论上虽然没有明确取天命之性与气质之性的二分构架,但对荀子性恶论并未完全否定,在这一点上与横渠、程朱没有大的差别,也接受了横渠以来"变化气质"的讲法。在养气、治气的工夫上,阳明与横渠、与朱子颇不相同,基本上不太讲师法、循礼的由外而内"改造"模式(荀子),**但也不只是由内而外的"扩充"模式(孟子),而是开辟了一条由内而外的"扩充"(养气)、"改造"(治气)并行的模式。**这种变化气质的工夫乃基于阳明良知学的独到心性领会。

---

[1] 《正蒙·诚明篇第六》,《张载集》,第 23 页。

## 二、阳明心学的起点：变化气质的身心之学

阳明在由早年的五溺而归向儒学的起点处就已认取了儒学作为身心之学的宗旨，而且阳明所认取的身心之学中有很强的切"身"因素。《年谱》记载，弘治十八年（1505）阳明三十四岁时开始在京师授徒讲学，以"身心之学"振拔溺于词章记诵的时俗：

> 是年先生门人始进。学者溺于词章记诵，不复知有身心之学。先生首倡言之，使人先立必为圣人之志。闻者渐觉兴起，有愿执贽及门者。至是专志授徒讲学。然师友之道久废，咸目以为立异好名，惟甘泉湛先生若水时为翰林庶吉士，一见定交，共以倡明圣学为事。

阳明的身心之学以儒家的成圣为目标，这也是宋学的传统。严格说来，阳明归向"身心之学"在这之前的弘治十五年（1502）已经进行。那一年他从驰骋于辞章转向一直以来有所留心的道教养生，告别京师回到了家乡越中，筑室阳明洞练习导引术，达到了能先知的境地。道教的导引术其实也是身心之学，只不过以养生成仙为目标，而儒家的身心之学则是以伦理政治生活中的修身为目标。阳明由仙、佛的身心之学转向儒家的身心之学，期间经历过一次爱亲本性之悟。[1]

儒家与道家-道教同具有身心之学的维度，在养气方面也有共

---

[1] 参本著第六章。

通的话题。但儒家与道教对"身"和"气"的理解有很大差别。陈立胜教授指出,作为"修身"工夫的对象,"儒家的身体是扎根于'天地人'的生活世界之中的'世代生成的身体'","修身"就要让以天地、父母、君师为本的"形—气—神"三位一体的身体"充实而有光辉"。[1] 儒家君子修身的目标是造就在广阔的伦理政治生活中现身的德性人格,是"**大人**"之"**身**",远比道教神仙术对个体一己之身的关心深广,与之相应,儒家修身工夫中的养气、治气也比道教的导引术丰富。不过,儒家的修身养气工夫并不追求超自然的长生不老仙术,在这方面又比道教的神仙术更为顺应自然而简易。

阳明由爱亲之念的觉悟而归向儒家的身心之学,这是他成圣之学的一个关键转折点。但在他倡导身心之学的弘治十八年(1505),他还没有达到龙场大悟的关键突破——正是龙场之悟才是使王阳明成为心学宗师之王阳明的真正起点。从《年谱》的记载来看,龙场之悟的关键突破是解决了长期困扰阳明的"格物致知"的问题,也就是"物理吾心终若判而为二"(《年谱》"弘治五年"、"弘治十一年")的问题。在弘治十八年(1505)倡立儒家身心之学的时候,阳明显然还没有彻底解决这个问题。这个"理与心为二"的问题对阳明来说应该不只是一个认知问题,而是"性命攸关"的"身心问题"。从阳明当时仍信从的朱子学体系看,理气二元的构架比理与心的关系更为基本。

理气论是朱子理学的基本构架。朱子的理气论既有本体-宇宙论的维度,也有心性-修养论的义涵。就心性论而言,理气二分体

---

[1] 陈立胜,《中国轴心期之突破:"身"何以成为"修"的对象?》,《贵州大学学报》(社会科学版)2020 年第 3 期。

现为天命（义理）之性与气质之性的二分，因此格物穷理在修养论的层面与变化气质相关。然而朱子思想中的"理"是事物的所当然与所以然之法则，是"存有而不活动"的（牟宗三先生语），这在身心修养中就会出现朱子感叹的"气强理弱"[1]的问题。因此，在朱子那里，穷理致知必须与"主敬涵养"的心上工夫相结合，才能达到变化气质的君子之学目标。但主敬的心上工夫与格物穷理在朱子那里是两套工夫。这也许就是曾经长期困扰阳明的"理与心为二"的问题。由格物穷理所认识的"理"既然与"吾心"为二，也就难免"气强理弱"，管不住"气"，实现不了"变化气质"的终极成圣目标。

如果不在"变化气质"这一圣人之学的视野下看，就很难理解"理与心为二"的问题为何给阳明造成那么大的生命困惑，也很难理解"心即理"对阳明而言为何是一个让他"呼跃"若狂的体悟。

阳明认同"变化气质"为其心学的宗旨，在龙场悟道之后的书信中有表述。在正德七年（[1512]，阳明四十一岁）《与王纯甫》的信中王阳明讲到他以"变化气质"告诫将上任为大名知县的门生汪景颜：

> 汪景颜近亦出宰大名，临行请益，某告以变化气质。居常无所见，惟当利害，经变故，遭屈辱，平时愤怒者到此能不愤怒，忧惶失措者到此能不忧惶失措，始是能有得力处，亦便是用力处。天下事虽万变，吾所以应之不出乎喜怒哀乐四者。此

---

[1]《朱子语类》第一册卷四。

为学之要，而为政亦在其中矣。景颜闻之，跃然如有所得也。[1]

从信中可以看出，阳明所谓"变化气质"就是在利害变故中能调节自己的情感反应——平时愤怒者到此能不愤怒，忧惶失措者到此能不忧惶失措，喜怒哀乐都能当于理。但这个"理"不是心外之理，而是"心即理"的"理"。为学、为政之要即在体会此心此理，这是工夫用力处、得力处。阳明还告诉朋友，他自己早年也有"傲视行辈、轻忽世故之心"，有意气用事的地方，"及谪贵州三年，百难备尝，然后能有所见"，真正做到素位而行、无入而不自得。

在正德八年（1513）《与胡伯忠》的信中，阳明再一次讲到"变化气质"的为学宗旨：

> 君子与小人居，决无苟同之理，不幸势穷理极而为彼所中伤，则安之而已。处之未尽于道，或过于疾恶，或伤于愤激，无益于事，而致彼之怨恨仇毒，则皆君子之过也。昔人有言："事之无害于义者，从俗可也。"君子岂轻于从俗，独不以异俗笃心耳。"与恶人居，如以朝衣朝冠坐于涂炭者"，伯夷之清也。"虽袒裼裸裎于我侧，彼焉能浼我哉？"柳下惠之和也。君子以变化气质为学，则惠之和，似亦执事之所宜从者。[2]

在这封信中阳明劝朋友效法柳下惠之和，变化气质，学会与小人相处，既不苟同，又不以气节清高自标榜，避免过于疾恶、愤

---

[1]《王阳明全集》卷四，第173页。
[2]《王阳明全集》卷四，第180页。

激招致小人的怨恨仇毒。可见阳明所理解的"变化气质"中还包括"明哲保身"的实践智慧。

从上面两段阳明讲到"变化气质"的话来看，变化气质的要害在于保持清明镇定的理智，不迷失于一时的情绪意气，即保持心对"气"的明察主宰作用。这里面有阳明对身—心—物关系的理解。阳明以"变化气质"为君子之学的宗旨，这本身就意味着回到儒家"修身"之学的正统。修身之学乃是身心之学、为己之学，不同于世俗的口耳之学、为人之学。阳明在《答罗整庵少宰书》中写道：

> 夫德之不修，学之不讲，孔子以为忧。而世之学者稍能传习训诂，即皆自以为知学，不复有所谓讲学之求，可悲矣！夫道必体而后见，非已见道而后加体道之功也；道必学而后明，非外讲学而复有所谓明道之事也。然世之讲学者有二：有讲之以身心者；有讲之以口耳者。讲之以口耳，揣摸测度，求之影响者也；讲之以身心，行著习察，实有诸己者也。如此，则知孔门之学矣。(《传习录》卷中，第172条)

阳明区别身心之学与口耳之学，身心之学才是实有诸己的，才能变化气质。变化气质里面就包含了与物的关系的变化，包含体道应物。

阳明对身—心—物关系的解释始终贴着《大学》之道**身—心—意—知—物**的结构。这个结构是阳明身心之学得以展开的基本依托，阳明对这一结构的解释有一个深化的过程。早期在解释"格物"时阳明对身—心—意—知—物做出了如下解释：

> 身之主宰便是心，心之所发便是意，意之本体便是知，意之所在便是物。如意在于事亲，即事亲便是一物；意在于事君，即事君便是一物；意在于仁民爱物，即仁民爱物便是一物；意在于视听言动，即视听言动便是一物。所以某说无心外之理，无心外之物。《中庸》言"不诚无物"，《大学》"明明德"之功，只是个诚意。诚意之功只是个格物。（《传习录》卷上，第6条）

这一条解释是阳明与早期门生徐爱之间的问答，对身—心—意—知—物结构的解释紧扣在"诚意"环节，"意"是"身心"与"物"之间的发动枢纽。这个时期阳明着重关注的是"意"的自发性、原发性。"知行合一"即基于原发的"诚意"。在阳明基于原发"诚意"对"知行合一"的论证中，他所讲的"意—知"往往诉诸**切身感知**，如知饥、知寒、知痛等等，他所谓《大学》"真知行"的"如好好色，如恶恶臭"也是原发的切身感知。阳明讲知行、良知的这一切身感知特征在其往年咏良知诗中仍有体现，如：

> 知得良知却是谁？自家痛痒自家知。若将痛痒从人问，痛痒何须更问为？（《答人问良知二首》之一）

因此，知行合一、致良知的要害首先在于回复自家身心的感知。从阳明对知行本体、对良知切身性的关注来看，虽然他讲"身之主宰便是心"，但是"身"并非心灵可以随意支配或是需要摆脱的臭皮囊，倒不如说，**恰恰是"身"的痛痒、饥寒，以及"好好色，恶恶臭"之类的原发感知唤醒"意"的迷失**，让其回到本心的诚意中来。

即便是伦理性的孝悌慈之本心,同样需要反身体认到**"世代生成"的"吾身"**。回到具身的心知,"格物"才是体知实事,而非抽象地穷口耳之名物。回到身心感知的原点,是阳明早期知行合一论的基本特点。

在提出"致良知"教之后的晚期《大学问》(成于嘉靖六年[1527])中,阳明对《大学》"身—心—意—知—物"的结构有一个进一步的解释:

> 盖身、心、意、知、物者,是其工夫所用之条理,虽亦各有其所,而其实只是一物。格、致、诚、正、修者,是其条理所用之工夫,虽亦皆有其名,而其实只是一事。**何谓身?心之形体运用之谓也。何谓心?身之灵明主宰之谓也。**何谓修身?为善而去恶之谓也。吾身自能为善而去恶乎?必其灵明主宰者欲为善而去恶,然后其形体运用者始能为善而去恶也。故欲修其身者,必在于先正其心也。……[1]

这段讲述对"身"、"心"的解释与之前都微有不同,值得注意。阳明在此将"身"解释为"心之形体运用",将"心"解释为"身之灵明主宰"。我们比较一下正德十四年(1519)阳明答陈九川问的一段话:

> 耳目口鼻四肢,身也,非心安能视听言动?心欲视听言动,

---

[1] 《王阳明全集》卷二十六,第 1069 页。

无耳目口鼻四肢亦不能,**故无心则无身,无身则无心**。但指其**充塞处言之谓之身,指其主宰处言之谓之心**,指心之发动处谓之意,指意之灵明处谓之知,指意之涉着处谓之物:只是一件。
(《传习录》卷下,第 201 条)

相对此处《大学问》对"身"的解释点出了一个"**运用**","运用"意味修身之"身"不只是"形体",而是"心"形之于外的言行,同时"运用"还有支配调节的意味,养气、治气就是心对身的"运用"。《大学问》对"心"的解释在"主宰"之外点出了"**灵明**",突出了良知的作用。

阳明那里"灵明主宰"之心与"形体运用"之身的关系落实在"致良知"的工夫中就是"良知"与"气"的关系,"修身"即是**良知之气的形体运用**。

问:"'生之谓性',告子亦说得是,孟子如何非之?"先生曰:"固是性,但告子认得一边去了,不晓得头脑。若晓得头脑,如此说亦是。孟子亦曰'形色天性也',这也是指气说。"又曰:"凡人信口说,任意行,皆说此是依我心性出来,此是所谓生之谓性。然却要有过差。若晓得头脑,依吾良知上说出来,行将去,便自是停当。然良知亦只是这口说,这身行,岂能外得气,别有个去行去说?故曰'论性不论气不备,论气不论性不明'。气亦性也,性亦气也,但须认得头脑是当。"(《传习录》卷下,第 242 条)

"良知亦只是这口说，这身行，岂能外得气，别有个去行去说"，这表明致良知的修身工夫即是变化气质的工夫，**口说身行即是良知的形体运用**，是良知的气化运行。

阳明对身心关系理解的深化首先不是理论思辨的结果，而是与其养气、治气的修身工夫密切相关。大体上我们可以说阳明在早期的"诚意"工夫中更关注身心感知的原发性，更注重养气，在晚期的"致良知"工夫中则养气、治气并重，同时关注身心感知的原发性与虚灵不滞性。

## 三、养中和之气

阳明的养气思想主要受到孟子的影响，包含了对儒家乐教精神的独到发挥。孟子的影响主要表现在"养夜气"的工夫，阳明对此多有精彩的阐发。乐教精神主要体现在阳明的元气说和养中和之气的论述中。就《中庸》的话语系统而言，"中和之气"可以包含"夜气"，"夜气"可以理解为"未发之中"的良知元气。

阳明在龙场大悟后的教法主要有两大宗旨，一是知行合一，二是静坐求放心，一动一静构成心学工夫的两面。静坐在阳明那里当然首先是自悟性体的工夫，但也包含养气。他立致良知教之前的养气说中还有一些早年道教修炼的背景，门生中好道教养生术的（如陆澄）也会问到一些他这方面的问题，如：

> 问仙家元气、元神、元精。先生曰："只是一件：流行为气，凝聚为精，妙用为神。"（《传习录》卷上，第57条）

在这个背景下我们可以更好理解下面具有"养气"色彩的话：

> 精神道德言动，大率收敛为主，发散是不得已。天地人物皆然。(《传习录》卷上，第54条)

此句中的"精神"即可理解为气的凝聚和妙用。这句话既可在孟子"求放心"的脉络下理解，也可以在道教养生保啬精气的脉络下理解。而照我们在本章第一部分所介绍的日本学者的研究，孟子的养气说本身也可能受到过当时齐地神仙方术的影响。

阳明发挥孟子养气思想最精彩的是"夜气"说。阳明结合《中庸》的未发、已发来说良知，有将"夜气"视作良知的未发之中的意思：

> 良知在夜气发的，方是本体，以其无物欲之杂也。学者要使事物纷扰之时，常如夜气一般，就是通乎昼夜之道而知。(《传习录》卷下，第269条)

在夜气发的良知即是本心未与物接时"未发之中"的良知，阳明指出夜气中的良知才是本体，其中包含良知的全体，而应对一事一物的良知则只是良知的一节之用。但阳明又担心学者耽溺于未发之中的夜气，好静厌动，所以又说"要使事物纷扰之时，常如夜气一般"，即是在应事接物中保持"不动心"，已发之际保有未发之中，即是通乎昼夜之道而知，也可以说是最上乘的养气工夫。

阳明将其"通乎昼夜之道而知"的夜气经验运用到对初民历史

世界的理解中,发出了如下妙论:

> 人一日间,古今世界都经过一番,只是人不见耳。夜气清明时,无视无听,无思无作,淡然平怀,就是羲皇世界。平旦时,神清气朗,雍雍穆穆,就是尧、舜世界。日中以前,礼仪交会,气象秩然,就是三代世界。日中以后,神气渐昏,往来杂扰,就是春秋、战国世界。渐渐昏夜,万物寝息,景象寂寥,就是人消物尽世界。学者信得良知过,不为气所乱,便常做个羲皇已上人。(《传习录》卷下,第311条)

在良知中保持夜气清明的淡然平怀状态,就能做个太朴的"羲皇已上人"。这里阳明一方面说要信得良知过,养清明淡然之夜气,另一方面又讲"不为气所乱",可见养气与治气的工夫是并行的。"不为气所乱"的"气"又是指的什么气呢?我们下一部分再来分析。

将"夜气"解释为良知的"未发之中",又以此未发之中贯通动静,这是阳明在悟出"致良知"后以良知打通早期的知行合一与静坐两种工夫,克服滁州时期主静工夫导致门生喜静厌动弊端的圆教。阳明针对好静的陆澄有如下答复:

> 今欲善恶不思,而心之良知清静自在,此便有自私自利、将迎意必之心,所以有"不思善、不思恶时用致知之功,则已涉于思善"之患。孟子说"夜气",亦只是为失其良心之人指出个良心萌动处,使他从此培养将去。今已知得良知明白,常用

> 致知之功,即已不消说夜气;却是得兔后不知守兔,而仍去守株,兔将复失之矣。……(《传习录》卷中,第 162 条)

阳明指出孟子"夜气"说的立言宗旨是"为失其良心之人指出个良心萌动处",不可因此而守株待兔,耽溺于善恶不思清净自在的状态。简逸光教授指出,阳明以圣人举"夜气"是为初机者说,待工夫到家,"夜气"的境界随时都在,不再局限于夜半或平旦之际,此乃超越自然夜气之说,转外境为内境,以工夫为境界。[1] "转外境为内境",此说甚好。这正是良知养气的工夫,到熟处无时无地不可。

通过致良知将"夜气"的外境转为内境,做到随时都在,这就是"夜气"的保任工夫。这种保任要在事物纷扰之际维持是不容易的。在静中"夜气"与日常应事的保任"夜气"之间还有一种中间途径,即在"游于艺"的活动中涵养保持中和之气。阳明告诫学者:

> 琴瑟简编,学者不可无;盖有业以居之,心就不放。(《传习录》卷下,第 302 条)

阳明从存心养气的角度重视弹琴读书的游于艺工夫。但弹琴读书多少还要借助于外物,阳明所阐发的更重要日常养气工夫是歌诗,为此他还发展出了一套歌诗吟诵的"九声四气法"[2]。

关于歌诗等乐的活动与养中和之气的关系,阳明多有论述。在

---

[1] 简逸光,《王阳明"夜气"解》,《孔子研究》2016 年第 4 期,第 114 页。
[2] 关于"九声四气法"在阳明学中的内涵与地位,可参看张昭炜《王阳明九声四气法的三个层次》一文,《世界宗教研究》2015 年第 1 期。

《训蒙大意示教读刘伯颂等》一文中阳明讲到教童子之法,与"养夜气"工夫不无可旁通之处,盖童子之心气即可看作生命中的平旦之气。阳明写道:

> 古之教者,教以人伦。后世记诵词章之习起,而先王之教亡。今教童子,惟当以孝弟忠信礼义廉耻为专务。其栽培涵养之方,则宜诱之歌诗以发其志意,导之习礼以肃其威仪,讽之读书以开其知觉。今人往往以歌诗习礼为不切时务,此皆末俗庸鄙之见,乌足以知古人立教之意哉!
> 
> 大抵童子之情,乐嬉游而惮拘检,如草木之始萌芽,舒畅之则条达,摧挠之则衰痿。今教童子,必使其趋向鼓舞,中心喜悦,则其进自不能已。譬之时雨春风,沾被卉木,莫不萌动发越,自然日长月化;若冰霜剥落,则生意萧索,日就枯槁矣。故凡诱之歌诗者,非但发其志意而已,亦以泄其跳号呼啸于咏歌,宣其幽抑结滞于音节也;导之习礼者,非但肃其威仪而已,亦所以周旋揖让而动荡其血脉,拜起屈伸而固束其筋骸也;讽之读书者,非但开其知觉而已,亦所以沈潜反复而存其心,抑扬讽诵以宣其志也。凡此皆所以顺导其志意,调理其性情,潜消其鄙吝,默化其粗顽,日使之渐于礼义而不苦其难,入于中和而不知其故。是盖先王立教之微意也。(《传习录》卷中,第195条)

歌诗习礼读书都有致中和的养气作用。在歌诗方面,阳明还给予具体指导,指出"须要整容定气,清朗其声音,均审其节调;毋躁而急,毋荡而嚣,毋馁而慑。久则精神宣畅,心气和平矣"。

阳明很重视乐教移风易俗的作用,希望通过养中和元气来恢复古乐,移风易俗。他与门生之间关于复古乐有一段重要对话:

> 先生曰:"古乐不作久矣。今之戏子,尚与古乐意思相近。"未达,请问。先生曰:"《韶》之九成,便是舜的一本戏子。《武》之九变,便是武王的一本戏子。圣人一生实事,俱播在乐中。所以有德者闻之,便知他尽善尽美,与尽美未尽善处。若后世作乐,只是做些词调,于民俗风化绝无关涉,何以化民善俗?今要民俗反朴还淳,取今之戏子,将妖淫词调俱去了,只取忠臣孝子故事,使愚俗百姓人人易晓,无意中感激他良知起来,却于风化有益。然后古乐渐次可复矣。"曰:"洪要求元声不可得,恐于古乐亦难复。"先生曰:"你说元声在何处求?"对曰:"古人制管候气,恐是求元声之法。"先生曰:"若要去葭灰黍粒中求元声,却如水底捞月,如何可得?元声只在你心上求。"曰:"心如何求?"先生曰:"古人为治,先养得人心和平,然后作乐。比如在此歌诗,你的心气和平,听者自然悦怿兴起。只此便是元声之始。《书》云'诗言志',志便是乐的本。'歌永言',歌便是作乐的本。'声依永,律和声'。律只要和声,和声便是制律的本。何尝求之于外?"曰:"古人制候气法,是意何取?"先生曰:"古人具中和之体以作乐。我的中和,原与天地之气相应;候天地之气,协凤凰之音,不过去验我的气果和否?此是成律已后事,非必待此以成律也。今要候灰管,先须定至日。然至日子时恐又不准,又何处取得准来?"(《传习录》

卷下，第 297 条）

阳明反对仅仅根据外在的律历制管候气求取元声以复古乐，指出元声需要在心上求，要养得"心气和平"，然后歌诗作乐，起到听者愉悦兴起而移风易俗的效果。有了内心充沛的中和之气，自然就能与天地之气相应，才有可能做出"与天地同和"的大乐（《乐记》语），而不是机械地追求与天地节令的对应。阳明这一由复中和之体而达到恢复古乐的思路是他复三代之治政治思想的重要内容。由此也可见阳明的良知养气思想不仅具有个体身心工夫的变化气质意义，还具有移风易俗追慕三代之治的政治意义。

## 四、以良知对治意气、客气之蔽

从宋儒以来的"变化气质"之学包含"养气"与"治气"两个主要的方面。"养气"主要发挥的是孟子的学脉，其工夫有求放心、养夜气、集义等等；"治气"主要汲取的是荀子的思想，针对的是气质之偏，其工夫有复礼、慎独省察、改过等等。阳明将这两面都收摄到了"致良知"中。致良知包含养夜气、中和之气的养气工夫，也包含治气的工夫。在提出"致良知"宗旨后，阳明对治气工夫有尤为深切的揭示。

值得注意的是，阳明讲治气、变化气质的工夫，多见于他与友人、门生的书信，而且这些友人、门生往往是处于仕途的考验和波折中。前面所提到《与王纯甫》《与胡伯忠》两封信中阳明以"变化气质"的为学宗旨告诫仕途中的友人，这方面讲得最深切的莫过于嘉靖六年（1527）给黄绾的一封信，彼时黄绾与阳明的其他一些在京师的门生正处于朝廷大礼议和学禁的风波中，人事极为纠葛。阳明告诫门生道：

> 人在仕途，比之退处山林时，其工夫之难十倍，非得良友时时警发砥砺，则其平日之所志向，鲜有不潜移默夺，驰然日就于颓靡者。近与诚甫言，在京师相与者少，二君必须预先相约定，彼此但见微有动气处，即须提起致良知话头，互相规切。凡人言语正到快意时，便截然能忍默得；意气正到发扬时，便翕然能收敛得；愤怒嗜欲正到腾沸时，便廓然能消化得；此非天下之大勇者不能也。然见得良知亲切时，其工夫又自不难。缘此数病，良知之所本无，只因良知昏昧蔽塞而后有，若良知一提醒时，即如白日一出，而魍魉自消矣。《中庸》谓"知耻近乎勇"。所谓知耻，只是耻其不能致得自己良知耳。今人多以言语不能屈服得人为耻，意气不能陵轧得人为耻，愤怒嗜欲不能直意任情得为耻，殊不知此数病者，皆是蔽塞自己良知之事，正君子之所宜深耻者。今乃反以不能蔽塞自己良知为耻，正是耻非其所当耻，而不知耻其所当耻也。可不大哀乎！诸君皆平日所知厚者，区区之心，爱莫为助，只愿诸君都做个古之大臣。古之所谓大臣者，更不称他有甚知谋才略，只是一个断断无他技，休休如有容而已。诸君知谋才略，自是超然出于众人之上，所未能自信者，只是未能致得自己良知，未全得断断休休体段耳。今天下事势，如沈疴积痿，所望以起死回生者，实有在于诸君子。若自己病痛未能除得，何以能疗得天下之病！此区区

一念之诚,所以不能不为诸君一竭尽者也。诸君每相见时,幸默以此意相规切之,须是克去己私,真能以天地万物为一体,实康济得天下,挽回三代之治,方是不负如此圣明之君,方能报得如此知遇,不枉了因此一大事来出世一遭也。病卧山林,只好修药饵苟延喘息。但于诸君出处,亦有痛痒相关者,不觉缕缕至此。幸亮此情也![1]

阳明在信中提醒黄绾与在京师诸门生[2],在仕途的变化气质工夫要比退处山林时难得多。难处何在,阳明没有明确说出,其实对收信人而言也没有必要直接说出,对此同有仕途经验的师生之间有默会的共契。但我们从信的内容中还是可以略知一点仕途的气场、仕途中的治气与退处山林的不同。与退处山林不同,仕途是一个功名"进取"之途,名利的竞争是仕途的基本情势。以功名、官阶、气节相标榜,耻居人下,是仕途中人普遍心态。阳明讲到"今人多以言语不能屈服得人为耻,意气不能陵轹得人为耻,愤怒嗜欲不能直意任情得为耻",这里的"今人"当然首先是指仕途中人。仕途中人特别容易以气势上居于人下为耻,阳明指出这种意气会遮蔽良知,不是君子所当耻。君子应该以不能致得自己良知为耻。这种超出流俗的荣耻观阳明在青年时代就开始形成了。《年谱》记载,在二十一岁会试落第之后,"同舍有以不第为耻者,先生慰之曰:'世以不得第为耻,吾以不得第动心为耻。'识者服之。"这种重内轻外不同流俗的荣耻观随着阳明心学工夫的加深得到了强化。基于良知的明察,

---

[1]《与黄宗贤》,《王阳明全集》卷六,第244页。
[2] 阳明给门生的书信往往在门生之间相互传看,这种书信往来是教学的一种重要方式。

基于人情事理上的历练，阳明对仕途中人气质的弊病洞若观火。他告诫自己的门生要以"致良知"的话头彼此规切，不能让无明之气遮蔽了清明的良知——"凡人言语正到快意时，便截然能忍默得；意气正到发扬时，便翕然能收敛得；愤怒嗜欲正到腾沸时，便廓然能消化得"。这种治气的超强工夫基于阳明对良知与意念之间关系的明察。

阳明前期的"知行合一"说以"诚意"为本，将"意"与"知"视为同一个层面的现象，有"意之本体即是知"的讲法。但在提出"致良知"教以后，则将"良知"视为"意"的"灵明主宰"，能辨别"意"的是非善恶的更高原则。在《答魏师说》（嘉靖六年[1527]）这封信中，阳明辨析良知与"意"的关系：

> 师伊至，备闻日新之功，兼得来书，志意恳切，喜慰无尽！所云"任情任意，认作良知，及作意为之，不依本来良知，而自谓良知者，既已察识其病矣"，意与良知当分别明白。凡应物起念处，皆谓之意。意则有是有非，能知得意之是与非者，则谓之良知。依得良知，即无有不是矣。[1]

能知得意之是与非，念念分明，依良知而言而行，就不会任意气奔放。这是养心治气的关键法门。**阳明的治气法是在意念的省察克治处用功，是在因地的几微处用功，相比之下，荀子的治气法和张载的变化气质法则着眼的是表现出来的气质之偏，是在果地施以**

---

[1] 《王阳明全集》卷六，第242页。

**补救改过之功。**补救改过的功夫固然也重要，然而已落入后一着，不如萌发处的当下省察工夫更得要领。改过补偏是由工夫达到中和境界，良知对意念的省察克治则是本体中透出的工夫。

阳明屡屡言及对意气的警惕，前面所引致黄绾的信中讲到仕途中人的"意气相陵轧"，这种意气陵轧是古来官场中的常态，政治中的党争也往往有意气陵轧的因素。阳明在《送李柳州序》里写道：

> 士之立朝，意气激轧，与时抵忤，不容于侪众，于是相与摈斥，必致之远地。[1]

意气在君子的变化气质之学中是特别需要加以省察克治的对象。与功利、私欲不一样，**意气往往以清高的气节形象出现，高尚之士也往往难免**。而且，人在意气之中往往自以为是，不容易认识到自己的过错。因此，**变化气质尤以克治意气为难**。在阳明看来，哪怕是高尚的德行，如果只是激于意气而为之，也是不够的。在《答王虎谷》的信中（正德六年[1511]）阳明辨析了曾子的"弘毅"之说：

> 仁，人心也。心体本自弘毅，不弘者蔽之也，不毅者累之也。故烛理明则私欲自不能蔽累；私欲不能蔽累，则自无不弘毅矣。弘非有所扩而大之也，毅非有所作而强之也，盖本分之内，不加毫末焉。曾子"弘毅"之说，为学者言，故曰"不可以不弘毅"，此曾子穷理之本，真见仁体而后有是言。学者徒知

---

[1] 《王阳明全集》卷二十九，第1158页。

> 不可不弘毅,不知穷理,而惟扩而大之以为弘,作而强之以为毅,是亦出于一时意气之私,其去仁道尚远也。[1]

阳明指出了勉强的"弘毅"还只是出于"意气之私",尚未见性,体认到了"心体本自弘毅"而自有不能已者,才是知性。曾子的"弘毅"之说是真见了仁体之言,不是意气之言。因此,要超越意气之勉强,必须有本体的透悟。

士之超越世俗的言行,是激于意气,还是出于本体的觉悟,阳明在晚年的《答南元善》信中也有辨析:

> 世之高抗通脱之士,捐富贵,轻利害,弃爵禄,决然长往而不顾者,亦皆有之。彼其或从好于外道诡异之说,投情于诗酒山水技艺之乐,又或奋发于意气,感激于愤悱,牵溺于嗜好,有待于物以相胜,是以去彼取此而后能。及其所之既倦,意衡心郁,情随事移,则忧愁悲苦随之而作。果能捐富贵,轻利害,弃爵禄,快然终身,无入而不自得已乎?……故凡有道之士,其于慕富贵,忧贫贱,欣戚得丧而取舍爱憎也,若洗目中之尘而拔耳中之楔。其于富贵、贫贱、得丧、爱憎之相值,若飘风浮霭之往来变化于太虚,而太虚之体,固常廓然其无碍也。元善今日之所造,其殆庶几于是矣乎!是岂有待于物以相胜而去彼取此?激昂于一时之意气者所能强而声音笑貌以为之乎?元善自爱!元善自爱![2]

---

1 《王阳明全集》卷四,第 167 页。
2 《王阳明全集》卷六,第 235 页。

阳明指出，高抗通脱之士也可能激昂于一时之意气而"捐富贵，轻利害，弃爵禄"，但激于意气的超越未必能持久，往往一旦"情随事移，则忧愁悲苦随之而作"，"快然终身，无入而不自得"是彻悟良知本体的有道之士才能达到的境地。世之高抗之士捐富贵、轻利害、弃爵禄往往是有待于物以相胜，未免自高胜人之意，有道之士体悟到良知廓然与太虚同体，认识到良知天爵的"良贵"（《孟子·告子上》），而富贵、贫贱、得丧、爱憎的遭遇有如"飘风浮霭往来变化于太虚"，这样才能达到彻底的"内在超越"。

阳明看到了高抗之士一时之意气的不可靠，但他也并没有完全否定或轻视意气。"意气"这个词在阳明那里有时取批评警示的意义，有时也取中性乃至肯定的意义。我们看两则阳明的话：

> 人方少时，精神意气既足鼓舞，而身家之累尚未切心，故用力颇易。迨其渐长，世累日深，而精神意气亦日渐以减，然能汲汲奋志于学，则犹尚可有为。至于四十五十，即如下山之日，渐以微灭，不复可挽矣。故孔子云："四十五十而无闻焉，斯亦不足畏也已。"又曰："及其老也，血气既衰，戒之在得。"吾亦近来实见此病，故亦切切预为弟辈言之。宜及时勉力，毋使过时而徒悔也。（《寄诸弟》）[1]

李太白，狂士也。其谪夜郎，放情诗酒，不戚戚于困穷。盖其性本自豪放，非若有道之士，真能无入而不自得也。然其

---

[1]《王阳明全集》卷四，第193页。

**才华意气，足盖一时，故既没而人怜之**。骑鲸之说，亦后世好事者为之，极怪诞，明者所不待辨。因阅此，间及之尔。(《书李白骑鲸》)[1]

以上两段话中的"意气"实带有肯定意义，如果借用宋儒"气质之性"的说法，人年少时的**青春意气**、诗人词客如太白的**才华意气**，都是气质之性中可贵的品性。当然，意气不是良知，在终极的意义上仍不足为凭。

阳明对"意气"双重性的揭示有心性依据。阳明讲"意则有是有非"，我们可以引申一步讲"意气有是有非"。良知察知意气，对意气中率真高尚的因素加以引导、贞定，对意气中争胜倾轧乃至自欺作伪的倾向加以警惕、清除。那种争胜、自傲、自欺的意气，阳明多叫作"客气"。"意气"在阳明那里有褒有贬，"客气"则全然在贬义上使用。何谓"客气"？阳明有一段简明亲切的解释：

客与主对，让尽所对之宾，而安心居于卑末，又有尽心尽力供养诸宾，宾有失错，又能包容，此主气也。惟恐人加于吾之上，惟恐人怠慢我，此是客气。[2]

简言之，客气即**争胜自矜之意气**。

关于"客气"的危害，消除"客气"在君子变化气质之学中的必要性，我们看几段阳明的话：

---

[1] 《王阳明全集》卷二十八，第1128页。
[2] 《王阳明全集》卷三十二，第1304页。

……当是时，予方驰骛于举业词章，以相矜高为事，虽知爱重君，而未尝知其天资之难得也。其后君既殁，予亦入仕，往往以粗浮之气得罪于人。稍知创艾，始思君为不可及。寻谪贵阳，独居幽寂穷苦之乡，困心衡虑，乃从事于性情之学。方自苦其胜心之难克，而客气之易动；又见夫世之学者，率多娼嫉险隘，不能去其有我之私，以共明天下之学，成天下之务，皆起于**胜心客气之为患**也。……(《程守夫墓碑》甲申)

这段怀念早年友人程守夫的话将"客气"与"胜心"并提，并且反思了自己早年沉溺于辞章之学时以才名相矜高的胜心客气，贵阳龙场悟"性情之学"是克服胜心客气的重要突破。"客气"之害，阳明在嘉靖六年（1527）另一封给黄绾的信中也写道：

西樵、兀崖家事，极为时辈所挤排，殊可骇叹！此亦皆由学术不明，**近来士夫专以客气相尚，凡所毁誉，不惟其是，惟其多，且胜者是附是和**，是以至此。近日来接见者，略已一讲，已觉豁然有省发处，自后等意思亦当渐消除。

京师近来事体如何？君子道长，则小人道消；疾病既除，则元气亦当自复。但欲除疾病而攻治太厉，则亦足以耗其元气。药石之施，亦不可不以渐也。(《与黄宗贤》)[1]

阳明指出朝廷中士大夫相互争胜的"客气"其危害不仅是个人

---

[1] 《王阳明全集》卷二十一，第913页。

的，而且在相互附和中实际上极易形成党争的局面。阳明告诫黄绾朝廷事体上正道要消除客气，培养元气，同时除病也不能急躁。可见，"胜心客气"的对治不只是君子个体变化气质的事情，也关系到政治风气的改良。

对治"客气"之法，阳明在《从吾道人记》中言之最切：

"……**夫君子之学，求以变化其气质焉尔。气质之难变者，以客气之为患**，而不能以屈下于人，遂至自是自欺，饰非长敖，卒归于凶顽鄙倍。故凡世之为子而不能孝，为弟而不能敬，为臣而不能忠者，其始皆起于不能屈下，而客气之为患耳。**敬惟理是从，而不难于屈下，则客气消而天理行**。非天下之大勇，不足以与于此！则如萝石，固吾之师也，而吾岂足以师萝石乎？"[1]

《从吾道人记》记述海宁董萝石以高龄长者拜师于阳明的过程，董萝石从学于阳明时已六十八岁高龄，年长于阳明，且当时已"以能诗闻江湖间"，但一闻阳明良知之学即诚心领受，虚心拜阳明为师，阳明反复推辞而不能，乃许以师友之间。在这个记里面阳明盛赞了董萝石唯理是从变化气质之勇，指出了君子变化气质之学的一大难关就是消除好胜自傲的"客气"，而致良知循天理是消除"客气"的根本学问，盖良知就是我们的"**真吾**"，从真吾所好，则能消除客气名利之好。这个良知"真吾"之所好，是能够与天下人之所好共通之好，同时又是能处富贵、贫贱、患难、夷狄而"无入而不

---

[1] 《王阳明全集》卷七，第278页。

自得"之道。

良知真吾之自得可以消"客气"之徇外逐物,良知所好与天下人共通,可以消"客气"之矜持相争。因此**"致良知"就是消除"客气"而涵养"真吾"的元气、和气、正气的变化气质之学**。良知的消除"客气物欲"而养万物一体和畅之气的境界,阳明在嘉靖三年(1524)《与黄勉之》的第二封信中通过解释《论语》首章发明最切:

> ……乐是心之本体。仁人之心,以天地万物为一体,䜣合和畅,原无间隔。来书谓"人之生理,本自和畅,本无不乐,但为客气物欲搅此和畅之气,始有间断不乐"是也。时习者,求复此心之本体也。悦则本体渐复矣。朋来则本体之䜣合和畅,充周无间。本体之䜣合和畅,本来如是,初未尝有所增也。就使无朋来而天下莫我知焉,亦未尝有所减也。来书云"无间断"意思亦是。圣人亦只是至诚无息而已,其工夫只是时习。时习之要,只是谨独。谨独即是致良知。良知即是乐之本体。[1]

阳明从其良知学的经验出发对《论语》首章做了独到新颖的解释。"学而时习之,不亦说乎",时习即"复此心之本体",本体即"以天地万物为一体"的仁心,此仁心与天地万物之间"䜣合和畅,原无间隔",君子之学只是去"客气物欲"之蔽而复此本体,故朋来而䜣合和畅、充周无间,但此本体本来如是,不因朋来与否而增减,"人不知而不愠",乃是因为良知本体自明自足,即是乐之本体。通

---

[1]《王阳明全集》卷五,第216页。

过良知学的"万物一体"与"谨独"这一体两面，阳明对《论语》首章做了一个圆融自足的解释。这两面恰好对"客气物欲"构成有力的对治，一体之仁消除"客气"的争胜自矜，慎独良知消除"客气"的循外逐物。阳明这一对《论语》首章的解释是否全然合乎此章本义，容或有商量。但毫无疑问的是，通过这一解释，**儒学变化气质的为己之学宗旨得到了鲜明生动的阐发**。

## 小结

通过以上介绍分析我们看到，阳明心学在养气与治气两方面都有丰富独到的阐述，体现了儒学变化气质的"修身"宗旨。在养气方面，阳明继承发挥了孟子"夜气"的思想，同时将《中庸》"致中和"的精神运用到了乐教之中，发展了思孟学派的真精神。在治气方面，阳明对治"客气"的工夫丰富而有特色，与宋儒的"变化气质"、荀子的"养心治气之术"有一定的继承关系，但同时深具良知学发挥"真吾"、万物一体的独到造诣，大有功于儒门变化气质的修身之学。在其晚年成熟的"致良知"教中，阳明将养气、治气的工夫都收摄到了致良知中，极大抉发了儒学修身工夫的自主性力量。阳明的身心之学对"气"的重视也体现了其心学务实自然的品格。他的"亲民"政治思想教、养并重，注重体贴民情、关怀民生疾苦，纠"新民"之说重"教"而忽视"养"的道德理想主义之弊，也与他身心之学的务实品格相关。

# 第十章　从知行合一到学政合一

"知行合一"是阳明学最广为人知的思想主张，鲜明体现了其即体即用的品格。王阳明在龙场悟道之后首次提出"知行合一"的主张，这一思想的提出来自他突破朱子学而对《大学》"格物致知"工夫产生的全新理解，实际上是他对《大学》和孔孟儒家"学政合一"传统的独到理解和表述，需要放在儒学的大传统中理解。孔孟儒学是以成己成物为宗旨的仁学，内在地包含治国平天下的政治抱负；另一方面，儒家的政治思想又以修身为本，事君治民不离正心诚意的学问。学之中有政，政之中有学，这一"学政合一"的儒家传统是王阳明"知行合一"思想的文化背景。《大学》"明明德"、"亲民"、"止于至善"的纲领申明的就是儒家"学政合一"的抱负，王阳明晚年对《大学》纲领的解释就是他"知行合一"思想的深化。

王阳明虽然没有明确地提出"学政合一"的名号，但学政合一思想其实贯穿于他辉煌的军政事功和孜孜不倦的修德、讲学中。据吴震教授考证[1]，王畿是阳明弟子中最早明确提出"政学合一"名号的。王畿有一篇《政学合一说》的短文[2]，但政学合一的思想实为阳明

---

[1] 《泰州学派研究》，第125页。
[2] 参《王畿集》，第195页。王畿此文是针对"为政者"而言，故言"政学合一"，就《大学》和《论语》的次第看，则学在前，所以本文用"学政合一"的讲法。

学者所共享。政与学在王阳明那里的合一有两个向度,一是**寓学于政**,在政务中磨砺和见证学问;一是**寓政于学**,在修身和讲学中寄托治平抱负。这两个向度在王阳明生命的不同时期各有侧重的表现,在阳明的亲传和再传弟子中也各有侧重的表现。

王阳明一生的学问与《大学》有莫大的关系,其良知学的精神血脉固然来自孟子,但其学问展开的细密条理却基本依据《大学》,而《大学》讲的正是学养展开为政治的本末次第。王阳明立教早期的《大学》阐释着重点在"诚意"条目,他论证其"知行合一"思想主要依据的就是"诚意"的思想。在提出"致良知"思想之后的晚年,王阳明在《大学》诸条目中更重视的是"致知"。同时,他也喜欢通过阐释《大学》"明明德"、"亲民"、"止于至善"的纲领来表达自己的基本思想,其万物一体说、亲民说和致良知说包含他学政合一的基本主张,是其"知行合一"思想的深化。知行合一、学政合一的学说与实践,体现出阳明学体用一如的精神。

## 一、知行合一与反求身心的《大学》之道

《大学》之道由格物致知、诚意、正心而修身、齐家、治国、平天下,看起来遵循的是一个由知(格物致知)而行(诚意正心—修齐治平)、由学入政的次第,朱子从《大学》中解读出来的是一个**知先行后**的为学次第,他的《大学》改本补出一个"格物传",正是要突出**格物穷理**的优先性,以格物穷理为入圣、治平之途。自幼立志做圣贤的王阳明早年笃信朱子的格物之学,却没有由此通达圣贤之门。龙场之悟,王阳明开启了自身的入圣之途,其斩关第一义就是

识破朱子格物穷理说之误,所谓"向之求理于事物者误也"[1]。关于王阳明的龙场之悟,学界已经有了大量研究,然而有一个基本问题却少见澄清——阳明自道其所悟乃"**圣人之道,吾性自足**",这并不是他的创见,陆九渊的"心即理"已经包含了这层意思,甚至朱子也未必会反对这个讲法。王阳明真正首创性的学说是"**知行合一**",**这一学说是在他的龙场之悟第二年之后才提出来的**(参《年谱》"正德四年")。"知行合一"与他龙场之悟的"大悟格物致知之旨"是什么关系?为何会成为他早期立教最引人注目的主张?

王阳明阐明"知行合一"学说最明显的经典依据是《大学》"诚意"之说。目前所见王阳明关于知行合一的完整论述是《传习录》中他与徐爱之间的问答:

> 爱因未会先生"知行合一"之训,与宗贤、惟贤往复辩论,未能决,以问于先生。先生曰:"试举看。"爱曰:"如今人尽有知得父当孝、兄当弟者,却不能孝、不能弟,便是知与行分明是两件。"先生曰:"此已被私欲隔断,不是知行的本体了。未有知而不行者。知而不行,只是未知。圣贤教人知行,正是要复那本体,不是着你只恁的便罢。故《大学》指个真知行与人看,说'如好好色,如恶恶臭'。见好色属知,好好色属行。只见那好色时已自好了,不是见了后又立个心去好。闻恶臭属知,恶恶臭属行。只闻那恶臭时已自恶了,不是闻了后别立个心去恶。如鼻塞人虽见恶臭在前,鼻中不曾闻得,便亦不甚恶,亦

---

[1] 《王阳明全集》卷三十三,第1354页。

只是不曾知臭。就如称某人知孝、某人知弟，必是其人已曾行孝行弟，方可称他知孝知弟，不成只是晓得说些孝弟的话，便可称为知孝弟。又如知痛，必已自痛了方知痛；知寒，必已自寒了；知饥，必已自饥了；知行如何分得开？此便是知行的本体，不曾有私意隔断的。圣人教人，必要是如此，方可谓之知，不然，只是不曾知。此却是何等紧切着实的工夫！……[1]

"如好好色，如恶恶臭"出自《大学》"诚意"条目，王阳明以此来阐明他的"知行合一"说，潜在的逻辑是**以"诚意"统摄"格物致知"**。这正是他突破朱子格物之学的关键起点。实际上在阳明这里**致知与诚意是一回事**，正如见好色（属知）与好好色（属行）是一回事。《大学》讲"欲诚其意者，先致其知"，"知至而后意诚"，**其中"先"、"后"乃是虚说**，只是表**必要条件，而非时间次序**。如果执先后为时间次序，那么"知至而后意诚"就只能是朱子的"知先行后"，阳明的"知行合一"就没法从《大学》中取得依据了。

阳明所见"诚意"与"致知"的不二见于他关于身、心、意、知、物的解释。在回答徐爱关于"格物"的疑惑时，阳明对《大学》诸条目中的相关概念做了解释：

> 身之主宰便是心，心之所发便是意，意之本体便是知，意之所在便是物。如意在于事亲，即事亲便是一物；意在于事君，即事君便是一物；意在于仁民爱物，即仁民爱物便是一物；意

---

[1] 《传习录》卷上，第3条。

在于视听言动,即视听言动便是一物。所以某说无心外之理,无心外之物。《中庸》言"不诚无物",《大学》"明明德"之功,只是个诚意。诚意之功,只是个格物。[1]

对照朱子的《大学章句》和《大学或问》,我们看到阳明对"心"与"意"的解释与朱子基本上没有差别,但是**对"知"和"物"的解释发生了重大改变**。这正吻合于龙场之悟——"悟格物致知之旨"[2]。

阳明早年信奉朱子的格物法,接受以格物穷理为入圣之途的朱子学传统,但是始终没有解决心与理为二的问题,成圣之途也遭遇困顿。我们看朱子对"格物致知"的解释。朱子解"致知""格物"为:"致,推极也。知,犹识也。推极吾之知识,欲其所知无不尽也。格,至也。物,犹事也。穷至事物之理,欲其极处无不到也。"[3]朱子将"致知"之"知"解释成内外兼备、**致广大而尽精微**的"知识"——"**知,犹识也**"。"识"在古语中往往有外部知识的意思,如《论语》中孔子讲学《诗》可以"**多识于鸟兽草木之名**",又对子贡说"**汝以予为多学而识之者与**",《易·大畜·象传》中的"**君子多识前言往行,以畜其德**",都表明了"**博物**"是"识"的来源。朱子的"推极吾之知识"正是要以**博学**作为大学之道的起点。王阳明对格物致知的革命性理解所要突破的就是这种泛滥于求取外部知识的倾向,而关键的突破口就是这一新的洞见——"**意之本体便是知**"。

---

1 《传习录》卷上,第6条。
2 《王阳明全集》,第1354页。
3 《四书章句集注》,第5页。

意念的源发根本处便是知，也就是孟子说的"良知"，这个良知不假外求，秉此良知而行，无私意隔断，就是诚意。这样，致知无非就是去除私意隔断、恢复作为意之本体的良知，这个"**意之本体**"，也就是"**知行的本体**"。这样，阳明就消解了推扩外部知识的致知取向，将"致知"解释成了澄明、恢复本体良知。虽然在与徐爱的问答中王阳明还没有提出"致良知"的口诀，但基本的旨趣已经在了。与朱子推扩知识的致广大取向不同，阳明致知诚意的工夫在复"知行本体"。

相应于对"致知"的新理解，王阳明对"物"也提出了新的解释。朱熹解"格物"之"物"为"物，犹事也"，以"格物"为"穷至事物之理"。这个解释虽然也彰显了**格物的最终实践取向**，但是相比阳明的"物，即事也"，"犹事"游离于事的当下性之外，荡开了一个先于当下事务的"犹疑"时空，一个先于行事的致知时空，在朱子那里就是学，特别是"大学"的独立时空。朱子突出"格物致知"中游离于当下事务之外的博学穷理维度，与他区分"大学"、"小学"次第的学制理解有关。朱子在《大学章句序》中就将"大学"放在他所理解的古代学制中看待。他认为三代的时候教化完备，八岁到十五岁是作为**普及教育**的"小学"，从王公以下到普通庶民的子弟都要接受"小学"教育，内容是洒扫、应对、进退之节，和礼乐、射御、书数之文，实际上是具有高度操作性的"知行合一"教育；从十五岁开始，"天子之元子、众子，以至公、卿、大夫、元士之嫡子，与凡民之俊秀"——即**贵族和精英**，进入大学，学的是穷理、正心、修己、治人的"大人之学"。朱子对"大学"和"小学"的区分基本对应于《中庸》的"尊德性而道问学"，"**小学**"**以尊德**

性为主,"大学"以道问学为先。对于以"道问学"为先的大学,朱子特别突出其"**致广大**"的一面。他认为《大学》这一篇的宗旨是孔子"因小学之成功,以著大学之明法,外有以极其规模之大,而内有以尽其节目之详者也"[1]。大学区别于小学的"大",在朱子眼里首先是"**规模之大**"。这个"规模之大"在朱子看来首先体现于"格物"条目,他的《格物补传》说:"……大学始教,必使学者即凡天下之物,莫不因其已知之理而益穷之,以求至乎其极。至于用力之久,而一旦豁然贯通焉,则众物之表里精粗无不到,而吾心之全体大用无不明矣。此谓物格,此谓知之至也。"[2] 大学的规模之大首先体现在**格尽"天下之物"**,格物要做到"众物之表里精粗无不到,吾心之全体大用无不明",才是"物格",才是"知之至"。这样的"大学之道"确实是"致广大而尽精微"。然而这样的格物面临两个基本问题:其一,"天下之物"什么时候能够格完?格尽天下之物的"大学"什么时候才能"毕业"?"用力之久"得有多久?其二,穷至事物之理如何能保证诚得自家意?"知"了之后是否能保证"行"得出来,"行"得充分?事实上,熟读圣贤书,知道孝悌忠信的道理,但却行不出来、行不充分,这不仅可能,而且是普遍存在的现实情况。**纵穷至天下之物的理,如何反过来诚得自家意?**这正是阳明在朱子格物之学那里遇到的问题。阳明解决这一问题的关键突破口在获得对"物"与"知"的新理解——"物"首先并非泛泛的"天下之物",而是"**意**"**所在的当下之事**,"知"并非以见闻、穷理为取向的博学多识,而是"意"的自身觉知;格物致知就是**在当下之事中去私欲**

---

[1] 《四书章句集注》,第2页。
[2] 《四书章句集注》,第8页。

**存天理**，这就是"**诚意**"，即是知，即是行。**在阳明的"格物致知"之悟中实际上包含了"知行合一"的理解**，从《大学》的条理看，"**知行合一**"实际上就是"**格物致知**"与"**诚意**"的合一。用理学的话语来说，就是诚意为体，格物为用，"格物是诚意的工夫"[1]。

阳明以《大学》"诚意"阐明其"知行合一"说，在论证上走了一条**下行返本**的路径，也就是**从"天下之物"返回到自家的身心**。这种返回可以看作儒家成德之学的"现象学还原"。阳明晚年回忆自己的龙场格物之悟，说及格竹子失败的经历，龙场之悟之后才明白："乃知天下之物，本无可格者。其格物之功，只在身心上做。"[2] "如好好色，如恶恶臭，此之谓自慊"，这在《大学》是从"明明德于天下"的极高远境界返回到了**最切近的身体感知**。阳明反复以**知痛、知寒、知饥**这类身体感知来阐明知行合一，张大了《大学》的"返本"论述。其实，即便知孝知悌，相对于治国平天下的大道而言也是**切近之知**。这种诉诸切近感知的返本理路确实有"紧切着实"的优点，能够从**身家性命**处发动人的觉悟，但其危险也是显著的。毕竟《大学》"止于至善"的"知止"之知与知痛知寒之知还不能等同，"修身为本"的"身"也不只是感性身体，"诚意"的"如好好色，如恶恶臭"之"如"是**比如**之如，而不是"**如此**"之如。如果将知痛知寒的知坐实，而不是看作能近取譬的为仁之方，那就离"拔一毛而利天下不为也"的杨朱之学不远了，与《大学》的"明明德于天下"相悖。

从比较哲学的视野看，王阳明的知行合一论与舍勒的价值现

---

1 《传习录》卷上，徐爱跋，《王阳明〈传习录〉详注集评》，第32页。
2 《传习录》卷下，第318条。

象学抱有相近的见地。与胡塞尔的理性主义看法不同,舍勒指出我们的价值感受并不需要客体化的认识奠基,我们并不是先认识了一个客体,然后再赋予其价值并有所行动,而是在原初的情感体验中"直接就感受到某物、感受到一个特定的价值质性"[1]。这种感受性的知才是原初的知,是自身具有行的动力的。不过,舍勒在人所体验到的价值中分出四种:感性价值(适意与不适意)、生命价值(健康与疾病、兴旺与衰弱等等)、精神价值(美与丑、正当与不正当等等)、神圣价值(极乐与绝望)。[2] 张祥龙教授指出,在"较高"的价值层次上,知行分裂的可能性更大,而在"较低"的层次,比如"好好色,恶恶臭",知与行更自发,很难分开。[3] 王阳明在其早期的"知行合一"论中多举感性价值、生命价值层次的知行关系为例,如知饥寒、知痛痒之类身心感知,伦理道德层面的知行与这一类的知行是什么关系,阳明并未做出很好的解释。实际上,阳明举的那些例子更多应该看作**显明**,而非严格意义上的**论证**。

在美国实用主义哲学家对**原初经验**的理解中也包含"知行合一"的见地。杜威就指出过,在动物身上所有的知觉功能都从属于某种运动功能,"活的动物完全是当下性的,以其全部的行动呈现出来:表现为它警惕的目光、锐利的嗅觉、突然竖起的耳朵。所有的感官都同样保持着警觉。你看,行动融入感觉,而感觉融入行动——构成了动物的优雅,这是人很难做到的。活的生物从过去所保留的,与它所期望于未来的,都作为现在的方向而起作用。狗既不会迂腐

---

[1]《伦理学中的形式主义与质料的价值伦理学》,第314页。
[2]《伦理学中的形式主义与质料的价值伦理学》,第127—134页。
[3]《儒家心学及其意识依据》,第356页。

也不会有学究气;这些东西只有过去在意识中与当下分隔开,过去被确定为模仿的模式,或经验的宝库时,才会出现","**行动融入感觉,而感觉融入行动**",就是实用主义对"知行合一"的另一种说法。杜威还指出,"野蛮人"在其精神处于活跃状态时也具有"知行合一"的品质,"他的观察既是行动的准备,也是对未来的预见。他在看与听时做到全身心地投入,就像他在蹑手蹑脚地探听消息或悄悄地逃离仇敌一样。他的感官是直接的思想与行动的哨兵,而不像我们的感官那样,常常只是通道,经过它们,材料得以聚集和贮藏,以服务于久远的可能性"。[1] 饶有意味的是,王阳明提出"知行合一"说也正是在他被贬谪到贵阳龙场与当地"野蛮人"杂处的时期,这一学说也许最初就在当地"夷人"的生活中得到了生动印证。但是,在动物和"野蛮人"身上所体现的那种知行合一的活力主要体现的还是生命的与审美的价值,要用这个层次上的例子来论证伦理道德层次上的知行合一,还会面临质疑。

韩国大儒李退溪在阳明学传入韩国之际就曾对阳明的"知行合一"说提出批评,指出阳明在论证中所举的例证都是形气之知行,不足以证明义理之知行的合一[2]。李退溪的批评有一定道理,他所谓"形气之知行",即舍勒所言感性价值、生命价值层面的知行,"义理之知行"即精神价值、神圣价值层面的知行。但他将义理之知行与形气之知行对立起来,也不合乎《大学》和孟子"能近取譬"的仁学理路。如何在"诚意"**紧切着实**工夫中开辟出"明明德于天下"的**广大深远**境界,是阳明的"知行合一"论必须解决的问题。否则,

---

[1] [美] 约翰·杜威著,《艺术与经验》,高建平译,商务印书馆,2010 年,第 21—22 页。
[2] 《四端与七情》,第 251 页。

只是在身心体知的层面讲知行合一，就与"外天下"、"外物"（《庄子·大宗师》）的道家真人不远了。阳明晚年的万物一体论将天下之大收摄到一己的身心，以心学的方式融摄了"大学之道"中**致广大**的追求，并以亲民为万物一体的落实工夫，其"**明德、亲民为一**"的"学政合一"思想拓展了前期"知行合一"说的境界。

## 二、万物一体之学涵万物一体之政

"学政合一"是王阳明"知行合一"思想在宏观政治层面的展开。自从余英时提出阳明学的政治生命从"得君行道"转向"觉民行道"，学界多从其说。然而这只有一部分的道理，阳明心学的行道取向除了得君行道和觉民行道之外，还有**造士—得官行道**。阳明的亲炙弟子中虽然也有王艮这样不同凡响的布衣，但更多的还是已有科举功名或正在努力考取科举的士人，对这些士人而言，为政是最需要取得学问指导的大行。在阳明与门人的问答中关于政与学的问答颇多，在阳明成功地平定南赣民乱与宁藩之乱后更是如此。阳明阐述其学政合一思想，基本借助《大学》"明德、亲民、止于至善"的纲要。

我们看几则阳明门人问政的材料。一则是与门人朱子礼的问答：

> 子礼为诸暨宰，问政，阳明子与之言学而不及政。子礼退而省其身，惩己之忿，而因以得民之所恶也；窒己之欲，而因以得民之所好也；舍己之利，而因以得民之所趋也；惕己之易，而因以得民之所忽也；去己之蠹，而因以得民之所患也；明己

之性，而因以得民之所同也；三月而政举。叹曰："吾乃今知学之可以为政也已！"

他日，又见而问学，阳明子与之言政而不及学。子礼退而修其职，平民之所恶，而因以惩己之忿也；从民之所好，而因以窒己之欲也；顺民之所趋，而因以舍己之利也；警民之所忽，而因以惕己之易也；拯民之所患，而因以去己之蠹也；复民之所同，而因以明己之性也；期年而化行。叹曰："吾乃今知政之可以为学也已！"

他日，又见而问政与学之要。阳明子曰："明德、亲民，一也。古之人明明德以亲其民，亲民所以明其明德也。是故明明德，体也；亲民，用也。而止至善，其要矣。"子礼退而求至善之说，炯然见其良知焉，曰："吾乃今知学所以为政，而政所以为学，皆不外乎良知焉。信乎，止至善其要也矣！"[1]

这条问答系于"甲申"年，即嘉靖三年（1524），王阳明时年五十三岁，属于晚年居越讲学时期。诸暨县令朱子礼向阳明问政，阳明与之言学而不及政，而"政"实际上就在"学"之中。因为在阳明这里学即是**修身成德之学**，政亦即**德教之政**。惩己之忿、窒己之欲、舍己之利、警惕自己的轻忽、去除自己的贪腐，好恶与民同，如此则**德修而政举**，学也而政在其中，此即"明明德"。另一方面，平民之所恶、从民之所好、顺民之所趋、警民之所忽、拯民之所患、复民之所同，反身而诚，政通性成而学在其中，此即"亲民"。前者

---

[1]《王阳明全集》卷八，第312页。

是**以学为政**，后者是**以政为学**，学政合一的两个向度都在其中了。从中也可以看出，阳明"学政合一"思想的根本精神其实就是《大学》的"**修身为本**"。

这段问答还有一个要点——阳明以体、用、要来解释《大学》的明明德、亲民、止于至善。明明德是政学一体之体，亲民是政学一体之用，止于至善则是政学一体之要。而至善的根本在阳明看来则是良知，这样阳明就将学政合一归摄在止于至善的良知中。良知与明德是什么关系？为什么阳明在**明明德之"体"**中还要讲出一个止于至善的**良知之"要"**（精要）？结合"知行合一"说来理解，"明明德"即"知"，"亲民"即"行"，**知行合一即体用一如**，意思似已完足。为何还会多出一个"要"？**难道"明明德"的"知"还不够吗**？在阳明晚年的《大学》阐释中确实如此。用"惟精惟一"的话头来说，"明明德"、"亲民"是"惟一"，是"先立乎其大"，"止于至善"则是"惟精"。《大学》与《中庸》通贯一气理解，是阳明晚年立教的一个基本特点。

阳明晚年通过《大学》来阐发其学政合一思想，最明确系统地见于答绍兴知府南大吉问政的《亲民堂记》：

> 南子元善之治越也，过阳明子而问政焉。阳明子曰："政在亲民。"曰："亲民何以乎？"曰："在明明德。"曰："明明德何以乎？"曰："在亲民。"曰："明德、亲民，一乎？"曰："一也。明德者，天命之性，灵昭不昧，而万理之所从出也。人之于其父也，而莫不知孝焉；于其兄也，而莫不知弟焉；于凡事物之感，莫不有自然之明焉；是其灵昭之在人心，亘万古而无

不同，无或昧者也，是故谓之明德。其或蔽焉，物欲也。明之者，去其物欲之蔽，以全其本体之明焉耳，非能有以增益之也。"曰："何以在亲民乎？"曰："德不可以徒明也。人之欲明其孝之德也，则必亲于其父，而后孝之德明矣；欲明其弟之德也，则必亲于其兄，而后弟之德明矣。君臣也，夫妇也，朋友也，皆然也。故明明德必在于亲民，而亲民乃所以明其明德也。故曰一也。"曰："亲民以明其明德，修身焉可矣，而何家、国、天下之有乎？"曰："人者，天地之心也；民者，对己之称也；曰民焉，则三才之道举矣。是故亲吾之父以及人之父，而天下之父子莫不亲矣；亲吾之兄以及人之兄，而天下之兄弟莫不亲矣。君臣也，夫妇也，朋友也，推而至于鸟兽草木也，而皆有以亲之，无非求尽吾心焉以自明其明德也。是之谓明明德于天下，是之谓家齐国治天下平。"曰："然则乌在其为止至善者乎？""昔之人固有欲明其明德矣，然或失之虚罔空寂，而无有乎家国天下之施者，是不知明明德之在于亲民，而二氏之流是矣；固有欲亲其民者矣，然或失之知谋权术，而无有乎仁爱恻怛之诚者，是不知亲民之所以明其明德，而五伯功利之徒是矣；是皆不知止于至善之过也。是故至善也者，明德亲民之极则也。天命之性，粹然至善。其灵昭不昧者，皆其至善之发见，是皆明德之本体，而所谓良知者也。……夫是之谓大人之学。大人者，以天地万物为一体也。夫然后能以天地万物为一体。"元善喟然而叹曰："甚哉！大人之学若是其简易也。吾乃今知天地万物之一体矣！吾乃今知天下之为一家、中国之为一人矣！'一夫不被其泽，若己推而内诸沟中'，伊尹其先得我心之同然乎！"

于是名其莅政之堂曰"亲民",而曰:"吾以亲民为职者也,吾务亲吾之民以求明吾之明德也夫!"爱书其言于壁而为之记。[1]

我们可以将这篇《亲民堂记》分疏出四层基本意思:一、通过看似循环论证的方式向南大吉申说"明德、亲民为一"的基本主张;二、批判二氏之流的失于"虚罔空寂"和五伯功利之徒的"智谋权术",彰显"止于至善"的必要;三、揭示"良知"为至善之发现、明德之本体,批判求之于外的"私智",实际上是在隐晦地批评朱子学的流弊;四、点出"以天地万物为一体"的"大人之学"的宗旨,通过南大吉的认同表白显示这个"大人之学"继承的是周(濂溪)、程(明道)所发扬的儒家道统,暗示了自身在儒家道统中的正统地位。

在这段论政的问答中王阳明用了看似循环论证的方式来启发南大吉:

曰:"亲民何以乎?"曰:"在明明德。"曰:"明明德何以乎?"曰:"在亲民。"曰:"明德、亲民,一乎?"曰:"一也。……"

阳明看起来在绕圈子——亲民在明明德,明明德在亲民……然而,这不是形式上的循环论证游戏。恰恰是通过这种"绕圈子"的方式,阳明揭示了明明德(学)与亲民(政)体用互彰的大学之道,并且实实在在地将南大吉"绕"进了**学政合一的回环一体**中。这

---

[1] 《王阳明全集》卷七,第279页。

个"圈子"之所以能绕得起来,乃基于两个前提:一、儒家修身为本的德政传统,"亲民在明明德"即基于此;二、儒家明伦爱人的学问取向,"明明德在亲民"即基于此。在这个回指着的环中,"在亲民"是向外的意指,"在明明德",即修身为本,是"反身而诚"的回指。因此,《大学》学政合一的回环构造其实是一个**根于内润于外,又时时返回自身的超越之环**。《大学》从格物、致知、诚意、正心、修身,到齐家、治国、平天下,表面看起来是一个一步步往上升的阶梯构造,但其实《大学》的展开是从"明明德于天下"到治其国、齐其家,反归到"修身"、"正心","正心"以下到"诚意"、"致知"、"格物",虽然都属于修身,但又开始了由内而外的展开过程。朱子解释"意"为"心之所发",阳明也接受了这一解释,实际上揭示了**"意"是由内而外的枢机**。阳明讲"意之所在即是物",以此将内和外贯通起来了,这个"意之所在"的"物",实际上就是修身、齐家、治国、平天下之事。因此,从明明德于天下归本于修身,再从修身、正心到致知格物,不是一个单向度的阶梯,而是一个**回环构造**——学政合一的构造,这个"一"不是一条直线,而是一个圆环。这个外与内互为其根的环道正是大学之道的"至善"之所在。外与内——政与学——缺失了任何一方,就偏离了至善。因此阳明接着讲偏于一端之害。

偏于一端,也就是政与学的脱节。阳明讲"昔之人固有欲明其明德矣,然或失之虚罔空寂,而无有乎家国天下之施者,是不知明明德之在于亲民,而二氏之流是矣",**无家国天下之施的"明明德"**,就是**不达于政的学,守内而遗外**,阳明指出这乃是**佛老之学的流弊**。另一方面,"固有欲亲其民者矣,然或失之知谋权术,而无有乎仁爱恻怛之诚者,是不知亲民之所以明其明德,而五伯功利之徒是矣",**无仁爱恻怛之诚的"亲民",就是没有"明明德"学问根基的政治,务外而弃内**,这是五霸功利之徒的权术,有亲民的名义而无其实,实际上是视民如犬马、如土芥的驭民。五霸功利之徒并非全然不讲学术,其学术反倒可能很"深刻"、"曲折",深于智谋权术,如法家者流。但是这类学术缺乏正心诚意的明明德根基,难免走向惨刻与急迫的苛政、暴政。因此,**讲明正学**对于政治而言具有**立法性**的根本意义。阳明本人非常重视讲学,曾有人称道阳明兼文章、政事、气节、勋烈四个足以名世不朽的方面,如果除去讲学一节,就是全人了。言下之意是不认同阳明的讲学,只承认其德行功业。阳明的回答是"某愿从事讲学一节,尽除却四者,亦无愧全人"[1]。钱德洪在为南大吉主持的《续刻传习录》所作序中说"先师平生冒天下之非诋推陷,万死一生,遑遑然不忘讲学。惟恐吾人不闻斯道,流于功利机智,以日堕于夷狄禽兽而不觉"[2]。阳明本以其立德、立功方面的成就就足以不朽,他还要冒着触犯当时朱子学权威的危险而孜孜讲明其学,其中一个原因是深知**讲明正学对于世道人心的根本重要性**。阳明这个重视讲学的精神为其后学所继承,一直到后来的泰州学派,也特别重视讲学。如与泰州学派有师承关系的北方王门学者杨东明,就曾说"崇正学、淑人心,为经纶之第一义"[3],**把讲明正学视为第一位的政治**。这就是"亲民"在"明明德",为政需要学问的根底,才

---

1 《王阳明全集》卷四十一,第1739页。
2 《王阳明〈传习录〉详注集评》,第94页。
3 [明]穆孔晖、尤时熙等撰,《北方王门集》,邹建锋、李旭等编校,上海:上海古籍出版社,2017年,第965页。

可能止于至善。

王阳明通过对二氏之流与五霸功利之徒两方面的批评彰显至善之所在，而至善的根据，阳明揭之为体用不二的良知。良知虽然根于我们内在的天命之性，但却未尝离却事物——致知在格物。这是儒家的心学有别于佛老二氏的地方。自从南宋的陆九渊以来，以发明本心为宗旨的儒家心学一系经常被攻击为禅，因此讲明儒家心学与禅学的差别就成为心学一系儒者的一个重要任务。阳明早年曾笃好佛老二氏之学，对道教养生登仙之术浸淫尤其深。即便在龙场悟道之后，阳明虽然已经知"二氏之非"，但仍然对佛老之学给予了相当肯定。在作于正德七年（1512）的《别湛甘泉序》中，阳明称赞甘泉之学的"**自得**"宗旨，批判支离无本、徒取辩于言词之间的世俗儒林，认为老氏之清净自守、释氏之究心性命虽然"于圣人之道异，然犹有自得也"，不像世俗儒者那样只会雕琢章句、巧言令色，一味向外追逐。针对疑甘泉自得之学为禅的批评，阳明甚至发出了"诚禅也，吾犹未得而见"的激愤感慨。[1] 可见其痛恨当时俗学之支离、虚伪，宁愿在一定程度上首肯被斥为异端的佛老之学。不过，由于自宋儒以来判分儒佛已经成为儒家内部的一个强大传统，只要被攻击为禅，其学派就有被摒除正统之外而边缘化的危险。因此，在走向壮大、逐渐占据主流地位的过程中，阳明必须要尽力申明其心学与佛老二氏的差异之所在。这个时候，龙场之悟后提出的"知行合一"说其实已不敷用。因为，如果仅仅从身心自得、真实无伪的角度来理解"知行合一"，那么老氏的清净自守、释氏的涅槃超脱也可

---

[1]《王阳明全集》，第257页。

以说是知行合一的，甚至墨家也可以有墨家的知行合一，杨朱也可以有杨朱的知行合一，阳明自己的《别湛甘泉序》就显示了这一点。这个序作于正德七年（1512），王阳明四十一岁时，其思想还在龙场之悟后立教的第一阶段。到了作《亲民堂记》和《大学问》的晚年，阳明有了更丰富的政事经验，学问也更纯熟，通过揭示"明明德在亲民"的**学政合一**关系，阳明可以将自己的心学更鲜明地与禅学区别开来——德不可以徒明，必有家国天下之施。这就是体用不二，学政不二。而其根据就在于，儒家明德的核心是万物一体之仁。万物一体的仁学宗旨，也是儒学区别于佛老二氏的判教依据。

针对被目为禅学的攻击，王阳明在《重修山阴县学记》中有明确的辩护，其最重要的理据就是"万物一体"的仁说。在这篇记里面，王阳明开宗明义地提出"圣人之学，心学也。学以求尽其心而已"，指出儒家的心学来自古圣王尧、舜、禹"人心惟危，道心惟微，惟精惟一，允执厥中"的授受，为孔孟所发明，嗣后被后世的功利、训诂、记诵辞章之学所掩蔽，间或有发明本心反求本源者，又被攻击为禅学。因此，心学要复明，必须廓清自己与禅学的区别。阳明写道：

> 夫禅之学与圣人之学，皆求尽其心也，亦相去毫厘耳。圣人之求尽其心也，以天地万物为一体也。吾之父子亲矣，而天下有未亲者焉，吾心未尽也。吾之君臣义矣，而天下有未义者焉，吾心未尽也。吾之夫妇别矣，长幼序矣，朋友信矣，而天下有未别、未序、未信者焉，吾心未尽也。吾之一家饱暖逸乐矣，而天下有未饱暖逸乐者焉，其能以亲乎？别、序、信乎？

吾心未尽也。故于是有纪纲政事之设焉，有礼乐教化之施焉，凡以裁成辅相、成己成物，而求尽吾心焉耳。……盖圣人之学无人己，无内外，一天地万物以为心；而禅之学起于自私自利，而未免于内外之分，斯其所以为异也。今之为心性之学者，而果外人伦，遗事物，则诚所谓禅矣；使其未尝外人伦，遗事物，而专以存心养性为事，则固圣门精一之学也，而可谓之禅乎哉！[1]

因此，圣人的心学与禅学的区别在于，圣人之心以天地万物为一体，以天下人皆能父子有亲、君臣有义、夫妇有别、长幼有序、朋友有信为尽心，因此有纪纲政事的施设，有礼乐教化的推行，这也就是**以万物一体之心行万物一体之政**。而禅学的明心则以人伦、事物为外而不屑为，或许能独善其身，但不可以治家国天下，也就是有学而无政。因此，关键在于是否以家国天下为外。儒家圣人之心以天地万物为一体，未尝外人伦、遗事物，因此不能被看作禅学。应该说，阳明的辨别是非常明晰有力的。由此我们也可以看到，**阳明晚年反复讲的万物一体说实际上具有与禅学划清界限的判教意义**。这个判教需要在《大学》**学政合一**的大脉络中才能讲清楚，前期的知行合一说应对这个问题是不够有力的。

在《亲民堂记》中，阳明也以万物一体说作结，以万物一体为《大学》明德亲民之学的真精神。南大吉在问答的最后以叹服的形式接受了阳明以万物一体为宗旨的大人之学——"吾乃今知天地万物之一体矣！吾乃今知天下之为一家、中国之为一人矣！"并引伊尹为

---

[1]《王阳明全集》，第287页。

一体之学的先导，名其莅政之堂为"亲民"。这实际上意味着原来作为程朱学者的南大吉接受了阳明的《大学》古本说和良知思想，可以看作身为郡守的南大吉对阳明心学的"皈依"，为阳明晚年居越大倡其良知学提供了强有力的支持，也是学政合一的一个成功表现。

## 三、致良知与允执厥中的精一之政

明明德而亲民，亲民以明其明德，万物一体之仁心必发为万物一体之仁政，这是王阳明晚年通过《大学》的纲领反复阐发的学政合一思想。因此，阳明所倡导的"**亲民**"之政实际就是孔孟所主张的"**仁政**"，学政合一就是**仁学与仁政的合一**，仁政必本于仁心，仁心需发为仁政。只是阳明将"亲民"的外延扩大了，将亲于其父、亲于其兄的孝悌都叫作"亲民"，将"民"泛化地解释为"**民者，对己之称也**"。这是为了以体用一如论来解释明德与亲民之关系的需要。实际上，将**父兄**和**君上**、**友朋**都泛化地解释为"对己之称"的"民"，这个"万物一体"论里面暗藏着一个风险，那就是难免被攻击为墨家的"**兼爱**"。所以阳明必须进一步以"**良知**"的尺度权衡来讲出"**亲民**里面的厚薄轻重"，来显出仁中之义，这个良知之"义"正是阳明那里学政合一的精要，是"惟精惟一"之精义，它通向的是"允执厥中"的时中之学、时中之政。这层意思王阳明在《大学问》中讲得很精到。

在《书朱子礼卷》和《亲民堂记》中王阳明主要发挥的还是明德、亲民为一的学政合一论，虽然也讲到了至善的良知是学政合一之"要"，但并未展开。实际上，王阳明在《亲民堂记》中给南大吉讲的主要还是为政的**大义**，《年谱》中还记载了他启发南大吉的**微言**。《年谱》"嘉靖三年正月"条记载，南大吉以郡守的身份"以座主称门生"，"然性豪旷不拘小节"，"临政多过"，阳明并没有直言指斥其过，而是暗示南大吉他讲"良知"学就包含了对南大吉为政之过的提醒，而且告诉他，之所以不事先规诫其过，是为了让南大吉自悟——"人言不如自悔之真"。[1]

改过是孔门学问的精义。孔子以"过则勿惮改"（《论语·学而》）勉励门人好学，他自道"加我数年，五十以学《易》，可以无大过矣"（《论语·述而》），虽是谦辞，也说明了无过之不易、改过之可贵。他对鲁哀公称道颜回好学，只是说"不迁怒，不贰过"（《论语·雍也》），可见**孔门之学**乃以"无过无不及"的**中庸**为极则。颜回之学之所以能达乎"不贰过"的中庸境地，基本的工夫是能笃行孔子的"**克己复礼**"之教。不过，仅仅是守礼还未必能达到中庸，因为践行礼还需要对"**时**"的考虑，中庸也必须在行事中展开为**时中**，并不只是一套固定的礼乐法度。这个"时中"在阳明看来根于人的良知。

良知的"时中"意蕴，王阳明在《大学问》中提点得最明白。他以良知为"至善"的根据，又将"至善"解释为变动不居的天然之有之中，即"时中"：

> 至善者，明德、亲民之极则也。天命之性，粹然至善，其灵昭不昧者，此其至善之发见，是乃明德之本体，而即所谓良

---

[1] 《王阳明全集》卷三十五，第 1423 页。

知者也。至善之发见，是而是焉，非而非焉，轻重厚薄，随感随应，变动不居，而亦莫不自有天然之中，是乃民彝物则之极，而不容少有议拟增损于其间也。少有议拟增损于其间，则是私意小智，而非至善之谓矣。自非慎独之至，惟精惟一者，其孰能与于此乎？……

阳明以**时中**之至善为致良知的境界，以**慎独**、**惟精惟**一为致良知的工夫，这里显然在援引《中庸》解释《大学》的"止于至善"。朱子的《中庸章句序》将"人心惟危，道心惟微，惟精惟一，允执厥中"视为尧舜禹三圣相传的道统心法，阳明显然也接受了这一道统建构，并转而以其良知学来解释这一心法。其所言"私智"就是"人心"，良知则是"道心"，"允执厥中"是良知之所"执"，"惟精惟一"，则是致良知的工夫。良知中道的这一道统背景显示了其政治意蕴——惟精惟一的心学乃是圣王治国平天下的心法。

我们或许可以问，政治难道可以完全不用权谋智术吗？难道仅仅凭着一腔万物一体的仁爱之心就可以治国平天下吗？王阳明虽然认为**仁爱恻怛之诚**是亲民德政的根本，但并没有简单认为仅有仁爱之心就可以达到至善之政，善政还需要**是非善恶的判断力**，需要**轻重厚薄、随感随应的权衡和权宜**，这种权衡、权宜在阳明看来乃是我们的良知良能，需要慎独和惟精惟一的工夫来保证。在阳明的用兵打仗和地方治理中我们看到他也用到了权谋（如平定宁藩叛乱时的用疑兵）、用到了智术（如平定赣南、汀、彰一带民乱时采用的十家牌法等），但这些都只是出于时势之不得已的权变，并非阳明理政的常则。在特殊情况下，这种权变恰恰是"**时中**"的需要。"惟精惟

"一,允执厥中"的政治智慧虽然以仁爱恻怛之心为根本,但比泛泛的仁爱更深一层,包含良知的精要工夫。这在王阳明的亲炙弟子邹守益那里发挥得更精细。

邹守益是深得王阳明首肯的王学弟子,江右王门的领袖人物,其心学思想的基本特点是以戒慎恐惧的慎独工夫达到中和位育的境界,发挥了阳明良知思想中的"中庸"维度。邹守益在晚年退居乡里之后与当地父母官多有论学、论政的书信往来,在给当时安福知县李一瀚论证的赠文中,邹守益写道:

> 古之论政,孰为要?曰:"其修己以安百姓乎!"曷谓修己?曰:"戒惧以中和。"曷谓安百姓?曰:"中和以位育。"[1]

所谓"戒惧以中和",就是以时时**戒慎恐惧的工夫**保任**中和本体**,这个中和本体即是"天命之性"。"戒惧以中和",相当于《大学》的"明明德",是君子修己之学。"中和以位育",相当于《大学》的"亲民",是安百姓的君子之政。在这里中和是体,位育是用,是境界。"中和位育"是《中庸》"致中和,天地位焉,万物育焉"的简称。"戒惧以中和","中和以位育",就是政与学的合一。

在另一篇论政书信中邹守益更细致明确地阐述了**时中之学**与**时中之政**的学政合一思想:

> 东廓子语景山李侯曰:"杨氏为我,其衣葛乎?墨氏兼爱,

---

[1] [明]邹守益,《邹守益集》,董平编校,南京:凤凰出版社,2007年,第195页。

其衣裘乎？子莫执中，其衣单夹乎？单夹酌葛裘之中而用之，亦良策矣，而盛暑严寒，咸有所不利。惟圣门无意无必，大公而顺应，故暑而葛，寒而裘，温凉而单夹焉，是之谓时中。自其中之一定而不易，命之曰经；自其中之屡迁而不居，命之曰权。"侯忻然曰："吾乃今知时中之学。昔之论政者，则何纷乎？"曰："其纷也者，皆意必也。曰'治大国若烹小鲜'，曰'其政闷闷，其民醇醇'，此衣葛说也。曰'火烈民望而畏之，水则玩而狎'，此衣裘说也。曰'就不欲入，和不欲出'，此衣单夹说也。圣门之论政，可以折消矣。曰无适无莫，义之与比，是平天下之大经大权也。"侯忻然曰："吾乃今知时中之政。"[1]

在这篇论政书信中邹守益将老子"其政闷闷"的**宽政**主张比作穿着粗朴单薄的葛麻衣服，把子产治郑"火烈民望而畏之"的**猛政**主张比作穿厚实华丽的裘皮衣服，把庄子"就不欲入，和不欲出"的**折中**主张比作穿不薄不厚的"单夹"（夹里子的单衣？）。折中的主张看起来接近中道，但如果不权衡时地的变化机械地折中，实际上仍然达不到中庸，就像"衣单夹"适合春秋天，如果冬天和夏天也"衣单夹"，其实并不合适。比之于施政，在拨乱反正的割据乱世实际上是需要某种刑礼并用的猛政的，例如阳明平定南赣民乱时的推行十家牌法，就不得已暂时采用了法家的连坐法；但是，**如果将这种紧急状态下的治理术无限期地延长到升平之世，实有悖于时中之道**。怎么判断什么时候该用宽政，什么时候该用猛政，什么时候

---

[1]《邹守益集》，第461页。

该宽猛适中？邹守益的答案是依据"无适无莫，义之与比"的良知。这是对王阳明良知"时中"思想具体而微的继承发展。

## 小结

王阳明在龙场悟道后提出"知行合一"说，通过以《大学》"诚意"统摄格物致知突破了朱熹以格物穷理为起点的《大学》解释。不过知行合一说过于倚重个体的身心感知，与佛老自得之学的区别也没有拉开。晚年居越时期王阳明通过对《大学》"明明德"、"亲民"、"止于至善"的阐释简明扼要地显示出了儒家政治思想中仁政与时中的两个维度，其中包含的学政合一思想是其"知行合一"说的深化拓展，相比其早年的知行合一思想而言更鲜明地突出了儒家万物一体的仁学和仁政抱负，标明了其心学与佛老之学的区别，其良知权变时中思想显示了良知中的实践智慧维度，凝结了王阳明一生丰富的政治智慧。

**仁政**与**时中之政**是儒家政治思想的两个基本原则，**仁政是经**，是大义，**时中是权**，是微言。王阳明晚年通过对《大学》"明明德"、"亲民"、"止于至善"的阐释将儒家政治思想中经与权的两个维度简明扼要地道出了。这些思想基本上是王阳明在平定宁藩之乱，历忠、泰之变而归越闲居时期提出的。王阳明为朝廷平定内乱立下了汗马功劳，却没有得到更高的重用，虽经朋友席书、门生黄绾等多次向嘉靖皇帝引荐，最终还是没能入内阁为宰辅之臣[1]，发挥更大的匡扶作

---

1 《王阳明年谱长编》，第 1670、1684、1685 页。

用。不过这也给了王阳明更多空闲去深入阐发他的心学思想，以讲明正学、匡导人心的方式影响学术和世道，这是另一种"为往圣继绝学"、"为万世开太平"的从政方式。子曰："是亦为政，奚其为为政。"(《论语·为政》)阳明子大概于此也是心有戚戚焉吧。

# 第十一章　亲民、新民的义理辨析

在王阳明与朱熹的《大学》解释中有两大分歧最为显著，其一关于格物致知，另一个就是"亲民"与"新民"之争。围绕格物致知的争论左右了儒家整个学问路向的变化，关于"亲民"还是"新民"的解释分歧则微妙而深刻地影响到儒家的政治思想。亲民与新民之争成为一个显著话题始于阳明的复倡《大学》古本，但争端却是由程朱《大学》改本改"亲民"为"新民"埋下的。朱子追随程子改《大学》经文的"亲民"为"新民"，主要根据是他所谓"经"、"传"的呼应。阳明的质疑则诉诸文本和义理方面的多重论据，阳明作为朱子的挑战者提供的论据更为充分，不仅提供了保持古本"亲民"的文本依据，而且指出了改"亲"为"新"的义理偏差——偏重于"教"而忽视了"养"[1]。

阳明反复申说"明明德"与"亲民"的体用不二关系，在"知行合一"论的新视野中诠释了儒家学与政的一体，他反对程朱改本的"新民"而主张古本的"亲民"，更深切地彰明了"明德"的"一体之仁"内核，在实践中也体现了与朱子有所不同的为政思路和风格。要理解阳明"亲民"说的独到义理，需要将其与朱子的"新民"

---

[1]《传习录》卷上，第1条。

思想与实践进行对照。

## 一、礼下于庶民的教化政治：程朱理学的"新民"说

我们看朱子对"新民"的解释，《大学章句》说：

> 新者，革其旧之谓也，言既自明其明德，又当推以及人，使之亦有以去其旧染之污也。[1]

可见作为"新民"对象的"民"是处在**染污之中的"民"**，新民就是要在自己"明明德"的基础上帮助民众进行自我的**道德革命**，革除自己身上旧的染污。新民具有在道德上改造民众的强烈色彩，但又不同于荀子基于性恶论的化性起伪、矫揉民性，而是唤起民众的**道德自新**，即朱子说的"使彼有是明德而不能自明者，亦皆有以自明，而去其旧染之污焉，是则所谓新民者，而亦非有所付畀增益之也"[2]。

朱子对"人"、对"民"的看法有些复杂，一方面接受孟子的性善论认为人皆赋有天生的"明德"——仁义礼智之性，另一方面又认为人的气质之性有别，只有少数天禀清明气质的圣贤能凭借自己的力量尽其性，大部分民众则虽秉有天赋明德而无往不在染污之中，因此这少数圣贤负有帮助多数民众复其性的使命，这正是朱子《大学章句序》开篇的观点：

---

1 《四书章句集注》，第4页。
2 [宋]朱熹，《四书或问》，上海：上海古籍出版社，2001年，第4页。

《大学》之书，古之大学所以教人之法也。盖自天降生民，则即莫不与之以仁义礼智之性矣。然其气质之禀或不能齐，是以不能皆有以知其性之所有而全之也。一有聪明睿智能尽其性者出于其间，则天必命之以为亿兆之君师，使之治而教之，以复其性。此伏羲、神农、黄帝、尧、舜所以继天立极，而司徒之职、典乐之官所由设也。

朱子在此非常"辩证"地既承认了人普遍地禀有仁义礼智之性，又认为人有**气质之性**的差异，只有少数**聪明睿智**者能尽其仁义礼智的**天命之性**，他们负有让广大民众**复性**的使命，故受天命而为亿兆之**君师**。朱子在这里预设了两等人：一、**率性者**，即作为亿兆之君师的圣人；二、**复性者**，即需要圣贤帮助复其性的民众。但在朱子这里民众与圣人之间的差别并非不可消弭，因为气质之性可以变化，新民就是为政君子帮助民众变化气质、复其天命之性。朱子的新民思想以孟子"人皆可以为尧舜"的性善论为前提，而且相比孟子而言更重视对民众的道德教化。盖孟子虽然道性善，但其着重点在善出于性，即"仁义礼智根于心"，而不在人性皆善。孟子的治民主张首先是"制民之产"，而不是新民，他对梁惠王讲"无恒产而有恒心者，惟士为能。若民，则无恒产，因无恒心"（《孟子·梁惠王上》），明显表现出**对士和民有不同的道德期许**，与朱子的新民思想是颇不一样的。这大概是因为在孟子的时代庶民接受教育的条件还很有限，针对庶民的道德教化限于孝悌之类的家庭伦常，士阶层的忠信礼义道德要求尚未下逮庶民。理学家生当中国中古社会的唐宋变革之际，教化下移，印刷术和科举制度的推广使得广大庶民也能蒙文教泽被，

"礼不下庶民"的等级制一步步被打破，这是"新民"说发生的社会背景。

朱子的"新民"说还有其以道统论为主干的历史观背景，那就是在他看来孔孟以后由于学术政教的不明而导致的风俗的颓坏。朱子秉承二程以来道学的道统观，认为儒家的道统自孟子后就失传了，由此对孟子以后的政教状况做了系统的批判：

> 自是以来，俗儒记诵词章之习，其功倍于小学而无用；异端虚无寂灭之教，其高过于大学而无实。其它权谋术数，一切以就功名之说，与夫百家众技之流，所以惑世诬民、充塞仁义者，又纷然杂出乎其间。使其君子不幸而不得闻大道之要，其小人不幸而不得蒙至治之泽，晦盲否塞，反复沈痼，以及五季之衰，而坏乱极矣！[1]

这段话让我们对朱子所谓**"旧染之污"**有了具体明确的理解，那就是学术治道的不正——俗儒的记诵词章之习，异端虚无寂灭之教，以及权谋术数之说和百家众技之流——对风俗的影响。五代十国政治状况的混乱想必对宋儒有很大的刺激，朱子称之为"坏乱极矣"。这种坏乱在《周易》中对应的卦是"蛊"。朱子新民思想的"革命性"在他对"蛊"卦大象传的解释中也可以看出。

"蛊"卦《象传》说："山下有风，蛊，君子以振民育德。"对于"振民育德"朱子以前的古注多从纾解民困的角度解释，例如王

---

[1]《四书章句集注》，第1页。

弼《周易注》解为"**济民**养德"[1]，即便是伊川的《易传》也把"振民"解释为"济民"，其言"君子观有事之象，**以振济于民**，养育其德也。在己则养德，于天下则济民，君子之所事，无大于此二者"[2]，此处"**振济**"实通于"赈济"，"振民"即"赈民"。朱子《周易本义》将"振民育德"解释为一般的"治己治人"，"济民"的意思淡化了，《朱子语类》中则更明显地从"新民"的角度解释"振民育德"：

> 问："'蛊，君子以振民育德'，如何？"曰："当'蛊'之时，必有以振起耸动民之观德，而在己进德不已。必须有此二者，则可以治蛊矣。"[铢][3]

**振起耸动**民之观德，正是"新民"所含之意蕴，新民作为振起耸动民众的道德潜能，具有对民众进行**道德动员**的意义，这在衰乱多事之世尤其必要。朱子生当宋金对峙的南宋中期，内忧外患不已，其新民思想当有**砥砺民风**的时代背景。无独有偶，在清末民初列强环伺的乱世中梁启超这样的维新人士也大张"新民"说，并对后来五四新文化运动时期的陈独秀、鲁迅、毛泽东等人产生了极大的影响。

朱子的解经并非只是对经典做纯学术的"客观"研究，而是有明显的**用世抱负**，他的《大学章句序》就明白地说出其注经是希望有补于"**国家化民成俗之意、学者修己治人之方**"。这是朱子"**新民**"说的诠释学处境，不可不察。基于朱子解经的这一实践取向，

---

1 [魏] 王弼，《王弼集校释》，楼宇烈校释，北京：中华书局，1980 年，第 308 页。
2 [清] 李光地纂，刘大钧整理，《周易折中》，四川：巴蜀社社，1998 年，第 689 页。
3 《朱子语类》，第 1775 页。

我们可以从朱子的为政事迹了解一点他的新民思想。

朱子一生大半时间都在讲学著述，出仕的时间不长，但在有数的几次出仕中都颇有政声，其中以宋孝宗淳熙六年（[1179]，朱子时年五十岁）至八年（1181）知南康（今九江一带）军任上政绩最为显著。朱子在南康任上主要做了**宽民力、敦民风、砥士风**三方面的工作，他上任伊始就先访问民情，在此基础上请求为当地饱受苛捐杂税之苦的民众减税。可见朱子在实际施政中也是很明白先养后教的为政次第的。但是朱子希望减税宽民力的努力受到朝廷各方的掣肘，收效甚微，除了淳熙七年（1180）的赈济旱灾之外，朱子主要的政绩在教化方面。他寻访矢忠帝室的晋太尉陶侃的遗迹，为武功超卓的晋太傅谢安、高风亮节的征士陶潜立祠，重建白鹿洞书院，为晚年居庐山讲学的周敦颐立祠，以二程相配，等等。束景南先生说他"几乎调动了南康一地全部前代有名的忠臣孝子、义夫节妇，来力挽这衰世的颓风，弘扬光大儒家"[1]。这正是"**振起耸动民之观德**"的新民措施。在朱子的新民中最有特色的是利用儒家的《孝经》和礼教来排斥异端，敦厉风俗。束景南指出，朱子莅任时的南康军民穷地荒，佛道影响遍及民间，家家诵经念佛，穷家子弃父母出家逃入佛门，针对这种情况朱子通过宣扬孝道来抵制佛道的过强影响，特地为《孝经·庶人章》做了通俗注解，印刻颁发，让家家户户诵读，用诵《孝经》来抵制诵佛经，并且奏请朝廷颁布《政和五礼新仪》，让家家户户服用冠婚丧祭的家礼。[2] 类似的新民教化工作朱子晚年在漳州任上也大力推行过，《朱子大传》记载他在漳州任上"靠约

---

[1] 束景南，《朱子大传："性"的救赎之路》，上海：复旦大学出版社，2016年，第339页。
[2] 同上，第340页。

民以礼,打击佛道,摒息讼风,政教齐下,展开了通俗宣传","绍熙元年六月,他发布了《晓谕居丧持服遵礼律事》,令百姓凡居丧须服衰绖,禁用吉服"。[1] 可见朱子的新民措施具有颇为刚严的一面。他在**宽民力**的养民方面秉承了儒家"民之父母"的精神,但在**化民心**方面他却是严厉的,更是"民之君师"的作风。当然新民要取得实效毕竟也要考虑民情,要将精英化的儒家义理做通俗化的普及,这是宋以后儒学一个很重要的面向。

以"新民"说为基础,宋以后的儒者推进了儒家民间教化的下行路线,为儒教的"礼下庶民"广泛扎根于民间百姓做出了贡献。今天我们能看到的绝大部分儒家通俗劝善书和蒙学经典——如《三字经》《弟子规》《增广贤文》等,都出现于南宋之后。这些通俗的道德和智慧箴言可以说是理学儒者"新民"的具体努力。"新民"以孟子的性善论为基础注重启发民众的道德觉悟,提升了庶民作为德性主体的道德尊严。但是,理学家将"存天理,去人欲"的道德高标推广普及到所有人,也导致了道德严苛的普遍化,有悖于先秦以来儒家德教传统中"敷教在宽"的宗旨。理学后来导致戴震所讲"以理杀人"的流弊,理论前提之一正在于"新民"说对民众提出了过高的道德要求。

## 二、阳明主张遵从《大学》古本"亲民"的义理考量

王阳明突破朱子学的权威,恢复《大学》古本,第一大动作就

---

[1] 《朱子大传》,第660页。

是将"新民"改回"亲民"。阳明早期门人徐爱辑录的《传习录》上卷第一则就是阳明与徐爱之间关于"新民"应该改回古本"亲民"的答问：

> 爱问："'在亲民'，朱子谓当作'新民'，后章'作新民'之文似亦有据。先生以为宜从旧本作'亲民'，亦有所据否？"先生曰："'作新民'之'新'是自新之民，与'在新民'之'新'不同，此岂足为据？'作'字却与'亲'字相对，然非'亲'字义。下面'治国平天下'处，皆于'新'字无发明，如云'君子贤其贤而亲其亲，小人乐其乐而利其利'、'如保赤子'、'民之所好好之，民之所恶恶之，此之谓民之父母'之类，皆是'亲'字意。'亲民'犹孟子'亲亲仁民'之谓，亲之即仁之也。百姓不亲，舜使契为司徒，敬敷五教，所以亲之也。尧典'克明峻德'便是'明明德'；以'亲九族'至'平章协和'，便是'亲民'，便是'明明德于天下'。又如孔子言'修己以安百姓'，'修己'便是'明明德'；'安百姓'便是'亲民'。说'亲民'便是兼教养意，说'新民'便觉偏了。"（《传习录》卷上，第1条）

将"新民"改回"亲民"是阳明反对朱子改本而恢复古本的一个突破口，为此阳明举出了文本和义理方面的多方面论据。

我们来看阳明在文本方面给出的几条论据。其一，"作新民"与"在新民"不同，前者的"新民"是自新之民，不足为改"亲民"为"新民"之据；其二，"下面'治国平天下'处，皆于'新'字无发明，如云'君子贤其贤而亲其亲，小人乐其乐而利其利'、'如保赤子'、'民之所好好之，民之所恶恶之，此之谓民之父母'之类，皆是'亲'字意"。第一条论据可以对朱子构成一定的挑战，"作新民"与"在新民"确实有差别，从语法上说"作新民"的"新民"是偏正结构，"新"是形容词，"在新民"的"新民"是动宾结构，"新"是动词。但古人引经据典并没有那么严格，作者从汤之盘铭的"日新"箴言接着引《康诰》"作新民"、《诗·大雅·文王》"周虽旧邦，其命惟新"，并且说"是故君子无所不用其极"，则显然这三处引文的主旨是"新"，只要朱子讲的《大学》本文经传关系能成立，则开篇的"亲"就应该作"新"。因此，阳明的这个驳论是不充分的。至于第二条文本方面的论据，阳明说下面于"治国平天下"处皆于"新"字无发明，这当然是不能成立的，"治国在齐其家"章讲"一家仁，一国兴仁，一家让，一国兴让"，"平天下在治其国"章讲"上老老而民兴孝，上长长而民兴弟，上恤孤而民不倍"，都是讲教化，都可以理解为是"新民"，《大学》治平思想的基础就是相信这种"君子之德风，小人之德草"的教化力量。但即便这一点我们仍可以为阳明的反对改为"新民"补充一个论据，"一家仁，一国兴仁"、"上老老而民兴孝"等等讲的是上行下效的**"新民"效果**，而**不是立意的"在新民"**，上老老、长长、恤孤并不是为了当模范做给老百姓看，而是阳明说的"非意之也，其心之仁本若是"[1]，如果这些都是立意的"在新民"，那就成了作伪了。

再看阳明列出来支持做"亲民"解的几处。其一，"君子贤其贤而亲其亲，小人乐其乐而利其利"，这句话的上下文是讲"前王不

---

[1] 《王阳明全集》，第 1066 页。

忘",即前王之恩泽遍及君子与小人（此处"君子"与"小人"既是道德阶位上的差别，也是社会地位的差别），故君子与小民都不忘。阳明认为此处讲的是"亲民"，理由应该不是"君子贤其贤而亲其亲"里面有一个"亲"字，因为"亲其亲"的是君子，而"亲民"则应包括"小人"。这句话更能支持"亲民"而非"新民"的地方在于，它表明了在《大学》作者眼里"君子"与"小人"的道德觉悟是有差别的，与孔子的"君子喻于义，小人喻于利"、"中人以上可以语上，中人以下不可以语上"意思相近。因此，对"小人"与"君子"应该有不一样的道德期待，不应该期待"民"与自己达到同样程度的"明明德"，就此而言这句话更能与"亲民"而不是"新民"相融贯。这是否意味《大学》作者认为"民"（"小人"）只有"乐其乐，利其利"的觉悟，在道德上没法教化？也不是，否则就谈不上"上老老而民兴孝，上长长而民兴弟"了。在**孝弟慈**这类基本人伦德行方面，人心是相通的，它们是**最能自明的明德**。因此，"亲民"里面可以包含君子与小人各从其类的差异性认识，又包含君臣民在基本人伦德行方面同心同德的"新民"意蕴，即"亲"中可以有"新"。反之，"新民"则容易抹平君子与小人的差异，对"民"预设过高的道德期待，提出过高的道德要求。

其二，"如保赤子"，"民之所好好之，民之所恶恶之，此之谓民之父母"，阳明所引这两句话应该说也是更能支持"在亲民"宗旨的。"如保赤子"要说明的是"慈者，所以使众也"这一由齐家推到治国的道理，明显更具有"亲民"的情感意蕴。"如保赤子"固然也可以包含对"赤子"的教育，但首先是小心翼翼的"安全之"、"养育之"，在这个基础上才可以谈教化。至于"民之所好好之，民之所恶恶之"所体现的顺应民情的亲民意味更是明显,与改造国民的"新民"颇异其趣。

阳明主张"亲民"而反对程朱的"新民"说,还与他"尊德性"先于"道问学"的学问路向有关。阳明从其知行合一主张出发认为**明明德必在于亲民**,其所理解的明德首要地是孔孟所抉发的**仁德**,阳明不仅以"仁"为明德的根本,而且以北宋张载民胞物与和程颢万物一体思想解释"明德",这一点在《大学问》对"明明德"的解释中更明显。"明德"作为"万物一体之仁"内在地要求在亲民的伦理政治事务中光大显明,正是在"仁"这种德性中明明德与亲民才呈现出体用一如的紧密关系。如果我们像古希腊哲人那样将最高的"明德"视为"理智"(nous),那么"明德"与伦理政治行动之间就没有这样密切的关系,古希腊的哲人只是迫于不得已才会放弃自己的逍遥观想(theoria),出来做城邦的王,理论(观想)的生活与实践之间有一个分离。朱子所理解的"明德"当然也是以仁为本的,但是更突出了"聪明睿智"的智性因素,其格物穷理说遮蔽了仁德的显豁,所以有先知后行、先明明德后新民的**先后**之分,其结果往往造成**徒知不行**的弊病,而这样的"知"在阳明看来也不是真知,"明德"也不能昭然大明。

阳明的这些论据是否足以推翻朱子改"亲民"为"新民"的正当性?近人徐复观先生对阳明的"亲民"主张多有肯定,但却认为阳明对朱子的反驳在文献上是没有力量的,其意义主要在主张教、养并重的义理方面,他认为阳明的主张"亲民"是对当时专制政治的一种抗议,"他看到越是坏的专制政治,越常以与自己行为相反的道德滥调(新民),作为榨压人民生命财产的盾牌,所以他借此加以喝破。他的话，尤其对现代富有伟大的启示性；因为现代的极权政治，一定打着'新民'这类的招牌，作自己残暴统治的工具。只有以养民为内容的亲民，才是统治者对人民的真正试金石，而无法行其伪。"[1] 相对于新民，以养民为首要内容的亲民在统治者那里更无法行其伪，这是富有洞见的论断。但阳明主张从旧本的"亲民"而不必改为"新民"，是否为出于反专制政治的隐衷，我们不得而知，徐复观也没有给出什么明显的证据。他认为中国现代的"新民"说是极权政治的招牌，这显然是片面的带有主观成见的看法。实际上维新派以来的新民说的兴盛有政治时局和时代思潮等多方面的原因，如内忧外患下救亡图存的政治动员，从欧美传入的历史进步观和进化论思潮等等。另外，徐复观认为阳明从文献上去反驳朱子缺乏力量，这个观点还可以再检讨。

## 三、阳明亲民的政治实践

阳明主张恢复《大学》旧本的"亲民"，反对朱子改为"新民"，并且阐发了"德不可徒明"而必在于"亲民"的内在理路。从施政实践看，主张"亲民"的阳明与主张"新民"的朱子有什么实质差别吗？就教、养并重这一点来看阳明与朱子的施政没什么实质差别，朱子也重视养民、宽民力（但并非从《大学》"新民"理念贯彻出来），阳明也重视教化。就两人的施政而言，也许差别在教化的方式上。朱子的"新民"教化具有刚严的风格。相比之下阳明的推行教

---

1 徐复观，《中国人性论史》，北京：九州出版社，2014年，第268页。

化则更于严密处见宽和。[1] 例如，他在《训蒙大意示教读刘伯颂等》中讲教童子之法，一再嘱咐要顺应童子的性情，要春风化雨循循善诱而不可徒恃严威：

> 大抵童子之情，乐嬉游而惮拘检，如草木之始萌芽，舒畅之则条达，摧挠之则衰痿。今教童子，必使其趋向鼓舞，中心喜悦，则其进自不能已。譬之时雨春风，沾被卉木，莫不萌动发越，自然日长月化；若冰霜剥落，则生意萧条，日就枯槁矣。（《传习录》卷中，第195条）

再如，阳明在平定南赣"山中贼"之后为当地制定的《南赣乡约》，可谓条陈巨细，但精密严整中仍可见体察人情循循善诱的地方，如他讲彰善纠过在方式上的差别：

> 彰善者，其辞显而决，纠过者，其辞隐而婉；亦忠厚之道也。如有人不弟，毋直曰不弟，但云闻某于事兄敬长之礼，颇有未尽；某未敢以为信，姑案之以俟；凡纠过恶皆例此。……[2]

这完全是秉承《中庸》所言大舜"隐恶而扬善"的精神，表现出曲通人情的亲民智慧。

---

[1] 在对待佛老方面，阳明虽然也有辟佛老之论，但实际上相比朱子而言远为温和，其晚年四句教的"无善无恶心之体"更被认为是佛老之旨，从阳明后学的情况看，儒释道三教合一也是一个非常强的发展方向。

[2] 《王阳明全集》卷十七，第665页。

这种隐恶扬善春风化雨的亲民思想来自阳明亲身的为政实践，他也基于这一经验"以意逆志"而解释儒家经典中的一些相关范例，如对《尚书》中讲到舜感化其弟"象"的一段话，阳明给出了不同于之前注家的新解：

> 先生曰："'蒸蒸乂，不格奸'，本注说象已进进于义，不至大为奸恶。舜征庸后，象犹日以杀舜为事，何大奸恶如之。舜只是自进于义，以义薰蒸，不去正他奸恶。凡文过掩慝，此是恶人常态，若要指摘他是非，反去激他恶性。舜初时致得象要杀己，亦是要象好的心太急，此就是舜之过处。经过来，乃知功夫只在自己，不去责人，所以致得克谐，此是舜动心忍性，增益不能处。古人言语，俱是自家经历过来，所以说得亲切；遗之后世，曲当人情。若非自家经过，如何得他许多苦心处？"（《传习录》卷下，第296条）

"蒸蒸乂，不格奸"（《尚书·尧典》）这句话朱子弟子蔡沉在《书集传》中解释为："象已进进于义，不至大为奸恶"[1]。但阳明对此注解提出质疑，认为舜在被尧选为接班人（"征庸"）之后"象犹日以杀舜为事"，"不格奸"解释为"不至大为奸恶"不符合《尚书》所记载的事实。他将"不格奸"解释为"不去正他奸恶"，这固然一方面是秉持他将"格物"之"格"解释为"正"的思路，另一方面也基于

---

[1] 阳明在贬谪龙场时期所作的《象祠记》中对"不格奸"的解释仍遵从了之前的古注，解释为"不抵于奸"（参《王阳明全集》卷二十三，第984页），表明了其时阳明的"亲民"思想或还未成熟。

他对人情的体察——攻人之恶不可操之过急,而是要以修己为前提,逐渐地去熏蒸感化人。这也是阳明亲民思想中包含的实践智慧。

当然,阳明一生事功最显赫者在"破山中贼",其所面对之"顽民"、"刁民"多矣,在平定民乱方面免不了用到各种霹雳手段,但即便在"破山中贼"的过程中阳明也深知民乱多由于民不聊生官逼民反,因此多尽量采取招安的攻心策略,其中最感人的是"告谕浰头巢贼",姑录其中两段:

> 本院巡抚是方,专以弭盗安民为职。莅任之始,即闻尔等积年流劫乡村,杀害良善,民之被害来告者,月无虚日。本欲即调大兵剿除尔等,随往福建督征漳寇,意待回军之日剿荡巢穴。后因漳寇即平,纪验斩获功次七千六百有余,审知当时倡恶之贼不过四五十人,党恶之徒不过四千余众,其余多系一时被胁,不觉惨然兴哀。因念尔等巢穴之内,亦岂无胁从之人。……
>
> 尔等今虽从恶,其始同是朝廷赤子;譬如一父母同生十子,八人为善,二人背逆,要害八人;父母之心须除去二人,然后八人得以安生;均之为子,父母之心何故必欲偏杀二子,不得已也;吾于尔等,亦正如此。若此二子者一旦悔恶迁善,号泣投诚,为父母者亦必哀悯而收之。何者?不忍杀其子者,乃父母之本心也;今得遂其本心,何喜何幸如之;吾于尔等,亦正如此。[1]

这篇告谕文以父母之心对"贼众"动之以情理,晓之以利害,

---

[1] 《王阳明全集》卷十六,第622页。

令人读来扼腕叹赏，实际上也打动了一部分山贼，起到了一定的招安效果。[1]这种感化效应出于阳明"民之父母"的大仁大智，不只是策略性的招降，也可见真正的新民效应必以深厚的亲民情怀和工夫为底蕴，不是靠伐己之善，更不是靠口头宣讲的道德说教可以达到的。

## 四、以"民之父母"的古义判"新民"与"亲民"之争

《大学》的"亲民"宗旨实来自《诗》《书》中所载"民之父母"的古老德政传统，这在《大学》文本中就有明示。"民之所好好之，民之所恶恶之，此之谓'民之父母'。"这可以说是《大学》治民思想的要旨。而且，《大学》齐家、治国之道一以贯之的思想为"民之父母"的古老隐喻提供了基础性的解释："君子不出家而成教于国。孝者，所以事君也；弟者，所以事长也；慈者，所以使众也。康诰曰：'如保赤子。'心诚求之，虽不中不远矣。未有学养子而后嫁者也。"将保养赤子的慈爱之心推之以治民，这就是"民之父母"德政理想的伦理与心性基础。

《大学》对"民之父母"的解释是"民之所好好之，民之所恶恶之"。孔颖达疏："'民之所好好之者'，谓善政恩惠，是民之愿好，己亦好之，以施于民，若发仓廪、赐贫穷、赈乏绝是也。'民之所恶恶之'者，谓苛政重赋，是人之所恶，己亦恶之而不行也。"[2] 这个疏

---

[1] 年谱该条相关按语说："是谕文蔼然哀怜无辜之情，可以想见虞廷干羽之化矣。故当时酋长若黄金巢、卢珂等，即率众来投，愿效死以报"（《王阳明全集》，第1374页）。

[2] [汉]郑玄注、[唐]孔颖达疏，李学勤主编，《礼记正义》，《十三经注疏》（标点本），北京：北京大学出版社，2000年，第1877页。

解紧扣《大学》下文的**德本财末**论题，应该说是合理的。照这个疏解，"民之所好好之，民之所恶恶之"着重还在**养民**，更能支持阳明的亲民说。好恶与民同，不仅需要保民、养民的父母心，还需要**体察民情**，访查老百姓的真实需要，这样才能明白民众的所好所恶，这也是**亲民**的要求。

"民之父母"的隐喻原型也更多具有"亲"的意思。父母之于子女固然在养的基础上还有教的行为，但这种教更多在以身作则的身教，子女的受教也具有耳提面命的**亲炙**方式，在情感上发生**亲近**的感应。所引《诗》"乐只君子，民之父母"，此"乐"就包含**君与民上下相亲的和乐**。《易·泰卦·象传》讲："天地交而万物通也，上下交而其志同也。"上下交就是亲民而民亦亲其上，其中就有"其志同"的"和乐"，即《大戴礼记·小辨》一篇孔子与鲁公的对话中讲到的为民父母的治政之乐[1]。

"民之父母"的德政隐喻从父母慈爱子女的天性良知而来，但却和家庭中的亲子关系有微妙的差别，在家庭中父则父、母则母，传统讲母养父教、严父慈母，但为政之君子作为"民之父母"则**兼有父、母的双重形象**，包含了**养、教并重的政治取向**。《礼记·表记》载孔子这样讲到"民之父母"的双重德性：

> 君子之所为仁者，其难乎？《诗》云："凯弟君子，民之父母。"凯以强教之，弟以说安之。乐而无荒，有礼而亲，威庄而安，孝慈而敬，使民有父之尊，有母之亲。如此而后可以为民

---

[1] [清]王聘珍，《大戴礼记解诂》，北京：中华书局，1983年，第207页。

父母矣。非至德其孰能如此乎？今父之亲子也，亲贤而下无能。母之亲子也，贤则亲之，无能则怜之。母亲而不尊，父尊而不亲。水之于民也，亲而不尊。火尊而不亲。土之于民也，亲而不尊。天尊而不亲。[1]

民之父母兼得父之尊与母之亲，兼水与火、地与天之德，《易·乾卦·文言传》讲"大人""与天地合其德"，具体地就落实在"民之父母"身上。《尚书·泰誓》也讲道：

惟天地，万物父母。惟人，万物之灵。亶聪明，作元后，元后作民父母。[2]

因此"民之父母"最能与天地相似，"与天地合其德"。**"民之父母"的德政范型造端乎家庭，及其至也，通乎天地**。"民之父母"兼有父之尊与母之亲，就这一点而言"亲民"似乎只讲到了"母之亲"的一个方面，而"新民"则可能偏重"父之尊"的一个方面。这当然是一个刻板的比附，实际上"父之尊"里面也可以有"亲"，"父亲"、"母亲"都是"亲"，"亲民"并不意味着无差别的一团和气，而是**有礼而亲**"。因此，以"民之父母"为范型的亲民与民主制下很容易出现的乡愿式的讨好大众、利用大众非常不同，就像负责任、智慧的父母不会无原则地满足孩子任性的欲望一样。"亲民"以"明

---

1 《礼记正义》，《十三经注疏》（标点本），第1731页。
2 ［汉］孔安国传、［唐］孔颖达疏，黄怀信整理，《尚书正义》，上海：上海古籍出版社，2007年，第402页。

明德"为体,"以修身为本"。"民之父母"一方面要体察民情,"民之所好好之,民之所恶恶之",另一方面也要理智地审察民众的意见,"众恶之,必察焉,众好之,必察焉"(《论语·卫灵公》),"元后作民父母"的"**聪明**"就在此,"父之尊"也在此。

因此,《大学》虽然讲"亲民",称引"乐只君子,民之父母",但同时也称引"有斐君子"、"赫兮喧兮"的**威仪**。威仪是君子明德的外部表征,是"父之尊"的表现。但是"威仪"并不与"亲民"抵牾,在周代的封建政治中威仪是在上位者内在地需要的,是权威的外部表征,正因为有不可避免的等级差别和威仪,才更需要"亲民",需要对民情的体察和尊重,否则就会出现"上下不交而天下无邦"(《周易·否卦·象传》)的否隔局面。实际上周代的天子巡狩和王官采风都是为了避免这种否隔局面而制定的**"亲民"制度**,以使民情能够上达,君子之明德也因之光照四方,"上以风化下,下以风刺上"(《诗·大序》),"发乎情而止乎礼义",乃成就"上下交而其志同"而国泰民安的诗性政治。在这方面,阳明的亲民主张和实践与先秦时代儒家主张的"有礼而亲"实际上有微妙的差别,阳明学讲"满街人都是圣人",取消了君子、小人之间固定的封建等级区隔,更具有平等的、现代的色彩,在这方面,阳明又是与程朱的新民说更接近的。阳明的"亲民"说贴近《大学》的地方在于相对"新民"说更好地继承了"民之父母"教养并重的仁政理想,而不在"有礼而亲"的封建宗法政治背景,这对我们在现代处境中继承发挥"亲民"思想也具有启发意义。

阳明"亲民"思想对朱子"新民"说的挑战虽然颇为有力,但并没能最终颠覆"新民"说而使"亲民"说定于一尊,后世不断有学者认同朱子的"新民"改本并提供新的论据支持朱子,这些论据有文本细节方面的,也有关乎根本义理方面的,姑举几例:一、儒家为政思想虽然教养并重,但《大学》一书却是"专主教而言"(明儒顾应祥、王夫之);《大学》之"新民"与《学记》的"化民成俗"主旨相同,都是主教化言(清儒胡渭)。二、孟子言"亲亲仁民爱物","亲"字不当用于民,"亲民"是墨家兼爱义,亲民则不得不薄其亲(明儒陈龙正)。[1] 鄙见以为,这两个论据都似是而非。第一,**《大学》的主旨虽然是"教",但教的对象首先是肩负治国平天下之任的未来之君子,而不是民**,平天下章讲"德本财末"、"国不以利为利,以义为利"都是针对治国者而言,不是对民而言,是告诫治国者要重视民生,不要贪得无厌争民之利。第二,说"亲民"是墨家兼爱义是以辞害义的迂腐之论,如果说亲民则不得不薄其"亲",那么《大学》引《诗》《书》,讲"**如保赤子**"、"**民之父母**"是不是就等于说不得不薄其子呢?实际上,《大学》反复发明孝悌慈的齐家之道可以推之于治国、平天下,正是光大《诗》《书》"民之父母"的仁政理想,"亲民"就是仁政的展开。《大学》的"亲民"与孟子讲的"亲亲而仁民,仁民而爱物"各为一义,孟子特别申明儒家的爱有差等是辟墨家的"兼爱",而《大学》并没有与墨家论战的背景,这也许可以作为《大学》早于孟子的一个论据。"民之父母"是儒家继承《诗》《书》德政传统、对其仁政理想最亲切著明的表达,"亲民"而不是"新民"才是这一理想更为贴切的发明。中山大学张丰乾教授

---

[1] 关于阳明之后"新民"派提供的支持朱子的新论据及其对阳明"亲民"说的驳斥,可参见陈立胜《"新民"与"亲民":从传统到现代》一文,《华东师范大学学报》2010 年第 5 期,第 3—5 页。

认为《大学》引"乐只君子，民之父母"正是"亲民"宗旨的体现，基于此他认为"宋儒以'亲民'为'新民'，实为蛇足之笔"[1]。这一论断我认为大体是正确的，不过对程朱之"新民"说似乎还缺乏一些同情的理解。

## 小结

朱子的改亲民为"新民"与阳明的主张从古本之"亲民"从《大学》文本中都可以找到各自的支持依据，两者的分歧既涉及到《大学》德政思想的主题是专在于教化还是教、养并重，也关系到施教的方式。朱子的"新民"说意在教化"染污之民"令其自新，在实际施政中具有刚严的作风，其流弊是导致道德上的苛政。阳明的"亲民"说认为《大学》德政思想的主题是教、养并重，在实际施政中阳明的教化方式也相对温和，更加注重隐恶扬善、兴发引导。从思想渊源看，"亲民"与"新民"诉诸的分别是"民之父母"与"民之君师"的不同范型，前者教、养并重，而后者偏重教；在教的方式上后者也更偏重严威。《大学》之"亲民"宗旨是对《诗》《书》"民之父母"德政范型的继承发挥，体现了儒家为政之道造端乎家庭而通于天地之德的视野，也是封建政治中防止上下否隔而实现"上下交则其志同"、"有礼而亲"的必由之路，在这个方面阳明"万物一体"论的"亲民"思想也与之更为契合。

---

1 张丰乾，《早期儒家与"民之父母"》，《现代哲学》2008年第1期，第113页。

# 第十二章　造士与觉民的教化事业

阳明夫子晚年每每以"万物一体"的大人之学教人，从明道"识仁"说中承继而来的这一教义是阳明晚年学问的基调，这在《大学问》《亲民堂记》《答顾东桥书》《答聂文蔚》等论学往来中可看得很清楚。阳明晚年反复讲"万物一体"，其着眼点显然不只是君子的成德，不只是内圣之学，而是有深厚的政治关怀在其中，实际上阐发的是儒家古老的仁政思想。在《诗经》《尚书》中即已有"民之父母"的思想，儒家将这一传统继承下来，并阐发为"仁政"的主张。孔子答子贡问仁说"博施济众，尧舜其犹病诸"（《论语·雍也》），因此尧舜之道的核心即是仁政。孟子则称道伊尹为"圣之任者"，说伊尹"思天下之民匹夫匹妇有不与被尧舜之泽者，若己推而内之沟中，其自任以天下之重也"（《孟子·万章下》）。这种以天下为己任的精神是儒家最可贵的担当精神。理学祖师濂溪先生指引学者"志伊尹之所志，学颜子之所学"，指出"伊尹耻其君不为尧舜，一夫不得其所，若挞于市"。[1] 孟子和理学家所推崇的伊尹形象中实包含了儒家得君行道的期待。伊尹的以天下为己任要通过得君行道来实现，这也是后世儒者实现内圣外王之理想的基本途径，宋明理学当然不

---

[1] ［宋］周敦颐，《周敦颐集》，陈克明点校，北京：中华书局，1990年，第23页。濂溪这句话被朱子采纳于《近思录》中，是《为学》篇的第一条。

例外。

儒家实现得君行道的期待需要很好的外部机缘，需要圣君贤相的千古难得之遇。我们知道孔孟在当世都不能行其道，都没能最终"得君"。但历代儒者得君行道的抱负一直未坠，在宋儒中尤其强烈，余英时先生认为这是因为赵宋皇帝比较优待士大夫的缘故，王安石与宋神宗之间的君臣之遇也为宋儒的得君行道抱负提供了一个现实版的激励。然而，这一抱负在明代、在阳明学中变得暗淡了。余英时认为，从宋代理学（包括象山心学）到阳明心学，在政治文化上最大的差异是"得君行道"的期待转变为"觉民行道"，他以这个转变来解释阳明心学的政治意义：

> 阳明"致良知"之教和他所构想的"觉民行道"是绝对分不开的，这是他在绝望于"得君行道"之后所杀出的一条血路。"行道"而完全撇开君主与朝廷，转而单向地诉诸社会大众，这是两千年来儒者所未到之境，不仅明代前期的理学家而已。[1]

余英时在各种著述中反复地说到这个转变。他说："明清有济世之志的儒家已放弃了'得君行道'的上行路线，转而采取了'移风易俗'的下行路线，唯有如此转变，他们才能绕过专制的锋芒，从民间社会方面去开辟新天地。"[2] 这就将"得君行道"向"觉民行道"的转变看作不只是王阳明个人身上发生的，而是明清儒学的大势了，

---

[1] 余英时，《宋明理学与政治文化》，长春：吉林出版集团有限责任公司，2008年，第195—196页。

[2] 余英时，《现代儒学的回顾与展望》，北京：生活·读书·新知三联书店，2004年，第170页。

阳明学派的发展方向当然最能说明这个大势。余英时这一观点对学界有很大影响，几乎成为研究阳明学政治社会向度的一个范式。然而，其中实有可商榷之处。彭国翔教授指出，在中晚明的阳明学中，"得君行道"的取向并未随着"觉民行道"的兴起而销声匿迹，在王龙溪、罗近溪、周海门等阳明学者身上兼具"觉民行道"和"得君行道"这两种不同政治取向，其深层机理是，在君主制的整体结构之中和君权的绝对笼罩之下，儒者的道要行于天下不得不借助于君主和朝廷的威势。[1] 实际上，即便在阳明本人那里，"得君行道"的期待也没有彻底消失过，阳明从未反对过他的门人去参加科举考试——这显然是得君行道的一个基本步骤。而且，阳明对明武宗这样一个荒唐的君主虽然大体是失望的，但之前的明孝宗（弘治帝）不失为明代有数的一个好皇帝，之后的明世宗（嘉靖帝），在登基的初年阳明也曾对其寄予过希望。在嘉靖六年（1527）给当时颇受朝廷信任的黄绾等人的信中，王阳明勉励道："须是克去己私，真能以天地万物为一体，实康济得天下，挽回三代之治，方是不负如此圣明之君，方能报得如此知遇，不枉了因此一大事来出世一遭也。"[2] 由此可见，即便在发生了学禁、大礼议等事件后，阳明对嘉靖帝还抱有期待，还希望他的门人能得君行道，"挽回三代之治"。余英时认为王阳明及明清有济世之志的儒者放弃了得君行道的上行路线，这一观点显然是片面的，不符合大量事实的。王阳明提出"致良知"学说，更与他是否对"得君行道"失望与否没多大关系，"致良知"是阳明从其生命实践中得出的成圣工夫，首先是为己之学，而不是

---

[1] 彭国翔，《阳明学的政治取向、困境和分析》，《深圳社会科学》2019年第3期，第28页。
[2] 《王阳明全集》卷六，第245页。

改造外部世界的理论。

退一步讲，虽然存在余英时先生所讲的阳明学实践重心转向"觉民行道"的下行路线，开辟民间社会的新天地，其中也还有需要进一步分析的问题。首先，"觉民"是相对"得君"而言的，但"君"之外的"民"范围非常广，如果非君即民，那么所有的官员、士大夫也都是民，"觉民行道"也可以包含教化官员、士大夫。但这显然不是余英时所讲阳明学的教化对象从朝廷转向民间社会的意思。如果将"民"限定为君主与士大夫之外的底层民众，那么阳明学的政治取向显然更不只是"觉民行道"，实际上阳明本人的接引对象主要是包括官员在内的广大士大夫阶层，很少底层民众，即便科举仕途之外的盐商王艮，也是自学成才的读书人，绝非凡民。阳明后学中，也就泰州学派的成员里有一些读书人之外的农工商之民，江右、浙中王门这些核心学派，成员都是以读书人为主，而且大部分并未放弃科举仕途。因此，虽然总体而言阳明学得君行道的取向不如宋代理学强，但是其教化对象首先也不是底层民众，而是在仕途、或者未来将踏上仕途的广大士人，阳明学的"移风易俗"所改造的"世风"首先是"士风"。就此而言，我们可以说阳明学的社会政治施展方向是以"**造士**"为主，"得君"与"觉民"为辅。阳明学在政治上最重大的意义之一是造就了几代在朝可以美政、在乡可以美俗的特立担当之士。我们需要在君、士、民三方力量互动的政教体系中来探究阳明学的施展空间与途径，而不是采取"得君行道"还是"觉民行道"的二元分析框架。实际上，从孔孟以来，"得君行道"就是可遇不可求的事，儒家最重要的历史贡献是培养出了一代代有道义与文化担当的士君子，宋代理学与明代的阳明心学都是如此。

不过，在深入民间教化方面，阳明心学确实在义理与工夫上都饶有特色，具有以往的精英儒学所缺乏的长处，说"觉民行道"是阳明学的特出之处也不错。阳明心学具有既能感发士人精英，又能感化点拨普通"愚夫愚妇"的广泛适应性，从其妙用的广大我们也可窥见心体的深广。

## 一、孔孟学问中士的自觉与"哲学的突破"

从孔孟以来，培养以天下为己任的士君子就是儒学的基本事业。孔子一再地申言士"志于道"，这个"道"当然就是"天下归仁"的"仁道"，所以孔子也讲"志于仁"。孔子讲士君子教育的话很多，最宏阔完整的莫过于这一句：

> 子曰："志于道，据于德，依于仁，游于艺。"(《论语·述而》)

志于道，就是周公之道[1]，即复礼归仁之道。周公之道广大周至，行周公之道非有一番大决心、大本领不可，决心即是志，本领就是德。"据于德"，朱子的注解是："据者，执守之意。德，则行道而有得于心而不失之谓也。"[2]这个解释有将"德"外在化之嫌疑。如果"德"需要行道有得于心才能执守不失，那未能行道时就无德，无德又根据什么去行道呢？《朱子语类》的问答中有比《集注》讲得更好的，如：

---

[1] 子曰："甚矣，吾衰也，久矣，吾不复梦见周公。"(《论语·述而》)
[2] 《四书章句集注》，第109页。

问"据于德"。曰:"如孝,便是自家元得这孝道理,非从外旋取来。据于德,乃是得这基址在这里。"[植]

问"据于德"云云。曰:"德者,吾之所自有,非自外而得也。以仁义礼智观之,可见。韩退之云:'德,足乎己,无待乎外。'说得也好。"[南升][1]

我们自有的德是行道的根基所在,志于道是展望,是向外的宏阔,"据于德,依于仁"则是反身而诚的修身立本。所以《大学》之道从"明明德"讲起,明明德就是亲民、止于至善之道的依据。"游于艺",朱子的注解是:"游者,玩物适情之谓。艺,则礼乐之文,射御书数之法,皆至理之所寓,而日用之不可缺者也。朝夕游焉,以博其义理之趣,则应务有余,而心亦无所放矣。"[2]游于艺有一番优柔闲适的意思,即孔子讲的"行有余力,则以学文"(《论语·学而》)。游于艺既可以收其放心,又可以博洽事理,也是士君子修养不可少的一方面。

孔子造就士君子以传道、行道,首重"志"。《论语》里面记载了多次孔子引发弟子言志的场景,是书里最有诗意的篇章,如"颜渊、季路侍"一章,孔子自言其志为"老者安之,朋友信之,少者怀之"(《论语·公冶长》);"子路、曾皙、冉有、公西华侍坐"一章,曾皙一番言志引起孔子感叹"吾与点也"(《论语·先进》)。以言志的方式来感发弟子求道之心,这是孔子士君子之教的诗性特点。这个特点在其后的曾子、孟子那里也得到了传承和发扬。如曾子说:

---

1 《朱子语类》第三册卷三十四,第 864 页。
2 《四书章句集注》,第 109 页。

> 士不可不弘毅，任重而道远。仁以为己任，不亦重乎？死而后已，不亦远乎？（《论语·泰伯》）

这是以弘毅的气象来感发士君子之心，其精神内核实即孔子讲的"志于仁"，但赋予了此志一个形象可感的轮廓，千百年来，刻画儒家士君子精神志气的，莫若"弘毅"二字精彩允当。

孟子之学与曾子有很深的渊源关系，发扬光大了曾子之学的"弘毅"士魂。孟子特别具有士的精神的自觉。大概在孟子所处的战国中期，社会中的游士开始多起来了，这些游士还没有获得公卿大夫之位，又不从事农工商贾之业，其存在意义受到了质疑，因此有如下的问答：

> 王子垫问曰："士何事？"孟子曰："尚志。"曰："何谓尚志？"曰："仁义而已矣。杀一无罪，非仁也；非其有而取之，非义也。居恶在？仁是也；路恶在？义是也。居仁由义，大人之事备矣。"（《孟子·尽心上》）

士看起来无所事事，因此齐王之子不免有"士何事"之问，这一问其实也代表了当时社会对士的一般看法。[1] 孟子给了一个王子垫还是摸不着边的回答——"尚志"。这其实是一个孟子基于内在体认给出的回答，而不是基于外在观察的回答，孟子是就自身**士的自觉**而给出这一回答的，初无一毫"为人"之学的意思。因此王子垫还

---

[1] 这一问犹如今天的人问"人文知识分子是干吗的？"，特别是"学哲学是干吗的？"。

是不解，孟子只好进一步讲出士之所志为何——"仁义而已矣"。这也就是孔子所讲的"士志于道"，曾子所讲的"弘毅"、"仁以为己任"。孟子还将这个仁义之志解释为"居仁由义"，称之为"大人之事"。这也暗示了，看起来无所事事的"士"其实是后备的"大人"，是居其位的公卿大夫的批判者与潜在竞争者。

孟子以"尚志"来规定"士"，彰显了"志"对于"士"的根本重要性，而且也对这个"志"的内容做了界定——"仁义"，也就是儒家所理解的道。这个"志"，孟子也称之为"恒心"。他在劝齐宣王治民之产以为仁政之始时说道：

> 无恒产而有恒心者，惟士为能。若民，则无恒产，因无恒心。（《孟子·梁惠王上》）

这句话将士与民的差别非常鲜明地凸显出来了，其精神仍是秉承孔子"忧道不忧贫"的君子之教[1]。可见，虽然孟子从良知良能的角度认为"人皆可为尧舜"，但另一方面并未抹平士与民的差异，而这个差异的关键就在士的"尚志"，即"恒心"。

孟子讲士"尚志"，无恒产而有恒心，这是秉承了孔子、曾子一脉下来士以道自任的精神，即"志于道"的精神。这与封建时代的士受王朝选拔而安于职分已经有所不同。但孔子、曾子所弘的道还是先王之道，具体地说，是体现为礼乐文明的周公之道。因此，虽

---

[1] 子曰："君子怀德，小人怀土；君子怀刑，小人怀惠。"（《论语·里仁》）这句话已经包含了孟子所讲的义理，只不过孔子的角度在君用心与小人之别，孟子的角度更多在治民之产的仁政关怀。

然孔子以仁来解释礼乐精神包含了余英时先生所称谓的"哲学的突破",但这一突破是温和的。[1] 孔子讲"述而不作",讲"克己复礼为仁",他教弟子博文约礼、"游于艺",其内容主要还是礼、乐、《诗》《书》的王官之学。到了孟子这里,则更进一步推进了孔子的"哲学的突破","作"的意味更强了。表现在修辞上是对"豪杰之士"的倡扬,在义理上则是性善养气之论。

我们今天平民时代的人讲孟子,喜欢表彰孟子"民为贵"的思想、"人皆可为尧舜"的思想。这固然不错。但也要注意另一面——其实孟子的精英意识是极强的。这最突出地表现在他的"豪杰之士"之说中:

> 孟子曰:"待文王而后兴者,凡民也。若夫豪杰之士,虽无文王犹兴。"(《孟子·尽心上》)

"豪杰之士"的称号,在《论语》中未见。大概孔子的时代,私学刚刚兴起,受过君子之学的教育、又没有出仕的士还是比较少的,"士"相对庶民而言本身就已经是万里挑一的精英了。但在孟子的时代,百家之学已经兴起,社会中的游士也多起来了,士未必都有天下道义的担当,甚至也未必有出众的才德,因此孟子更要在众多的碌碌之士中召唤豪杰之士,就像孔子告诫子夏"勿为小人儒"一样。"豪杰之士"的说法在《孟子》出现了两次,除了引到的这一处之外,还有一处是孟子称道弟子陈相的兄长陈良"彼所谓豪杰之士也

---

[1] 余英时,《士与中国文化》,上海:上海人民出版社,2003年,第23页。

（《孟子·滕文公上》），因为陈良作为楚国的人才能学周公、孔子之道，能用夏变夷，而且比北方很多学者都要学得好。孟子这个讲法表明"豪杰之士"是当时对士人中杰出者的称呼。朱子在该处注释中也说"豪杰，才德出众之称，言其能自拔于流俗也"[1]。作为对才德出众之士的称道，"豪杰"一语并没有很强的哲理意义。但在"待文王而后兴者"章中，朱子的注释颇不一样：

> 凡民，庸常之人也。豪杰，有过人之才智者也。盖降衷秉彝，人所同得，惟上智之资无物欲之蔽，为能无待于教，而自能感发以有为也。[2]

朱子解释"豪杰"为有过人之才智者，这与前面"才德出众之称"差别不大。这一解释实际上沿袭了汉代赵岐的注解，赵氏解"豪杰"为"才智千万于凡人者"[3]，这应该是历代通行的一个看法。但这个注解并没有充分解释豪杰之士为何能"虽无文王犹兴"。虽无文王，也能自己感动奋发，这其中包含了**自发的道德感受力、创造力**，也就是某种"作"的能力。这方面最显著的是孟子所举舜的例子：

> 孟子曰："舜之居深山之中，与木石居，与鹿豕游，其所以异于深山之野人者几希。及其闻一善言，见一善行，若决江河，

---

[1] 《四书章句集注》，第305页。
[2] 《四书章句集注》，第416页。
[3] 《孟子正义》，第891页。

沛然莫之能御也。"(《孟子·尽心上》)

舜的典范表明了上智之人能无待于教、自能感发以有为。之所以能这样,朱子给出的解释是,上智之人无物欲之蔽,因此能将人所同得的天命之性(降衷秉彝)发扬出来。这是合乎孟子思想的解释,阐明了孟子"豪杰"观的心性论基础。

孟子诉诸"豪杰之士"以担当斯道,这里面包含了一种独到新颖的**士的自觉**。豪杰之士"虽无文王犹兴",这表明豪杰之志可以不需要先王之道的感发,其"志于道"乃是从自身生命的感通而来的行其道。这如何可能?盖因为"道"本就是让人物共行的路,这样的路才是"天下之达道"。豪杰之士之为豪杰之士,并不在于博学多才,而在于能从自身出发领悟到这个"道",领悟到文王、尧舜之道也无非这个道。这就是孟子所讲的:

口之于味也,有同耆焉;耳之于声也,有同听焉;目之于色也,有同美焉。至于心,独无所同然乎?心之所同然者何也?谓理也,义也。圣人先得我心之所同然耳。故理义之悦我心,犹刍豢之悦我口。(《孟子·告子上》)

照此,"豪杰之士"就在于领悟到**自家悦理义的心就是与圣人所同然的心**,自家本心与圣人所同悦的理义,就是圣人之道。这正是《中庸》"率性之谓道"的意思。豪杰之士"虽无文王犹兴",其哲理根据在于豪杰尽心知性,知率性之道即先王之道。这才是彻底的"哲学的突破",将孔子"天下归仁"的**"道德的突破"**推进到了形而上层次的"**性命的突破**"[1]。豪杰之士作为有先天心性根据的道义主体才最终挺立出来。

孟子思想中"豪杰之士"的气象对阳明心学有极大的影响。我们看到,朱子在"待文王而后兴者"那一章中对孟子"豪杰"观的心性基础有正确的理解,其注解在哲理深度上优于赵岐的注。但是朱子对这一章并没有给予突出的重视,其中一个值得注意的现象就是,《朱子语类》中关于这一章的问答讨论出奇地少,只有一则。[2] 这其中原因或许是,朱子的格物穷理之学是有所待的,与"豪杰"精神并不全然相应。与之相比,阳明在其论学书信等文字中则一再地诉诸"豪杰之士",可以说,其生命与学问中都弥漫着豪杰之士的气象。

## 二、感发一体之心,作育豪杰之士:阳明心学对士风的陶铸

王阳明为人为学中都有一番豪杰气象,这也是陆王心学一系人物的普遍特点。阳明少年时就有豪气,《年谱》记载他十二岁随父在京师读私塾时"豪迈不羁",曾问塾师"何为第一等事",塾师答以读书登第,阳明疑曰"登第恐未为第一等事,或读书学圣贤耳"(《年谱》"成化十八年")。阳明不随流俗的豪杰之志于此时已初见端倪。不过,阳明少时气象与象山还是略有差别。据陆九渊的《年谱》记载,他十三岁时读古书至"宇宙"二字的注解"四方上下曰宇,

---

[1] 孔子在春秋晚期礼崩乐坏的危局中以"仁"释礼乐,可以叫"道德的突破",孟子进一步将仁、义、礼、智诸德揭示为人性之善,可以叫"性命的突破"。当然,孟子的突破在《中庸》"率性之谓道"的思想中已经有先声,相比孔子的突破而言,思孟的突破更具有形而上的哲理意味。

[2] 《朱子语类》第四册卷六十,第1439页。

往古来今曰宙",由此悟到"宇宙便是吾心,吾心即是宇宙"。[1]可以说象山此时已经初步悟道,确立其心学宗旨。而阳明十二岁时以"读书学圣贤"为第一等事,还只是初步立下学为圣贤的志向,到龙场悟道确立心学的宗旨中间还有二十几年的艰难曲折。这里面固然可能也有个人资禀的差别,但更重要的当是阳明所处之世朱子学已被确立为官学的权威,阳明要走出自己独到的圣学之道,需要经过一番在朱子学中的"坎陷"与剥复的挣扎,不过,这也使得阳明之学得以汲取朱子学中的精华,其名理辨析与修养工夫较象山之学更为精密。

阳明在贵州龙场经过百死千难的磨砺而悟道,反身自省而悟"圣人之道,吾性自足",觉向来习朱子学格物穷理之非,这是阳明之学确立豪杰信心的本体性起点。龙场之后,阳明认可象山"心即理"之说,以之为"知行合一"工夫的本体依据。江西平乱之后,阳明提揭"致良知",深化了"心即理"的心学思想。心即理、致良知,这是陆王心学为豪杰精神揭示的本体依据。由此,儒家士君子的豪杰精神并非只是慷慨任气的血气、意气,而是基于本心良知的道义担当。**在阳明,体悟心即理、致良知,是为己的生命学问之结晶,一开始并非以改造世界为取向的道德说教**。余英时认为阳明得君行道之路不通,转而觉民行道,由此才提出"致良知"学说。这可以说全然是误解。当然,儒家以仁爱为本怀,儒者的"悟道"并非只是自求解脱之道,而是自觉觉人、自爱爱人之道。阳明一旦悟得圣人之道、豪杰之心,即以此道、此心来觉斯世斯民。

---

1 《陆九渊集》,第483页。

我们今天的人已经不太容易体会到阳明倡导其自得之学的处境。阳明所处的时代，朱子学不仅在官方具有权威的地位，科举考试以朱子的《四书章句集注》为钦定教材，而且朱子学在广大士人心目中也具有颠扑不破的权威地位，虽然有不少读书人是将朱子学当作仕途的敲门砖，但也有不少读书人是打心眼里信奉朱子学的，如阳明的通信论辩对手罗钦顺、顾璘（顾东桥）等人都对朱子学抱有真诚的信念。因此，不仅阳明倡导与朱子学有异的新说需要很大的理论勇气，而且当时的士人信奉阳明之说也需要冲破世俗阻力，也需要勇气，需要一定程度的豪杰之气。由此我们可以理解阳明在倡言其良知之说时一再对门人、友人以"豪杰之士"相号召。

阳明在贵阳龙场悟道之后，当地能与之交流的人极少，在他突破朱子学的新学问所获得的承认中，当时贵州的提学副使席书是最有名望、地位的一位。《年谱》记载，阳明在龙场悟道之后第二年被席书聘去主讲贵阳书院，阳明在贵阳书院开始讲论他生平第一大创见"知行合一"，席书一开始的时候也有怀疑，但阳明通过内证诸知行本体、外证诸五经诸子，消除了席书的疑惑，席书最后信奉了阳明的新说，"以所事师礼事之"（《年谱》"正德四年"）。阳明晚年在《祭元山席尚书文》中即称赞席书为"豪杰之士，社稷之臣"，其豪杰精神的一个体现即在于"超然远览，知求绝学于千载之上"[1]。阳明心学在其倡立之初，得到像席书这类有名望地位的贤士大夫的理解与支持，这是非常重要的，其重要性远胜过得到几个当地土著的拥护。从《传习录》及阳明的论学书信我们也看到，阳明心学在倡立

---

[1] 《王阳明全集》卷二十五，第1060页。

之初所致力的就是赢得当时本来信奉朱子学的士人之理解支持，这其中包括阳明的门人兼妹夫徐爱的转变和支持。

阳明推行致良知教的政治抱负，其所处身的政治社会与学术环境、所要解决的问题，在《答顾东桥书》最末的"拔本塞源论"中讲得最痛切、最充分。这篇文字后世学者有极高的评价，如明末清初的孙奇逢说"是集中一篇大文字，亦是世间一篇有数文字"，日本学者三轮执斋说"自秦汉以来数千岁之间，惟有此一文而已"。[1] 这样一篇不长的文字为何会获得这般近乎溢美的评价？鄙见以为，盖因阳明在这篇文字中极为深切著明地阐发了儒者三代之治的抱负、针砭了三代之后学术与政治风气的败坏，并且寄希望于其良知学能感发天下豪杰之士，以挽回三代之治。这篇文字最能见出阳明对三代以降士风浇漓的针砭，以及他号召豪杰之士共致良知的再造士风之期望。我们以此篇文字为主来考察阳明对他眼中天下学问与士风的诊治：

> 夫"拔本塞源"之论不明于天下，则天下之学圣人者将日繁日难，斯人沦于禽兽夷狄，而犹自以为圣人之学；吾之说虽或暂明于一时，终将冻解于西而冰坚于东，雾释于前而云滃于后，呶呶焉危困以死，而卒无救于天下之分毫也已！夫圣人之心，以天地万物为一体，其视天下之人，无外内远近，凡有血气，皆其昆弟赤子之亲，莫不欲安全而教养之，以遂其万物一体之念。天下之人心，其始亦非有异于圣人也，特其间于有

---

[1] 《王阳明〈传习录〉详注集评》，第118页。

我之私，隔于物欲之蔽，大者以小，通者以塞，人各有心，至有视其父子兄弟如仇仇者。圣人有忧之，是以推其天地万物一体之仁以教天下，使之皆有以克其私，去其蔽，以复其心体之同然。其教之大端，则尧、舜、禹之相授受，所谓"道心惟微，惟精惟一，允执厥中"。而其节目则舜之命契，所谓"父子有亲，君臣有义，夫妇有别，长幼有序，朋友有信"五者而已。唐、虞、三代之世，教者惟以此为教，而学者惟以此为学。当是之时，人无异见，家无异习，安此者谓之圣，勉此者谓之贤，而背此者虽其启明如朱亦谓之不肖。下至闾井、田野、农、工、商、贾之贱，莫不皆有是学，而惟以成其德行为务。何者？无有闻见之杂，记诵之烦，辞章之靡滥，功利之驰逐，而但使之孝其亲，弟其长，信其朋友，以复其心体之同然。是盖性分之所固有，而非有假于外者，则人亦孰不能之乎？学校之中，惟以成德为事，而才能之异或有长于礼乐，长于政教，长于水土播植者，则就其成德，而因使益精其能于学校之中。迨夫举德而任，则使之终身居其职而不易，用之者惟同心一德，以共安天下之民，视才之称否，而不以崇卑为轻重，劳逸为美恶；效用者亦惟知同心一德，以共安天下之民，苟当其能，则终身处于烦剧而不以为劳，安于卑琐而不以为贱。当是之时，天下之人熙熙皞皞，皆相视如一家之亲。其才质之下者，则安其农、工、商、贾之分，各勤其业以相生相养，而无有乎希高慕外之心。其才能之异若皋、夔、稷、契者，则出而各效其能，若一家之务，或营其衣食，或通其有无，或备其器用，集谋并力，以求遂其仰事俯育之愿，惟恐当其事者之或怠而重己之累也。故稷勤其稼，而不耻其不知教，视契之善教，即己之善教也；夔司其乐，而不耻于不明礼，视夷之通礼，即己之通礼也。盖其心学纯明，而有以全其万物一体之仁，故其精神流贯，志气通达，而无有乎人己之分，物我之间。譬之一人之身，目视、耳听、手持、足行，以济一身之用。目不耻其无聪，而耳之所涉，目必营焉；足不耻其无执，而手之所探，足必前焉；盖其元气充周，血脉条畅，是以痒疴呼吸，感触神应，有不言而喻之妙。此圣人之学所以至易至简，易知易从，学易能而才易成者，正以大端惟在复心体之同然，而知识技能非所与论也。（《传习录》卷中，第142条）

三代之衰，王道熄而霸术猖；孔、孟既没，圣学晦而邪说横：教者不复以此为教；而学者不复以此为学；霸者之徒，窃取先王之近似者，假之于外，以内济其私己之欲，天下靡然而宗之，圣人之道遂以芜塞，相仿相效，日求所以富强之说，倾诈之谋，攻伐之计，一切欺天罔人，苟一时之得，以猎取声利之术，若管、商、苏、张之属者，至不可名数。既其久也，斗争劫夺，不胜其祸，斯人沦于禽兽夷狄，而霸术亦有所不能行矣。世之儒者，慨然悲伤，搜猎先圣五之典章法制，而掇拾修补于煨烬之余；盖其为心，良亦欲以挽回先王之道，圣学既远，霸术之传积渍已深，虽在贤知，皆不免于习染，其所以讲明修饰，以求宣畅光复于世者，仅足以增霸者之藩篱，而圣学之门墙遂不复可观。于是乎有训诂之学，而传之以为名；有记诵之学，而言之以为博；有词章之学，而侈之以为丽。若是者纷纷籍籍，群起角立于天下，又不知其几家，万径千蹊，莫知所适。

世之学者，如入百戏之场，欢谑跳踉，骋奇斗巧，献笑争妍者，四面而竞出，前瞻后盼，应接不遑，而耳目眩瞀，精神恍惑，日夜遨游淹息其间，如病狂丧心之人，莫自知其家业之所归。时君世主亦皆昏迷颠倒于其说，而终身从事于无用之虚文，莫自知其所谓。间有觉其空疏谬妄，支离牵滞，而卓然自奋，欲以见诸行事之实者，极其所抵，亦不过为富强功利五霸之事业而止。圣人之学日远日晦，而功利之习愈趣愈下。其间虽尝瞽惑于佛、老，而佛、老之说卒亦未能有以胜其功利之心；虽又尝折衷于群儒，而群儒之论终亦未能有以破其功利之见。盖至于今，功利之毒沦浃于人之心髓，而习以成性也几千年矣。相矜以知，相轧以势，相争以利，相高以技能，相取以声誉。其出而仕也，理钱谷者则欲兼夫兵刑，典礼乐者又欲与于铨轴，处郡县则思藩臬之高，居台谏则望宰执之要。故不能其事，则不得以兼其官；不通其说，则不可以要其誉，记诵之广，适以长其敖也；知识之多，适以行其恶也；闻见之博，适以肆其辨也；辞章之富，适以饰其伪也。是以臯、夔、稷、契所不能兼之事，而今之初学小生皆欲通其说，究其术。其称名僭号，未尝不曰吾欲以共成天下之务；而其诚心实意之所在，以为不如是则无以济其私而满其欲也。呜呼！以若是之积染，以若是之心志，而又讲之以若是之学术，宜其闻吾圣人之教，而视之以为赘疣柄凿，则其以良知为未足，而谓圣人之学为无所用，亦其势有所必至矣！呜呼，士生斯世，而尚何以求圣人之学乎！尚何以论圣人之学乎！士生斯世而欲以为学者，不亦劳苦而繁难乎！不亦拘滞而险艰乎！呜呼！可悲也已！所幸天理之在人心，终有所不可泯，而良知之明，万古一日，则其闻吾"拔本塞源"之论，必有恻然而悲，戚然而痛，愤然而起，沛然若决江河而有所不可御者矣！非夫豪杰之士无所待而兴起者，吾谁与望乎？(《传习录》卷中，第143条)

这篇"大文字"篇幅不算小，目前也已经有不少学者研究过，我们在此主要关注此篇中阳明对天下道术与士风的诊治。

陈来教授将阳明这篇文字的义理分为四个层次，分别是——明体：万物一体与圣人之学；成用：安分勤业与天下一家；辩学：霸术俗学和功利之毒；流弊：风气与学术。[1] 这样划分当然也不错。但也不妨分为三个部分：一、圣人之道在三代的推行；二、三代之后圣人之学的沦埋与士风的败坏；三、圣人之道复行于天下的希望。我们就这三个层次来分析阳明的论述，从中可以看到阳明心目中所欲行的是怎样的道，行道的主体是谁，道是如何随学术、士风的变化而浮沉的，其中是否发生了所谓从"得君行道"到"觉民行道"的变化。通过这个分析我们也就能明白阳明所讲的"拔本塞源"究竟是什么意思。

阳明讲圣人之道，以圣人之心为根本。圣人之道发自圣人之心，此心即以天地万物为一体之仁心。这是圣人的"天命之性"。圣人视天下之人皆其昆弟赤子之亲，莫不欲安全而教养之。这就是圣人的"率性之谓道"。众人本来也都具备天命之性、一体之心，但被有我之私、物欲之蔽所间隔了，放失了一体之心，人各有心导致的极端

---

[1] 陈来，《王阳明"拔本塞源"的思想》，《贵州文史丛刊》2017年第1期。

流弊是视其父子兄弟如仇人。圣人对此感到忧惕，因此推广其天地万物一体之仁以教天下，让天下人都能"克其私，去其蔽，以复其心体之同然"。这就是《中庸》讲的"修道之谓教"。关于圣人之教，阳明讲到两个层次，其一是尧舜禹相授受的十六字箴言"道心惟微，人心惟危，惟精惟一，允执厥中"[1]，阳明称之为"教之大端"；其二是舜命司徒契颁布五教"父子有亲，君臣有义，夫妇有别，长幼有序，朋友有信"，阳明称之为教之"节目"。这个"大端"与"节目"的关系可以理解为阳明学的理一分殊。这个"理一分殊"中包含了三重行道主体。其一是尧舜禹这样的圣王，其二是皋陶、夔、后稷、契这类的贤臣，其三是闾井田野的农工商贾。这也就是古代社会君、士、民的三重结构。阳明认为，君如尧舜禹，臣如皋、夔、稷、契，乃至农工商贾之民，都禀有一体之仁心，也都能明孝悌忠信的人伦，君、臣、民禀有同样的性分，是谓"心体之同然"，但职分有不同。职分不同的根据，阳明认为是才能的差异，**才能之异者**如皋、夔、稷、契，或长于礼乐、或长于政教、或长于水土播植等等，明君能举德而任用得当，贤臣也能各安其职，共成天下之业；**才智之下者**，则安其农工商贾之分，"各勤其业，以相生相养"。由此可见，在阳明所理解的三代之治中，以天地万物为一体的仁心是根本，这是人人具备的"心体之同然"，但这个一体同时也容纳了人的才能差异，容纳了"尊贤"的原则，也就是"义"的原则。[2] 三代之治能保持万

---

[1] 阳明在"拔本塞源论"中漏了"人心惟危"这一句。笔者认为，这大概只是阳明引用时的省略，未必有什么深意，在别的地方阳明经常是十六字全引下来的。

[2] 《中庸》讲："仁者人也，亲亲为大，义者宜也，尊贤为大。"阳明只是将亲亲之仁扩展成了万物一体之仁。

物一体、天下一家之和乐广大，关键在于贤者能各安其职又志气通达，没有相互的矜高、倾轧、争夺之类，这在与后世的对照中更为明显。由此可见，在三代之治中，阳明特别关注的层面其实不是君，也不是民，而是担任大臣之职的士。士与士之间因为才能之异最容易发生相互矜高、倾轧、争夺，而三代之盛的关键就在圣人之学心学纯明，贤者在各安其职的同时能精神流贯通达。

在阳明的论述中，三代之治的本源在于君、臣、民从上到下万物一体而又安分勤业的心，即是道心。后世三代之王道沦落而霸术横行，根源则在学术的败坏、人心的放失虚妄。值得注意的是，阳明讲圣人之教与三代之治，从尧舜禹的圣圣相承讲起，再讲到皋、夔、稷、契，讲到农工商贾之贱，但在讲三代之衰的霸术邪说时，阳明没有提到任何一位暴君独夫的例子，没有讲到幽、厉等等，他所批判的首先是管（被当作《管子》一书作者的管仲）、商（商鞅）、苏（苏秦）、张（张仪）之属的富强之说、倾轧之谋、攻伐之计，正是这类春秋战国时代的霸术引发了长久的斗争劫夺，让人沦为了禽兽夷狄而不自知。**管、商、苏、张之属的霸术与上一段皋、夔、稷、契的王道仁义构成了鲜明对比**，再一次显示"拔本塞源论"所关注的首先是**学术与士风**，而不是"得君行道"或"觉民行道"的期待。在对秦汉之后世风的针砭中，阳明的矛头对准的也是学术风气及其所影响的士风。阳明主要批评了汉以下的训诂之学、记诵之学、词章之学，指出其实际上成了士人的炫耀之资，成了功利之习的帮凶。功利之习盛行的表现是"相矜以知，相轧以势，相争以利，相高以技能，相取以声誉"的风气。这显然刻画的是**官场的士风**，而不是民风。认为天下治乱系乎士人、士风，而士风系乎学术，这是阳明一贯的见解。在给友人的信中，阳明写道：

> 今夫天下之不治，由于士风之衰薄；而士风之衰薄，由于学术之不明；学术之不明，由于无豪杰之士者为之倡焉耳。[1]

阳明将天下治乱归之**士风**，而不是帝王。这一点不同于流行的看法。照余英时先生的观点，宋代是帝王与士大夫共治天下的，而明代则废相权、强化君主专制，士大夫的地位下降了，因此明清儒者由宋儒的得君行道转向觉民行道。但在阳明这里我们看到事实并非如此，阳明眼里士大夫仍是天下治乱所系的中坚力量[2]，而形塑士风的关键因素是学术，因此他希望通过自己的良知学唤醒、号召豪杰之士，让天下的豪杰之士都来致万物一体的良知，消解功利之毒、争夺之习，以期回复三代之治。因此我们看到阳明在书信的最后写到对豪杰之士的殷切寄望。

阳明在"拔本塞源论"里痛切针砭了三代之后学术之伪、功利之毒，特别指出了当世禄位之徒争权夺利的丑态，暗示了朱子的格

---

[1]《送别省吾林都宪序》，《王阳明全集》卷二十二，第974页。

[2] 这是因为再专制独裁的君主也需要士大夫阶层的配合来治天下，在汉代独尊儒术与宋代理学兴起之后，士大夫阶层很大程度上掌握了舆论的话语权，帝王哪怕是独断专行也需要儒生来为其粉饰合法性，帝王行其淫威往往有官员中谄媚之徒的逢迎。以阳明晚年时朝廷发生的大礼议事件为例，在继统与继嗣的争论中，嘉靖皇帝抬高其生身父母的个人想法得到了部分大礼议派官员的支持，使得嘉靖敢于不顾大多数朝臣的反对而坚持己见。如果没有部分大礼议派官员迎合上意的支持，很难想象当时刚刚登基、又尚年少的嘉靖皇帝敢于对抗声势甚大的反对派。（关于嘉靖初年大礼议事件及阳明的态度，可参束景南著《阳明大传》下卷，第1197页以下。）从明史上看，明朝君主固然专制，对待士大夫残刻寡恩，但很多时候也不能我行我素，要受到士大夫阶层的制约。例如，万历皇帝曾想废太子而立所宠的郑贵妃之子为储君，就因为朝臣一致的强烈反对而未能如愿。

物之学适以成为仕禄之徒争夺权势的工具。他说,"皋夔稷契所不能兼之事,而今之初学小生,皆欲通其说、究其术。其称名借号,未尝不曰吾欲以共成天下之务",这显然是在批评朱子的《格物补传》。朱子补传认为"《大学》始教,必使学者即凡天下之物,莫不因其已知之理而益穷之,以求至乎其极"。这个治学路向难免有开启学者贪多务博之风的流弊,在实践上也可能助长官员权力的觊觎、争夺风气,与阳明各安其职而一体相感的士风理想相悖。因此阳明将当时朱子格物之学的流风看作其良知之学推行的障碍。他感叹当世学术的"劳苦而繁难"、"拘滞而险艰",同时又对自己的良知之学充满信心,认为"天理之在人心,终有所不可泯",豪杰之士闻其"拔本塞源之论","必有恻然而悲,戚然而痛,愤然而起,沛然若决江河,而有所不可御者矣"。这完全是孟子式的修辞,表现了阳明接续光大孟子豪杰精神的决心。阳明诉诸"无所待而兴起"的豪杰精神,在学术上是要鼓动有志之士敢于突破朱子学的官方权威,自由地追随良知的召唤,在政治上也重申了豪杰之士作为行道主体的自觉,表明恢复三代之治不一定要等待尧舜之君的出现,而是可以通过学术的正本清源以及士风的再造而预期。可以说,在阳明看来,**其万物一体的良知之学即是再造士风的本源、王道政治的本源。**

至此,我们也就可以对阳明所谓"拔本塞源之论"究为何义做一探讨。"拔本塞源"一词最早见于《左传》昭公九年(公元前533年),背景是东周王室与晋国大夫争田,晋国大夫借助东周附近阴戎的力量侵略周地,周王派遣使臣责备晋国,说了一段话:

> 我在伯父，犹衣服之有冠冕，木水之有本原，民人之有谋主也。伯父若裂冠毁冕，拔本塞原，专弃谋主，虽戎狄，其何有余一人？[1]

周天子在这段话中不失谦恭但又义正词严地申明了王室之于诸侯的尊严，指出王室对于晋国犹如衣服之有冠冕、木水之有本源、民人之有谋主，晋国作为当时霸主，如果借助戎狄的势力来侵犯王室，这就相当于裂毁冠冕、拔本塞源的行为。显然，这里的"本原"指的是作为宗法封建之权力正当性源头的周王室，"拔本塞原"是以霸道凌驾于王道之上的废弃本源之行为。但这个讲法在后来的使用中发生了转义，有泛指一般的堵塞本源之义。伊川在谈到孟子不言利时曾说："只为后人趋着利便有弊，故孟子拔本塞源，不肯言利。"[2] 这意思就是说孟子为了杜绝言利的流弊，从源头上就不肯言利，"拔本塞源"这一成语被用来指从源头处杜绝流弊。这个意思与《左传》里的原义几乎相反。阳明是在哪种意义上用的"拔本塞源"这一成语呢？陈来教授认为："就王阳明来说，他所说的拔本塞源，主要是就'私己之欲'、'功利之毒'而发的；而正确的拔本塞源的方法在他看来就是诉诸于真正的、没有受到曲解的'圣人之学'。"[3] 这就是说，阳明是在与伊川相同的意义上用的"拔本塞源"这一成语，要拔的是私欲之本，要塞的是功利之源。从阳明"拔本塞源论"对功利世俗之学的严厉抨击看，这个解释看起来有道理。但这只能解释

---

1 杨伯峻编著，《春秋左传注》第四册，北京：中华书局，1990年，第1309页。
2 《二程集》，第215页。
3 陈来，《王阳明"拔本塞源"的思想》，《贵州文史丛刊》2017年第1期，第2页。

这篇文字的后半段，而且还不能很好解释后半段结尾部分阳明的期待。"拔本塞源论"的前半段主要在讲圣人之学的本源意义，即圣人以天地万物为一体的仁心，以及三代之时士与民安分勤业的政教之盛。阳明着重讲了其万物一体与复心体之同然学说，指出圣人之教就是要破除有我之私、物欲之蔽对万物一体之仁的限隔、堵塞——即"大者以小，通者以塞"。在第二段里，阳明也讲到霸术邪说横行所导致的圣人之道的"芜塞"。可见，阳明在"拔本塞源论"中所讲的本源乃是指圣人之心、圣人之道，是圣人与天下人之所同的"心体之同然"，而不是指私欲、功利及各种支离之杂学，私欲、功利及杂学恰恰是让圣人之道芜塞的歧途，是"拔本塞源"的霸术邪说。"拔本塞源论"是要号召豪杰之士追溯三代之治的本源、克服"拔本塞源"的霸术邪说之流毒。阳明使用"拔本塞原"这个成语，应该是基于其出现在《左传》中的本义，而不是伊川对这个成语的别样发挥。

在阳明看来，三代之治的本源就是人的良知本心，不假外求。因此这篇"大文字"的最后讲道：

> 所幸天理之在人心，终有所不可泯；而良知之明，万古一日。则其闻吾拔本塞源之论，必有恻然而悲，戚然而痛，愤然而起，沛然若决江河而有所不可御者矣。非夫豪杰之士无所待而兴起者，吾谁与望乎？

不可泯灭的天理之在人心即良知之明，即是圣人之道的本源。如此美好广大的本源被霸术俗学所芜塞，焉能不令豪杰之士为之恻然悲、戚然痛、愤然起！此处"拔本塞源"的意思断不能是类似伊川所讲的绝去功利之本源，如果是绝去功利之本源，豪杰之士只会大呼痛快，怎么会恻然、戚然、愤然？此处恻然、戚然、愤然、沛然几个排比明显来自孟子，恻然、戚然乃是恻隐之仁心，愤然乃是羞恶之义气，沛然则以形容本心的充实光辉、若决江河而不可御的勇气。这本身就是在形容心之本源的力道，此般克服芜塞的本源力道，阳明寄希望于无所待而兴起的豪杰之士。阳明这番期望既是对论学对象顾东桥的，也是对天下之士的。我们看到，阳明晚年一再地呼告豪杰之士共致良知[1]，表明了他通过致良知教再造士风以大济天下的宏愿。

通过对阳明"拔本塞源论"的解读我们看到，阳明将倡明良知之学、兴起圣人之道的希望首先寄托在天下的豪杰之士身上，而不是得君，也不是觉民。阳明的良知心学首先是唤醒、造就豪杰之士的士人之学。从实际效果看，阳明感召豪杰之士的讲学活动也相当成功，阳明在江右、浙中的讲学带动了一拨又一拨的才俊之士，使得阳明心学冲破朱子学的藩篱，成为明代中晚期风靡天下的显学。阳明后学中也不乏或力行担当或性命自得的豪杰之士，他们无论在朝还是在野都体现出一股正气、一脉清流，给明代中晚期的政治和

---

[1] 如《重修山阴县学记》之末尾（《王阳明全集》卷七，第287页）："吾越多豪杰之士，其特然无所待而兴者，为不少矣，而亦容有蔽于旧习者乎？故吾因诸君之请而特为一言之。呜呼！吾岂特为吾越之士一言之而已乎？"；《答聂文蔚》第一书（《传习录》卷中，第183条）："今诚得豪杰同志之士扶持匡翼，共明良知之学于天下，使天下之人皆知自致其良知，以相安相养，去其自私自利之蔽，一洗谗妒胜忿之习，以济于大同，则仆之狂病，固将脱然以愈，而终免于丧心之患矣，岂不快哉！嗟乎！今诚欲求豪杰同志之士于天下，非如吾文蔚者而谁望之乎？"此类以"豪杰之士"相激励的话语在阳明的论学书信中在在多有，不一一录。

社会赋予了活力。至于恢复三代之治这一宏愿,其实现需要诸多内外的机缘条件,也不是完全能苛求阳明一人的了。

## 三、觉民行道的义理与实践

阳明学对豪杰之士的召唤与作育继承的是孔孟以来士人弘毅担当的传统,特别是孟子学中舍我其谁的道义主体性。这种无所待而兴起的豪杰精神在良知学的义理中有其根据,良知的自根自本、自身具足就是豪杰精神独立性的根据,良知的一体感应、知是知非就是豪杰仁以为己任的担当精神之根据。同时,阳明心学又确实具有平民性格的一面。阳明龙场悟道之后由《大学》"诚意"而解证"知行合一",得出不同于朱子的对格物致知新解释,这是向易简平实的身心经验的还原。在提出"致良知"后,其学问宗旨的易简平实特征更为鲜明。孟子讲"良知良能",以人人皆具的爱亲敬兄之知为基本现象,奠定了儒学走向平民化的义理基础。阳明的良知学以"是非之心"为"良知"的基本界定,也说"是非之心,人皆有之"。这种普遍的良知良能打破了士与庶民之间的文化间隔,为儒学平民化的传播奠定了基础。

儒家庶民教化的义理奠基者是孟子。孔子的君子教从周代王官之学的贵族教育转化出来,虽然讲"有教无类"(《论语·卫灵公》),讲"自行束脩以上,吾未尝无诲焉"(《论语·述而》),开启了教育普及化的方向,但受教对象基本还是士人精英。孔子以造就"文质彬彬"的君子为目标的教学内容道德与艺文并重,仁义忠信以为质,诗书礼乐以为文,在内容上与之前的贵族官学差别不大。不过,孔门成德之教以孝悌为仁之本,这一伦理取向具有针对士君子与庶民的普适性，孔子传授给曾子的《孝经》中就有"庶人"一章[1]。《大学》也讲"自天子以至于庶人，壹是皆以修身为本"，这是因为庶人和士大夫一样也面临齐家的问题，而"欲齐其家者，先修其身"。《中庸》则讲"君子之道造端乎夫妇"，"夫妇之愚，可以与知焉……夫妇之不肖，可以能行焉"。儒家君子之道以父子、兄弟、夫妇人伦为起点的中庸宗旨使得其原本包含了平民化的向度。

儒学平民化的义理向度在孟子那里得到了强化。孟子关心的大体也是培养士，所谓"得天下英才而育之"。但是，在孟子的"造士"教育中诗书礼乐之文的维度大为弱化了，士之"尚志"就在于以"仁义"为己任，而"仁义"在孟子看来乃是人固有的性善。孟子在讲士君子之学时，很少像孔子那样讲到"博文"、"游于艺"之类内容，这就弱化了将士君子阶层与庶民区别开来的礼文教化。孟子讲到豪杰之士与凡民的差别，是着眼于豪杰之士的道义自主性，而不是孔子那里将君子与野人区别开来的礼乐文章。另外，孟子在讲治民之产的仁政时，也附带讲到了对"凡民"的教化：

> 五亩之宅，树之以桑，五十者可以衣帛矣；鸡豚狗彘之畜，无失其时，七十者可以食肉矣；百亩之田，勿夺其时，八口之家可以无饥矣；谨庠序之教，申之以孝悌之义，颁白者不负戴于道路矣。老者衣帛食肉，黎民不饥不寒，然而不王者，未之有也。（《孟子·梁惠王上》）

---

[1] 《孝经·庶人章第六》："用天之道，分地之利，谨身节用以养父母，此庶人之孝也。"

在治民之产的这个语境下孟子所讲的"庠序之教"应该是针对庶民的教化，而其内容即是"孝悌之义"。更重要的是，孟子以爱亲敬兄为原初现象的良知良能说、他的"人皆可为尧舜"的性善说，都为儒学的庶民教化取向扩展了义理基础。

在宋代理学中，伴随着汉唐以来士族主导的社会封建制残余的进一步崩溃，儒学的庶民化向度加强了，这个过程也伴随着崇道抑文的取向。[1] 儒学教化加深向庶民渗透、普及的一个重要标志是程朱将《礼记·大学》开篇的"在亲民"改为"在新民"。这是以孟子"性善"论为义理根据对《大学》政教思想的一个新解释，从义理上开启了对庶民进行道德启蒙的儒学新方向。程朱理学所解释的"新民"与《论语》《孝经》将庶民包含在内的孝悌人伦之教有所不同。按照朱子的解释，人皆禀有仁义礼智之德，是谓"明德"，新民是先知先觉的君师推己及人，帮助民众也都"去其旧染之污"以复其初，也都成为大人。[2] 这就取消了庶民与士君子之间在德性本体与修养终极境界上的区隔，使得人人都可以称为大人、圣人。因此，阳明学的"满街人都是圣人"在程朱的"新民"解释中至少已经有了义理基础，阳明虽然不同意程朱将"亲民"改为"新民"，但对其孟子学基础与平民化取向是认可的。不过，朱子的"新民"解释虽然包含了儒学庶民化的义理基础，但他对《大学》"格物致知"的解释重视的还是读书穷理，他的"大人之学"还是以广读圣贤书的读书人为

---

1 关于北宋前期儒者有别于六朝隋唐士族的平民出身，以及他们崇道抑文的态度，可以参考陈来《宋明理学》，第27页以下。另外，北宋时期理学的兴起还伴随着一个孟子升格的重要现象，由此出现了孔孟并提逐渐取代周（周公）孔并提的儒学标志，经典体系也由五经为中心转向以四书为中心，这个转变在朱子那里得到完成、定型。

2 《四书章句集注》，第4页。

主体。为儒学教化的庶民化走向提供更彻底义理根据，并展开了更广大实践的，是阳明心学。

阳明心学在其突破朱子学而立教之初实际上带有还淳返朴的庶民化倾向，在其晚年的万物一体说与四句教中则反倒部分强化了精英的维度。阳明龙场悟道后提出的第一个独到学说是"知行合一"，阳明在论证这一学说时诉诸的最基本伦理经验是知孝知弟的现象，而且阳明还诉诸知痛、知饥寒这类素朴身心经验，无论**知饥寒**也好，还是**知孝、知弟**也好，**这类原初的"知"恰恰是读书做官的士人与普通庶民共享的心灵经验**。知孝、知弟也正是孟子的"良知良能"思想所诉诸的原初伦理现象。关于"知行合一"说与庶民之心相通的素朴品格，《传习录拾遗》中有记载：

> 尝闻先生曰："吾居龙场时，夷人言语不通，所可与言者中土亡命之流。与论知行之说，更无扞格。久之，并夷人亦欣欣相向。及出与士夫言，反多纷纷同异，扞格不入。学问最怕有意见的人，只患闻见不多。良知闻见益多，覆蔽益重。反不曾读书的人，更容易与他说得。"[1]

阳明说他的"知行合一"说与不曾读书的人更容易得到接受——包括那些到边地避难的中土亡命之徒和贵阳当地的夷人，反倒是读书的士夫更多与阳明之说扞格不入。这至少部分是因为，**阳明的"知行合一"与"致良知"之说在很大程度上否定了读书人的**

---

[1]《王阳明〈传习录〉详注集评》，第238页。

**优越感所凭借的东西——从十年寒窗中获得的书本知识。**

阳明心学**对士夫读书人傲气的消解**在在可见,这当然是儒学走向庶民教化的重要心性准备。我们看几则语录:

> 良知良能,愚夫愚妇与圣人同。但惟圣人能致其良知,而愚夫愚妇不能致,此圣愚之所由分也。(《答顾东桥书》,《传习录》卷中,第139条)

> 或问异端。先生曰:"与愚夫愚妇同的,是谓同德。与愚夫愚妇异的,是谓异端。"(《传习录》卷下,第271条)

> 先生锻炼人处,一言之下,感人最深。一日,王汝止出游归,先生问曰:"游何见?"对曰:"见满街人都是圣人。"先生曰:"你看满街人是圣人,满街人到看你是圣人在。"又一日,董萝石出游而归,见先生曰:"今日见一异事。"先生曰:"何异?"对曰:"见满街人都是圣人。"先生曰:"此亦常事耳,何足为异?"盖汝止圭角未融,萝石恍见有悟,故问同答异,皆反其言而进之。洪与黄正之、张叔谦、汝中丙戌会试归,为先生道途中讲学,有信有不信。先生曰:"你们拿一个圣人去与人讲学,人见圣人来,都怕走了,如何讲得行。须做得个愚夫愚妇,方可与人讲学。"洪又言:"今日要见人品高下最易。"先生曰:"何以见之?"对曰:"先生譬如泰山在前,有不知仰者,须是无目人。"先生曰:"泰山不如平地大,平地有何可见?"先生一言剪裁,剖破终年为外好高之病,在坐者莫不悚惧。(《传习录》卷下,第313条)

在《答顾东桥书》那一节，阳明认为圣人与愚夫愚妇的良知良能相同，差别只在圣人能致愚夫愚妇不能致，反驳了顾东桥认为道理的节目时变要学而后知的观点，因此也解构了圣人的知识优越性，将圣凡的差异重心放在致良知的德性修养上了。第二节"与愚夫愚妇同的，是谓同德"，实际上来自《中庸》君子之道"夫妇之愚，可以与知"、"可以能行"的思想。但《中庸》只是讲"君子之道造端乎夫妇"，只是在始条理处指出圣人与愚夫愚妇的同道，并未抹除圣人与愚夫愚妇的差异，而阳明至少从本体学上消解了圣人与愚夫愚妇的差异。

我们再来看著名的《传习录》中关于"见满街人都是圣人"的问答。这段话最容易被当作儒学圣人观念平民化的一个例证。这当然没错。阳明这两个著名的晚年弟子之所以会在满大街的人身上看到圣人，是基于阳明的圣人观——"心之良知是谓圣"。既然人人皆有良知，而能够致得良知即是圣人，那当然就可以在满大街人身上见出圣人的形象了。这段话里耐人寻味的地方还在于，阳明对董沄（萝石）与王艮（汝止）的感悟给出了不同的回答，对董萝石的回答暗示了良知人人具足乃是平常之理，对王汝止的回答则告诫门人不可在人前摆出一幅圣人的姿态。钱德洪把他自己亲身听到的一段相关教诲与董萝石、王汝止的问答放在一起，也是意味深长。"须做得个愚夫愚妇，方可与人讲学"，这是王阳明为阳明学人民间讲学定下的调子。"觉民行道"的民间讲学并非摆出一副启蒙者的姿态去教训庶民，而是倾听民众心声、发现百姓良知，就愚夫愚妇当下的关切与领会去培育人的善根。这也是阳明所解读的《大学》**亲民**宗旨——"民之所好好之，民之所恶恶之"。只不过，"亲民"还带有一个自上而下的身位、姿态,而在阳明学人的民间讲学中,讲学者的身份往往是在野的士人,这就更需要与庶民打成一片的态度与能力。

阳明本人直接与单个的布衣庶民讲学的情形不多,他讲学的对象主要还是士人,即便像王艮这样的布衣,也是可以称得上熟读经书的庶民中的豪杰,绝非普通的白丁。但在极少见的阳明与普通布衣的讲学中,我们也还是可以窥见他体察人情、直指人心的"觉民"本领。《王阳明全集》中有一篇"谕泰和杨茂"的文字可以让我们领略一番阳明与庶民讲学的风采:

> 其人聋哑,自候门求见。先生以字问,茂以字答。
> 你口不能言是非,你耳不能听是非,你心还能知是非否?(答曰:"知是非。")如此,你口虽不如人,你耳不如人,你心还与人一般。(茂时首肯拱谢。)大凡人只是此心。此心若能存天理,是个圣贤的心;口虽不能言,耳虽不能听,也是个不能言不能听的圣贤。心若不存天理,是个禽兽的心;口虽能言,耳虽能听,也只是个能言能听的禽兽。(茂时扣胸指天。)你如今于父母,但尽你心的孝;于兄长,但尽你心的敬;于乡党邻里、宗族亲戚,但尽你心的谦和恭顺。见人怠慢,不要嗔怪;见人财利,不要贪图,但在里面行你那是的心,莫行你那非的心。纵使外面人说你是,也不须听;说你不是,也不须听。(茂时首肯拜谢。)你口不能言是非,省了多少闲是非;你耳不能听是非,省了多少闲是非。凡说是非,便生是非,生烦恼;听是非,便添是非,添烦恼。你口不能说,你耳不能听,省了多少闲是非,省了多少闲烦恼,你比别人倒快活自在了许多。(茂时

扣胸指天蹙地。)我如今教你但终日行你的心,不消口里说;但终日听你的心,不消耳里听。(茂时顿首再拜而已。)[1]

这是一场特殊的无声讲学,但其间的契合呼应之强度却能让我们感受到洪钟般的乐感。从对话的内容看,这次讲学应该是发生在阳明晚年往征思田路过江西时,因为阳明不仅以良知的是非之心来启发聋哑人杨茂当自信本心,而且还安慰杨茂因为耳不能听、口不能言而省了闲是非闲烦恼,这可以说是将晚年"时时知是知非,时时无是无非"(王畿形容阳明晚年学问造诣)的化境用在了随机的讲学中,与其晚年四句教的思想一致。阳明能以这般精微高妙的心学义理启发一个普通的聋哑人,在对方那里引发"扣胸指天蹙地"那样深切强烈的感发认同,实证了"人同此心,心同此理"的良知之学,是孔子"有教无类"思想一个深切著明的例证。另一方面也需要注意,阳明虽然以良知(是非之心)天理晓谕聋哑人杨茂,这是基于"人同此心"的共通性,但就"天理"的内容而言,阳明所晓谕杨茂的则只是"你如今于父母,但尽你心的孝;于兄长,但尽你心的敬;于乡党邻里、宗族亲戚,但尽你心的谦和恭顺",完全是着眼于一个布衣乡民伦理生活所及的范围而设教,并没有像他召唤"豪杰之士"那样陈以立志集义、万物一体的王道大义。这体现了阳明学"觉民行道"、因材施教的平实智慧。

阳明"觉民行道"在设教方式与内容方面都和针对士人的讲学不同,这可以从他江西平乱时期的一些政教性告谕中看到,其中最

---

[1]《王阳明全集》卷二十四,第1013页。

著名的当数《南赣乡约》了。作为阳明学"觉民行道"最重要的文献之一,《南赣乡约》在学界已经有大量的研究,我们在此不打算深入其细节,只就其中体现的阳明学庶民教化与士人讲学之间的差异来解读,为此我们着重分析一下这篇《乡约》的序言:

> 咨尔民,昔人有言:"蓬生蔴中,不扶而直;白沙在泥,不染而黑。"民俗之善恶,岂不由于积习使然哉!往者新民盖常弃其宗族,畔其乡里,四出而为暴,岂独其性之异,其人之罪哉?亦由我有司治之无道,教之无方。尔父老子弟所以训诲戒饬于家庭者不早,薰陶渐染于里者无素,诱掖奖劝之不行,连属叶和之无具,又或愤怨相激,狡伪相残,故遂使之靡然日流于恶,则我有司与尔父老子弟皆宜分受其责。呜呼!往者不可及,来者犹可追。故今特为乡约,以协和尔民,自今凡尔同约之民,皆宜孝尔父母,敬尔兄长,教训尔子孙,和顺尔乡里,死丧相助,患难相恤,善相劝勉,恶相告戒,息讼罢争,讲信修睦,务为良善之民,共成仁厚之俗。呜呼!人虽至愚,责人则明;虽有聪明,责己则昏。尔等父老子弟毋念新民之旧恶而不与其善,彼一念而善,即善人矣;毋自恃为良民而不修其身,尔一念而恶,即恶人矣;人之善恶,由于一念之间,尔等慎思吾言,毋忽![1]

从这篇文告的语气我们看到,这个《乡约》是阳明以平乱官员

---

[1]《王阳明全集》卷十七,第664页。

身份对地方的告谕，是要以风纪教化的方式来实现南赣地方的长治久安。《乡约》的内容有自治的成分，但推动力来自地方官员。阳明始则曰"咨尔民"，以教训的口吻告诫南赣地方民众立约的道理，训话中自有一番官员的威严。但是阳明并不是摆出一番官老爷的架子来高高在上教训人，而是承认南赣乡民的犯科作乱中有有司"治之无道，教之无方"的责任，这番"罪己"的真诚就将官府与百姓放在了一个同样需要反省自修的"同心同德"境地。接着阳明也指出乡民的作乱为盗有父老宗族训诲管教失职的责任，督促乡民中有地位名望的长者承担起教化乡里的义务。这也表明，即便在"觉民行道"的庶民教化中，发动乡里宗族有地位有影响的先知先觉者也是很重要的，阳明在《乡约》条款中安排了约长、约副、约正、约史、知约、约赞等等角色来主导维持乡约，担任这些角色的都应该是庶民中各有所长的地方精英。

　　在解释立乡约的必要性时阳明讲到了环境对民俗好坏的重要性，他引了荀子《劝学》中的一段话——蓬生麻中，不扶而直；白沙在泥，不染而黑。这看起来与他在召唤豪杰之士时所鼓动的"无所待而兴起"的精神相悖。在那些给友人与门生的书信中阳明鼓舞他们摆脱长期以来士林、官场环境的影响，发挥自作主宰的道义主体性。那显然是孟子学的精神。但在订立乡约教化乡民时，阳明更关注的则是环境的影响，关注的是舆论环境的"他律"作用。这表明了阳明的"觉民"与"造士"行道诉诸的是人心性的不同层次，在庶民教化中有对人性的现实体察。这不仅体现在教化的方式上，也体现在教化的内容上。《南赣乡约》的教训内容基本取自北宋著名的蓝田《吕氏乡约》。《吕氏乡约》中道德劝诫的内容有几大款——德业相劝、过失相规、礼俗相交、患难相恤。其中"德业相劝"中"德"的部分包括"能治其身,能治其家;能事父兄,能教子弟;能御童仆,能事长上;能睦亲故,能择交游。能守廉介,能广施惠;能受寄托,能救患难;能规过失,能为人谋,能为众集事;能解斗争,能决是非;能兴利除害,能居官举职"[1]。由此可见,《吕氏乡约》中"德"的内容几乎无所不包,从普通庶民的伦理义务到贤士大夫的交友事上、居官任职之能都包括在内。相比之下,阳明《南赣乡约》中道德训诫的内容要局限得多,主要是乡民家庭宗族生活、邻里生活的伦理准则,不涉及更大范围的交友事君之道。阳明在订立这个乡约时大概心里非常清楚乡约针对的只是乡里庶民,而不是士人。

王阳明《南赣乡约》中道德训诫的内容与他同时期发布的一些政教告谕内容很接近,我们且看他在平定赣南民乱后发布的《告谕新民》:

> 尔等各安生理,父老教训子弟,头目人等抚缉下人,俱要勤尔农业,守尔门户,爱尔身命,保尔室家,孝顺尔父母,抚养尔子孙,无有为善而不蒙福,无有为恶而不受殃,毋以众暴寡,毋以强凌弱,尔等务兴礼义之习,永为良善之民。子弟群小中或有不遵教诲,出外生事为非者,父老头目即与执送官府,明正典刑,一则彰明尔等为善去恶之诚,一则剪除稂莠,免致延蔓,贻累尔等良善。……[2]

---

[1] 《蓝田吕氏遗著辑校》,陈俊民辑校,北京:中华书局,1993年,第563页。
[2] 《王阳明全集》卷十六,第598页。

这段告谕劝"新民"各安生理、孝顺父母、抚养子孙、和睦乡里，内容与《南赣乡约》基本相同，主要的差别在突出了"各安生理"、"勤尔农业"，意在让安定下来的民众搞好生产、安居乐业，免得因贫穷饥寒而走上为非作乱的路上去。"**各安生理**"这个诫勉语频繁出现在阳明地方施政的告谕中，体现了他"教养并重"的亲民思想。此处的"各安生理"，其实也就是他在《节庵方公墓表》中讲的"**生人之道**"[1]——即四民异业而同道的道。这些讲法都体现了阳明对民生的重视，与他另一处讲法"许鲁斋谓儒者以治生为先之说，亦误人"（《传习录》卷上，第56条）看起来不一致，这并非因为王阳明在实际莅政中思想发生了变化，而是针对对象不同。阳明反对许衡"儒者以治生为先"之说，守的是孔孟"君子谋道不谋食"、"无恒产而有恒心者，惟士为能"的士君子传统，以治生为先容易让儒者卑其志。但是阳明并没有将要求于士君子的道德风操用来普遍针对庶民。在针对广大庶民的教化中，阳明一直是秉持教、养并重的亲民思想，让百姓在"各安生理"的基础上能够仰事附育、和睦乡邻，实现安居乐业的生活。

## 小结

放在整个儒学史的大传统中看，阳明心学是以学为圣贤为目标的士君子之学。阳明在探索圣人之道的道路上发展出了不同于朱子

---

[1] 《节庵方公墓表》，《王阳明全集》卷二十五，第1036页。关于这篇文献来历与相关义理的研究，可参考陈立胜近作《王阳明"四民异业而同道"新解——兼论〈节庵方公墓表〉问世的一段因缘》，《哲学研究》2021年第3期。

学的本体—工夫之学,其"知行合一"、"心即理"、"致良知"这些口诀都是来自自身性命修证的彻悟。但阳明的内圣之学以与天地万物为一体的仁心为本,与孔孟仁学一脉相承,不同于追求自我解脱的禅学。因此阳明的明德大人之学内在地包含亲民之用,包含政治与教化的向度。阳明学的"知行合一"在政治的维度就体现为学政合一、明德亲民的体用一源。

就政治理想而言,宋明理学家一致抱有恢复三代之治的心愿,阳明也不例外。但阳明对三代之治有自己独到的理解,他以与天地万物为一体的圣人之心为三代之治的根本,以复心体之同然为圣人之学的宗旨,同时主张大臣的各安其职、四民的各安其业,反对争竞攀比之风。相比朱子崇尚周文礼制,阳明有黜文返质、取法尧舜的法先王取向。[1] 在恢复三代之治的途径上,阳明更多地寄希望于通过致良知教来改变士风,通过改良士风来改良政治,为此他召唤豪杰之士冲破俗习、变化气质,改变一味崇尚虚文的学风与追逐功利霸术的士风、政风,以万物一体之心行万物一体之政,同心同德,挽回三代之治。阳明这一政教思想以士为最重要的政治主体,与宋儒得君行道的想法有所不同。不过,余英时先生将其差别标识为从"得君行道"向"觉民行道"的转变,这并不确切。阳明寄希望于作育豪杰之士、改变士风的政治理想可以称为"造士行道",而培养"志于道"的弘毅担当之士本来也是孔孟以来儒学主要的着力点,阳

---

[1] 《中庸》讲"仲尼祖述尧舜,宪章文武",道出了儒家的崇尚三代其实有法先王(尧舜)与法后王(文武周公)两个层次,相对而言孟子的仁政思想更多是"祖述尧舜",荀子的礼治思想则更倾向于"宪章文武"。相比朱子而言,阳明的三代理想"祖述尧舜"的取向更强,接近孟子。

明学也还在这样一个大传统中。

阳明学在义理上认为圣人与愚夫愚妇同具良知本体，激发了人人皆可成圣的信心，为"觉民行道"的民间教化扩展了义理基础。但是，从阳明学的讲学活动看，其性命之学的讲习还是以士人为主体。台湾地区学者吕妙芬指出，"就探讨阳明学内涵与修养工夫有关的讲会而言，生员阶级以下的庶民参与情形并不普遍，从有关讲会的资料来看，大部分对阳明学传播起了重要作用的讲会仍以士人为主，讲学的内容也以儒家性命之学为主，因此主要是属于地方士人的学术交友活动。除了几位泰州学派的学者，如颜钧、何心隐等人确实致力于庶民阶层的讲学以外，其他阳明学者虽也主领乡约，但终究是以地方官或乡绅的身份来领导教化，这类活动与他们另外结集志同道合的朋友相与论学的讲会并不相同"[1]。这个观点应该是符合基本事实的。从阳明本人看，他讲学、论学的主要对象也还是以仕途为抱负的士人，很少彻底的庶民。阳明在南赣地区推行的乡约是某种"觉民行道"的形式，但无论在方式上还是在教化内容上都与他针对士人的讲学有差异，比较注重家庭孝弟与乡党邻里和睦等庶民日常伦理生活规范，重视"各安生理"的民生改善。阳明学在士人讲学与民间教化之间的这种差异也体现了良知学在"致良知于事事物物"时的体用一源与理一分殊之两面。

---

[1] 吕妙芬，《阳明学士人社群：历史、思想与实践》，北京：北京师范大学出版社，2017年，第64页。

# 附录一　王阳明《大学问》疏证

《大学问》是王阳明晚年对《大学》首章大义的阐发，现存于《王阳明全集》第二十六卷的《大学问》为钱德洪录于王阳明征讨广西思州、田州叛乱前夕，以师生问答的方式展开，王阳明自己也称为《大学或问》。《大学问》是王阳明晚年思想一次系统完整的呈现，他的万物一体说、亲民说、良知说、格物说都在其中得到了简明扼要的阐述。王阳明晚年的大弟子钱德洪称之为"师门教典"，诚非虚言。戊戌年岁末，鄙人与心仪阳明心学的诸友会读《大学问》于杭州城西栖霞艺墅，切磋琢磨，略有所得。以下略作疏证发挥，求正于方家。

## 《大学问》原文及疏证

吾师接初见之士，必借《学》《庸》首章以指示圣学之全功，使知从入之路。师征思、田，将发，先授《大学问》，德洪受而录之。阳明受命征粤西思州、田州叛乱，功成，客死于返乡途中，未及与弟子再砥砺深论此学，故《大学问》可视为阳明学问遗嘱，其详备远甚于四句教，可与四句教互参。

"《大学》者，昔儒以为大人之学矣。朱子《大学章句集注》：

"大学者，大人之学也。"郑玄《礼记正义》："大学者，以其记博学可以为政。"可见阳明学虽标榜《大学》古本，但于《大学》宗旨实承接程朱，而非郑玄。敢问：大人之学，何以在于明明德乎？"

阳明子曰："大人者，以天地万物为一体者也。其视天下犹一家"一体"首先见于家，见于夫妇、父子、兄弟的一体，中国犹一人焉。《周易》乾卦"文言传"："夫大人者，与天地合其德，与日月合其明，与四时合其序，与鬼神合其吉凶。"张载《西铭》："乾称父，坤称母；予兹藐焉，乃混然中处。故天地之塞，吾其体；天地之帅，吾其性。民吾同胞，物吾与也。……"程颢《识仁篇》："医书言手足痿痹为不仁，此言最善名状。仁者以天地万物为一体，莫非己也。"阳明万物一体论上承明道、横渠，而于明道为尤近。盖横渠《西铭》言乾坤父母民胞物与，形容的是境界；明道从疾痛感应讲万物一体，揭示的是本体。讲境界不如揭示本体为切。若夫间形骸而分尔我者，小人矣形骸非本体。大人之能以天地万物为一体也，非意之也，其心之仁本若是，其与天地万物而为一也。岂惟大人，虽小人之心亦莫不然，彼顾自小之耳。是故见孺子之入井，而必有怵惕恻隐之心焉，是其仁之与孺子而为一体也。孺子犹同类者也，见鸟兽之哀鸣觳觫参《孟子·梁惠王上》齐宣王以羊易牛衅钟一章，而必有不忍之心，是其仁之与鸟兽而为一体也。鸟兽犹有知觉者也，见草木之摧折，而必有悯恤之心焉，是其仁之与草木而为一体也。草木犹有生意者也，见瓦石之毁坏，而必有顾惜之心焉，是其仁之与瓦石而为一体也。是其一体之仁也，虽小人之心亦必有之。虽有恻隐、顾惜之心，如果不能扩充，忽闪忽灭，也还是小人。此处当警醒。是乃根于天命之性，而自然灵昭不昧者也，是故谓之"明德"朱子《大学章句》:"明德者,人之所得乎天,而虚灵不昧,以具众理而应万事者也。"朱子状"明德"为"虚灵不昧",阳明状之以"灵昭不昧",一字之改,耐人寻味。小人之心既已分隔隘陋矣,而其一体之仁犹能不昧若此者,是其未动于欲,而未蔽于私之时也。在没有名利纷争的时候,人最容易表现出天性之善意。及其动于欲,蔽于私,而利害相攻,忿怒相激,则将戕物圮类,无所不为,其甚至有骨肉相残者,而一体之仁亡矣。是故苟无私欲之蔽,则虽小人之心,而其一体之仁犹大人也;一有私欲之蔽,则虽大人之心,而其分隔隘陋犹小人矣。故夫为大人之学者,亦惟去其私欲之蔽,以自明其明德,复其天地万物一体之本然而已耳。非能于本体之外,而有所增益之也。陆王求放心、复天性之学只是做减法,因为心体本来就具有万物一体之大。复其一体之"本然",即是"应然",此处没有休谟和康德哲学中的应然、实然间之鸿沟。

曰:然则何以在"亲民"乎?

曰:明明德者,立其天地万物一体之体也,亲民者,达其天地万物一体之用也。故明明德必在于亲民,而亲民乃所以明其明德也。是故亲吾之父,以及人之父,以及天下人之父,而后吾之仁实与吾之父、人之父与天下人之父而为一体矣。实与之为一体,而后孝之明德始明矣。亲吾之兄,以及人之兄,以及天下人之兄,而后吾之仁实与吾之兄、人之兄与天下人之兄而为一体矣。实与之为一体,而后弟之明德始明矣。一体之仁在"亲民"中分而为事父之孝,事兄之悌……君臣也,夫妇也,朋友也,以至于山川鬼神鸟兽草木也,莫不实有以亲之,以达吾一体之仁,然后吾之明德始无不明,而真能以天地万物为一体矣。夫是之谓明明德于天下,是之谓家齐国治而天下平，是之谓尽性。尽性，即充极"一体之仁"的量，即成己成物而达乎极致。

曰：然则又乌在其为"止至善"乎？

曰：至善者，明德、亲民之极则也。至善是太极。天命之性，粹然至善，其灵昭不昧者，此其至善之发见，是乃明德之本体本体，是纯粹不染的本质，而即所谓良知者也。良知是至善的发见处，阳明也说"良知是天理的昭明灵觉处"。此是"心即理"的另一种表述。至善之发见，是而是焉，非而非焉，轻重厚薄《大学》："其所厚者薄，而其所薄者厚，未之有也"，随感随应，变动不居《易·系辞下》："《易》之为书也不可远；其为道也屡迁，变动不居，周流六虚"，而亦莫不自有天然之中《中庸》"发而皆中节"之"中"，是乃民彝物则之极，而不容少有议拟增损于其间也。《诗·大雅·烝民》"天生烝民，有物有则。民之秉彝，好是懿德。"彝本为殷周时代青铜礼器通称，引申为"法度、常则"之义。彝器为朝廷宗庙之大宝，良知为人心之大宝。少有拟议增损于其间，则是私意小智，而非至善之谓矣。不容拟议，是否会导致以意气、成心为良知的独断之蔽？民主的一个假设是：每个人的私意小智通过平等的拟议、争辩可以形成作为最大公约数的"众意"。然而此"众意"未必是"公意"，而很可能造成"以众暴寡"的多数暴政。民主的"众意"需要良知的"公意"制衡，良知的"公意"是否也需要民主的"众意"补充？自非慎独之至，惟精惟一者，其孰能与于此乎？"慎独"、"惟精惟一"，是致良知工夫，少此工夫，则不能轻易讲"不容议拟增损"。故阳明并不主张"现成良知"。后之人惟其不知至善之在吾心，而用其私智以揣摸测度于外，以为事事物物各有定理也，是以昧其是非之则，支离决裂，人欲肆而天理亡，明德亲民之学遂大乱于天下。阳明《咏良知四首》之一："无声无臭独知时，此是乾坤万有基，抛却自家无尽藏，沿门托钵效贫儿。"昧其自家的良知而求定理于事物，在阳明看来就是"沿门托钵效贫儿"。此处可对照《尚书·洪范》："汝则有大疑，谋及乃心，谋及卿士，谋及庶人，谋及卜、筮。"盖昔之人固有欲明其明德者矣，然惟不知止于至善，而骛其私心于过高，是以失之虚罔空寂，而无有乎家国（一作：国家）天下之施，则二氏之流是矣。佛老也要"明明德"（明心见性），然而不以家国天下为道场。《中庸》所谓"知者过之"。固有欲亲其民者矣，然惟不知止于至善，而溺其私心于卑琐，是以失之权谋智术，而无有乎仁爱恻怛之诚，则五伯功利之徒是矣。王霸之别无它，诚与不诚是也。是皆不知止于至善之过也。故止至善之于明德、亲民也，犹之规矩之于方圆也，尺度之于长短也，权衡之于轻重也。故方圆而不止于规矩，爽其则矣；长短而不止于尺度，乖其剂矣；轻重而不止于权衡，失其准矣；明明德、亲民而不止于至善，亡其本矣。良知之于事物，犹如规矩之于方圆，尺度之于长短，权衡之于轻重。故止于至善以亲民，而明其明德，是之谓大人之学。

曰："知止而后有定，定而后能静，静而后能安，安而后能虑，虑而后能得"，其说何也？

曰：人惟不知至善之在吾心朱子《大学章句》：至善，则事理当然之极也，而求之于其外，以为事事物物皆有定理也，而求至善于事事物物之中，是以支离决裂，错杂纷纭，而莫知有一定之向。今焉既知至善之在吾心，而不假于外求，则志有定向，而无支离决裂、错杂纷纭之患矣。无支离决裂、错杂纷纭之患，则心不妄动而能静矣。心不妄动而能静，则其日用之间，从容闲暇而能安矣。静非不动，而是不妄动。日用云为之间而能静能安，才是静、安的真工夫。阳明曰"未发时是惊天动地，已发时也是寂天寞地"，是自家真能做得主。能安，则凡一念之发，一事之感，其为至善乎？其非至善乎？吾心之良知自有以详审精察之，而能虑矣。吉利不必为善，凶灾未必为恶，故孔曰"成仁"孟曰"取义"。然此乃非常之处境，以常态言之，则吉凶悔吝亦在当虑之中。虑是良知之虑，阳明此处提点得精神！良知惟求一个"安"字，俗言"心安理得"，静心安虑中的选择，大体都能精当。能虑则择之无不精，处之无不当，而至善于是乎可得矣。虑者，滤也，滤掉私意人欲，剩下的就是纯然之公心、当然之天理，即是至善。

曰：物有本末，先儒以明德为本，新民为末，两物而内外相对也。事有终始，先儒以知止为始，能得为终，一事而首尾相因也。如子之说，以新民为亲民，则本末之说亦有所未然欤？

曰：终始之说，大略是矣。即以新民为亲民，而曰明德为本，亲民为末，其说亦未尝不可，但不当分本末为两物耳。夫木之干，谓之本，木之梢，谓之末。惟其一物也，是以谓之本末。若曰两物，则既为两物矣，又何可以言本末乎？新民之意，既与亲民不同，则明德之功，自与新民为二。若知明明德以亲其民，而亲民以明其明德，则明德亲民焉可析而为两乎？先儒之说，是盖不知明德亲民之本为一事，而认以为两事，是以虽知本末之当为一物，而亦不得不分为两物也。阳明以体用说明德、亲民，故"明明德必在于亲民"，显体必在即用。然而《大学》本文之"本末"是否即是"体用"？此中有可商量处。由本及末，是一节节的生长，修身于齐家为本，齐家于治国为本，治国于平天下为本。故可言"明明德"在先，"亲民"（新民）在后，"明明德"于身、于家，然后可以治国、平天下。即用显体，是当下呈现，亲吾之父，以及人之父，是孝之良知（明德）的当下呈现，亲吾之兄，以及人之兄，是悌之明德（良知）的当下呈现，此中确实没有先后。

曰：古之欲明明德于天下者，以至于先修其身，以吾子明德亲民之说通之，亦既可得而知矣。敢问欲修其身，以至于致知在格物，其工夫次第，又何如其用力欤？

曰：此正详言明德、亲民、止至善之功也。盖身、心、意、知、物者，是其工夫所用之条理，虽亦各有其所，而其实只是一物。格、致、诚、正、修者，是其条理所用之工夫，虽亦皆有其名，而其实只是一事。阳明为何要强调"只是一事"？此中有机关。何谓身？心之形体运用之谓也。身乃一心之化现，故吾人一言一行中皆当贯通此心，无一丝暗昧无明，此谓正心。阳明此处所未言者：身体发肤，受之父母，故此身亦父母之心的形体运用；身体安全教养，托庇于国家，故此身亦君师之心的形体运用；身体营养，供给于天地，故此身亦天地生生之心的流行发用。一身之中，天地君亲师具焉。具身之心，非单子之心。何谓心？身之灵明主宰之谓也。灵明者，知也；主宰者，意也，志也。主宰而无灵明，是冥行妄作的意（非理性的意志主义）；灵明而无主宰，是支离无主意的知（缺乏行动力的理智主义）。"身之灵明主宰"，即是"知行的本体"。何谓修身？为善而去恶之谓也。修身是涵养（养善端），也是察识行动（为善去恶）。四句教言"为善去恶是格物"，则修身与格物非两事。在格物中修身，即事上磨练。吾身自能为善而去恶乎？必其灵明主宰者欲为善而去恶,然后其形体运用者始能为善而去恶也。故欲修其身者,必在于先正其心也。然心之本体则性也,性无不善,则心之本体本无不正也。性是心之本体,心是性之运用,即性之灵明主宰。何从而用其正之之功乎?盖心之本体本无不正,自其意念发动,而后有不正有善有恶意之动,故欲正其心者,必就其意念之所发而正之,凡其发一念而善无过无不及也,好之真如好好色,发一念而恶过或不及也,恶之真如恶恶臭,则意无不诚,而心可正矣。"如好好色,如恶恶臭",是"意"的生机发动处,相当于柏拉图《会饮篇》所讲的"爱欲"。此生机发动处极宝贵,如孔子所言"兴于诗"之"兴"。阳明立教早期重"诚意",亦有紧切之见也。然意之所发,有善有恶,不有以明其善恶之分,亦将真妄错杂,虽欲诚之,不可得而诚矣。故欲诚其意者,必在于致知焉。"知",相当于"爱欲"的导师。阳明言:"这良知还是你的明师。"致者,至也,如云"丧致乎哀"之致《论语·子张篇》:子游曰:丧致乎哀而止。《八佾篇》:"林放问礼之本,子曰:礼,与其奢也,宁俭;丧,与其易(仪文的完备)也,宁戚。"此是针对周末文胜的黜文返质之说。阳明"致良知"之说,包含对朱子学大行于科举之后"文胜质"流弊的针砭。易言"知至至之","知至"者,知也,"至之"者,致也。"致知"云者,非若后儒所谓扩其知识之谓也,致吾心之良知焉耳。良知者,孟子所谓"是非之心,人皆有之"者也。是非之心,不待虑而知,不待学而能,是故谓之良知。孟子曰:"是非之心,智之端也。"又曰:"孩提之童,无不知爱其亲者,及其长也,无不知敬其兄者"。孟子讲"良知",着重在"良"(不虑而知,不学而能),阳明则既重其"良"(本然),又重其"知"(知是非),此乃引孟子入《大学》"致知"的必要。是乃天命之性，吾心之本体，自然灵昭明觉者也。凡意念之发，吾心之良知无有不自知者。其善欤，惟吾心之良知自知之，其不善欤，亦惟吾心之良知自知之。良知是意念的"主人翁"。若以"意念"（意气）为主人翁，则是禅宗所谓"痴人唤做本来人"。是皆无所与于他人者也。良知是独知。故虽小人之为不善，既已无所不至，然其见君子，则必厌然掩其不善，而著其善者，是亦可以见其良知之有不容于自昧者也。此是人本来的"羞恶之心"，有羞恶之心，则可教。今欲别善恶以诚其意，惟在致其良知之所知焉尔。何则？意念之发，吾心之良知既知其为善矣，使其不能诚有以好之，而复背而去之，则是以善为恶，而自昧其知善之良知矣。意念之所发，吾之良知既知其为不善矣，使其不能诚有以恶之，而复蹈而为之，则是以恶为善，而自昧其知恶之良知矣。若是，则虽曰知之，犹不知也，意其可得而诚乎？今于良知所知之善恶者，无不诚好而诚恶之，则不自欺其良知而意可诚也已。然欲致其良知，亦岂影响恍惚而悬空无实之谓乎？是必实有其事矣。故致知必在于格物。物者，事也，凡意之所发必有其事，意所在之事谓之物。格者，正也，正其不正以归于正之谓也。正其不正者，去恶之谓也。归于正者，为善之谓也。夫是之谓格。书言"格于上下"、"格于文祖"、"格其非心"，格物之格实兼其义也。阳明立教早期讲"格物"，只着重"格其非心"之"格"，今乃兼"格于上下"、"格于文祖"而言，是汲取了当时朱子学者的批评，也是"事上磨练"宗旨的体现，"事上磨练"，乃即物而正念，即物而正物。即物而正念，是修己，即物而正物，是安人。然，物有小大，故"格"有终始，有长进，此层意思阳明未及发挥详尽。良知所知之善，虽诚欲好之矣，苟不即其意之所在之物而实有以为之，则是物有未格，而好之之意犹为未诚也。良知所知之恶，虽诚欲恶之矣，苟不即其意之所在之物而实有以去之，则是物有未格，而恶之之意犹为未诚也。意有未诚，则心不能安。今焉于其良知所知之善者，即其意之所在之物而实为之，无有乎不尽。于其良知所知之恶者，即其意之所在之物而实去之，无有乎不尽。然后物无不格，而吾良知之所知者，无有亏缺障蔽，而得以极其至矣。夫然后吾心快然无复有余憾而自慊矣。夫然后意之所发者，始无自欺而可以谓之诚矣。"格"为"穷尽"，则"致"为"极致"，"诚"为"精诚"。《中庸》言："不诚无物"。故曰："物格而后知至，知至而后意诚，意诚而后心正，心正而后身修。"盖其功夫条理虽有先后次序之可言，而其体之惟一，实无先后次序之可分。阳明此处为何要说个"其体之惟一，实无先后次序之可分"？其条理功夫虽无先后次序之可分，而其用之惟精，固有纤毫不可得而缺焉者。此中吃紧，阳明学虽喜言本体之"惟一"，却不忽视工夫条理之"惟精"。修身、正心、诚意、致知格物，纤毫不可缺，即是"惟精"的工夫。此格致诚正之说，所以阐尧舜之正传，而为孔氏之心印也。明道统之接续，此曾子所传、阳明所阐格致诚正的"大人之学"，是尧舜之嫡传，孔子之心印。

德洪曰：《大学问》者，师门之教典也。学者初及门，必先以此意授，使人闻言之下，即得此心之知，无出于民彝物则之中，致知之功，不外乎修齐治平之内。学者果能实地用功，一番听受，一番亲切。师常曰："吾此意思有能直下承当，只此修为，直造圣域。参之经典，无不吻合，不必求之多闻多识之中也。"门人有请录成书者。曰："此须诸君口口相传，若笔之于书，使人作一文字看过，无益矣。"嘉靖丁亥八月,师起征思、田,将发,门人复请。师许之。录既成(一作:就),以书贻洪曰:"大学或问数条,非不愿共学之士尽闻斯义,顾恐藉寇兵而赍盗粮,是以未欲轻出。"盖当时尚有持异说以混正学者,师故云然。师既没,音容日远,吾党各以己见立说。学者稍见本体,即好为径超顿悟之说,无复有省身克己之功。《大学》本就是一部工夫次第之书。可以对治动言"本体"的空疏。钱德洪以《大学问》对治王门后学中脱略工夫一派的流弊,深有见地。谓"一见本体,超圣可以跂足",视师门诚意格物、为善去恶之旨,皆相鄙以为第二义针对王畿"四无教"而发?。简略事为,言行无顾,甚者荡灭礼教,犹自以为得圣门之最上乘。噫!亦已过矣。自便径约,而不知已沦入佛氏寂灭之教,莫之觉也。韩愈最早提倡《大学》,也正是为辟佛。古人立言,不过为学者示下学之功,而上达之机,待人自悟而有得,言语知解,非所及也。《大学》一书妙处,就在下学而上达,在工夫中明本体。大学之教,自孟氏而后,不得其传者几千年矣。赖良知之明,千载一日,复大明于今日。兹未及一传,而纷错若此,又何望于后世耶?是篇邹子谦之尝附刻于大学古本邹谦之(守益)被黄宗羲称为王门宗子,其良知学特点就在突出"慎独"工夫,兹收录续编之首。使学者开卷读之,思吾师之教平易切实,而圣智神化之机固已跃然,不必更为别说,匪徒惑人,祇以自误,无益也。

# 附录二　与张祥龙先生论阳明心学书

## 序

辛丑孟夏，余以书稿求序于业师张祥龙先生，师阅余书稿，告以写序可，然不尽认同拙著观点，其中所称引耿宁先生良知三义说容有商榷。余答以无妨，师之赐正恰可纠拙著之偏，以臻允当。师乃慷慨赐序，于拙著嘉勉之余，亦坦诚批评，示以己见。余初不甚会师之意，斗胆献疑，师不以为忤，谆谆为余解答。如是邮件往来数通，余终乃豁然，深愧若非师之开怀示教，恐将错失恩师传阳明心学之精义也。论学之书，或亦可助读者慎思明辨，师建议可附录于书稿出版。余初忐忑，然念及邮件往来所论皆学问义理，合圣人无隐之旨，且师已许之，遂欣然付梓，以示吾师诲人不倦之诚，良知之学固当允致精一也。

张老师：

近好。愚弟子最近完成了自己第一部书稿，是关于阳明学的，题目为《心之德业——阳明心学的本体学研究》，是弟子最近这些年阳明学研究的小结集，也深受您相关研究的启发。拙稿打算今年在上海文艺出版社出版，我想请您拨冗赐一个序，给予批评指正。如果能得到您的惠允，我将拙稿给您寄过去。

恭祝 夏安！

李旭　敬上

2021 年 5 月 13 日

李旭：

　　大致浏览了《心之德业》，有的部分细读了。总的感觉还不错，是一部用心之作，特别是第三部分（体用篇），对我而言很有新意，立论也有据。但我对阳明（致）良知说的理解，与书稿第一部分有相当的不同。书稿文献中也列举了我的那篇评耿宁先生良知三层说的文章和《儒家心学及其意识依据》，如果仔细读过，应该明了我说的"不同"甚至"冲突"之意。简言之，我不同意耿先生硬性区分第一层即情感化的向善秉性和后面那两层，特别不同意将后面反思性的是非之心和完善的良知本体看作是"更高级的"层次。那样就失了龙场大悟及其知行合一的核心见地，而阳明只因此见地才成为阳明，那些后来辅助的修行方法和境界次弟，都以这见地为灵魂，不断维持之和精纯化的实现之而已。

　　不知是否是我的误解，我读到书稿第三部分时，感觉与第一部分似有不一致之处。如"新民"与"亲民"之辨，就很有见地，与良知三类分不很一致。

　　我在你书稿的一些地方，用红字表达了意见，读之即可见我的具体意思。

　　如果我要写序，就会在基本肯定此书的价值之外，表达我不同意其中核心观点之意，而这恐怕会影响读者的感受。所以，希望你再考虑一下此事。

无论如何，我期待你对于阳明的"知行合一"说做更深入的思考。在我看来，良知本体的要害就在这里。它不是一个较之后面致良知而言低一级者，而是阳明全部自家学说的活眼，后面是它的可教化、精熟化、自如化、哲理化（其中也有脱源之危险）。这里不在乎感性/理性、具情/虚通……之类的高下分别，而只在乎是不是诚意的应机而发。**感与情中自有其活的是非与义理**，是谓"情理"，绝非仅仅"情识"。后学之流弊，不在于失了外在规范，而在于失了至诚发动的真良知本体、知行本体。王龙溪于此虽有体验，但也有他自作而虚构者，失去良知之真诚发动之几，为人诟病也有一定道理。从他批评罗近溪的话看，他并未真吃透阳明学说的要害。

张祥龙

2021 年 6 月 5 日

张老师：

您好。特别感谢您对拙著仔细深入的批阅，感谢您的中肯批评与鼓励。

您对拙著的批评很准确。不瞒您说，拙著有大半的内容是前几年一些相关论文的汇集（略有改动），只有少数几篇是最近半年多写的。鄙人对阳明学的理解，耿宁先生的影响是比较大的，他那本《人生第一等事——王阳明及其后学论"致良知"》出来后不久我就读了，那种清晰而系统的论述很大程度上重新塑造了我对阳明学的理解，估计有不少读者可能也与我有相近的感受。但是，正如您指出的，我对耿先生的视角、观点缺乏必要的深入反思，导致了我对阳明学的理解可能也会有自觉不到的偏差。最近一两年我开始意识到这个问题，您的批评及时地提醒了我要更深入地反思耿先生阳明学研究范式的局限性。

您看得非常准，耿先生《人生第一等事》一书最大的问题之一是对阳明提出"致良知"之前时期的思想关注不够，特别是对"知行合一"思想的研究不够。这个从该书书名也可以看出来，耿先生的研究完全是以"致良知"为阳明学核心思想而展开的。这方面我也受到了他一定影响，反思不够。您说得对，"知行合一"是最能体现阳明学性格特征的学说，是王阳明成为王阳明的标志性发现，在当前社会上的阳明学热中，也是最为人津津乐道的口诀。由于对阳明这一学说缺乏自己独到、深入的理解，我的研究在这方面用力不深，今后需要加强。

这几天我又重温了您的著作和贺麟先生的文章《"知行合一"新论》，很受启发，觉察到知行问题里还是有颇多值得进一步思考研究的节点，如贺先生讲到的自然的知行合一与价值的知行合一（我觉得更准确的说应该是"德性的知行合一"，因为贺先生所讲"自然的知行合一"中也包含价值感）之间的差异与关联，孝悌的知行合一与"好好色、恶恶臭"的知行合一之间的关系等等。阳明早年的知行合一说有些将德性的知行与身心本能欲望的知行笼统在一起讲，这样有其好处，但也有不够分明的弊端。我觉得他后来提出的"致良知"说在很大程度上克服了早年"知行合一"说中包含的含混性，良知的知行是纯粹德性的知行，可以有"如好好色，如恶恶臭"的真切性，但毕竟不同于好好色、恶恶臭。在这个意义上"致良知"应该是阳明更成熟的思想。但是这个成熟思想里面包含早年"知行合一"思想的底色。这一点上我认同您的洞见,而耿先生可能对这方面注重得不够。他以"是非之心"作为阳明自己对"良知"独到的体认和界定,这个我觉得还是很重要的洞见。但是他对作为"是非之心"的良知的解释有一定形式化的成分,主要突出了其"自知"的意义(基于与唯识学"自证分"思想的互参),这一点很重要,但还不够,要进一步研究,拙著也涉及了一些这个问题。

**您信中讲到:感与情中自有其活的是非与义理**,是谓"情理",绝非仅仅"情识"。这一点对我很有启发,这也应该是舍勒情感现象学最大的贡献之一。在今后的研究中我要深入地体会您这句话中包含的深沉道理。

序我还是特别期待您来写,有批评没有关系,这样正好也可以把道理讲明,指出耿宁先生的阳明学研究可能有的局限和偏差。

敬颂 夏安

李旭<br>2021 年 6 月 11 日

李旭:

附件中是写好的序言。后边有不同想法的表述,或对自己观点的陈述。你看可否?

张祥龙<br>2021 年 6 月 29 日

张老师:

您好,再次深深感谢您挚诚、恳切的赐序,愚弟子又一次得到了您至深至切的教诲，感激之情，难以言表。

您的序对拙著的把握非常精准，关于本体学与本体论的同异，关于耿宁先生那里良知实际上有四层含义，鄙人所受其实体、本体之辨析的启发，您的序都提纲挈领地指出了，对读者理解拙著相信会有引导性的启发。

最重要的是，您的序提醒我认真反思这些年的阳明学研究中所受到的耿宁先生影响，特别是其良知三层次说。耿先生此说辨析分明、言之有据，对我这几年的阳明学研读影响颇大，相信对整个阳明学研究界的影响也不小，您独到、真切的异议对警醒这一影响中可能有的弊端意义重大。耿先生良知三层说（正如您指出的，也可以理解为四层说，但良知的实体义实际上包含在"本体"义之中）最突出的贡献是指出了，阳明平宁藩之变后提出的作为"是非之心"的"良知"与"致良知"不同于早期直接从孟子那里继承来的"良知"概念，将阳明"致良知"思想对孟子"良知"思想的发展揭示得很清楚。但其不足之处也在于着重讲到了良知三个层次的差异，却较少关注、阐明三个层次之间的关联性。

您的序第二、三部分主要表明了您对良知第一层次与第二、三层次关系的见地，以及您对阳明晚年致良知说与早年知行合一说关系的理解。这两个方面愚弟子尚未能充分理解您的深意，还略有一些不同看法。您将耿先生所分析的良知第二个层次看作第一个层次（原发向善情感）的时机化随附意识，这一点愚弟子的理解有些不同。您讲第二、三层次的良知是第一层次良知的精炼版，我觉得很准确。是非之心的良知是原发情感（意）的精纯化，去其私意杂念而存其诚意正念，相当于孔子所讲的"克己复礼"的归仁工夫。另一方面，作为圣人之道根据的良知本体也是原初善念（孝、弟、恻隐）的扩充，阳明晚年一再申万物一体的仁说，也是在扩充的意义上发挥第一层次良知的意蕴。作为精纯化、扩充化的第二、三层次良知，如果说是第一个层次良知的随附意识，愚弟子觉得于义未安。弟子觉得，第二、三层次的良知确实离不开致良知的工夫，而致良知的工夫以立志、持志为保障，良知的精纯化与扩充离不开志于圣人之道的立志、持志，这可能也是圣贤的致良知超出愚夫愚妇的良知闪烁之处。因此，第二个层次的良知作为自知包含了保任扩充良知的自身展望、自我期许与自省，这一点耿先生的著作里阐明得不够。

其次，对致良知与知行合一的关系，您说得对，耿先生关注"知行合一"说不够，"知行合一"之说是阳明龙场悟道后提出的，是阳明成为阳明的标志性思想事件，也可以说是阳明心学的涌泉之泉源。您序里对知行合一说的简要解释也有助于澄清人们对此学说的流俗误解。不过，您以致良知为工夫、知行合一为本体的讲法我还没能完全领受。由致良知而让良知行，在这个意义上可以说致知是工夫，知行是本体。但这个"让良知行"是早期"知行合一"的精纯化、深化，阳明早期的知行合一说还包含贺麟先生所讲"自然的知行合一"因素（好好色，恶恶臭），这个方面也可以与实用主义的知行观相通，但纯任自然的知行也可能有"情识而肆"的弊端，阳明后来辨析良知与意念，应该是考虑到了这一点。其次，狭义的知行合一一般来说主要侧重"知"的本源性、"行"的自发性，而"良知行"中应该包括行、止两个方面——《易》所谓"时行则行，时止则止"的实践智慧。阳明晚年的良知说颇重视"思不出其位"

的"知止"意蕴,他赐王银以"王艮"之名也体现了这层意思,这些方面他早期的"知行合一"说中似较少涉及。另外,阳明本人对其晚年"致良知"口诀极为自信,一再称其为"吾圣门正法眼藏"、"千古圣贤一点滴骨血",这样高度的自我肯认在他早期揭"知行合一"说时似未见到。从阳明本人的自我理解来看,"致良知"似也是"知行合一"的纯化、深化,是更能体现阳明成熟思想的学说。

不过,老师独到的观点也促使我更深入去思考"知行合一"与"致良知"说的关系,后者不能脱离前者理解,否则耽于"良知本体"的思辨,极容易凌虚蹈空,落入您说的漂白、自欺、狂妄之危险。在"致良知"中由良知行,才是阳明良知学的真本体、真工夫。愚弟子当始终牢记您的这一教诲。

恭奉 夏安

愚弟子 李旭<br/>2021 年 7 月 3 日

李旭:

你可将此信修改后,置于书中,比如放到末尾,作为一种对拙序的回应。这样更有趣些。

张祥龙<br/>2021 年 7 月 9 日

张老师:

感谢您容忍愚弟子异议的宽宏大量。在您的提示下我更多注意到了阳明早期"知行合一"、"诚意"说中包含的原发德行的强度、厚度，《大学》言"其所厚者薄，而所薄者厚，未之有也"，厚薄的问题是吾儒必须留心的一个关键。老师警示良知的"漂白"，可以看作"厚薄"之义的一个精彩注脚。

  您建议将愚弟子的回信附于书后，弟子有些踌躇，有一些与老师论辩之嫌。不过转念一想，老师允我将异议刊发出来，正见出以论学为重的雅量，也可以见吾儒门非保守门户宗派之见，学问以商量而求加邃密，实中西古今相沿之风。故愚弟子打算采纳您的建议，将回信以附录的形式附于书后，并做一说明，以见吾师之宽厚与吾儒门秉学术为公器之传统。

  顺祝 暑安

李旭

2021 年 7 月 11 日

张老师：

  您好。附件收到，感谢。您的序里面第五个注写道："**这种内意识'非反思地'伴随着每一个意向，无论是善的意向还是恶的意向，它本身是否有区别善恶的功能？或者说，它是与所伴随的意向沆瀣一气，还是因其与更深广的意识流相连而有是非感受，是一种哪怕是潜在的是非之心？这是一个可以争论的、也需要说明的问题。**"愚弟子觉得对理解耿先生所言第二个良知概念是一个关键问题，我倾向于后一种理解——**这种"内意识"因其与更深广的意识流相连而有是非感受**。这个更深广的意识流也许可以用海德格尔的生存论术语来解释，它是一种对自身实际在世的觉知与筹划，是一种自身意识。我觉得这种内意识也有自己的意向性，它不只是指向对象，而是同时构造地指向自身，伴随着自慊或愧疚等等的情感。人之所以在充实了爱、敬、恻隐等等意向时会感觉到安、满足，没能实行这些意向时会自责，就是因为爱、敬意向中同时有自身意识，因此良知 1 里面原初地就潜在着良知 2，良知 2（是非之心）是良知 1 的自觉化、明晰化，二者的关系或许可以理解为海德格尔那里 Dasein 的决心（愿有良知）与良知的关系，罪责存在（相当于"是非之心"）与本真能在（相当于良知 1）的关系。

由您的注想到这一层，不知当否，提出来供您参考。

顺祝 暑安

李旭
2021 年 7 月 13 日

李旭：

我也倾向于认为，此内意识因与意识流相通而具有哪怕是潜在的是非感，所以说良知 1 中已潜藏着良知 2 很对。但说"这种内意识也有自己的意向性，它不只是指向对象，而是同时构造地指向自身"，好像违背了胡塞尔甚至包括耿宁（部分）对于内意识或自身意识的基本赋意。舍勒讲价值感受有自己的意向性，不必先预设客体化的意向对象，但那是在另一个层次上，也就是良知 1 的层次上而说的。所以，说内意识"伴随着自慊或愧疚等等的情感"是成立的，但说它有自己的意向性或独立于所有情感是不成立的。

与海德格尔用语的比较，似乎还需再说明。

张祥龙
2021 年 7 月 13 日

张老师：

您好。您提到，在胡塞尔乃至耿宁那里，自身意识是一种随附于意向行为的内意识，本身并没有自己独立的意向性。我今天查了倪梁康老师《胡塞尔现象学概念通释》，从倪老师的介绍看，确实如此。他书中讲到自身意识与反思行为的差别时谈及，"自身意识"不是一个行为，而是伴随着每一个意向行为的内部因素，意识通过这个因素而非**对象地**（非把握性地）意识到自身（《通释》，第426页）。我觉得对自身意识的这种理解可能是胡塞尔与海德格尔的一个关键差别。胡塞尔说自身意识是非反思的是对的，但说自身意识只是随附于意向意识则可能是一个先验主义成见——自身意识是某种先天现成的东西。海德格尔的生存论一大功绩就是破除这个成见，他在《存在与时间》第六十四节"操心与自身性"里面指出"我性与自身性必须从**生存论**上加以理解"，也就是说要从"去存在"（去是其所能是）的角度来理解自身性、自身意识，这样的自身意识并不只是随附意向行为，而是在自身筹划中觉知、判断、充实或遏止原发的意向行为。阳明讲"善念发而知之，而充之；恶念发而知之，而遏之。知与充与遏者，志也，天聪明也"，这个"知与充与遏"的致良知行为包含"志"，可以理解为海德格尔意义上的本真自身筹划，不只是随附善念、恶念，而是具有自身的原发意向构造，如阳明的立志为圣人。

阳明那里立志与致良知的关系是一个重要问题，耿宁先生并没有很好地讲清楚这个问题。我觉得您的洞见很有启发性，致良知首先是去除私意阻隔让良知行，在这个基础上才有良知的充实、完满实现。在这个意义上致良知对立志为圣人具有奠基意义，类似地，在海德格尔那里良知的呼声对决心也有奠基意义，因此海氏《存在与时间》所讲的决心不是一种意志主义，同样，阳明强调学者立志的重要性，也不是意志主义。

顺祝 暑安

李旭

2021 年 7 月 16 日

李旭：

"去存在"中得自身，正是说自身没有自性，只能在与世界、他人乃至自己的互构关系中现身。就此而言，"自身"也是随附的，或生存论意义上的。其实就是海德格尔关于"时间性"的思路："时间性就是这种原本的在自身之中并为了自身地'出离自身'。"（《在与时》，第 329 页）他不称人为主体，而称之为"Dasein"即是由此而来。"Da"不是"此"也不是"彼"，而是总在朝向对方的过渡中构造、托出存在，包括自身存在，就像虹出现于阳光和水气的遭遇和过渡中（所以译这个词为"此在"颇易误导）。就此而言，我性或自身性对于海也是随附的，也就是随附于生存论的过渡性关系或牵挂关联的生发过程。

比如你信中提及的"自身筹划"，并非指一个有自性的现成自身在筹划（entwerfen），而是这自身（Sich Selbst）要在筹划或抛投中才能成其自身（参见《在与时》第 145—146 页）。那里海说，此筹划并非按某种想好了的计划的自身姿态，按照它，这缘在（Dasein）指向它的存在；而是说，这缘在总已经被筹划了，而且就其存在而言，它就是筹划着的 [ 筹划先于自身 ]。因此就其存在而言，缘在总是已经和将会从可能性 [ 而非任何现成性 ] 来理解自身 (《在与时》,第 145 页)。下一页,海德格尔直接谈到缘在的"自身认识"(Selbsterkenntnis),其思路也源自这种依据"筹划特点"的理解或能见度(Sicht,视域、[ 动词为 ] 看见 [sichten])。所以,缘在的自身认识不是确定一个自身点 [ 此在 ],而是领会此缘在"在世界之中存在"的所有揭蔽样态。缘在之所以能见到"自身"(sichtet "sich"),只是因为在它的世界存在和与他人共在——这些都是它生存的构成性要素(konstitutiven Momente),对于它来讲是同等原初的(gleichursprünglich)——之中,它才变得透明(durchsichtig,也可读作 durch-sich-t-ig。海在此做"durch"、"sich"、"sichten"之间相互过渡的游戏,细读上下文可知)了。(德文是:"Existierend Seiendes sichtet 'sich' nur, sofern es sich gleichursprünglich in seinem Sein bei der Welt, im Mitsein mit Anderen als der konstitutiven Momente seiner Existenz durchsichtig geworden ist." [S. u. Z., S.146])

由此可见,对于海,自身认识与胡塞尔讲的自身意识一样,也是随附于投入或筹划性过程,即与世界、他人的构成性关联之中被构成的。只是他并不像胡塞尔,将这认识限于当下的意向性活动的晕圈中,而是将它扩展至所有的在世、待人、待己的去存在之中。换言之,人生在世都笼罩在胡塞尔发现的那种时晕时流之中,被动综合与主动综合已经融合。对象性的认知如科学认知,只是生存晕流的突出化和凝固化而已。

但这并不是要否认朝向自身的道德转化努力的可能。"志"当然有意义,约略可比拟为海氏讲的"要有良知"(Gewissen-haben-wollen)。这"良知"是缘在的"能在"(Seinkönnen)向它自己不期然发出的声音,而所谓"能在",就是以上引述的,缘在总是它的可能性而非现成性。要有良知指要让这可能性(缘)以完整的、涉及到缘在自身的方式被显露出来。可见这志并非一个主体的独立意向行为,而是"让良知行",或让缘在自己的能在的筹划本性(在朝己死亡、先行决断中)以完整方式(即牵挂、Sorge 的先行方式)筹划到自身上,"让自身逼临到自身"(Sich-auf-sich-zukommenlassen)(《在与时》,第 325 页),充分揭示缘在的时间性——为了自身地出离自身——之本。所以这"志"还是随附于良知或缘在的能在性,乃至它最终开显的时间性也并未从生存方式上断开缘在的在世形态,而只是让它们以完整方式向缘在呈现其纯粹可能性。

当然,海德格尔在开示了时间性后,有个体主义的或高抬时间性而低估缘在世间性的倾向,我在《海德格尔传》(第十章最后)中分析和批评了此"退化现象"或"危险倾向"(它导致海德格尔思想的困境和随后的"转向"),但也指出在《在与时》的前三分之二篇幅和海德格尔的主导思路中,是"思境不二"的,即缘在的存在理解与其各种世间筹划-被筹划不可从根本处分离,只有被局限的筹划与完整的筹划(即先行决断)之别。

回到我们讨论的王阳明的"良知"含义问题上,可以说,良知的自身意识随附于良知自然的发动;这自身意识可以在志行或致良知中被突显,使整个意识可以抵御非良知的知行,最终让良知得以时机化地自由畅行,但它依然是"让……行"型而非"做成……"或"主动构造"型的。不然的话,这良知的自身意识就会蜕变为主导良知的意识,整个局面就完全变味了或变伪了。舍勒对这个伦理追求的形势也是清楚的,所以认为道德行为的善性或真理性只能被此行为"在背上"顺带出来（《伦理学中的形式主义与质料的价值伦理学》，第48—49页），而不能直接去构造和把握，不然会产生"欺罔"。

不要小看"随附"，它正是出妙生微的道机，孔子、老庄、孙子、太极拳经等等皆会心于此。

张祥龙<br>2021年7月19日

张老师：

非常感谢您如此耐心细致地给愚弟子答疑解惑。您这封信纠正了我在一些关键问题上的理解偏差，让我明白了您的一些关键思路，并由此对阳明心学的认知也深了一层。

首先是对海德格尔"去存在"（zu sein）的理解，这是海德格尔对"生存"（Exsistenz）的形式化界定。我以往偏重从自身筹划、自身展望（Aussicht）的角度去理解这个"去存在"，海德格尔本人确实有时候也给人这个理解方向，如他将Dasein的存在论性质分为生存论性质、实际性与沉沦三个环节，生存论性质被刻画为Dasein先行于自身的筹划，为向最本己的能在的存在。但正如您指出的，海德格尔同时又揭示了，Dasein本己的能在即是在世的存在，是有所牵挂的缘在——**缘在之所以能见到"自身"（sichtet"sich"），只是因为在它的世界存在和与他人共在——这些都是它生存的构成性要素（konstitutiven Momente），对于它来讲是同等原初的（gleichursprünglich）**——之中，它才变得透明（durchsichtig）。因此，缘在的"去存在"，在"去存在"中得自身，即是在与他人共在的操切（Fürsorge）及对事物的操劳（Besorge）中操心（Sorgen）自身的完善。用《中庸》的话说就是在**成物中成己**，阳明在《大学》语境中的讲法则是**致知诚意必在于格物**。由此我也似乎理解了您为何重视"知行合一"甚于"致良知"，也许是因为"知行合一"不离时机化的物境，而"致良知"说则有超离情境而耽于空疏本体的危险（如归寂派），所以必须要补充上"事上磨炼"，才能落到实处。

您批评"海德格尔在开示了时间性后，有个体主义的或高抬时间性而低估缘在世间性的倾向"，愚弟子完全认同。这个个体主义倾向或许在海德格尔对 Dasein 朝死存在的分析中已经埋下，海氏认为向死存在即是畏，即是 Dasein 的个别化，他认为对他人（包括亲人）死亡的经验原则上不如向自身之死的畏本源，这一偏见里包含了从缘在向此在滑脱的苗头。（有意思的是，孟子揭示仁之端的"乍见孺子入井而怵惕恻隐"现象，与海德格尔对 Dasein 向死存在的分析几乎完全是在两个不同的方向，恻隐之心是向面临死伤危险的生机而在，这个向"生机"而在是普泛的，亲亲仁民而爱物的，海氏的向死之畏可以看作恻隐之心的一个狭隘化了的特例。）海氏这个滑脱的深层动机或许是太急于从向死的自由、从所谓源始的时间性获得一个领会"存在"的超绝视野。您讲到王阳明那里有"说良知悖论"——"不该一口说尽，却偏要或只能一口说尽"（《儒家心学及其意识依据》，第 454 页），尽管阳明本人也觉察到了这种"一口说尽"可能导致学者将良知"把作一种光景玩弄"。而海德格尔动辄要揭示"存在者整体"，或通过时间，或通过艺术、语言，对"玩弄光景"的危险可能不如王阳明自觉。海氏后期讲"自身的缘构发生"（Ereignis），讲得最真切动人的可能就是栖居的大地之缘、乡土之根，而对人间相与（Mitsein）的缘则始终缺乏真切入微的体察揭示。

您信中讲道："良知的自身意识随附于良知自然的发动；这自身意识可以在志行或致良知中被突显，使整个意识可以抵御非良知的知行，最终让良知得以时机化地自由畅行，但它依然是'让……行'型而非'做成……'或'主动构造'型的。不然的话，这良知的自身意识就会蜕变为主导良知的意识，整个局面就完全变味了或变伪了。"这段话让愚弟子怦然心动，在愚弟子所见到的关于"致良知"的解释中，没有这般真切显豁、发人深省的。虽然这个意思您在《儒家心学及其意识依据》中已经反复阐明，但以前读的时候却没有当下的触动，若不是老师这次的谆谆诲诚，几乎要错过您著作中所揭示的这一至为宝贵的真机了。孟子讲的"乍见孺子入井"，阳明龙场大悟的"寤寐中若有人语之者"，包括海德格尔在里尔克那里所注意到的"爱的最初瞬间"、"纯粹牵引"（《诗人何为》，收入《林中路》），岂不都是在说这个"让……行"的自然发动，这个"复见天地心"的"复"！这个自然发动又不一定是"盲目"自发，而可以有自身意识的"随附"，如您所讲——在致良知中抵御非良知的知行，让良知得以时机化地自由畅行。这正是《易·乾卦九二·文言传》所讲的"闲邪存其诚"。闲邪存诚的"自身意识"知是知非，然而却是以原初的"诚"为根基的，在这个意义上可以说随附于"诚"。《系辞传》讲的"成性存存，道义之门"，似乎也可以从这个角度理解。"存存"，王船山解释为"存其所存"（《周易内传》），不同于朱子解释的"存之又存"（《周易本义》），"所存"即"诚"，即"天命之性"，即孝、弟、恻隐、好好色恶恶臭的良知良能，"存存"，即省察、存养此良知良能，后一个"存"相当于耿宁先生讲的良知1，前一个"存"相当于良知2，即四句教中"知善知恶"的良知，前一个存（存养）以后一个存（所存）为根基，如您说的，随附于"所存"。只是这个"随附"不能被理解为只是被动的，其中有存养（养善端）、有防闲（闲邪）的工夫在，即"闲邪存诚"，其中有"道义之门"，而夫妇父子兄弟构成的亲亲之物就是这道门的"易简"起点。

甚至海德格尔后期所思的Ereignis，也可以从您说的"让……行"来理解——让存在（sein lassen）即"让……行"。这个"让"，也许就是您说的"随附"，Ereignis里面的那个前缀Er，"成性存存"里面那个包含了"闲邪"（破心中贼）的"存"。愚弟子当好好记住您的教诲，体贴这个"出妙生微"的道机，随事随物让良知行，防止良知变味（变伪）。

谨颂 道安

愚弟子　李旭<br>2021年7月20日

李旭：

从你来信中见到思想的深化。其中讲到《易传》与此问题的相关，很有启发性。从纯哲理角度讲，"诚"或"原真"不可能从符合型的真得到（阳明批评朱子的要点），而只能在"复"或原发的阴阳相交中构成。真–诚只在那时那里呈现，如海德格尔所见，真理只能是隐蔽暗藏处揭出的闪光，其思想"转向"实际上是"转回"他《在与时》的前一半及他1919年起的实际生活本身的形式显示的路子。一般人认为《易》的主要哲理之一是"物极必反"（如《乾》之上九），其实那只是"阴阳即感通"——"阴阳交而吉而真（贞），阴阳不交则凶则伪"——的衍义，而此阴阳（隐显、暗明……）要旨发而为"时"，惠栋称为"时中"。我们所有讨论背后的那个中枢就在于它。随附性就可以看作是阳不离阴之义，而自身意识就是当下构造意向对象的行为与意识流本体之间的穴道窍门，总之就是阴阳感通的意识体现。

愚夫愚妇也有的自然良知以阴、隐藏为主，圣人的见在良知以阳、揭蔽为主，而良知的自身意识则是阴阳相交处，所以只能是随附化或时机化的。它没有自己的阴阳，而是让阴阳交的"惚恍"和"反""复"。于是它只能无思无为、感而遂通，表现为变动不居、周流六虚、受命如响、上下无常、唯变所适和生生不息。它就是易，即阴阳的神妙处，"神无方而易无体"。

说"成性存存，道义之门"，甚佳。不过其上文的助跑亦不可少，"天地［阴阳］设位，而易［阴阳运作发生出的自身意识、天地之心］行乎其中矣。"无天地设位、一阴一阳，哪有什么易行？故"存存"虽有层次折叠，毕竟也只是一个"存"之反复而已。

即感而发，信手涂鸦，随附而已。

张祥龙<br>2021年7月21日

张老师：

感谢您的鼓励与肯定。弟子近一年来每个星期一次在网络上与朋友一起读《易》，最近在读《系辞传》，对《系辞传》与《中庸》、与思孟之学，以及与作为思孟之学流脉的阳明心学之间的相通有一点点思绪，向您做了一点粗浅的汇报。您说得对，"成性存存，道义之门"一句离不开前面的"助跑"，即"天地设位，而《易》行乎其中矣"。"成性存存"一句着重于人的修为，而"天地设位"则是天道，天人之际，其旨精微。《系辞》这一章呼应的是"一阴一阳之谓道，继之者善也，成之者性也"，是对天人之际要义的进一步阐发。老师于"一阴一阳"之道体之即深、阐之亦妙，弟子还要多多参究体会。

阳明良知之学得之于《易》者必定很深，其龙场大悟当即在"玩易窝"中，他后来说"良知即是易"，又有诗言"无声无臭独知时，此是乾坤万有基"，虽然对良知学的《易》学来源费辞不多，但辞简旨远。愚弟子以"心之德业"为拙稿书名，亦有取于乾卦《文言传》夫子所言"君子进德修业，欲及时也"之义，非曰能之，愿以此自勉。老师《儒家心学及其意识依据》一书第十二讲中讲到致良知的"时入良知本体法"，推之为较静坐与克治省察更根本、更精微的"致良知的灵魂"，实际上也道出了阳明良知学的易学精神。阳明在《大学问》中以万物一体之仁释明明德、亲民（可以视为阳明心学之"大义"），而以随感随应、变动不居中秉有"天然自有之中"的良知释"止于至善"（可视为心学"惟精惟一"之"微旨"），可以验证您对"致良知"的这一解释。

阳明心学在易简中蕴含了华夏古道深厚的智慧传统，老师对此也有精彩的阐释，此中广大精微眼下的拙稿诚未能道其万一。弟子当以您的教诲为新的参究体证起点，不负良知，不负师之教。

敬颂 道安

愚弟子李旭　顿首

2021 年 7 月 21 日

# 参考文献

**原典**

[明] 陈献章,《陈献章集》,孙通海点校,北京:中华书局,1987年。

[宋] 程颢、程颐,《二程集》,王孝鱼点校,北京:中华书局,2004年。

[清] 郭庆藩,《庄子集释》,北京:中华书局,1961年。

[明] 黄宗羲,《明儒学案》,沈芝盈点校,北京:中华书局,2008年。

[清] 焦循,《孟子正义》,北京:中华书局,1987年。

[汉] 孔安国传,[唐] 孔颖达疏,黄怀信整理,《尚书正义》,上海:上海古籍出版社,2007年。

[宋] 黎靖德编,《朱子语类》,王星贤点校,北京:中华书局,1986年。

[宋] 陆九渊,《陆九渊集》,钟哲点校,北京:中华书局,1980年。

[清] 李光地纂,刘大钧整理,《周易折中》,四川:巴蜀书社,1998年。

[明] 罗钦顺,《困知记》,阎韬点校,北京:中华书局,2013年。

［明］穆孔晖、尤时熙等撰，《北方王门集》，邹建锋、李旭等编校，上海：上海古籍出版社，2017年。

［魏］王弼，《王弼集校释》，楼宇烈校释，北京：中华书局，1980年。

［明］王夫之，《船山全书》，长沙：岳麓书社，1996年。

［明］王畿，《王畿集》，吴震编校，南京：凤凰出版社，2007年。

［清］王聘珍，《大戴礼记解诂》，王文锦点校，北京：中华书局，1983年。

［明］王守仁，《王阳明全集》，吴光、董平、钱明、姚延福编校，上海：上海古籍出版社，2014年。

［清］王先谦，《荀子集解》，沈啸寰、王星贤点校，北京：中华书局，1988年。

［宋］张载，《张载集》，章锡琛点校，北京：中华书局，1978年。

［汉］郑玄注、［唐］孔颖达疏，李学勤主编，《十三经注疏》（标点本），北京：北京大学出版社，2000年。

［宋］朱熹，《四书或问》，上海：上海古籍出版社，2001年。

［宋］朱熹，《四书章句集注》，上海：上海古籍出版社，2001年。

［宋］朱熹，《周易本义》，廖名春点校，北京：中华书局，2009年。

［宋］朱熹、吕祖谦纂，《近思录集释》，张京华辑校，长沙：岳麓书社，2010年。

［宋］周敦颐，《周敦颐集》，陈克明点校，北京：中华书局，1990年。

［明］邹守益，《邹守益集》，董平编校，南京：凤凰出版社，2007年。

陈荣捷，《王阳明〈传习录〉详注集评》，上海：华东师范大学出版社，2009年。

程树德，《论语集释》，北京：中华书局，1990年。

王孺童译注，《坛经释义》，北京：中华书局，2013年。

杨伯峻编著，《春秋左传注》，北京：中华书局，1990年。

**研究著作与论文**

蔡仁厚，《王阳明哲学》，北京：九州出版社，2013年。

蔡祥元，《成中英本体诠释学的基本内涵及其困境》，《周易研究》2018年第3期。

陈嘉映，《说理》，北京：华夏出版社，2011年。

陈来，《古代思想文化的世界》，北京：生活·读书·新知三联书店，2002年。

陈来，《仁学本体论》，北京：生活·读书·新知三联书店，2014年。

陈来，《王阳明"拔本塞源"的思想》，《贵州文史丛刊》2017年第1期。

陈来，《有无之境：王阳明哲学的精神》，北京：生活·读书·新知三联书店，2009年。

陈来，《竹帛〈五行〉与简帛研究》，北京：生活·读书·新知三联书店，2009年。

陈立胜，《良知之为"造化的精灵"：王阳明思想中的气的面向》，《社会科学》2018年第8期。

陈立胜，《儒家修身之道的历程及其现代命运》，《华东师范大学学报（哲学社会科学版）》2020 年第 5 期。

陈立胜，《入圣之机：王阳明致良知工夫论研究》，北京：生活·读书·新知三联书店，2019 年。

陈立胜，《王阳明"万物一体"论：从"身—体"的立场看》，北京：北京燕山出版社，2018 年。

陈立胜，《中国轴心期之突破："身"何以成为"修"的对象？》，《贵州大学学报》（社会科学版）2020 年第 3 期。

丁为祥、罗高强，《圣人之义在王阳明的"龙场悟道"中"起死回生"》，《人文论丛》2013 年卷。

董平，《王阳明的生活世界》，北京：商务印书馆，2018 年。

方旭东，《以良知为圣》，《孔子研究》2000 年第 2 期。

简逸光，《王阳明"夜气"解》，《孔子研究》2016 年第 4 期。

李洪卫，《志气相依与通达——王阳明心志与气机关系略论》，《哲学分析》2015 年第 1 期。

李零，《郭店楚简校读记》，北京：北京大学出版社，2002 年。

李明辉，《四端与七情：关于道德情感的比较哲学探讨》，上海：华东师范大学出版社，2008 年。

李丕洋，《略论王阳明的圣人观及其历史意义》，贵州大学中国文化书院年刊《阳明学刊》（第五辑），2011 年。

刘琳娜，《王阳明与宋明理学生死观之转向》，《孔子研究》2016 年第 4 期。

吕妙芬，《阳明学士人社群：历史、思想与实践》，北京：北京师范大学出版社，2017 年。

牟宗三，《从陆象山到刘蕺山》，长春：吉林出版集团有限责任公司，2010 年。

倪梁康，《胡塞尔现象学概念通释》，北京：生活·读书·新知三联书店，1999 年。

倪梁康，《心的秩序：一种现象学心学研究的可能性》，南京：江苏人民出版社，2010 年。

彭国翔，《"养气"与"尽心"：孟子身心修炼的功夫论》，《学术月刊》2018 年第 4 期；《阳明学的政治取向、困境和分析》，《深圳社会科学》2019 年第 3 期；《"治气"与"养心"：荀子身心修炼的功夫论》，《学术月刊》2019 年第 9 期。

钱明，《王阳明及其学派论考》，北京：人民出版社，2009 年。

钱明，《阳明学的形成与发展》，南京：江苏古籍出版社，2002 年。

钱穆，《阳明学述要》，北京：九州出版社，2011 年。

钱穆，《朱子学提纲》，北京：生活·读书·新知三联书店，2014 年。

束景南，《王阳明年谱长编》，上海：上海古籍出版社，2017 年。

束景南，《阳明大传："心"的救赎之路》，上海：复旦大学出版社，2020 年。

束景南，《朱子大传："性"的救赎之路》，上海：复旦大学出版社，2016 年。

王庆节，《现象学的现象、海德格尔与王阳明的致良知——兼论现象学家耿宁先生的阳明学》，《广西大学学报》2015 年第 2 期。

王中江，《儒家"圣人"的早期形态及其变异》，《中国哲学史》

1999年第4期。

吴震,《泰州学派研究》,北京:中国人民大学出版社,2009年。

吴震,《心学与气学的思想异动》,《复旦学报》2020年第1期。

吴震,《中国思想史上的圣人概念》,《杭州师范大学学报》2013年第4期。

徐复观,《中国人性论史》,北京:九州出版社,2014年。

杨国荣,《心学之思:王阳明哲学的阐释》,北京:中国人民大学出版社,2009年。

余英时,《宋明理学与政治文化》,长春:吉林出版集团有限责任公司,2008年。

余英时,《现代儒学的回顾与展望》,北京:生活·读书·新知三联书店,2004年。

余英时,《士与中国文化》,上海:上海人民出版社,2003年。

张丰乾,《早期儒家与"民之父母"》,《现代哲学》2008年第1期。

张卫红,《以道谊相勉——江右王门学者邹守益与地方官员的交游及传道自觉》,《广西大学学报》2015年第3期;《为政与良知——阳明学者邹守益的为政理念及其对江西地方官员的影响》,《中山大学学报》2019年第1期。

张卫红,《由凡至圣:阳明心学工夫散论》,北京:生活·读书·新知三联书店,2016年。

张卫红,《邹东廓年谱》,北京:生活·读书·新知三联书店,2013年。

张祥龙,《良知与孝悌——王阳明悟道中的亲情经验》,《广西大学学报》2015 年第 2 期。

张祥龙，《儒家心学及其意识依据》，北京：商务印书馆，2020年。

张新民，《儒家生死智慧的超越性证取与突破——王阳明龙场悟道新论》，《贵州师范大学学报》2015 年第 1 期。

张龑，《气与变化气质——王阳明"致良知"学说源流一考》，《平顶山学院学报》2016 年第 2 期。

张昭炜，《王阳明九声四气法的三个层次》，《世界宗教研究》2015 年第 1 期。

郑晓江，《尽性至命之学——阳明子生死智慧探微》，《浙江社会科学》2008 年第 10 期。

朱承，《本心与礼教——论邹守益的"礼治"思想》，《思想与文化》辑刊，2012 年 12 月。

[美] 成中英，《论本体诠释学的四个核心范畴及其超融性》，《齐鲁学刊》2013 年第 5 期。

[美] 成中英，《马一浮的"六艺心统说"与儒家经学的哲学意涵：从"经典诠释"到"本体诠释"》，《杭州师范大学学报》2009 年第 2 期。

[日] 冈田武彦，《王阳明大传》，杨田译，钱明审校，重庆：重庆出版社，2015 年。

[瑞士] 耿宁，《人生第一等事——王阳明及其后学论"致良知"》，倪梁康译，北京：商务印书馆，2014。

[瑞士] 耿宁，《心的现象——耿宁心性现象学研究文集》，倪梁康等译，北京：商务印书馆，2012 年。

［日］小野泽精一、福光永司、山井涌编，《气的思想——中国自然观与人的观念的发展》，李庆译，上海：上海人民出版社，2014年。

**译著与西文论著**

［古希腊］柏拉图，《柏拉图对话集》，王太庆译，北京：商务印书馆，2004年。

［德］伽达默尔，《真理与方法》，洪汉鼎译，上海：上海译文出版社，1999年。

［德］马丁·海德格尔，《存在与时间》，陈嘉映、王庆节译，熊伟校，陈嘉映修订，北京：生活·读书·新知三联书店，2006年。

［德］马丁·海德格尔，《路标》，孙周兴译，北京：商务印书馆，2000年。

［美］麦金太尔，《追寻美德》，宋继杰译，南京：译林出版社，2003年。

［德］马克斯·舍勒，《伦理学中的形式主义与质料的价值伦理学》，倪梁康译，北京：生活·读书·新知三联书店，2004。

［古希腊］亚里士多德，《尼各马可伦理学》，廖申白译，北京：商务印书馆，2005年。

［美］约翰·杜威，《艺术与经验》，高建平译，北京：商务印书馆，2010年。

David Bartosch, "Wissendes Nichtwissen" oder "gutes Wissen"?: *Zum philosophischen Denken von Nicolaus Cusanus und Wáng Yángmíng,*

Paderborn: Wilhelm Fink, 2015.

David S. Nivison, Moral Decision in Wang Yang-ming: The Problem of Chinese "Existentialism", *Philosophy East and West*, Vol. 23, University of Hawai'i Press, 1973.

De Bary, William Thoedore, *Self and Society in Ming Thought*, New York/London: Columbia University Press, 1970.

Julia Ching（秦家懿）, "Authentic Selfhood": Wang Yang-Ming and Heidegger, *The Monist*, NC: Oxford University Press, 1978.

# 后记

阳明心学的研究于我而言是精神返乡之途的一段旅程,始料未及的是,这段旅程在我的学术著述生涯中却成了一个起点,眼下的这本书成了我出版的第一本书。我的硕士和博士论文研究题目都是海德格尔思想,从学科的专业划分来说,属于西方哲学,尽管问题意识来自自己的生命本身,来自对当下生活世界的关切。硕士毕业来杭州后,与杭州师范大学的许美平兄等友人一起张罗了读书会,陆陆续续读了一些儒家的经典,但谈不上系统深入的研究。大约在2013年前后,我开始读《传习录》,逐渐被阳明的思想与人格所吸引,然后又开始与以前的同事、现任教于宁波大学的邹建锋兄一起一字一句地读,越来越深地领会到了阳明学问鞭辟入里的思想况味,之前那些年对中国经典的零散研读也因此找到了可以贯通起来的着力点。在邹建锋兄的热情鼓励下,后来又申报了一个阳明学研究的浙江省规划课题,并参与了钱明老师主持的国家重大课题"阳明后学文献整理与研究",点校了《北方王门集》中的杨东明部分。这样,算是走上了阳明学研究的路途,参加了一些阳明学的会议,写了几篇论文,收集起来一看,竟还隐约有可以成形的主题线索,可以连缀起来作为自己这些年研读阳明学的阶段性总结,其中或许也有千虑一得的自家所见,可以献芹于已经高度繁荣的阳明学研究界,作为学习求教的机会。于是有了眼前的这本书。

显而易见，拙著最主要的西学背景是现象学，特别是海德格尔的生存论现象学。这既是鄙人学术积累的前见使然，也是中西思想交汇的大因缘所致。在西方思想中，可以与儒家心学会通、比较的肯定不只是发端于二十世纪初的现象学，古希腊的灵魂理论、德意志的精神哲学、十九世纪以来的生命哲学、美国的实用主义，乃至现代心理学等等，都有可与儒家心学会通之处。但是在援西入儒的中西会通过程中，现象学确有其与儒家心学、特别是陆王心学相得益彰的独到意义。其中一个基本原因是，现象学首先不是一种心灵理论，而是回复、面对基源现象的操作方法，是悬搁判断、观念而面向事情本身的方法，这与儒家心学洗心退藏、默坐澄心的工夫论相映成趣，现象学的儒家心学研究首先是方法、工夫层面的，而不是观点、理论层面的。其次，现象学是欧洲近代认识论转向之后严格秉持本原之追问的哲学，同时也是隐含着行动取向的具终极关切之思，这在直追古希腊哲学源头的海德格尔思想中体现得最强烈。这种有始终条理的心灵学问与儒家务本而"止于至善"的圣人之学遥遥对峙，其蕴含生意的哲理对话方兴未艾。

在研读儒家经典、体认儒学的道路上，恩师北京大学张祥龙教授一直是引领我的榜样。张老师是国内较早以现象学的视野、方法解读中国古代智慧的学者，现象学在张老师那里不只是学术观点、方法，而是扎根基源生命经验的诚意、捕捉古圣贤思想几微的慧眼，老师以深具儒学精神血脉的方式呈现了一种学问与生命为一体的哲思。此次拙著出版请张老师作序，老师慷慨答应，认真细致地通读了全稿，指出了拙著的很多问题、不足，间有新意自得之处，也不吝夸许。这种恳切细致,大概是当今不少导师在论文指导时都难得有的。在对阳明心学的理解方面,我与张老师一开始有颇不一致的地方,包括张老师的序里面一些观点我也没能很好领会,但老师毫不介意,宽厚地容纳了我的疑惑、异议,并耐心细致地给以了解答(参本书附录二)。由老师的序而引发的论学通信、由此再一次获致的教诲,可以说是拙著出版得到的最大意外收获。

阳明心学是当今中国学界与民间社会的显学,学术层累颇为深厚,厚重独到的研究著作叠出,拙著只是已有研究基础上的粗浅"冒险"尝试。读者们很容易看出来,在援现象学入阳明心学研究方面,拙著较多受到了瑞士哲学家耿宁先生著作的影响。耿先生《人生第一等事——王阳明及其后学论"致良知"》一书中译本 2014 年出版,在阳明学研究界具有堪称奠定新范式的里程碑意义。其良知三层说的范式也在很大程度上笼罩了我近年的阳明学研究。当然,张祥龙先生的序言里面也指出了这一范式的成问题之处,为我辈指出了反思这一范式的一个端口。在耿先生之外,鄙人的阳明学研究还多有受惠于浙江省社科院哲学所钱明研究员、中山大学哲学系陈立胜教授等诸位师长,他们的为人与为学都是我学习的榜样。至于在观点、史料方面受到的众多长辈与同辈学人的启发与影响,略见于书中引用(或还有未引述的),难以一一枚举。浙江省社科院较为宽松的科研环境,使得愚钝如我者能不只十年地磨着最后也没能锋芒耀眼的钝剑,对此始终心怀感激。

近十年的阳明学研读中,除了与专业哲学界同仁的交流外,也与不少专业外同道朋友有过共同研读阳明心学的尝试。2018 年的农历岁末,曾与友人风行兄、明境兄、傅荣兄、王阳兄、蔡银明兄、杨海锋兄、王海华兄等诸位连续三天共聚于杭州城西的栖霞艺墅，围炉共读阳明晚年的《大学问》，伴着烤红薯的香气一同品味阳明心学的温情与智慧，这些朋友有从温州和余姚等地赶过来的，他们对阳明心学的热诚不输于好多专业研究人士，学识、体会中也颇有真切可贵之处，我从与他们的交往中获益良多。2020年的国庆节，我们一帮朋友共聚于华东师范大学哲学系方旭东教授桐庐山间的安仁精舍，会读《传习录》中的《答陆澄书》，读书之余酒歌自娱，虽未必得甚解，而不乏讲习之乐。可惜，由于我本人愿力不足、时间精力也有限，阳明学讲读的活动没能日常化。在阳明心学的定期研习方面，宁波的甬上阳明学社等民间团体展现出了极强的活力。阳明心学在当今民间社会的活力表明了，以其易简通透的品质，陆王心学可以成为儒家性命之学在当代复兴的一眼活泉，给匆忙而隔膜的现代城市生活以滋润和启迪。穿越各种成功学的喧嚣，良知之光确然能给人身心以安稳与快乐。

　　阳明的良知心学既是让人尽心知性而修己的学问，也是让人觉知发现人性光辉的学问，这其中包括身边亲友与家人的光泽。父母的养育之恩无疑是我们信任良知最深厚的渊源，而无以为报的愧疚则是人子良心难以释怀的震动。明儒罗近溪说："只目下思父母生我千万辛苦，而未能报得分毫，父母望我千万高远，而未能做得分毫，自然心中悲怆，情难自已……"（《明儒学案》下，第789页）于我心何止戚戚焉。不仅仅是对我们子女的爱，而且父母作为普通百姓在不经意的言行中表现出来的素朴同情心、正义感，每每让我觉得阳明所讲"良知之在人心，无间于圣愚，天下古今之所同也"，是何等的真实不虚。象山曾有言"虽不识一字，亦须还我堂堂地做个人",在母亲身上我见证了这句话的分量。母亲虽然基本不识字,更没有读过什么经书,但却深明事理,天生一股"有理走遍天下"的自信与勇气,"良心"、"明理"的话头经常出现在母亲的话里,从中也透出一些消息——理学家的民间教化遗泽乡间百姓,源远流长,其生命力实远甚现代的各种意识形态标语。这份良知的勇气在幼时给了我们兄妹以庇护与熏陶,如今仍给我鼓舞与信心。在此我也要感谢妻子朱振宇和岳父母,妻子性情大方率真,从不以世俗的标准催促我,让我由着性子慢吞吞地做着"无用"之学,在各个方面给予我宽厚的支持。还有犬女李思聪,很大程度上,正是她自幼不时冒出的灵机"妙语"——从中可见阳明所言人皆有之的"天植灵根"——让我从曾经的经验主义者转变成了"先验主义者"。惟愿进入初中阶段的女儿与她的同龄人一道,在应试竞争的压力中、在逃避不了机械机心的人间世中能始终存有天机,长葆性灵良知的真乐。

拙稿在修改过程中让友人风行兄与王海华兄阅过,二位提出了不少宝贵中肯的意见,指出了一些字句的问题,在此致谢。最后,还要特别感谢责任编辑肖海鸥女士、李若兰女士,凭借二位高效负责的工作,本书才能顺利及时出版。

鄙人才疏学浅,于阳明心学浸润未深,书中所论得自文字解悟者多,出自躬行心得者远不足,即便文字解悟,错漏粗疏之处肯定也不少,恳请方家批评指正。

李旭 2021 年 7 月 21 日<br>于杭州城西圣苑小区

图书在版编目（CIP）数据

心之德业：阳明心学的本体学研究/李旭著.
--上海：上海文艺出版社，2021
ISBN 978-7-5321-8074-5
Ⅰ.①心… Ⅱ.①李… Ⅲ.①王守仁（1472-1528）—心学—研究 Ⅳ.①B248.25
中国版本图书馆CIP数据核字(2021)第160746号

发 行 人：毕　胜
责任编辑：肖海鸥　李若兰
封面设计：Titivillus
内文制作：常　亭

书　　名：心之德业：阳明心学的本体学研究
作　　者：李　旭
出　　版：上海世纪出版集团　上海文艺出版社
地　　址：上海市绍兴路7号　200020
发　　行：上海文艺出版社发行中心
　　　　　上海市绍兴路50号　200020　www.ewen.co
印　　刷：苏州市越洋印刷有限公司
开　　本：1240×890　1/32
印　　张：15
字　　数：334,000
印　　次：2021年9月第1版　2021年9月第1次印刷
Ｉ Ｓ Ｂ Ｎ：978-7-5321-8074-5/B.073
定　　价：68.00元
告 读 者：如发现本书有质量问题请与印刷厂质量科联系　T:0512-68180628